21世纪工商管理特色教材

会计学

（第2版）

ACCOUNTING

张启銮 ⊙ 主　编
刘艳萍 ⊙ 副主编

清华大学出版社
北　京

内 容 简 介

本书根据最新的《企业会计准则》，结合工商管理教育的特点，介绍了会计基础，包括会计的基本理论和会计核算方法体系，并分别介绍了金融资产、存货与商品销售成本、固定资产与无形资产、负债、所有者权益、利润及其构成等会计核算与管理知识。在此基础上，又介绍了公司财务报告体系和财务报表分析。本教材增加了制造业成本费用报表，管理会计部分重点介绍了经营决策分析和预算、控制与责任会计。

每一章都包括学习目标、引导案例、正文、讨论案例、本章小结、中英文关键词、思考练习题和本章参考文献，具有较强的理论性、实践性、针对性和可读性。

本书可用作 MBA、EMBA（高级工商管理硕士）和管理类非财务与会计专业的本科教学用书和参考用书，或者用作企业中高级专业管理人员的培训教材和自学用书。

本书封面贴有清华大学出版社防伪标签，无标签者不得销售。
版权所有，侵权必究。举报：010-62782989，beiqinquan@tup.tsinghua.edu.cn。

图书在版编目（CIP）数据

会计学/张启銮主编. —2 版. —北京：清华大学出版社，2014(2025.1重印)
（21 世纪工商管理特色教材）
ISBN 978-7-302-36331-6

Ⅰ.①会… Ⅱ.①张… Ⅲ.①会计学－高等学校－教材 Ⅳ.①F230

中国版本图书馆 CIP 数据核字(2014)第 084735 号

责任编辑：刘志彬
封面设计：汉风唐韵
责任校对：宋玉莲
责任印制：沈 露

出版发行：清华大学出版社
网　　址：https://www.tup.com.cn，https://www.wqxuetang.com
地　　址：北京清华大学学研大厦 A 座　　　　邮　编：100084
社 总 机：010-83470000　　　　　　　　　　　　邮　购：010-62786544
投稿与读者服务：010-62776969，c-service@tup.tsinghua.edu.cn
质量反馈：010-62772015，zhiliang@tup.tsinghua.edu.cn

印 装 者：三河市君旺印务有限公司
经　　销：全国新华书店
开　　本：185mm×260mm　　　印　张：25.75　　　字　数：591 千字
版　　次：2010 年 6 月第 1 版　　2014 年 8 月第 2 版　　印　次：2025 年 1 月第 7 次印刷
定　　价：48.00 元

产品编号：056377-01

21 世纪工商管理特色教材

编辑委员会

名誉主任	王众托
主　　任	苏敬勤
副 主 任	李延喜　李新然
编　　委	（按姓氏笔画排列）

王尔大　王延章　王国红　朱方伟
仲秋雁　任曙明　刘凤朝　刘晓冰
安　辉　苏敬勤　李文立　李延喜
李新然　迟国泰　陈艳莹　胡祥培
秦学志　原毅军　党延忠　郭崇慧
逯宇铎　董大海　戴大双

前言

本书是大连理工大学管理与经济学部工商管理特色系列教材之一,也是我们专为高等院校工商管理教育重新改编的教材,可按32～48学时组织教学。

会计是一个信息系统,在企业管理中处于重要的地位。现代会计的内容极为丰富,主要可以分为财务会计和管理会计两个子系统。成本会计中核算部分属于财务会计,成本控制、成本预测、决策、计划、控制、分析等则可并入管理会计。

会计学是工商管理教育的核心课程之一。本书根据最新的《企业会计准则》,结合工商管理教育的特点,首先介绍了会计基础,包括会计的基本理论和会计核算方法体系,然后分别介绍了金融资产、存货与商品销售成本、固定资产与无形资产、负债、所有者权益、利润及其构成等会计核算与管理知识,在此基础上,又介绍了公司财务报告体系和财务报表分析。由于MBA学员将来会成为职业经理人,对企业的成本费用管理格外重要,因此本书增加了制造业成本费用报表。为了避免和公司理财、项目管理等课程相冲突,管理会计部分只重点介绍了经营决策分析和预算、控制与责任会计。

张启銮老师担任本书的主编,并负责全书第1章、第8章和第9章的编写;刘艳萍老师为本书的副主编,负责第2章、第3章、第4章的编写。参加编写的老师还有吴灏文(第5章)、姚宏(第6章和第7章)、刘彦文(第10章)、张悦玫(第11章和第12章)。大连理工大学管理与经济学部会计与财务管理研究所的会计学研究生王晓洁、陈艳、叶敬楠、戴敏霞、刘莎、王钰娟、薛雪、刘伟、高玲、姜婧、申琳等同学在资料的搜集、文字排版、PPT制作、思考练习题解答等方面做了大量辛勤的工作,在此表示深深的感谢。

按照工商管理特色系列教材编委会的要求,本书每一章都包括学习目标、引导案例、正文、讨论案例、本章小结、中英文关键词、本章参考文献和思考练习题,这使得本书具有较强的理论性、实践性、针对性和可读性。在本书的编写中,编者借鉴了大量的文献资料,主要的参考文献都在每一章进行了标注,在此特向文献中所列的专家和学者表示衷心的感谢!

为了便于使用,各章的编者还另行编写了教师使用手册,内容包括案例使用说明及点评、思考练习题提示、课程 PPT 等。

本书可用作 MBA、EMBA(高级工商管理硕士)和管理类非财务与会计专业的本科教学用书和参考用书,或者用作企业中高级专业管理人员的培训教材和自学用书。

虽然大连理工大学是国内最早引入工商管理教育的学校,并且出版过类似的工商管理教材,编者们也大都是工商管理教员,但由于作者的水平有限,很难跟上工商管理蓬勃发展所带来的教学要求,第二版虽然经过修订,书中也难免有缺点乃至不当之处,恳请有关专家和广大读者批评指正。您如果有任何指教,敬请向编者反馈(电子邮箱为:zhangql@dlut.edu.cn)。

张启銮

2013 年 10 月于大连

目录

第1章 会计基础 ... 1

1.1 会计的产生与发展 ... 2
1.2 会计的基本理论 ... 3
- 1.2.1 会计及其分支 ... 3
- 1.2.2 会计的基本职能 ... 6
- 1.2.3 我国的会计规范体系 ... 8
- 1.2.4 会计的基本假设与基础 ... 10
- 1.2.5 会计的信息质量要求 ... 12
- 1.2.6 会计要素与会计等式 ... 14

1.3 会计核算方法体系 ... 20
- 1.3.1 设置账户 ... 20
- 1.3.2 复式记账 ... 23
- 1.3.3 填制和审核会计凭证 ... 27
- 1.3.4 登记会计账簿 ... 29
- 1.3.5 成本计算 ... 31
- 1.3.6 财产清查 ... 32
- 1.3.7 编制财务会计报告 ... 33

本章小结 ... 35
中英文关键词语 ... 37
思考练习题 ... 38
本章参考文献 ... 39

第2章 金融资产 ... 41

2.1 金融资产概述 ... 42
- 2.1.1 金融资产的概念 ... 42
- 2.1.2 金融资产的分类 ... 42

2.2 金融资产的确认与计量规则 ... 43
- 2.2.1 金融资产的确认 ... 43
- 2.2.2 金融资产的计量规则 ... 46

2.3 主要金融资产的账务处理 ... 47
- 2.3.1 银行结算方式和存款的核对 ... 47
- 2.3.2 应收账款和应收票据的核算 ... 51

        2.3.3 坏账损失的核算 ………………………………………… 55
        2.3.4 交易性金融资产的核算 …………………………………… 57
        2.3.5 可供出售金融资产 ………………………………………… 59
        2.3.6 持有至到期投资 …………………………………………… 61
        2.3.7 长期股权投资的核算 ……………………………………… 64
    本章小结 …………………………………………………………………… 77
    中英文关键词语 …………………………………………………………… 78
    思考练习题 ………………………………………………………………… 78
    本章参考文献 ……………………………………………………………… 82

第3章 存货与商品销售成本 ………………………………………………… 83
    3.1 存货概述 …………………………………………………………… 84
        3.1.1 存货的概念 ………………………………………………… 84
        3.1.2 存货的分类 ………………………………………………… 85
        3.1.3 存货盘存制度 ……………………………………………… 86
    3.2 存货的会计处理 …………………………………………………… 89
        3.2.1 存货成本的内容 …………………………………………… 89
        3.2.2 发出存货成本的计价方法 ………………………………… 90
        3.2.3 存货的核算 ………………………………………………… 95
        3.2.4 存货成本的结转 …………………………………………… 100
        3.2.5 存货的期末计价 …………………………………………… 100
    3.3 商品销售成本 ……………………………………………………… 107
        3.3.1 销售成本概述 ……………………………………………… 107
        3.3.2 产品销售成本的核算 ……………………………………… 107
        3.3.3 商品销售成本的核算 ……………………………………… 108
    本章小结 …………………………………………………………………… 112
    中英文关键词语 …………………………………………………………… 113
    思考练习题 ………………………………………………………………… 113
    本章参考文献 ……………………………………………………………… 120

第4章 固定资产与无形资产 ………………………………………………… 121
    4.1 固定资产概述 ……………………………………………………… 122
        4.1.1 固定资产的概念 …………………………………………… 122
        4.1.2 固定资产的分类 …………………………………………… 123
    4.2 固定资产的增减核算 ……………………………………………… 125
        4.2.1 固定资产的增加 …………………………………………… 125
        4.2.2 固定资产的减少 …………………………………………… 129
        4.2.3 固定资产的报废清理 ……………………………………… 131

4.3　固定资产折旧 ·· 133
　　　　4.3.1　年限平均法折旧 ··· 134
　　　　4.3.2　工作量法折旧 ··· 135
　　　　4.3.3　加速折旧 ·· 136
　　4.4　无形资产的会计处理 ··· 139
　　　　4.4.1　无形资产的取得 ··· 142
　　　　4.4.2　无形资产摊销 ··· 145
　　　　4.4.3　无形资产的减少 ··· 148
　本章小结 ··· 153
　中英文关键词语 ·· 154
　思考练习题 ··· 154
　本章参考文献 ··· 157

第5章　负债 ·· 158

　　5.1　负债概述 ··· 159
　　　　5.1.1　负债概述 ·· 159
　　　　5.1.2　负债的分类 ·· 159
　　5.2　短期资金来源：流动负债 ··· 160
　　　　5.2.1　短期借款 ·· 161
　　　　5.2.2　应付及预收款项 ··· 163
　　　　5.2.3　应付职工薪酬 ··· 167
　　　　5.2.4　应交税费 ·· 171
　　5.3　长期资金来源：非流动负债 ··· 182
　　　　5.3.1　长期借款 ·· 182
　　　　5.3.2　应付债券 ·· 183
　　　　5.3.3　长期应付款 ·· 190
　本章小结 ··· 196
　中英文关键词语 ·· 197
　思考练习题 ··· 197
　本章参考文献 ··· 200

第6章　所有者权益 ··· 201

　　6.1　所有者权益与公司性质 ··· 202
　　　　6.1.1　所有者权益的性质 ··· 202
　　　　6.1.2　所有者权益的来源和构成 ·· 203
　　6.2　资本的投入：实收资本 ··· 205
　　　　6.2.1　实收资本及其来源 ··· 205
　　　　6.2.2　实收资本的计价方法 ··· 206

　　　　6.2.3　实收资本的会计处理 …………………………………………………… 209
　　6.3　资本的累积：资本公积 ……………………………………………………………… 213
　　　　6.3.1　资本公积的来源及其用途 ……………………………………………… 213
　　　　6.3.2　资本公积的核算 …………………………………………………………… 214
　　6.4　经营成果的累积：留存收益 ………………………………………………………… 219
　　　　6.4.1　留存收益的概述 …………………………………………………………… 219
　　　　6.4.2　留存收益的核算 …………………………………………………………… 219
　本章小结 ………………………………………………………………………………………… 226
　中英文关键词语 ………………………………………………………………………………… 226
　思考练习题 ……………………………………………………………………………………… 227
　本章参考文献 …………………………………………………………………………………… 229

第7章　利润及其构成 …………………………………………………………………… 230

　　7.1　利润的形成：收入与费用 …………………………………………………………… 231
　　　　7.1.1　形成和影响利润的要素 ………………………………………………… 231
　　　　7.1.2　收入及其计量 ……………………………………………………………… 233
　　　　7.1.3　费用与成本 ………………………………………………………………… 242
　　7.2　利润的构成：利润表 ………………………………………………………………… 247
　　　　7.2.1　营业利润 …………………………………………………………………… 248
　　　　7.2.2　利润总额 …………………………………………………………………… 249
　　　　7.2.3　净利润 ……………………………………………………………………… 249
　　7.3　利润的核算 …………………………………………………………………………… 252
　　　　7.3.1　利润的结转及其主要账户 ……………………………………………… 252
　　　　7.3.2　净利润结转的业务处理 ………………………………………………… 252
　　7.4　利润分配的核算 ……………………………………………………………………… 254
　　　　7.4.1　利润分配的概述 …………………………………………………………… 254
　　　　7.4.2　利润分配的形式 …………………………………………………………… 255
　　　　7.4.3　利润分配的会计处理 ……………………………………………………… 257
　　　　7.4.4　股利分配决策 ……………………………………………………………… 258
　　　　7.4.5　股利支付程序 ……………………………………………………………… 259
　本章小结 ………………………………………………………………………………………… 262
　中英文关键词语 ………………………………………………………………………………… 263
　思考练习题 ……………………………………………………………………………………… 263
　本章参考文献 …………………………………………………………………………………… 268

第8章　公司财务报告体系 ……………………………………………………………… 269

　　8.1　财务报告体系概述 …………………………………………………………………… 270
　　　　8.1.1　财务会计报告的目标 ……………………………………………………… 270

  8.1.2　完整的财务会计报告体系 …………………………………………… 270
8.2　资产负债表 ………………………………………………………………………… 271
  8.2.1　资产负债表的结构和内容 …………………………………………… 271
  8.2.2　资产负债表的编制方法 ………………………………………………… 272
8.3　利润表 ……………………………………………………………………………… 275
  8.3.1　利润表的结构和内容 …………………………………………………… 275
  8.3.2　利润表的编制方法 ……………………………………………………… 276
8.4　现金流量表 ………………………………………………………………………… 278
  8.4.1　现金的概念 ……………………………………………………………… 278
  8.4.2　现金流量及其分类 ……………………………………………………… 279
  8.4.3　现金流量表的基本格式 ………………………………………………… 279
  8.4.4　现金流量表的编制方法 ………………………………………………… 281
8.5　所有者权益变动表 ………………………………………………………………… 282
  8.5.1　所有者权益变动表的基本内容 ………………………………………… 282
  8.5.2　所有者权益变动表的格式 ……………………………………………… 283
8.6　财务报表之间的勾稽关系 ………………………………………………………… 284
  8.6.1　资产负债表与利润表的勾稽关系 ……………………………………… 284
  8.6.2　资产负债表、利润表与现金流量表之间的关系 ……………………… 284
8.7　财务报告附注 ……………………………………………………………………… 285
  8.7.1　财务报告附注的意义 …………………………………………………… 285
  8.7.2　财务报告附注的内容 …………………………………………………… 285
本章小结 …………………………………………………………………………………… 287
中英文关键词语 …………………………………………………………………………… 288
思考练习题 ………………………………………………………………………………… 288
本章参考文献 ……………………………………………………………………………… 291
附录 ………………………………………………………………………………………… 292

第9章　财务报表分析 …………………………………………………………… 302

9.1　财务会计报告基本分析方法 ……………………………………………………… 303
  9.1.1　比较分析法 ……………………………………………………………… 303
  9.1.2　因素分析法 ……………………………………………………………… 304
  9.1.3　财务比率分析 …………………………………………………………… 305
  9.1.4　趋势分析法 ……………………………………………………………… 306
9.2　财务比率分析 ……………………………………………………………………… 307
  9.2.1　偿债能力比率分析 ……………………………………………………… 308
  9.2.2　资金周转能力比率分析 ………………………………………………… 312
  9.2.3　获利能力比率分析 ……………………………………………………… 315
  9.2.4　财务比率分析的局限性 ………………………………………………… 317

9.3　财务综合分析 ··· 318
　　9.3.1　分数法 ··· 318
　　9.3.2　杜邦分析法 ··· 321
本章小结 ··· 324
中英文关键词语 ··· 324
思考练习题 ··· 325
本章参考文献 ··· 325
附录 ··· 326

第 10 章　制造业成本费用报表 ··· 331

10.1　成本费用报表概述 ··· 332
　　10.1.1　成本费用报表的概念 ··· 332
　　10.1.2　制造业成本报表的种类 ··· 333
　　10.1.3　成本报表的作用 ··· 333
10.2　产品成本表 ··· 333
　　10.2.1　产品成本表的概念和作用 ··· 333
　　10.2.2　产品成本表的结构和内容 ··· 334
　　10.2.3　产品成本表分析 ··· 335
10.3　主要产品单位成本表 ··· 338
　　10.3.1　主要产品单位成本表的概念和作用 ································· 338
　　10.3.2　主要产品单位成本表的结构和内容 ································· 338
　　10.3.3　主要产品单位成本表分析 ··· 339
10.4　费用报表 ··· 344
　　10.4.1　制造费用明细表 ··· 344
　　10.4.2　期间费用明细表 ··· 345
　　10.4.3　各种费用明细表的分析 ··· 347
本章小结 ··· 349
中英文关键词语 ··· 350
思考练习题 ··· 350
本章参考文献 ··· 350

第 11 章　经营决策分析 ··· 351

11.1　成本习性与混合成本的分解 ··· 351
　　11.1.1　成本习性的概念与成本的分类 ····································· 351
　　11.1.2　混合成本的分解方法 ··· 354
11.2　变动成本法 ··· 356
　　11.2.1　变动成本法的概念 ··· 356
　　11.2.2　变动成本法与制造成本法的比较 ··································· 356

  11.2.3 变动成本法的优点与局限性 ……………………………………… 359
 11.3 本量利分析 …………………………………………………………………… 360
  11.3.1 本量利分析概述 …………………………………………………… 360
  11.3.2 本量利分析的应用 ………………………………………………… 362
 11.4 决策分析及其分类 …………………………………………………………… 365
  11.4.1 决策分析的概念 …………………………………………………… 365
  11.4.2 决策分析的种类 …………………………………………………… 366
 11.5 经营决策成本概念 …………………………………………………………… 367
  11.5.1 相关成本 …………………………………………………………… 367
  11.5.2 不相关成本 ………………………………………………………… 368
 11.6 经营决策分析实例 …………………………………………………………… 368
 本章小结 ……………………………………………………………………………… 374
 中英文关键词语 ……………………………………………………………………… 374
 思考练习题 …………………………………………………………………………… 375
 本章参考文献 ………………………………………………………………………… 376

第12章 预算、控制与责任会计 ………………………………………………… 377

 12.1 预算管理 …………………………………………………………………… 377
  12.1.1 全面预算 …………………………………………………………… 377
  12.1.2 弹性预算 …………………………………………………………… 380
  12.1.3 滚动预算 …………………………………………………………… 381
  12.1.4 零基预算 …………………………………………………………… 382
 12.2 成本控制 …………………………………………………………………… 383
  12.2.1 事前成本控制 ……………………………………………………… 383
  12.2.2 日常成本控制 ……………………………………………………… 384
  12.2.3 质量成本控制 ……………………………………………………… 385
 12.3 责任会计 …………………………………………………………………… 386
  12.3.1 责任会计的作用 …………………………………………………… 386
  12.3.2 责任中心的划分及其考核指标 …………………………………… 386
  12.3.3 内部转移价格的制定 ……………………………………………… 389
  12.3.4 平衡计分卡(BSC)评价体系 ……………………………………… 390
 本章小结 ……………………………………………………………………………… 393
 中英文关键词语 ……………………………………………………………………… 393
 思考练习题 …………………………………………………………………………… 394
 本章参考文献 ………………………………………………………………………… 395

第 1 章 会 计 基 础

学习目标

通过本章的学习,你可以:

1. 了解会计的产生和发展;
2. 了解会计的含义和分支、会计的基本职能、会计基本假设和基础、会计信息的质量要求、账户的特征;
3. 熟悉账簿登记程序、各项成本的计算和财产的清查方法;
4. 重点掌握会计要素、会计等式的运用、借贷规则、账户的平衡以及会计凭证的种类、填制要求与审核;
5. 学会编制并分析简单的会计报表。

引导案例

李琳于 2012 年退休在家,觉得整日无所事事,十分无聊。2012 年底,她居住的小区新盖起不少公寓,居民都在紧张地准备装修房子,想尽早搬进自己的新家。而现在居民装修房子都舍得花钱,也更关爱生命、健康、时尚、个性,所以装修材料的环保性对他们来说很是重要。小区的附近恰巧又没有油漆店,于是,李琳就想到做环保油漆生意定会获利。

主意已定,她便急于着手准备。2013 年 1 月 1 日,她到银行取出 60 000 元人民币,花 8 000 元买入相关设备,设备预计可用 10 年,到时无残值;用 35 000 元现金购入商品,在小区附近租入已装修好的门面房,预付了半年的房屋租金 6 000 元。

别人经营商品的加成率都是 36%,李琳却定为 33%。另外,由于自己的间接费用相对比较低,获 12% 的销售净利润应该不成问题。

6 月 30 日,开业正好半年了。该油漆店的有关基本信息如下:存货已更新了 3 次,有正常赊欠的货款 8 000 元,计划一定会在到期时还给供货商;利润表中列示的主营业务收入为 96 800 元,毛利为 35 500 元,净利润 14 900 元,略好于原来的估计数;库存商品价值 20 000 元,顾客还欠 26 200 元,除房租外,还用现金支付了其他费用 14200 元。但她对毛利和净利润表示怀疑。因为当初是取了 60 000 元的存款作为资本开业的,而现在仅有现金 2 100 元了,还欠别人 8 000 元。

(资料来源:参考文献[1]347~348。)

日常生活中,人们可能经常与会计知识接触,可是对于理解和运用它,很多人则只能望详兴叹,所以了解基本的会计理论知识对于我们处理关于经济管理方面的问题和进行决策是十分重要和有意义的。在我们经营一家公司或企业时,最希望知道的就是"我们获利了吗?""我们的目标达到了吗?"。就像引导案例中的经营油漆店的李琳,她就很想知道自己是否盈利了呢?经过本章的学习,您将可以帮她解答。

1.1 会计的产生与发展

马克思的辩证唯物主义观点认为,会计是在人类社会的生产和发展中,根据人类生产生活的需要而产生并发展起来的,随着社会生产的逐渐进步,经济活动事项变得越来越复杂,与之配套的专门的计量手段也显得越来越重要,会计科学与方法体系正是由于这样的原因由简到繁,逐步完善并最终形成自己独有的一套科学方法体系的。

会计历史悠久,源远流长。在人类社会的早期,随着社会活动的增多,人类开始有了记数的必要,于是出现了最早的"刻木记数","结绳记事"等记数手段。奴隶社会取代原始社会后,在原始计量的基础上,逐步形成了早期的会计制度。在远古时期的印度公社,出现了早期的记账员,在那时,账簿记录已经成为一种独立的职位。据《周礼》记载,大约在西周前后,我国进入了单式簿记阶段,周王朝设立了专门的会计官吏来掌管官计事宜。西汉时期,官府和民间已经出现了会计账簿,到了唐宋时期,"四柱结算法"出现,成为中式簿记的基本原理。明末清初随着商业和手工业的发展,出现了"龙门账",这是复式记账的起源,标志着商业会计的产生。进入清代以后,商品货币经济进一步发展,资本主义关系逐渐萌芽,又产生了"天地合账",要求对日常发生的所有业务都应用两笔账同时反映,以此来反映经济事项的发生过程。中国古代会计制度经过各朝各代的发展,完成了从单式簿记到复式簿记的演变过程。

新中国建立之初,我国借鉴苏联社会主义经济建设经验,选择了计划经济体制。在社会主义建设初期,我国按照计划经济体制构建了会计工作的基本模式,实行了统一的会计制度。1985年我国颁布了新中国第一部《中华人民共和国会计法》,标志着我国会计工作进入了法治化。1992年,我国财政部颁布了《企业财务通则》和《企业会计准则》,并陆续颁布了13大行业的企业财务制度和企业会计制度,会计模式与国际初步接轨。2006年2月15日,国家财政部颁布了由1项基本准则、38项具体准则和相关应用指南构成的新企业会计准则体系,其中新会计准则于2007年1月1日起在上市公司中执行,其他企业鼓励执行。新会计准则体系是与中国国情相适应,同时又充分与国际财务报告准则接轨,涵盖各类企业各项经济业务,能够独立实施的会计准则体系。

现代会计是商品经济的产物。14、15世纪,欧洲资本主义商品货币经济的迅速发展,促进了会计的发展。近代会计的时间跨度一般认为应从1494年意大利数学家、会计学家卢卡·帕乔利所著《算术、几何、比及比例概要》一书公开出版开始,直至20世纪40年代末。此间在会计的方法技术与内容上有两点重大发展,其一是复式记账法的不断完善和推广;其二是成本会计的产生和迅速发展,从而形成现代会计的基本特征和发展基石。

20世纪以来,特别是第二次世界大战结束后,资本主义的生产社会化程度得到了空前的发展,现代科学技术与经济管理科学的发展突飞猛进。受社会政治、经济和技术环境的影响,传统的财务会计不断充实和完善,财务会计核算工作更加标准化、通用化和规范化。与此同时,会计学科在20世纪30年代成本会计的基础上,紧密配合现代管理理论和实践的需要,逐步形成了为企业内部经营管理提供信息的管理会计体系,从而使会计工作从传统的事后记账、算账、报账,转为事前的预测与决策、事中的监督与控制、事后的核算与分析。

现代会计的时间跨度是自20世纪50年代开始至今。此间会计方法技术和内容的发展有两个重要标志,一是现代电子技术与会计融合促成的"会计电算化";二是会计分化为财务会计和管理会计两个分支。1946年在美国诞生了第一台电子计算机,1953年计算机便在会计中得到初步应用,其后迅速发展,至20世纪70年代,发达国家就已经出现了电子计算机软件方面数据库的应用,并建立了电子计算机的全面管理系统,广泛应用于会计核算,使会计信息的搜集、分类、处理、反馈等操作程序摆脱了传统的手工操作,大大地提高了工作效率,实现了会计科学的根本变革。1952年世界会计学会上正式通过"管理会计"这一术语,从此,现代会计形成了财务会计和管理会计两大分支。

1.2 会计的基本理论

1.2.1 会计及其分支

1. 会计的含义

1) 会计的定义

会计是为满足人类生产实践和经济管理的客观要求而产生和发展的。不论古今中外,人们从事各种经济活动,都要讲究经济效益,即将从事经济活动所投入的人力、物力和财力与产出比较,确定经济效益,并通过分析,总结经验,用于经济决策,以便取得更大的经济效益。为了进行科学的决策和有效经营,须借助各种有用的经济信息,如企业产品的销售收入、销售量、销售成本及经营费用、利润、资金等各种信息,否则,便对企业的各项经济活动心中无数,就难以取得预期的经济效益。一般说来,会计是为满足经济决策需要的一种经济信息系统,它既包括对某一经济组织各项活动的财务成本信息进行观察、计算、记录、分类、汇总、分析和总结评价,又包括对该组织目前和未来的经济活动进行控制和预测,以便于经济信息的使用者作出明智的决策。

更好地理解会计的定义须要注意如下四个要点。

① 会计不仅是经济管理的一种工具,而且还是经济管理活动的一个重要组成部分。

② 会计是一种商业语言,即它是沟通经济管理者的桥梁。

③ 会计是一种服务活动。会计师主要服务于以下几大领域:第一,公共会计,此时会计师在事务所工作,称为注册会计师(CPA),其主要工作有审计、管理咨询、纳税服务;第二,私营会计,又称企业会计,是指会计师受雇于企业,从事总账会计、成本会计、预算管理、内部审计等工作;第三,非营利组织会计,是指会计师服务于非营利组织(包括社会团体、基金会等)的会计,这类非营利组织与政府公共部门比较接近,往往适用预算会计制

度;第四,政府会计,是指会计师受雇于政府机关。

④ 会计是一个信息系统,包括财务会计和管理会计两个子系统。

2) 会计的特点

会计有着十分丰富的内容且在不断地发展变化,但是现代会计的特点至少有以下几个方面。

① 会计是以货币为主要的计量单位,这是会计的基本特点。货币量度是为了运用统一量度综合核算各种经济活动而采用的,它对综合性质相同或不同的物质消耗和劳动消耗,提供经营所需要的资金、成本、利润等综合指标所具有的特殊作用,是实物量度和劳动量度难以具备的。货币量度之所以能具有这种特殊作用,是因为货币是商品交换的一般等价物,具有价值尺度的功能。尽管在会计管理活动中要使用实物量度、劳动量度和货币量度等不同的计量单位,但以后者为主。

② 会计对经济活动的核算和监督具有完整性、连续性、系统性和全面性。会计核算只有符合这些基本要求,才能综合核算和监督经济活动的过程和结果。

③ 会计具有一整套系统、完整的专门方法,包括会计核算方法、会计分析方法和会计检查方法。其中,会计核算方法包括设置账户、复式记账、填制和审核会计凭证、登记账簿、成本计算、财产清查和编制财务会计报告等。

④ 会计具有二重性的特性。其一是与生产力相联系的自然属性(技术性),即会计的某些内容和方法要符合生产力本身的发展规律,反映生产技术与生产组织的客观要求;其二是与生产关系相联系的社会属性(社会性、阶级性),即作为会计原则、会计制度和会计任务等要与生产关系相联系,体现一定阶级的经济利益和政治要求。

2. 会计的分支

就一个现代企业而言,会计信息的使用者可分为两大类。第一类是会计信息的外部使用者,包括投资者(股东)、债权人、职工、潜在的投资者、政府机关、工会、顾客等;第二类是会计信息的内部使用者,主要是企业内部管理当局的各级管理人员。因此,为了满足不同使用者的信息需要,现代会计学体系中形成了两个并驾齐驱的分支学科,即财务会计和管理会计。财务会计主要满足外部使用者的信息需要,而管理会计则偏重于满足内部使用者的信息需要。

1) 财务会计和管理会计的定义

财务会计又称决算会计,是当代企业会计的一个重要组成部分,在保护投资者及社会公众利益、维护市场经济秩序及其稳定方面扮演着越来越重要的角色。它主要是用货币计价,并运用簿记系统的专门方法,以通用的会计原则为指导,通过记账、算账和报账等工作对企业的生产经营过程进行反映和控制,旨在为所有者、债权人及其他利益相关者提供有关企业经营成果、财务状况及其变动的信息的对外报告会计。其主要内容包括凭证设置、会计要素的划分与确认、成本核算、登记账簿、财务报告的编制与分析等。

管理会计又称内部会计,是企业为加强内部经营管理,提高企业经济效益,为企业内部的管理当局提供一个经济组织有关内部经营管理和经营决策所需信息的一种会计。广义地说,一切利用会计信息进行加工,旨在提高经济效益的内部报告都属于管理会计的范畴。其主要内容包括成本习性与本量利分析、预测与决策、全面预算、成本控制、责任会计等。

2）财务会计和管理会计的关系

财务会计与管理会计是会计学体系的两个分支，二者之间既有区别又有联系。

二者分别满足不同使用者的会计信息需要，所以它们之间有着很大的差别，主要体现在以下十个方面。

① 会计目的不同。如前所述，财务会计主要是为对外报告会计；而管理会计是对内部报告会计。

② 工作重心不同。财务会计重点反映企业过去发生的经济业务，对其进行加工处理，属于"报账型"会计；管理会计的工作重心是控制现在和计划未来，属于"决策型"会计。

③ 约束依据不同。财务会计在核算工作中，要遵循会计准则和国家的一系列财经法规；管理会计则以系统理论、管理者的需要和成本效益原则等相关性原则为依据进行工作。

④ 空间不同。财务会计在空间上侧重于企业整体，如在集团公司中表现就更为明显，要编制合并会计报表，以综合反映企业整体的财务实力；管理会计在空间上整体和局部并重，如企业的规划和控制活动是以整体为主的，而业绩的评价与考核则以局部的责任中心为主。

⑤ 程序不同。财务会计的程序比较固定、严格和规范，对所发生的各项经济业务要按规定的格式，及时填制会计凭证、登记会计账簿和编制会计报表；而管理会计的程序有很大的灵活性，很少涉及账务处理和凭证，且管理会计报表可根据需要自行确定编报时间和设计编报格式。

⑥ 精度不同。财务会计反映过去发生的经济业务，各项因素都是肯定的，用初等数学或算术就够了，因此数据要力求准确、平衡；而管理会计主要是筹划未来，不确定性因素很多，除使用高等数学外，还要用线性代数、概率论与数理统计等现代数学，只求相对准确和平衡。

⑦ 方法的运用状态不同。财务会计在各种核算方法中，只能选择一种并始终如一地用下去，不得随意变更；而管理会计则可灵活多样地结合使用不同方法，以便比较各种方案的优劣，选择最佳方案。例如，常用的固定资产折旧方法包括平均年现法（或称直线法）、工作量法、双倍余额递减法及年数总和法，但是折旧方法一经确定，不得随意变动。而管理会计中对于成本的分析既可以用变动成本法，也可以用完全成本法。

⑧ 信息的时间跨度不同。财务会计的分期一般为一年，但也可以按季和按月编制中期报告，时间跨度较为固定；而管理会计的时间跨度则因管理者不同的信息需求而具有较大的弹性，不受年、季、月限制，可以小到每时每刻（如资金的调度和费用的控制），也可大到10年或20年以上（如设备的更新、厂房的扩建等资本投资决策）。

⑨ 管理角度不同。财务会计最关心的是如何确认、计量和传递各种财务信息，一般不重视管理人员行为的影响，因而容易被误解为管得"过死"；而管理会计最关心计量结果和业绩报告会如何影响管理人员的日常行为，并用行为科学的方法千方百计地调动他们的工作积极性和创造性。

⑩ 承担的责任不同。财务会计一般提供连续的、系统的、全面的、综合的财务成本信息，例如，董事长、总会计师（或财务总监）等有关人员就要对所公布的财务报表的真实性负个别的和连带的法律责任；而管理会计一般只提供有选择的、部分的或特定的管理信息，相应责任人只负能力责任，而不负法律责任。

基于二者是会计信息系统的两个子系统，它们之间必然有着千丝万缕的联系，主要表现在以下两个方面。

① 两者是会计的统一体。二者的对象都是企业的经济活动及其发出的信息，只是在时间和空间上各有侧重。并且，管理会计除使用其他经济信息外，主要利用财务会计的基本信息，并借用其分析的一些方法，进行预测、决策、控制和评价等"算账"活动对财务会计信息进行加工和延伸，也就是说，财务会计是会计的基础，而管理会计是会计工作的深化和提高。例如，管理会计中制造费用差异的分析计算要先知道企业产品的销售量、销售单价、期间费用等信息，再利用一些基本公式进行计算分析。

② 两者的信息资料相互渗透并具有互补性。例如，财务会计不断吸收管理会计的最新成果，如"财务状况变动表"和"现金流量表"等最初是管理会计的报表，由于它们能反映企业的资金变动，全面揭示一个企业的经营活动、投资活动和筹资活动的全貌，因而后来先后曾被财务会计吸收为对外公布的财务报表之一。在对内、外报告中，两者的信息资料往往具有互补性。例如，分析企业的经营状况时，不仅要分析企业的主要财务报表，也可以结合企业的内部成本核算报表的分析等管理来了解企业实际的、完整的经营状况。

1.2.2　会计的基本职能

会计的职能是指会计在经济管理活动中应发挥的作用。由于会计是为了适应社会生产实践活动的客观需要而产生的，而社会生产的发展要受到生产力和生产关系的制约，特别是随着会计在经济管理中的作用日益显著，会计职能也在不断地发生变化。因此，在人类历史发展的不同时期、不同的经营管理水平的要求下，会计职能也随着社会生产力和生产关系的发展而不断充实和完善。会计职能的发展经历了两个重要的阶段，由最初的反映和监督职能阶段发展完善到现在的管理职能阶段。根据《中华人民共和国会计法》，会计的基本职能为分两大职能：会计核算和会计监督。

1. 会计核算职能

会计的核算职能，也即会计的反映职能，是指会计以货币形式，通过确认、计量、记录、报告等环节来综合反映特定经济组织的经济活动过程，为经营管理提供完整的、系统的、以财务信息为主的会计信息的功能。这是会计作为经济管理工具所具有的最基本的职能。要全面理解这一基本职能，应把握以下三点。

① 会计核算以货币为主要计量单位，从价值量方面核算特定组的经济活动全过程。这并不意味着会计核算只能通过货币进行核算，当然，经济活动也可以通过实物和劳动量进行量度。但是，最主要的方式还是进行货币的度量。马克思主义理论指出："价值决定价格，价格是价值的表现形式"，这样的话就可以从不同的角度去衡量和对比单位的经营运行情况。例如，利用资产指标，可以了解企业一定时期的资产总额及其结构，考核企业

资产的利用情况,以提高资产的利用率。另外,通过计算出相关的比例指标,可以得知所需的会计信息,如固定资产折旧率反映了固定资产价值分摊到成本费用中去的程度。

② 会计核算方法的运用可以更好地体现会计核算职能。会计核算方法包括七种:设置账户、复式记账、填制和审核会计凭证、登记账簿、成本计算、财产清查和编制财务会计报告。这七种方法相互联系、紧密结合,形成了一个完整的方法体系。各种方法的具体内容和作用我们将在第二节进行介绍。

③ 会计核算的主要方式为记账、算账和报账。记账是指对特定主体在一定时期内所发生的会计事项采用一定的记账方法在账簿中进行登记,如填制记账凭证,登记应收账款账簿并结出各期的发生额及余额等各项工作;算账,就是在记账的基础上,计算反映企业的经营活动和成果或行政事业单位预算资金的收支或结余,如对企业一定日期的资产、负债、所有者权益和一定时期的收入、费用、利润,根据账簿的记录进行计算的工作;报账,就是在前二者工作的基础上,对单位的财务状况、经营成果和现金流量情况,根据账簿的记录和有关的资料编制各种会计报表,从而向各有关方面提供会计信息。

2. 会计监督职能

会计的监督职能,是指会计按照既定的目的和要求,通过预测、决策、控制、分析、审核和考评等具体办法,对一个组织经济活动全过程的真实性、合法性、合理性和有效性进行监督,从而促使经济活动按照规定的要求运行,以达到预期的目的。会计监督的核心在于通过干预经济活动,使之符合国家有关法律、法规的规定,并对经济活动的合法性、合理性进行评价并据以施加限制或影响。

会计监督的形式,按照监督主体划分,既有单位内部的会计监督,又有单位外部的会计监督;会计监督按照时间划分,可以分为事前监督、事中监督和事后监督。事前监督是指参与经济预测、计划或预算的编制等;事中监督是指审查日常业务收支及生产耗费,督促生产经营业务进行和计划的执行;事后监督是指检查财产物资的安全与完整,分析、考核计划的完成及经济效益情况等。

根据《中华人民共和国会计法》和其他有关会计法规的规定,会计人员进行会计监督的对象和内容是本单位的经济活动。其具体内容包括:

① 对会计凭证、会计账簿、财务会计报告等会计资料进行监督,以保证会计资料的真实、准确、完整、合法;

② 对各种财产和资金进行监督,以保证财产、资金的安全完整与合理使用;

③ 对财务收支进行监督,以保证财务收支符合财务制度的规定;

④ 对经济合同、经济计划及其他重要经营管理活动进行监督,以保证经济管理活动的科学、合理。

上述两项基本会计职能是密切相关,相辅相成的。会计核算是会计监督的前提条件和基础,离开会计核算,会计监督就会成为无源之水,无本之木;而会计监督又是会计核算质量的根本保障,只有会计核算,没有会计监督,各种经济信息的真实性、合法性便很难保证。所以,在会计工作中,在强调加强会计核算的同时,一定要注重会计监督功能的运用。

随着社会经济的发展,为满足管理的需要,科学管理被管理科学所取代,管理者对会计的要求更高了,不仅要求会计事后的记账、算账,更要求进行事前的预测,参与决策,确定目标利润,编制预算,加强差异分析和业绩评价等。于是,参与预测、决策、控制、考核成为会计新的职能。正因为会计已渗透到管理的各种职能中,会计也被称作是一种商业语言,也就是说,会计是沟通经济工作者的桥梁,管理者若不懂会计,经济工作就无从谈起。

1.2.3 我国的会计规范体系

会计规范体系是指组织和从事会计工作必须遵守的各种法规和制度。我国的会计规范体系由以下五个层次组成。

1. 会计法

会计法是会计工作的基本法,是制定其他一切会计法规、制度的法律依据。《会计法》由全国人民代表大会常务委员会制定,以国家主席的命令发布。我国的《会计法》是1985年颁布,1999年10月份重新修订的。它的实施不仅为规范经济和会计秩序提供了重要的法律保证,对促进社会经济秩序的健康运行也起到了重要作用。会计法的意义主要表现在以下几个方面。

① 确定了会计工作的地位与作用。
② 确立了会计工作的管理体制。我国会计工作的管理体制的总原则是统一领导和分级管理,具体包括会计工作的领导体制、会计制度的制定权限和会计人员的管理体制。
③ 规定了会计机构和会计人员的主要职责。
④ 明确了会计人员的职权和行政职权的法律保障。同时明确规定了单位领导人、会计人员的履行职责的法律责任直至依法追究刑事责任。

2. 企业财务会计报告条例

2000年6月21日,国务院颁布了《企业财务会计报告条例》,以规范企业财务会计报告并保证财务会计报告的真实、完整。

3. 企业会计准则

企业会计准则也可以称之为会计确认、计量、记录和报告的准则,或叫会计核算准则,它是开展会计核算工作应当遵循的基本规范,是处理会计业务的准绳,其核心是通过规范企业财务会计确认、计量和报告内容,提高会计信息质量,降低资金成本,提高资源配置效率。新的企业会计准则强化了为投资者和社会公众提供决策有用会计信息的新理念,实现了与国际会计惯例的趋同,首次构建了比较完整的有机统一体系,为改进国际财务报告准则提供了有益借鉴。我国新的企业会计准则体系包括1项基本准则和38项具体准则以及有关具体准则的应用指南三个层次。

1) 基本准则

基本准则也称为指导性准则,它是纲,在整个企业会计准则体系中扮演着概念框架的角色,起着统驭作用,是对会计核算的基本概念、基本原则、基本方法(确认、计量、记录、报告)所作的一般性规定。覆盖面广、操作性差是其主要特点。我国财政部颁布的《企业会计准则》(于 1993 年 7 月 1 日起实施)就属于基本准则,为适应我国市场经济发展和经济全球化的需要,按照立足国情、国际趋同、涵盖广泛、独立实施的原则,财政部对这一准则做了系统性的修订,并于 2006 年 2 月 15 日颁布。其主要内容包括总则、会计的信息质量要求、会计要素、会计计量的属性、财务会计报告等。

2) 具体准则

具体准则是目,是在基本准则的基础上,对具体交易或者事项会计处理的规范,是基本准则的延伸、补充和具体化。可操作性强和兼顾各种特殊情况是其特点,可以根据其直接组织某项业务的核算,例如,《企业会计准则第 1 号——存货》、《企业会计准则第 2 号——长期股权投资》、《企业会计准则第 3 号——投资性房地产》等。2006 年 2 月 15 日财政部颁布了 38 项具体准则,主要有:通用业务会计准则,特定业务会计准则、报告准则。

3) 具体准则的应用指南

具体准则的应用指南是补充,是对具体准则的一些重点、难点问题作出的操作性规定,是对具体准则的操作指引。2006 年 10 月 30 日,我国又颁布了《企业会计准则——应用指南》,内容包括 32 项具体会计准则应用指南和附录——会计科目和主要账务处理,从而实现了我国会计准则与国际财务报告准则的实质性趋同。《应用指南》自 2007 年 1 月 1 日起在上市公司范围内施行,鼓励其他企业执行。执行《企业会计准则——应用指南》的企业,不再执行现行准则、《企业会计制度》、《金融企业会计制度》、各项专业核算办法和问题解答。

4. 会计实施法规

会计实施法规主要有以下三类。

1) 有关会计人员的法规

此类法规包括《会计人员职权条例》、《中华人民共和国注册会计师法》、《总会计师条例》,以及有关会计交接工作的规定和会计人员技术职称等规定。

2) 有关会计工作的法规、制度

此类法规、制度,包括《会计基础工作规范》、《小企业会计制度》、《会计档案管理办法》等。

3) 有关会计工作具体要求和方法的各种法规和制度

除前述的行业会计制度外,企业的主管部门和各级财税部门也都规定了各种法规和制度,内容涉及现金收支管理、出纳工作流程、银行账户管理基本规定、税收管理及发票管理、财产清查等。

5. 企业内部会计制度

这是企业根据国家统一的财经法规和自身的实际情况所制定的一系列方法和制度,包括岗位责任制、会计凭证及其传递程序、物资收发领用制度、费用报销制度、成本核算方法、内部控制制度、经济责任制核算等。

1.2.4 会计的基本假设与基础

1. 会计的基本假设

会计的基本假设是指为了保证会计工作的正常进行和会计信息的衡量,对会计核算的范围、内容、基本程序和方法所做的限定,以及在此基础上建立的会计原则。它是制定会计核算原则和会计核算制度的依据,是会计确认、计量、记录和报告的基础,是进行会计活动的必要前提条件。各国的会计基本假设互有差异。按照我国《企业会计准则》的规定,会计核算包括以下 4 个基本假设,即会计主体假设、持续经营假设、会计分期假设和货币计量假设。

1) 会计主体假设

会计主体是指会计为之服务的特定单位或组织,它可以是一个企业,也可以是集团公司等。要成为会计主体,应该同时具备三个条件:

① 具有一定数量的经营资金;

② 进行独立的生产经营活动或其他活动;

③ 实行独立决算。

根据这一假设,会计核算应当以企业持续、正常的生产经营活动为前提。这种假设是为了把会计主体的经济业务与其他会计主体以及投资者的经济业务相分离,从而明确从事会计工作和提供会计信息的空间范围和界限,如投资者在其他单位的投资活动、合伙人处理已分得的利润,都不能在该会计主体中反映。会计人员应站在特定会计主体的立场,核算特定主体的经济活动。

需要说明的是,会计主体与法律主体(法人)是有区别的,即会计主体不同于法律主体。一般来说,法律主体往往是一个会计主体。例如,一个企业作为一个法律主体,应当建立财务会计系统,独立反映其财务状况、经营成果和现金流量。但是,会计主体不一定都是法律主体。例如,由企业管理的证券投资基金、企业年金基金等,尽管不属于法律主体,但属于会计主体,应当对每项基金进行会计确认、计量和报告。

2) 持续经营假设

持续经营假设是指企业的生产经营活动将按照既定的目标和正常的经营方针继续经营下去,在可预见的将来,不会破产清算。这种假设主要是使会计主体的会计信息处理的原则和程序保持一致性和稳定性,并为解决很多常见的资产计价和收益确认问题提供基础。例如,按时间划分资产和负债、费用的摊销、债权债务的清算、支出的划分等,都是基于这条假定。又如,根据此项假设又可确定固定资产是否应该计提折旧和是否按历史成本进行记录。但是,在市场经济条件下,任何企业都存在着破产、清算的风险,若有显著迹象表明一个会计主体无法持续经营,就应当采用破产清算的会计程序和方法。

3) 会计分期假设

对于持续经营的会计主体来说,不能等其结束营业活动时才进行结算和编报,财务报告使用者也希望可以及时地了解有关企业财务状况、经营成果和现金流量的信息,因而必须划分会计期间,分期结算账目和编制财务会计报告。所谓会计分期,就是人为地把持续不断的企业生产经营活动,划分为一定的等长的时间段落。会计分期界定了会计信息的时间段落,为分期结算账目和编制财务会计报告,贯彻权责发生制、可比性原则、及时性原则等奠定了理论和实务基础。该前提还对完善会计核算方法有重要作用,例如解决费用的跨期摊配问题,固定资产计提折旧等。

会计期间通常为一年,称为会计年度或财政年度。各国的会计年度起讫日期不尽相同。我国以公历年度为会计年度。西方国家以自然经营年度(以收入的最低点为起讫)做会计年度,如美国从本年 7 月 1 日至翌年 6 月 30 日为一个会计年度。为了及时提供会计信息,以满足不同方面对会计信息的需求,还可以将会计期间划分为半年度、季度、月度。半年度、季度和月度均称为会计中期。

4) 货币计量假设

货币计量是指会计主体在会计核算中以货币作为统一尺度来计量,并把企业财务状况和经营成果数据转化为按统一货币单位反映的会计信息。实物量和劳动量等其他计量单位在会计中只作为辅助计量单位,这是由货币是商品的一般等价物的本身属性决定的。在某些情况下,会计信息使用者作出决策需要得到某些无法用货币来计量和反映的信息,如企业经营战略、研发能力、市场竞争力等,此时企业可以在财务报告中补充披露有关非财务信息来弥补这种缺陷。

货币计量的假定涉及两个问题。①记账本位币的选择。我国有关会计法规规定,企业核算应以人民币作为记账本位币。业务收支以外币为主的企业,也可选定某种外币作为记账本位币,但编制的会计报表应当折算为人民币反映。中国的境外企业,向国内有关方面报送的会计报表,也应折算为人民币反映。如在同一期间,我国某一企业向国内出售商品获得的销售收入为人民币 80 万元,向国外出口商品获得销售收入 25 万美元,期间该企业的销售收入总额不能将二者直接相加,而需将美元计量的收入折算为人民币收入,再进行相加。②强调币值稳定。按照国际惯例,当货币本身的价值波动不大,或前后期波动能抵消时,可不考虑货币价值的变动,这实际上包含着币值不变的假定。但在发生恶性通货膨胀时(如三年累计的通货膨胀率接近或超过 100%),就需要用物价变动会计准则来处理有关的会计事项。

2. 会计基础

1) 权责发生制

企业的会计核算应当以权责发生制为基础。权责发生制也叫应计制或应收应付制,是指以权益、责任是否发生为标准来确认当期的收入与费用的归属期。凡是本期实现的收入和已经发生或应当负担的费用,不论款项是否收付,都应作为本期的收入和费用入账;反之,凡不属于本期的收入和费用,即使款项已在本期收付,也不应作为本期的收入和费用处理。权责发生制下的利润具有可比性,适合于企业单位,按照此原则确认收入和费用,比较符合经济业务事项的经济实质,有利于准确地反映企业的财务状况和经营成果。

2) 收付实现制

权责发生制与收付实现制(也叫现金制或现收现付制)相对应。后者在确认收入和费用时是以款项实际收到或付出为标准。收付实现制强调现金流量,目前用于行政事业单位的预算收支核算。但是,由于现金流量在一定意义上比利润更加重要,因此企业在按权责发生制编报损益表的同时,还要按收付实现制的原理编制现金流量表,以提供企业现金及现金等价物的变动信息。

对于二者的区别,现举例比较说明。

【例 1-1】 某企业 3 月份发生以下经济业务:
(1) 支付上月份电费 5 000 元;
(2) 收回上月的应收账款 10 000 元;
(3) 收到本月的营业收入款 8 000 元;
(4) 支付本月应负担的办公费 900 元;
(5) 支付下季度保险费 1 800 元;
(6) 应收营业收入 25 000 元,款项尚未收到;
(7) 预收客户货款 5 000 元;
(8) 负担上季度已经预付的保险费 600 元。

在权责发生制下,该企业收到本月营业收入 8 000 元,本月应负担办公费 900 元,应收营业收入 25 000 元,负担保险费 600 元。收入小计 33 000 元,费用小计 1 500 元。本期收益 31 500 元。

在收付实现制下,收到上月应收账款 10 000 元,支付上月电费 5 000 元,收到本月营业收入款 8 000 元,支付本月办公费 900 元,预收客户款 5 000 元,支付下季度保险费 1 800 元。收入小计 23 000 元,费用小计 7 700 元,本期收益 15 300 元。

1.2.5 会计的信息质量要求

会计信息需要向公众公开披露,因此,会计信息的质量至关重要。会计信息质量要求,是指财务会计报告所提供的会计信息对使用者有用应具备的特性,是为实现会计目标而对财务会计报告所提供的信息提出的约束性要求。我国最新的《企业会计准则——基本准则》的第二章规定了八条会计信息质量要求,如下所述。

1. 可靠性

可靠性是指企业应当以实际发生的交易或者事项为依据进行会计确认、计量和报告,如实反映符合确认和计量要求的各项会计要素及其他相关信息,保证会计信息真实可靠、内容完整。

会计信息是国家宏观经济管理部门、投资者、债权人、企业经营者等进行决策的重要依据,因此其必须可靠。这就要求在会计核算中,从经济业务的发生到编制记账凭证、登记账簿以及编制会计报表的全过程都要以客观事实为依据,每一项会计记录都要有能够证明经济业务发生或完成情况的合法凭证,做到内容真实、数字准确可靠。

2. 相关性

企业提供的会计信息应当与财务会计报告使用者的经济决策需要相关,有助于财务会计报告使用者对企业过去、现在或者未来的情况做出评价或者预测。会计就是要向各有关方面提供有用的信息,为加强经济管理、提高经济效益服务。因此,会计信息若与人们的管理和决策无关,会计核算也就失去了其应有的意义。

3. 清晰性

提供会计信息的目的在于使用,要使用会计信息,就必须要了解会计信息的内容,这就要求企业提供的会计信息应当清晰明了,便于财务会计报告使用者理解和使用;这就要求对复杂的经济业务应该用规范文字加以表达,用图式反映有关信息,以便于使用者理解、检查和利用。

4. 可比性

企业提供的会计信息应当具有可比性。同一企业不同时期发生的相同或者相似的交易或者事项,应当采用一致的会计政策,不得随意变更。确需变更的,应当在附注中说明。不同企业发生的相同或者相似的交易或者事项,应当采用规定的会计政策,确保会计信息口径一致、相互可比。

企业发生的交易或事项具有复杂性和多样性,对于某些交易或事项可能有多种会计核算的方法,例如,可以采用先进先出法、加权平均法、个别计价法等确定存货的实际成本,此时企业需要确定一种方法作为本企业的处理原则。如果企业在不同的会计期间采用了不同的会计核算方法,将不利于会计信息使用者对会计信息的理解,不利于会计信息作用的发挥。

5. 实质重于形式

企业应当按照交易或者事项的经济实质进行会计确认、计量和报告,不应仅以交易或者事项的法律形式为依据。在会计核算过程中,可能会碰到一些经济实质与法律形式不吻合的业务或事项,如融资租入的固定资产,在租期未满以前,从法律形式上讲,其所有权并不属于承租人,但承租人实际上却能行使对该项资产的控制权利,因此,根据此要求,承租人就应该将其视同为自有资产,一并计提折旧;又如,诉讼中胜诉的债权,有可能形成坏账。

6. 重要性

企业提供的会计信息应当反映与企业财务状况、经营成果和现金流量等有关的所有重要交易或者事项。重要性实质上是会计核算本身进行成本效益的权衡。这里需要说明的是,确定某一会计事项是否重要,除了要严格参照有关会计法规的规定之外,更要依赖于会计人员结合本企业具体情况所做出的专业判断。

7. 谨慎性

谨慎性也叫保守性、稳健性或审慎性,是指企业对交易或者事项进行会计确认、计量和报告应当保持应有的谨慎,不应高估资产或者收益、低估负债或者费用。换言之,在确认资产和收入时,应在显而易见时才揭示;而对负债和费用及损失,只要有潜在的可能,就应予以反映。例如,计量各项财产减值准备、固定资产的加速折旧,在物价上涨情况下发出存货计价的后进先出法,应收款项的可收回性等不确定性的情况存在时,就要求企业应充分保持其应有的谨慎。

谨慎性要求强调企业应避免虚夸资产和收益,抑制由此给企业生产经营带来的风险,但是并不能与蓄意隐瞒利润、逃避纳税画上等号,因此会计制度中明令禁止提取各项不符合规定的秘密准备。

8. 及时性

企业对于已经发生的交易或者事项,应当及时进行会计确认、计量和报告,不得提前或者延后。信息只有具有时效性才会对会计信息的使用者作出决策具有帮助,这就要求会计人员要及时地收集、处理和传递信息。

讨论案例1

诉讼债权确认收入

郭彬和萧然打官司,2013年7月5日,某市的中级人民法院民事审判庭判决萧然应该赔偿郭彬50万元利息损失,要求在半个月内付清。而萧然并未在规定的时间内把款项给郭彬。于是,7月23日,双方继续在该法院经济审判庭开庭,判决结果是冻结萧然在一家银行营业所的账户,用于赔偿郭彬的损失。虽然被冻结的该账户余额仅有6万元人民币,但郭彬的总会计师还是在月末(7月31日)进行调账,分别增加资产(其他应收款)和减少费用(财务费用)各50万元,因为既然取得了法院的两纸判决书,就取得了收取该笔款项的权利,根据会计的权责发生制的会计基础,有充分理由予以调账。

请问:这种调账是否合适?为什么?

(资料来源:根据笔者上课时讲的自编实例。)

1.2.6 会计要素与会计等式

1. 会计要素

会计要素是指按照交易或事项的经济特征所作的基本分类,也即对会计对象按经济业务特性所作的具体分类,是会计报表的基本组成内容。根据我国新的《企业会计准则——基本准则》,会计要素可分为两大类:一类反映企业的财务状况,即资金运动相对静态状况,也叫资产负债表要素,包括资产、负债和所有者权益三项;另一类反映企业的经营成果,即资金运动显著变动状况,也叫损益表要素,包括收入、费用、利润三项。以下分别说明这六项要素。

1) 资产

资产是指企业过去的交易或者事项形成的,由企业拥有或者控制的,预期会给企业带来经济利益的资源。企业过去的交易或者事项包括购买、生产、建造行为或其他交易或者

事项,预期在未来发生的交易或者事项不形成资产。符合资产定义的资源,在同时满足以下条件时,确认为资产:

① 与该资源有关的经济利益很可能流入企业;

② 该资源的成本或者价值能够可靠地计量。

注:符合资产定义和资产确认条件的项目,应当列入资产负债表;符合资产定义,但不符合资产确认条件的项目,不应当列入资产负债表。

资产按其流动性可以分为流动资产与非流动资产。流动资产是指可以在一年内或者长于一年的一个经营周期内变现或耗用的资产,如货币现金及银行存款、交易性金融资产、应收及预付款项、存货等。非流动资产也叫长期资产,如长期股权投资、持有至到期投资、投资性房地产、固定资产、在建工程、无形资产、商誉等。

2) 负债

负债是指企业过去的交易或者事项形成的、预期会导致经济利益流出企业的现时义务。现时义务是指企业在现行条件下已承担的义务,未来发生的交易或者事项形成的义务,不属于现时义务,不应当确认为负债。符合负债定义的义务,在同时满足以下条件时,确认为负债:

① 与该义务有关的经济利益很可能流出企业;

② 未来流出的经济利益的金额能够可靠地计量。

注:符合负债定义和负债确认条件的项目,应当列入资产负债表;符合负债定义,但不符合负债确认条件的项目,不应当列入资产负债表。

负债按其流动性可分为流动负债和长期负债。流动负债也叫短期负债,是指将在一年内或长于一年的一个经营周期内到期的债务,主要有:短期借款、应付票据、应付账款、预收账款、应付职工薪酬、应交税费、应付股利、其他应付款等。长期负债是指偿还期在一年或长于一年的一个经营周期以上的债务,包括长期借款、应付债券、长期应付款等。其中,将在一年内到期的长期负债应列为流动负债。从法律上说,负债是债权人的权益,企业在清算时,负债应优先偿还。

3) 所有者权益

所有者权益(或股东权益)是指企业资产扣除负债后由所有者享有的剩余权益。所有者权益的来源包括所有者投入的资本、直接计入所有者权益的利得和损失、留存收益等。直接计入所有者权益的利得和损失,是指不应计入当期损益、会导致所有者权益发生增减变动的、与所有者投入资本或者向所有者分配利润无关的利得或者损失。

所有者权益表明了企业的产权关系,即企业归谁所有;除非发生减资、清算,企业不需要偿还。企业清算时,只有在清偿所有的负债后,所有者权益才能返还给所有者。

4) 收入

收入是指企业在日常活动中形成的、会导致所有者权益增加的、与所有者投入资本无关的经济利益的总流入,包括主营业务收入和其他业务收入,但不包括为第三方或客户代收的款项,如增值税、代收销货款等。

收入只有在经济利益很可能流入从而导致企业资产增加或者负债减少且经济利益的流入额能够可靠计量时才能予以确认。符合收入定义和收入确认条件的项目,应当列入利润表。

5）费用

费用是指企业在日常活动中发生的、会导致所有者权益减少的、与向所有者分配利润无关的经济利益的总流出；成本是指企业为生产产品、提供劳务而发生的各种耗费。费用只有在经济利益很可能流出从而导致企业资产减少或者负债增加且经济利益的流出额能够可靠计量时才能予以确认。符合费用定义和费用确认条件的项目，应当列入利润表。

费用按其是否构成产品成本，可分为生产成本和期间费用。生产成本在制造成本法下，是指与生产产品直接有关的费用，包括直接材料、直接人工和制造费用（车间或分厂的各种间接费用）。产品完工入库后，生产成本转化为产品存货成本，随着产品的发出再转化为产品销售成本。期间费用是指不计入产品成本、应全部计入当期损益的费用，包括销售费用、管理费用和财务费用。

6）利润

利润是指企业在一定会计期间的经营成果，利润包括收入减去费用后的净额、直接计入当期利润的利得和损失等。直接计入当期利润的利得和损失，是指应当计入当期损益、会导致所有者权益发生增减变动的、与所有者投入资本或者向所有者分配利润无关的利得或者损失，如投资收益、营业外收入、营业外支出等。利润项目应当列入利润表。

利润在数量上是一定时期内全部收入和全部费用相配合的差额。若收入大于费用则盈利，反之则亏损。

企业的利润按其构成的层次不同，可分为营业利润、利润总额和净利润。

① 营业利润＝主营业务收入＋其他业务收入－主营业务成本－其他业务成本－主营业务税金及附加－销售费用－管理费用－财务费用－资产减值损失＋公允价值变动收益（－公允价值变动损失）＋投资收益（－投资损失）

② 利润总额＝营业利润＋营业外收入－营业外支出

③ 净利润＝利润总额－所得税费用

以上归类的目的是将企业错综复杂的收支项目层次分明地展示，从而有利于企业内部以及企业与企业之间进行财务成果的分析、比较。这几个层次中，营业利润是企业利润的主要来源，能较恰当地反映企业管理者的经营业绩。

企业当期实现的净利润，加上年初未分配利润（或减去年初未弥补亏损）和其他转入后的余额，为可供分配的利润。可供分配的利润首先应提取法定盈余公积，其分配顺序为：支付优先股股利、提取任意盈余公积、支付普通股股利、转作资本（或股本）。经过上述四种分配后，利润即转为未分配利润（或未弥补亏损）。未分配利润（即留存收益）留待以后年度进行分配。企业如发生亏损，则可以按规定用以后年度的利润进行弥补。

企业董事会或类似机构决议提请股东大会或类似机构批准的年度利润分配方案（除股票股利分配方案外），在股东大会或类似机构开会之前，应当将其列入报告年度的利润分配表，在附注中披露。

2. 会计计量属性

我国企业会计准则规定，企业在将符合确认条件的会计要素登记入账并列报于会计报表及其附注(又称财务报表,下同)中时,应当按照规定的会计计量属性进行计量,确定其金额。计量属性是指资产、负债等可用财务形式定量方面,即能用货币单位计量的某一要素的特性方面。根据我国企业会计准则,对计量属性的介绍依次如下。

1) 历史成本

历史成本,又称为实际成本,是指取得或制造某项财产物资时所实际支付的现金或现金等价物的金额。在历史成本计量下,资产按照购置时支付的现金或者现金等价物的金额,或者按照购置资产时所付出的对价的公允价值计量。负债按照因承担现时义务而实际收到的款项或者资产的金额,或者承担现时义务的合同金额,或者按照日常活动中为偿还负债预期需要支付的现金或者现金等价物的金额计量。

2) 重置成本

重置成本,又称现行成本,是指按照当前市场条件,企业重新取得与其所拥有的某项资产相同或与其功能相当的资产需要支付的现金或现金等价物的金额。在重置成本计量下,资产按照现在购买相同或者相似资产所需支付的现金或者现金等价物的金额计量。负债按照现在偿付该项债务所需支付的现金或者现金等价物的金额计量。

3) 可变现净值

可变现净值,是指在日常活动中,存货的估计售价减去至完工时估计将要发生的成本、估计的销售费用以及相关税费后的金额。在可变现净值计量下,资产按照其正常对外销售所能收到现金或者现金等价物的金额扣减该资产至完工时估计将要发生的成本、估计的销售费用以及相关税费后的金额计量。

4) 现值

现值是考虑货币时间价值因素等的一种计量属性,是指未来某一时期一定数额的现金流量折合成现在的价值。在现值计量下,资产按照预计从其持续使用和最终处置中所产生的未来净现金流入量的折现金额计量。负债按照预计期限内需要偿还的未来净现金流出量的折现金额计量。

5) 公允价值

公允价值亦称公允市价、公允价格,是指熟悉情况的买卖双方在公平交易的条件下所确定的价格,或无关联的双方在公平交易的条件下一项资产可以被买卖的成交价格。在公允价值计量下,资产和负债按照在公平交易中,熟悉情况的交易双方自愿进行资产交换或者债务清偿的金额计量。

企业在对会计要素进行计量时,一般应当采用历史成本,采用重置成本、可变现净值、现值、公允价值计量的,应当保证所确定的会计要素金额能够取得并可靠计量。

3. 会计等式

会计等式(或称为会计方程式),是对各会计要素的内在经济关系利用数学公式所做的概括表示,反映了会计基本要素之间的数量关系。会计等式是建立各种会计核算专门方法的理论基础。会计等式有基本等式和扩展等式两种。

1) 基本等式

任何一个会计主体为了进行生产经营活动,都需要拥有一定数量的经济资源,这些经济资源在会计上称为"资产"。资产最初进入企业时总有其提供者,他们对企业的资产具有索偿权,这种对企业资产具有的索偿权,在会计上称为:"权益"。因此,一个会计主体的全部资产应当等于各有关提供者对这些资产的权益总和,即:资产=权益。由于权益分为债权人权益和所有者权益,并且债权人权益又称为负债,因此就产生了基本等式:

$$资产=负债+所有者权益$$

此式是用来反映某个会计期间开始时(某一时日)企业的财务状况。在收入和费用均已结转之后用基本等式。

2) 扩展等式

随着生产经营活动的进行,企业一方面要取得收入;另一方面也随之发生各样费用,因而,在处于运动变化时,收入、费用要素与资产、负债、所有者权益要素,又在这个过程中建立起新的平衡关系。原等式就转化为如下扩展等式:

$$资产=负债+所有者权益+(收入-费用)$$

其中:收入-费用=利润,收入、费用和利润的关系是企业编制利润表的基础。扩展等式把"收入-费用=利润"融会到基本等式中去,用于日常的稽核。因为利润是所有者权益的一部分,因此便产生了扩展等式。

两个等式充分揭示了各会计要素之间的内在客观联系及其变化规律,是设置账户、复式记账、编制资产负债表和利润表的基本理论依据。

3) 经济业务的变化对会计等式的影响

企业在经营过程中,会不断发生各种各样的交易或者事项,例如购买材料、支付工资、销售产品、上缴税费等。这些交易或者事项在会计上称作"经济业务或会计事项",而每项交易或者事项的发生都会对会计要素产生影响,使之发生增减变化,并进而影响会计等式。但是,无论发生什么样的交易或者事项,都不会破坏资产与权益之间的平衡关系。由于会计等式的客观存在,企业的经济业务的变化只能有以下四种类型。

(1) 资产与权益同时增加

【例1-2】 企业收到投资人甲的追加投资10万元,这项经济业务发生后,使银行存款账户和实收资本账户同时增加了10万元。由于资产和所有者权益双方有关账户都以相等金额增加,因此会计等式必然平衡。

【例1-3】 企业借入短期借款50 000元,存入银行,这使得银行存款和短期借款同增了50 000元,不影响会计等式的平衡。

(2) 资产与权益同时减少。

【例1-4】 企业依法退回企业法人甲的原始投资额70 000元,导致银行存款和实收资本同时等额减少70 000元,不影响会计等式的平衡。

【例1-5】 企业以银行存款偿还应付账款10 000元,银行存款和应付账款同时减少10 000元,不影响会计等式的平衡。

(3) 资产有增有减,权益不变

【例1-6】 企业购入价值20 000元的原材料一批,这使得原材料增加20 000元,银行存款等额减少,不影响会计等式的平衡。

(4) 资产不变,权益有增有减

【例1-7】 企业以应付票据抵付应付账款30 000元,这项经济业务引起应付票据增加30 000元,应付账款减少30 000元,不影响会计等式的平衡。

【例1-8】 年度终了,某企业结转净利润172 410元。这项经济业务引起等式右边利润分配增加172 410元,本年利润减少172 410元,不影响会计等式的平衡。

【例1-9】 某企业根据批准的利润分配方案,计划向投资者分配利润30 000元,这使得应付股利增加30 000元,利润分配减少30 000元,不影响会计等式的平衡。

【例1-10】 企业将以前向某单位借入的150 000元的长期借款转为对企业的投资,使得长期借款减少150 000元,实收资本增加150 000元,不影响会计等式的平衡。

讨论案例2

公允价值计量的财务影响

公允价值是指在公平交易中,熟悉情况的交易双方自愿进行资产交换或者债务清偿的金额。新准则在金融工具、投资性房地产等领域适度引入了公允价值,但前提条件是相关公允价值能够取得并可靠计量。与历史成本计量相比,公允价值计量最大的优势在于其紧密结合价值,因此同投资者投资决策的相关性较强。需要注意的是,是否采用"公允价值"很大程度上取决于上市公司的主观判断,在年报披露期间势必成为部分公司业绩变脸的重要因素,成为投资操作中不可不考量的变数之一。

引入"公允价值"计量模式,是新会计准则与国际接轨的一大变化,将构成对上市公司价值重估的最大"冲击波"。"公允价值"的应用成为新准则的一大亮点。

北辰实业在1997年发起设立,同年在香港联合交易所挂牌上市,并于2006年在上海证券交易所发行A股并上市,公司注册总股本336 702万股,其中A股为266 000万股,占总股本的79.002%,H股70 702万股,占总股本的20.998%,其中控股最多的是北京北辰实业集团公司(北辰实业集团公司由北京国有资本经营管理中心实际控制),占公司总股本的34.482%,占第二位的是香港法人股,持有公司总股本的20.397%;公司的主要业务集中于发展物业、投资物业和商业物业,主要分布于北京和长沙。

目前北辰实业在A股年报中对投资性房地产采用成本模式计量,而在H股年报中采用公允价值模式计量。2007年至2010年间,北辰实业对投资性房地产的投入不断增加,从2007年的6.54亿增长到2010年的55.185亿,其公允价值与历史成本的差异额不断增大,2007年至2010年间差异额从14.91亿元(2.28倍)增长至48.57亿元(0.88倍),投资性房地产(历史成本)在资产中所占的比重从2007年的3%增长到2010年的21.44%。而在H股年报中按照公允价值计量投资性房地产,投资性房地产占资产的比重从2007年的10%增长到2010年的33.94%。

成本模式下,企业的投资性房地产当期需要计提折旧与计提减值准备使得当期费用增加,利润减少;在公允价值计量模式下,企业在资产负债表日对投资性房地产的资产价值进行重估,按公允价值调整投资性房地产的账面价值,不需要计提折旧与减值准备,期间公允价值的变动直接计入当期损益。2007年至2009年间,北辰实业投资性房地产对利润的影响也逐年增加。A股年报采用成本模式,在2007年、2008年、2009年、2010年分别计提折旧3.46千万元、5.71千万元、6.78千万元、12.75千万元,占当年净利润的比重分别为7.49％、12.71％、11.75％、62.81％；而在H股年报中采用公允价值模式，投资性房地产的公允价值变动损益在2007年、2008年、2009年、2010年分别是1.14千万元、65.61千万元、86.08千万元、76.65千万元，占当年净利润的1.74％、49.77％、52.3％与69.69％。这表明在公允价值计量下，由于近年来房价持续上涨，投资性房地产公允价值变动损益正逐渐成为当年净利润的主要组成部分。

对于此项业务，采用公允价值计量对北辰实业的财务业绩有何影响？请读者搜集更多的信息，思考以公允价值进行计量对其财务报告有哪些影响。

（资料来源：参考文献[14]。）

1.3 会计核算方法体系

会计核算也称会计反映，是以货币为主要计量尺度，对会计主体的资金运动进行的反映。《会计基础工作规范》中规定"各单位的会计核算应当以实际发生的经济业务为依据，按照规定的会计处理方法进行，保证会计指标的口径一致、相互可比和会计处理方法的前后各期相一致"。因此，会计核算方法就是对会计要素进行完整的、连续的、系统的反映和监督所用的手段，它们构成一个完整的体系。这个体系主要包括以下七种方法。

1.3.1 设置账户

1. 账户的定义

账户就是根据管理需要和信息使用者的具体要求，对会计要素的内容进行的科学的再分类，是具有一定格式，并用来分类、连续地记录经济业务，反映会计要素增减变动及其结果的载体。账户的名称也称为会计科目，会计科目是没有结构的。但在我国的会计书刊中，"账户"和"会计科目"的概念往往不加区别。正确地设置和运用账户，可以将各种经济业务的发生情况，以及由此而引起的资产、负债、所有者权益、收入、费用和利润各要素的变化，系统地、分门别类地进行反映和监督，进而向会计信息使用者提供各种会计信息，这对于加强宏观、微观经济管理具有重要的意义。设置账户是会计核算的重要方法之一。

2. 账户的基本结构

账户必须具有一定的结构。账户结构是指账户各组成部分的构成形式，即账户的组成部分以及各部分之间的关系。运用账户结构，可以在每个组成部分中记录并反映交易或事项对会计要素影响的增加、减少金额及期末结余金额。采用不同的记账方法，账户的结构是不同的，但是账户的基本结构是相同的，也就是指账户哪方登记增加，哪方登记减少，余额在哪方，表示什么内容等是相同的。一个完整的账户结构应包括：

① 账户的名称（即会计科目）；
② 日期和摘要（记录经济业务的日期和概括说明经济业务的内容）；

③ 增加额、减少额和余额；

④ 凭证号数(表明账户记录所依据的凭证)。

如图 1-1 所示。

年		凭证号数	摘 要	借 方	贷 方	借或贷	余 额
月	日						

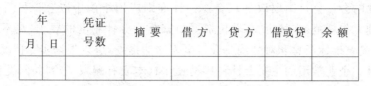

图 1-1 账户结构

在借贷记账法下，账户的结构通常为“T”形账户，如图 1-2 所示。

借方	账户名称(会计科目)	贷方

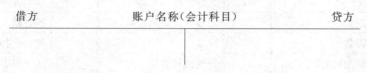

图 1-2 “T”形账户

每个账户一般有四个金额要素，即期初余额、本期增加发生额、本期减少发生额和期末余额。四个要素之间的关系为：期末余额＝期初余额＋本期增加发生额－本期减少发生额。任何一个账户的借方和贷方按照相反方向来分别记录增加数和减少金额。但究竟账户的哪一方登记增加数，哪一方登记减少数，一般是根据账户所反映的经济内容和实际工作中所采用的记账方法来确定的。

【例 1-11】 某企业在某一期间“原材料”账户的记录如图 1-3 所示(本企业采用借贷记账法)：

借方	原材料		贷方
期初余额	20 500		
本期增加	40 800	本期减少	40 300
本期发生额	40 800	本期发生额	40 300
期末余额	30 000		

图 1-3 某企业“原材料”账户的记录

根据上述账户的记录，可知企业期初的库存的原材料为 20 500 元，本期增加了 40 800 元，本期减少了 40 300 元，到期末，企业还有价值 30 000 元的原材料。

3. 账户的分类

各会计主体所需账户，通常是根据财政部统一规定的会计科目来设置的。而会计科目则是对会计要素进行的分类，它由会计要素的内容、特点和管理上的要求所决定。常用的会计账户的分类方法有两种：第一种是按照账户提供信息的详细程度，账户可分为总分类账户(为一级账户)和明细分类账户(包括二级及其以下账户)，如：固定资产——生产用固定资产——二车间——机器设备，其中固定资产为总账账户，其他为明细账户；又如"原材料"就是总账账户,它可按材料的品种、类别、规格等进行明细核算,设置相应的明细账户。第二种是按照账户所反映的会计要素的经济内容分为资产类账户、负债类账户、共同类账户、所有者权益类账户、成本类账户、损益类账户六大类。

我国企业的会计科目由财政部在企业会计准则应用指南中以会计科目表的形式发布,《会计基础工作规范》中规定"各单位根据国家统一会计制度的要求,在不影响会计核算要求、会计报表指标汇总和对外统一会计报表的前提下,可以根据实际情况自行设置和使用会计科目。"企业常用的主要会计科目见表1-1(本表有删减,未列共同类科目)。

表1-1 主要会计科目表

顺序号	会计科目名称	顺序号	会计科目名称	顺序号	会计科目名称
	一、资产类	28	无形资产	54	利润分配
1	库存现金	29	无形资产减值准备	55	库存股
2	银行存款	30	商誉		四、成本类
3	交易性金融资产	31	长期待摊费用	56	生产成本
4	应收票据	32	递延所得税资产	57	制造费用
5	应收账款	33	待处理财产损益	58	劳务成本
6	预付账款		二、负债类	59	研发支出
7	应收股利	34	短期借款		五、损益类
8	应收利息	35	应付票据	60	主营业务收入
9	其他应收款	36	应付账款	61	利息收入
10	坏账准备	37	预收账款	62	手续费及佣金收入
11	材料采购	38	应付职工薪酬	63	租赁收入
12	在途物资	39	应交税费	64	其他业务收入
13	原材料	40	应付利息	65	汇兑损益
14	材料成本差异	41	应付股利	66	公允价值变动损益
15	库存商品	42	其他应付款	67	投资收益
16	融资租赁资产	43	递延收益	68	营业外收入
17	存货跌价准备	44	长期借款	69	主营业务成本
18	长期股权投资	45	应付债券	70	其他业务成本
19	长期股权投资减值准备	46	专项应付款	71	营业税金及附加
20	投资性房地产	47	预计负债	72	利息支出
21	长期应收款	48	递延所得税负债	73	销售费用
22	固定资产		三、所有者权益类	74	管理费用
23	累计折旧	49	实收资本	75	财务费用
24	固定资产减值准备	50	资本公积	76	资产减值损失
25	在建工程	51	盈余公积	77	营业外支出
26	工程物资	52	一般风险准备	78	所得税费用
27	固定资产清理	53	本年利润	79	以前年度损益调整

1.3.2 复式记账

1. 复式记账

复式记账是从单式记账法发展起来的一种比较完善的记账方法。单式记账就是对发生的经济业务,只在一个账户中进行单方面的登记,例如用现金 200 元购买了办公用品,这项经济业务的发生只需在库存现金账户中记减少 200 元,而不再在管理费用账户中记增加 200 元。复式记账是指对发生的经济业务,要以相等的金额在两个或两个以上相互联系的账户中进行记录。同样对上一项经济业务,在复式记账法下,既要在库存现金账户中记减少 200 元,又要在管理费用账户中记增加 200 元。

由于复式记账能反映资金运动的来踪去迹,形成了完整的账户体系,并且对账户记录的结果可以进行试算平衡,因此,它是一种科学的记账方法。它自 1494 年由意大利数学家卢卡·巴舒里总结后,就开创了会计的新纪元,标志着现代会计的开始,会计也因此而成为一门科学。按记账符号、记账规则、试算平衡方式的不同,复式记账又可分为借贷记账法、增减记账法和收付记账法。借贷记账法是世界上最早产生的一种复式记账法,也是目前世界各国通用的一种复式记账法。我国 2006 年颁布的《企业会计准则》中明确规定"企业应当采用借贷记账法记账"。

2. 借贷记账法

借贷记账法是以"借"和"贷"作为记账符号,以记录和反映经济业务增减变化及其结果的一种复式记账方法。

在借贷记账法中,账户的基本结构是:左方为借方,右方为贷方。借记一个账户表示应计入这个账户的左方,贷记一个账户表示应计入该账户的右方。由于账户是用于反映增加和减少数额的,若一方记增加,另一方就减少。但哪一方登记增加,哪一方登记减少,要看账户的类别,可按会计扩展等式"资产类账户＋费用类账户＝负债类账户＋所有者权益类账户＋收入类账户"来分析。

"借"和"贷"是一对记账符号。所谓一对记账符号,就是指在会计分录中,这两个符号总是以一对矛盾的形式同时出现,即有借必有贷。因此就必须掌握记账的基本规则以更好地理解借贷记账法。

运用借贷记账法在账户中登记企业发生的经济业务时,首先应根据每一笔经济业务的内容,确定其所涉及账户及账户的性质,其次根据金额的增加或减少,确定应计入有关账户的方向。此记账方法的规则如下:

① 任何账户都是左借右贷,即有借必有贷;
② 资产、费用类要素的增加额计入借方,减少额计入贷方;负债、所有者权益、收入类要素的增加额计入贷方,减少额计入借方。
③ 减少理所当然地应以相同的金额计入增加的相反方向,即借贷必相等;
④ 由于增加往往大于减少,因此账户的正常余额都在其记录增加额的方向,而因收入和费用类账户在期末要全部转出,此类账户期末通常无余额。

3. 借贷记账法的运用

借贷记账法的运用要经过分析业务并编制会计分录、过账、月末结账和编制试算平衡表四个环节。

1) 分析业务并编制会计分录

所谓会计分录，简称分录，就是指明某项经济业务应登记的账户名称、记账的借贷方向和金额的式子。分录的格式是上借下贷，并退两格，我们通过例12至例16来说明。

【例1-12】 4月3日，A企业收到投资者的追加投资10万元，款项存入银行。这项业务会使资产和所有者权益同时增加，涉及的账户是银行存款和实收资本，应编制会计分录①如下：

借：银行存款　　　　　　　　　　　　　　　　　100 000
　　贷：实收资本　　　　　　　　　　　　　　　　100 000

【例1-13】 10日，A企业向银行借入短期借款3万元，用于归还前欠外单位的货款。这项经济业务的发生，一方面使短期借款这一负债项目增加了30 000元；另一方面使应付账款这一负债项目相应减少了30 000元，但负债项目总额不变，分录②为：

借：应付账款　　　　　　　　　　　　　　　　　30 000
　　贷：短期借款　　　　　　　　　　　　　　　　30 000

【例1-14】 15日，A企业购入一批原材料，价值2万元，增值税进项税额17%，材料已验收入库，款项只付1.5万元，其余暂欠。这项业务较为复杂。资产中原材料增加2万元，而银行存款减少1.5万元；负债中进项税抵扣应交税费，但应付账款却增加，分录③为：

借：原材料　　　　　　　　　　　　　　　　　　20 000
　　应交税费——应交增值税（进项税额）　　　　　3 400
　　贷：应付账款　　　　　　　　　　　　　　　　 8 400
　　　　银行存款　　　　　　　　　　　　　　　　15 000

【例1-15】 20日，A企业以银行存款5 000元偿还15日所欠货款。该笔经济业务的发生，使得企业资产和负债同时减少，分录④为：

借：应付账款　　　　　　　　　　　　　　　　　5 000
　　贷：银行存款　　　　　　　　　　　　　　　　 5 000

【例1-16】 25日，该企业收回外单位的购货款3.8万元。这项业务会使资产内部一增一减，分录⑤为：

借：银行存款　　　　　　　　　　　　　　　　　38 000
　　贷：应收账款　　　　　　　　　　　　　　　　38 000

通过A企业以上的5项经济业务可见：
① 借贷记账法的记账规律是"有借必有贷，借贷必相等"；
② 经济业务对会计等式的增减变化影响是"涉及等号两边的账户时，同增或同减；只涉及等号一边的账户时，有增有减"。

2) 过账和月末结账

过账，也即登记账簿，就是把分录中的金额抄写到账户中去。若有明细账，应同时过入，并做到方向相同，金额相等，这称为总账和明细账的平行登记。为了便于查询，还应在账户中注明分录号数。

月末结账,就是在将本期内所发生的经济业务全部过账的基础上,在月末分别计算出各个账户的本期借、贷方发生额合计数和期末余额数。期末余额的计算方法如下所述。

① 等号左边的资产和费用类账户:

期末借方余额＝期初借方余额＋本期借方发生额合计数－本期贷方发生额合计数

② 等号右边的负债、所有者权益和收入类账户:

期末贷方余额＝期初贷方余额＋本期贷方发生额合计数－本期借方发生额合计数

现将以上 5 个会计分录的总账过账和结账列示如下:

借方	银行存款		贷方
①	100 000	③	15 000
⑤	38 000	④	5 000
合计	138 000	合计	20 000
余额	118 000		

(a)

借方	原材料		贷方
③	20 000		
合计	20 000		
余额	20 000		

(b)

借方	应收账款		贷方
		⑤	38 000
		合计	38 000
		余额	38 000

(c)

借方	短期借款		贷方
		②	30 000
		合计	30 000
		余额	30 000

(d)

借方	应付账款		贷方
②	30 000	③	8 400
④	5 000		
合计	35 000	合计	8 400
余额	26 000		

(e)

图 1-4　5 个会计分录的总账过账和结账记录

借方		应缴税费	贷方
③	34 000		
合计	34 000		
余额	34 000		

(f)

借方		银行存款	贷方
		①	100 000
		合计	100 000
		余额	100 000

(g)

图 1-4 续

3) 编制试算平衡表

为了检验一定时期的记账工作是否有误,需要在结账后,对账户进行试算平衡。所谓试算平衡,就是根据资产、权益之间的平衡关系和记账规则来检查账户记录是否正确、完整的一种验证方法。减算平衡一般通过编制总分类账户试算表进行,采用的平衡公式因平衡法而异。

① 发生额平衡法:

全部账户本期借方发生额合计数＝全部账户本期贷方发生额合计数

② 余额平衡法(分别期初余额和期末余额):

全部账户借方余额＝全部账户贷方余额

如果试算不平衡,则肯定记账有误;如果平衡,表明记账基本正确,但无法发现重记或漏记一项业务、借贷反向、科目用错、等额差错等错误。如:第一,某项经济业务在有关账户中全部漏记或重记;第二,某项经济业务记错账户,把应借应贷的账户互相颠倒;第三,某项经济业务计入有关账户的借贷金额出现多记或少记的同样错误。试算平衡表的格式如表 1-2 所示。

表 1-2 试算平衡表

账户名称	期初余额		本期发生额		期末余额	
(会计科目)	借方	贷方	借方	贷方	借方	贷方
银行存款			138 000	20 000	118 000	
原材料			20 000		20 000	
应收账款				38 000		38 000
短期借款				30 000		30 000
应付账款			35 000	8 400		26 600
应交税费			3 400		3 400	
实收资本				100 000		100 000
合计			196 400	196 400	168 000	168 000

1.3.3 填制和审核会计凭证

会计凭证是用来记录经济业务的发生和完成情况、明确经济责任、并作为记账依据的书面文件。会计凭证按其填制程序和用途的不同,可分为原始凭证和记账凭证。《会计基础规范》中明确规定"会计凭证内容和要求必须符合国家统一会计制度的规定,不得伪造、变造会计凭证"。填制和审核会计凭证是会计核算工作的基础。企业、事业和机关等单位处理任何一项经济业务,都需要办理凭证手续。

1. 原始凭证

原始凭证是在经济业务发生时取得或填制的、用于证明经济业务已经发生或正在执行并作为编制记账凭证的最初的书面文件。按其取得来源不同可分为外来原始凭证和自制原始凭证,前者如增值税专用凭证、差旅费报销单等;后者如领料单、借据等。从外单位取得的原始凭证,必须盖有填制单位的公章;从个人取得的原始凭证,必须有填制人员的签名或者盖章。自制原始凭证必须有经办单位领导人或者其指定的人员签名或者盖章。对外开出的原始凭证,必须加盖本单位公章。

无论何种原始凭证,其内容都必须具备以下要素:①凭证的名称;②填制凭证的日期和编号;③接受凭证的单位或个人;④经济业务的内容摘要;⑤数量、单价和金额;⑥填制单位的名称、公章和有关责任人员的签章。原始凭证不得涂改、挖补;原始凭证有错误的,应当由出具单位重开或者更正,更正处应当加盖出具单位印章;原始凭证金额有错误的,应当由出具单位重开,而不得在原始凭证上更正。

原始凭证审核的主要内容包括:①形式上的审核,主要看凭证要素是否齐全、有无计算错误或涂改现象等;②实质性审核,主要看经济业务内容的合法性、合理性和真实性。《中华人民共和国会计法》规定:发现不合要求和不合法的原始凭证,会计人员有权拒绝受理,必要时还应提出书面报告,提请追究有关人员的责任,否则,财会人员应负连带责任。

2. 记账凭证

会计机构、会计人员要根据审核无误的原始凭证填制记账凭证。记账凭证是根据原始凭证或原始凭证汇总表做成经济业务的会计分录,并作为记账直接依据的书面文件。记账凭证的内容必须具备:填制凭证的日期;凭证编号;经济业务摘要;会计科目;金额;所附原始凭证张数;填制凭证人员、稽核人员、记账人员、会计机构负责人、会计主管人员签名或者盖章。收款和付款记账凭证还应当由出纳人员签名或者盖章。

记账凭证可以分为收款凭证、付款凭证和转账凭证,也可以使用通用记账凭证。前两者分别用于记录货币资金的收入和付出业务,不涉及货币资金收付的业务填制转账凭证。在经济业务较少、规模较小的企业,也可仅编制一种通用的记账凭证。这种记账凭证既可以用于记录收付款业务,也可以用于记录转账业务,西方称之为普通日记账。这四种记账凭证的样式分别见表1-3、表1-4、表1-5、表1-6。

表 1-3　　　　　　　　　　　　　　收款凭证的样式
收 款 凭 证

借方科目：银行存款　　　　　2013 年 09 月 15 日　　　　　　　　　银收字第 3 号

摘　要	贷方科目		金　额	
	一级科目	二级或明细科目	一级科目	二级或明细科目
收到 A 公司前欠货款	应收账款	A 公司	10 000	10 000
合计			10 000	10 000

会计主管：(签章)　　　记账：(签章)　　　出纳：(签章)　　　复核：(签章)　　　制单：(签章)

表 1-4　　　　　　　　　　　　　　付款凭证的样式
付 款 凭 证

贷方科目：库存现金　　　　　2013 年 10 月 04 日　　　　　　　　　现付字第 5 号

摘　要	贷方科目		金　额	
	一级科目	二级或明细科目	一级科目	二级或明细科目
李某出差借差旅费	其他应收款	李某	6000	6000
合计			6000	6000

会计主管：(签章)　　　记账：(签章)　　　出纳：(签章)　　　复核：(签章)　　　制单：(签章)

表 1-5　　　　　　　　　　　　　　转账凭证的样式
转 账 凭 证

2013 年 06 月 30 日　　　　　　　　　转字第 2 号

摘　要	总账科目	明细科目	借方金额	贷方金额
结转成本	主营业务成本		3 500	
	库存商品			3 500
合计			3 500	3 500

会计主管：(签章)　　　记账：(签章)　　　出纳：(签章)　　　复核：(签章)　　　制单：(签章)

表 1-6　　　　　　　　　　　　　　通用记账凭证样式
通 用 记 账 凭 证

2012 年 7 月 5 日　　　　　　　　　凭证编号：0076

摘　要	总账科目	明细科目	借方金额	贷方金额
报销办公费	管理费用	办公费	260	
	库存现金			260
合计			260	260

会计主管：(签章)　　　记账：(签章)　　　出纳：(签章)　　　复核：(签章)　　　制单：(签章)

记账凭证审核的主要内容：①记账凭证与其所附原始凭证的内容是否相符、张数是否一致；②分录是否正确、金额有无差错；③有关人员的签章；④重新复核并进行实质性审查。经审核无误后，才能据以登记账簿。

如果在填制记账凭证时发生错误，应当重新填制。已经登计入账的记账凭证，在当年内发现填写错误的，可以用红字填写一张与原内容相同的记账凭证，在摘要栏注明"注销某月某日某号凭证"字样，同时再用蓝字重新填制一张正确的记账凭证，注明"订正某月某日某号凭证"字样。如果会计科目没有错误，只是金额错误，也可以将正确数字与错误数字之间的差额，另编一张调整的记账凭证，调增金额用蓝字，调减金额用红字。发现以前年度记账凭证有错误的，应当用蓝字填制一张更正的记账凭证。

会计凭证要由专人保管，年度终了，应移交专门档案室归档保管，严格调阅制度。我国企业的会计凭证，除涉及外事的会计凭证需永久保存外，一般应保管15年，保管期满后，必须按规定手续报经批准后，方能销毁。

1.3.4 登记会计账簿

1. 会计账簿及其分类

1) 会计账簿的概念

会计账簿是根据账户开设账页、用于序时和分类记录各种经济业务所形成的簿籍。各单位应当按照国家统一会计制度的规定和会计业务的需要设置会计账簿。设置和登记账簿，是加工整理、积累、贮存会计资料的一种方法，是会计核算工作的一个重要内容，对经济业务全面系统的核算和加强单位的经营管理具有重要的作用。

2) 会计账簿的分类

会计账簿一般有以下三种分类形式。

(1) 按其用途进行分类

会计账簿按其用途可分为序时账、分类账和备查账簿。序时账也叫作日记账，是指按经济业务发生或完成的时间先后顺序逐日逐笔登记的账簿，企业一般设现金日记账和银行存款日记账；分类账是指对全部经济业务按照总分类账户和明细分类账户进行分类登记的账簿，包括总账和明细账；备查账簿是指对某些在序时账和分类账中未能记载的经济业务事项进行补充登记的账簿，它可提供报表之外必要的参考资料，如租入固定资产登记簿、受托加工材料的登记簿等。

(2) 按账页格式的不同进行分类

会计账簿按账页格式的不同可分为三栏式账簿、多栏式账簿和数量金额式账簿。三栏式账簿是设有借方、贷方和余额三个基本栏目的账簿，总账和反映债权债务关系的明细账一般用三栏式（借方、贷方、余额），如应收账款、短期借款等账户的明细账户；多栏式账簿是指在借方和贷方栏目下按需要分设若干专栏的账簿，有关收入、费用的明细账常用多栏式，如制造费用、管理费用等账户的明细账户；数量金额式账簿是指在借方、贷方和余额下都分设数量、单价和金额三小栏的账簿，原材料、库存商品等明细账多用数量金额式。

(3) 按其外表特征进行分类

会计账簿按其外表特征可分为订本账、活页账和卡片账。订本账是账页连续编号并装订成册的账簿,适用于总账和序时账,如现金日记账和银行存款日记账必须采用订本式账簿;活页账是在启用之前就已经将按照顺序编号的账页装订成册的账簿,明细账一般用活页账,此种账簿年终时应订本归档;卡片账是指将账户所需格式印刷在硬卡上的一种账簿,固定资产的明细分类核算多使用卡片账。启用订本式账簿,应当从第一页到最后一页顺序编定页数,不得跳页、缺号。使用活页式账页,应当按账户顺序编号,并须定期装订成册,装订后再按实际使用的账页顺序编定页码。

2. 登记账簿的要求

《会计法》规定:"会计账簿登记,必须以经过审核的会计凭证为依据,并符合有关法律、行政法规和国家统一的会计制度的规定。会计账簿应当按照连续编号的页码顺序登记。会计账簿记录发生错误或者隔页、缺号、跳行的,应当按照国家统一的会计制度规定的方法更正,并由会计人员和会计机构负责人(会计主管人员)在更正处盖章。使用电子计算机进行会计核算的,其会计账簿的登记、更正,应当符合国家统一的会计制度的规定。"

账簿记录发生错误,不准涂改、挖补、刮擦或者用药水消除字迹,不准重新抄写,必须按照下列方法进行更正:

① 登记账簿时发生错误,应当将错误的文字或者数字画红线注销,但必须使原有字迹仍可辨认;然后在画线上方填写正确的文字或者数字,并由记账人员在更正处盖章。对于错误的数字,应当全部画红线更正,不得只更正其中的错误数字。对于文字错误,可只画去错误的部分。

② 如果记账凭证有误,应当按更正的记账凭证登记账簿。

3. 记账程序

记账程序也叫会计核算形式、账务处理程序,是指以账簿为中心,将凭证、账簿和报表有机结合的组织方式。各种记账程序的区别在于总账的登记依据不同。前述借贷记账法的应用举例中,总账直接根据记账凭证的会计分录登记,称为记账凭证记账程序。对于大中型企业来说,多采用科目汇总表记账程序,即先把记账凭证汇总(10 天、20 天或 1 个月汇总),通过科目汇总表汇总出各个账户的本期借方和贷方发生额,再据以登记总账,这样,既可试算平衡,又能极大地节省总账的登记工作量。科目汇总表的一般格式见表 1-7。

表 1-7　　　　　　　　　　　　　科目汇总表

年　　月　　日　　　　　　　　　　　　第　　号

总账科目	记账凭证起讫号数	借方发生额合计	贷方发生额合计	总账页数	过账参考
合计					

复核:　　　　　　　　　　　　　　　　　　制单:

1.3.5 成本计算

成本是指企业为取得一定资产所付出的一定代价。企业发生的费用尽管有很多种，但是，其中只有一部分费用可以按照规定计入一定的核算对象，构成一定资产的成本。例如，企业管理部分支付的办公费用等就不能计入产品的生产成本，而应作为当期的费用。

成本计算就是指在企业的生产经营过程中，按照一定的对象归集、分配和计算发生的各项费用支出，以确定各成本对象的总成本和单位成本的一种会计专门方法。通过成本计算，可以确定材料的采购成本、产品的生产成本和主营业务成本，可以反映和监督生产经营过程中发生的各项费用和支出是否节约和超支，并据以确定企业的经营成果。

1. 材料采购成本的计算

材料的采购成本可以简单地理解为，材料采购过程至入库前所发生的一切正常支出。材料采购成本的计算，就是以材料的批量、品种、类别等为成本计算对象，归集采购过程中支付的材料买价和采购费用，并计算该对象采购的总成本和单位成本。买价就是供货单位开具的发票中的货款金额；采购费用是指由供货单位运至企业过程中发生的运输费、装卸费、包装费、保险费、仓储费、途中的合理损耗、入库前的整理挑选费、购入材料所应负担的各种税金和其他费用等。运输途中的合理损耗，指企业与供应或运输部门所签订的合同中规定的合理损耗或必要的自然损耗；入库前的挑选整理费用，指购入的材料在入库前需要挑选整理而发生的费用，包括挑选过程中所发生的工资、费用支出和必要的损耗，但要扣除下脚残料的价值。

发生的采购费用，凡能分清对象的，可以直接计入各种材料的采购成本；无法分清对象的，可按材料的重量、体积、买价等比例，分配计入材料采购成本。

2. 产品生产成本的计算

产品的生产成本是指企业在一定会计期间生产某种产品所发生的直接费用和间接费用的总和。它通常包括直接费用（直接材料、直接人工）和间接费用两个部分。直接材料是指企业在产品生产中消耗并构成产品实体的原料、主要材料，以及有助于产品形成的辅助材料、设备配件和外购的半成品等；直接人工是指企业支付给直接参加产品生产的工人的工资，以及按生产工人工资总额一定比例计算提取并计入产品成本的职工福利费等；制造费用指直接用于产品生产，但不便于直接计入产品成本的费用，以及间接用于产品生产的各项费用，如生产部门管理人员的工资和福利费，生产单位固定资产的折旧费和修理费等。

根据制造成本法，产品生产成本的计算，以产品为成本计算对象，直接费用直接计入，间接费用先计入制造费用，然后按生产工人的工资或工时等比例分配计入，以确定各成本对象的总成本和单位成本。在产品的生产成本计算中，要分清以下费用界限：①根据成本管理条例分清是否应计入产品成本的界限；②若应计入，还应根据权责发生制原则分清是否应计入本期的产品成本；③企业生产多品种产品时，应分清本期各种产品的成本界限；④各种产品中分清完工产品与期末在产品的成本界限，据以确定完工产品的总成本和单位成本。

3. 主营业务成本的计算

主营业务成本是指销售主营业务产品的制造成本,其计算可用以下两种方法:①用销售产品的单位生产成本乘以销售数量,发生退货时,应冲回主营业务成本;②用期初产成品成本加上本月完工入库产成品成本减去期末产成品成本。若有自用产品,也应扣减。此外,有些企业采用分期收款销售方式,则产品发出后不能全部转做主营业务成本,而是应先通过"分期收款发出商品"(属存货类账户),然后按合同约定的收款期和比重结转主营业务成本。

1.3.6 财产清查

财产清查是指通过盘点实物、核对账目,查明各种实物、资金的实存数,并确保与账面数相符的一种会计专门方法。通过财产清查,可以保证会计信息的真实可靠,保证各项财产的安全完整、挖掘其潜力、盘活资金存量等,从而加强有关人员的责任感,保证结算制度的顺利进行,促进企业加速资金周转,从而保证准确反映财产物资和债权债务的真实情况这一会计核算的客观要求。《会计基础工作规范》中规定,各单位应当定期对会计账簿记录的有关数字与库存实物、货币资金、有价证券、往来单位或者个人等进行相互核对,以保证账证相符、账账相符、账实相符。对账工作每年至少进行一次。

1. 财产清查的分类

财产清查按清查的时间分类,可分为定期清查和不定期清查。前者是按照预先计划在某些固定的时间,如月末、季末、年末结账时依照会计程序的要求对财产物资所进行的清查,其目的在于保证会计信息的真实可靠。后者是根据特定的需要临时性进行的清查,如发生自然灾害和意外损失时,进行的临时性清查,其目的在于分清责任、查明情况。

按照清查的对象和范围可分为全面清查和局部清查。全面清查是指对全部财产和资金进行盘点与核对,参加的部门和人员多,一般在年终决策之前、清产核资、单位主要领导人离任审计、会计主体变更、产权关系变动等情况下需进行全面清查。局部清查是指根据需要对一部分财产物资进行的清查,主要是流动性较大的财产,如现金、存货、债权债务等,涉及的人少,但专业性较强。

2. 财产清查的方法

财产清查的方法主要有实地盘点、技术推算、询证核对等。实地盘点法,是指在财产物资存放现场逐一清点数量或用仪器确定其实存数的一种方法;技术推算法是指利用技术方法推算财产物资的实存数的方法;询证核对是指在对本单位的账面进行核算正确的基础上,根据有关明细分类账的账面记录按照账户编制对账单,送交对方单位核对的方法。对于固定资产、材料物资等各种财产物资数量的清查一般采用前两种方法;而对于各种结算款项一般采用询证核对的方法。

对清查的结果应编制盘存单,然后据以编制实存账存对比表。若发生盘盈盘亏,则应先通过"待处理财产损溢"账户调整账面记录,使账实相符;以后再根据查明的原因和批准的处理意见核销,并相应索赔,调整管理费用或营业外收支。

【例 1-17】 某企业盘亏甲材料 10 件,每件 150 元。经查明,是由于工作人员李某失职造成的材料毁损,应由李某赔偿 650 元,毁损材料的残值为 300 元,其会计处理如下。

批准前:

借:待处理财产损溢——待处理流动资产损溢　　　1 755
　　贷:原材料——甲材料　　　　　　　　　　　　　　 1 500
　　　　应交税费——应交增值税(进项税额转出)　　　　 255

经批准:

借:其他应收款——李某　　　　　　　　　　　　　 650
　　原材料——甲材料　　　　　　　　　　　　　　　 300
　　管理费用　　　　　　　　　　　　　　　　　　　 805
　　贷:待处理财产损溢——待处理流动资产损溢　　　 1 755

1.3.7　编制财务会计报告

1. 财务会计报告的内容

财务报告是企业对外提供的反映企业某一特定日期的财务状况和某一会计期间的经营成果、现金流量等会计信息的文件。编制财务会计报告就是为会计信息使用者进行决策提供会计信息。财务会计报告可分为年度、半年度、季度和月度财务会计报告。其中半年度、季度和月度财务会计报告统称为中期财务会计报告。各单位必须按照国家统一会计制度的规定,定期编制财务报告。财务会计报告包括会计报表及其附注和其他应当在财务会计报告中披露的相关信息和资料。

会计报表是根据会计账簿记录定期编制的,总体反映会计主体在一定时期(月、季、半年、年)的经营成果、财务状况及其变动情况的书面文件。主要的会计报表有:①资产负债表,即反映企业在某一特定日期的财务状况的会计报表;②利润表,即反映企业在一定会计期间的经营成果的会计报表;③现金流量表,即反映企业在一定会计期间的现金和现金等价物流入和流出的会计报表;④所有者权益变动表,即反映一定时期内构成所有者权益各项目的变动情况;⑤附注,指对在会计报表中列示项目所作的进一步说明,以及对未能在这些报表中列示的项目的说明等。

2. 财务会计报告的意义

财务会计报告的编制是对日常核算工作的总结,是会计核算工作的最终产品。财务会计报告,可用于分析考核财务计划和预算的执行情况,为编制下期的财务计划和预算提供重要依据,并为经营决策和国民经济综合平衡等提供必要的参考资料,也可为企业内部各级管理人员全面了解企业的经营状况、加强管理、提高经济效益提供可靠的资料。

本节介绍的七种会计核算方法是相互联系、密切配合的,它们构成了一个完整的方法体系。企业要取得真实可靠的会计信息数据,就必须对日常发生的各种经济事务,通过这七种核算方法进行归类汇总整理，最终向会计信息使用者提供其作出决策的参考信息。这个方法体系，主要是由凭证系统、账簿系统和报表系统三个子系统所构成的。在每一个会计期间，所发生的经济业务都要通过这三个系统进行数据加工转换，最终输出报表信息给内、外部用户。这种转换各期周而复始地进行，就形成了会计循环。会计循环的基本内容是：经济业务发生后，取得并审核原始凭证，按照规定的会计账户，运用复式记账法编制记账凭证，并据以登记账簿；对于生产经营过程中发生的各项耗费，要进行成本计算；然后通过财产清查（包括对账等），在账实相符、账账相符、账证相符的基础上编制该期的会计报表，以向有关方面反映企业的财务状况和经营成果。

讨论案例3

账外经营

2011年12月10日，在江苏省灌南县某食品有限公司总经理办公室，该县国税局稽查局税务干部将《税务处理决定书》和《税务行政处罚告知书》放在了该公司法定代表人、总经理李某的面前。这个来自广东的"商场达人"哆嗦着手在送达回证上签名时说："是我们错了，这150多万元的税款、罚款和滞纳金我们明天就缴。"

2012年3月中旬，一封举报信寄到了该县国税局，信中陈述了该县某食品有限公司销售不入账的情况。该公司在当地尽人皆知，产销形势较好，但税收贡献并不大，税负偏低。该县国税局稽查局决定实施检查，检查人员从监控决策系统和CTAIS2.0系统采集信息进行增值税税负分析，资料显示，该公司2008年、2009年和2010年增值税税负分别为2.28%、6.29%和4.67%，税负变化异常。为进一步发现问题，检查人员多次到该公司调阅有关资料，而该公司以内部管理制度有规定为由，一直不让检查人员进入该公司的办公区域，总是把检查人员安排在传达室边上的候见室。检查人员从关联单据入手，从往来账户检查，从账户勾稽关系分析，从资金往来核查，历时数月，细细检查了该公司提供的运费发票、货物入库单、货物出库单，检查了该公司的"应收账款""应付账款"等往来明细账，对该公司的"原材料""生产成本""存货""主营业务收入"等进行了关联分析，对该公司的"银行存款""现金"等科目反映的资金情况与该公司提供的"银行对账单"进行了全面核对。检查人员还深入该公司的车间，了解生产工艺及标准。最终，检查人员得出结论：该公司存在账外经营逃税的可能。

该公司一直不让检查人员进入办公区域，引起了检查人员的怀疑，这里面肯定有"鬼"。在携带并出示税务检查证后，检查人员在一次离开该公司近1个小时后"杀了个回马枪"，直接来到该公司的物流部，随行的信息中心人员打开了物流部经理的电脑，看到了该公司近年来全部的产品配送记录。物流记录显示，该公司2008年至2010年的实际销售收入比该公司提供的账簿记录多出4 208 219.88元，初步认定其少缴增值税715 397.38元，少缴企业所得税73 643.85元。检查人员迅速对物流部经理进行询问谈话，在强大的政策攻势面前，该物流部经理承认电脑记录属实。至此，一起账外经营逃税案件已浮出水面。

但仅仅一天后，该公司就送来了物流经理的"申明材料"，陈述此前其因紧张所述与事实不符。再找其调查询问,该公司表示其已辞职无法查找,并不承认账外经营逃税的事实。检查人员决定开展内查外调。通过检查,发现该公司2008年、2009年、2010年分别入库增值税61万元、67万元、80万元,税额相对接近,与对应的主营业务收入2 700万元、1 065万元、1 715万元不匹配,并且在36个申报期内无一期申报留抵税额,企业所得税在0～2 000元间,与持续增加固定资产投资不对应,存在人为控制税额区间的可能。

从成本与收入的对比分析看,该公司3年的毛利率在5.71%～12.22%之间,低于该行业的平均水平。通过检查,稽查人员还发现该公司原料领料单金额与会计凭证记录金额不一致、产成品未设具体明细账、产品销售成本结转无原始凭证记录、产品销售品种及数量与入库情况不一致等问题。检查人员汇总该公司存在的税负变化异常、人为控制税额、毛利率偏低等问题,认定该公司存在账外经营逃税的情况。

检查人员对物流记录所反映的部分业务单位进行了外调,确认物流记录反映的业务属实,并通过汇款方向查到了该公司的隐匿账户,到相关银行查询账户进一步证实了物流记录属实。至此,该公司法定代表人终于承认了账外经营逃税的事实。

根据材料,试讨论,你认为该公司的行为错在哪儿?账外经营有哪些危害?

(资料来源:中财讯 http://www.ccfax.nef/wpload/2012/0323/37004.hfml.)

本章小结

- 会计的概念:会计是为满足经济决策需要而产生的一种经济信息系统,它既包括对某一经济组织各项活动的财务成本信息进行观察、计算、记录、分类、汇总、分析和总结评价,又包括对该组织目前和未来的经济活动进行控制和预测,以便于经济信息的使用者作出明智的决策。
- 会计的分支:财务会计和管理会计。前者主要是为了满足外部使用者的信息需要,而后者则偏重于满足内部使用者的信息需要。二者既有区别又有联系。
- 会计的基本职能,包括进行会计核算和实施会计监督两个方面。会计核算职能,也即会计的反映职能,是指会计以货币形式,通过确认、计量、记录、报告等环节来综合反映特定经济组织的经济活动过程,为经营管理提供完整的、系统的、以财务信息为主的会计信息的功能。会计监督职能是指会计按照既定的目的和要求,通过预测、决策、控制、分析审核和考评等具体办法,对一个组织经济活动全过程的真实性、合法性、合理性和有效性进行监督,从而促使经济活动按照规定的要求运行,以达到预期的目的。
- 会计规范体系,是指组织和从事会计工作必须遵守的各种法规和制度。我国的会计规范体系由五个层次组成:会计法、企业财务会计报告条例、企业会计准则、会计实施法规和企业内部会计制度。
- 会计基本假设,是指为了保证会计工作的正常进行和会计信息的衡量,对会计核算的范围、内容、基本程序和方法所做的限定,以及在此基础上建立的会计原则。

- 会计基本假定包括会计主体、持续经营、会计分期和货币计量。
- 会计基础：企业的会计核算应当以权责发生制为基础。权责发生制也叫应计制或应收应付制，是指以权益、责任是否发生为标准来确认当期的收入与费用的归属期。收付实现制是与权责发生制相对应的，它在确认收入和费用时以款项实际收到或付出为标志。收付实现制强调现金流量，目前用于行政事业单位的预算收支核算。
- 会计信息质量要求，是指财务会计报告所提供的会计信息对使用者有用应具备的特性，是为实现会计目标而对财务会计报告所提供的信息提出的约束性要求。包括：可靠性、相关性、清晰性、可比性、实质重于形式、重要性、谨慎性、及时性。
- 会计要素：是指按照交易或事项的经济特征所作的基本分类，也即对会计对象按经济业务特性所作的具体分类，是会计报表的基本组成内容。会计要素可分为两大类：一类反映企业的财务状况，即资金运动相对静态状况，也叫资产负债表要素，包括资产、负债和所有者权益三项；另一类反映企业的经营成果，即资金运动显著变动状况，也叫损益表要素，包括收入、费用、利润三项。
- 会计的计量属性，是指资产、负债等可用财务形式定量方面，即能用货币单位计量的某一要素的特性方面。我国的会计计量属性有五种：历史成本、重置成本、可变现净值、现值、公允价值。
- 会计等式，是对各会计要素的内在经济关系利用数学公式所做的概括表示，反映了会计基本要素之间的数量关系。会计等式是建立各种会计核算专门方法的理论基础。会计等式有基本等式（资产＝负债＋所有者权益）和扩展等式（资产＝负债＋所有者权益＋（收入－费用））两种。由于会计等式是客观存在的，因此无论发生什么样的交易或者事项，都不会破坏资产与权益之间的平衡关系。
- 会计核算方法体系，包括七种会计核算方法：设置账户、复式记账、填制和审核会计凭证、登记会计账簿、成本计算、财产清查和编制财务会计报告。
- 账户的基本结构分为左右两方，一方登记增加，另一方登记减少。按照账户提供信息的详细程度，账户可分为总分类账户和明细分类账户；按照所反映的会计要素的经济内容，账户可分为资产类、负债类、所有者权益类、成本类和损益类账户五大类。
- 借贷记账法是以"借""贷"二字作为记账符号，以"资产＝负债＋所有者权益"为理论依据，以"有借必有贷，借贷必相等"为记账规则，来记录会计要素增减变动情况的一种复式记账法。
- 过账，就是把分录中的金额抄写到账户中去。月末结账，就是在将本期内所发生的经济业务全部过账的基础上，在月末分别计算出各个账户的本期借、贷方发生额合计数和期末余额数。
- 试算平衡，就是根据资产、权益之间的平衡关系和记账规则来检查账户记录是否正确、完整的一种验证方法，可分为发生额试算平衡法（全部账户本期借方发生额合计数＝全部账户本期贷方发生额合计数）和余额试算平衡法（全部账户借方余额＝全部账户贷方余额）。

- 会计凭证可以按照不同的标志进行分类，但主要是按其用途和填制程序分为原始凭证和记账凭证两类。会计凭证的填制和审核，对于如实反映经济业务的内容，有效监督经济业务的合理性和合法性，保证会计核算资料的真实性、可靠性、合理性，发挥会计在经济管理中的作用，具有重要意义。
- 设置和登记账簿，是加工整理、积累、贮存会计资料的一种方法，是会计核算工作的一个重要内容，对经济业务全面系统的核算和加强单位的经营管理具有重要作用。账簿依据不同的原则有三种分类方式。
- 通过成本计算，可以确定材料的采购成本、产品的生产成本和主营业务成本，可以反映和监督生产经营过程中发生的各项费用和支出是否节约和超支，并可据以确定企业的经营成果。
- 财产清查是指通过盘点实物、核对账目，查明各种实物、资金的实存数，并确保与账面数相符的一种会计专门方法。财产清查的方法主要有实地盘点、技术推算、询证核对等。
- 财务会计报告的编制是对日常核算工作的总结，是会计核算工作的最终产品。财务会计报告，可用于分析考核财务计划和预算的执行情况，为编制下期的财务计划和预算提供重要依据，并为经营决策和国民经济综合平衡等提供必要的参考资料，也可为企业内部各级管理人员全面了解企业的经营状况、加强管理、提高经济效益提供可靠的资料。

中英文关键词语

会计 accounting
财务会计 financial accounting
管理会计 management accounting
会计要素 accounting elements
会计等式 accounting equation
会计信息质量要求 quality requirements of accounting information
会计基本假定 basic hypothesis of accounting
会计基础 accounting basis
收付实现制 cash basis
权责发生制 accrual basis
会计计量 accounting measurement
会计科目表 chart of accounts
账户 account
会计凭证 accounting document
原始凭证 source document

记账凭证 journal voucher
会计分录 accounting entry
"T"形账户 t-account
借 debit
贷 credit
对账 checking Up
结账 closing
会计账簿 account book
总分类账 general ledger
明细分类账 subsidiary ledger
试算平衡表 trial balance
成本计算 cost reckoning
财产清查 property checking
财务报表 financial statements
会计循环 accounting cycle

思考练习题

一、简答题

1. 简述会计的基本含义和职能。
2. 会计分支有哪几种？它们之间的关系是什么？
3. 权责发生制和收付实现制之间有何区别？
4. 会计信息需要满足哪些质量要求？
5. 简述借贷记账法下账户的结构特征。
6. 举例说明为什么说经济业务的发生不会影响会计等式的平衡。
7. 会计计量的属性有哪几种？各自的特点是什么？
8. 会计核算有哪些专门的方法？它们之间的关系如何？
9. 财产清查有哪些方法？各适用于什么方面？
10. 请尝试查找一份我国上市公司的年度报告，了解我国上市公司年度报告的内容和结构。

二、会计处理题

1. 四海公司2013年4月有关部分账户资料见表1-8（单位：元。不考虑增值税）。

表1-8 四海公司2013年4月部分账户资料

账户名称	月初余额	本期借方发生额	本期贷方发生额	月末余额
库存现金	3 000	8 000	5 600	
银行存款	50 000		59 000	85 000
应收账款	93 000	25 000		74 000
固定资产	200 000	25 000		
应付账款	53 000		3 400	61 000
实收资本	0		30 000	80 000

要求：
(1) 试描述该公司可能发生的每笔经济业务，并写出每笔经济业务的会计分录。
(2) 根据各账户结构关系，填写上述表格的空格，并画出"T"形账户。

2. 天都企业2013年8月初有关总分类账户的余额（单位：元），见表1-9。

表1-9 天都企业2013年8月初总分类账户的余额

库存现金	3 500	银行存款	150 000	原材料	7 800
固定资产	210 000	应收账款	120 000	短期借款	35 630
应付账款	81 000	实收资本	350 000	应交税费	4 670
应付股利	20 000				

该企业本月发生了如下几笔经济业务。
(1) 收到甲投资者交来转账支票一张，金额100 000元，作为其追加投资者。

(2) 购入设备一台,价值 35 000 元。

(3) 向 A 工厂赊购原材料一批,增值税进项税率 17%,价值 9 000 元。

(4) 收回销货款 11 000 元,存入银行。

(5) 归还银行短期借款 10 000 元,支付给甲投资者应得的现金股利 2 000 元。

(6) 接受捐赠设备一批,价值 50 000 元。

(7) 销售商品取得收入 60 000 元,增值税销项税率 17%,款项全部收妥,送存银行。

(8) 以银行存款支付上月欠缴税金 4 670 元。

要求:

(1) 根据所给的各项经济业务,分别编制会计分录,并说明涉及的会计要素是如何影响会计等式的。

(2) 登记有关总分类账户("T"形账户)。

(3) 根据账户余额,编制试算表。

3. 某公司 2013 年度所发生的经济业务有如下十项。

(1) 发行股票 500 万股,每股面值 1 元,发行价 4 元,款项全部收到银行账户。

(2) 向银行贷款(1月1日贷入)100 万元,年息 6%,期限 3 年,到期一次还本付息。

(3) 购入存货 600 万元,增值税进项税率 17%,已经付款 500 万元,其余未付。

(4) 销售商品 800 万元,增值税销项税率 17%,已经收款 600 万元,其余未收。该批商品的成本为 500 万元。

(5) 购入固定资产(1月1日购入)总成本 400 万元,预计使用 10 年,到期无残值。款项已经支付。

(6) 支付广告费 20 万元。

(7) 支付人工工资 30 万元。

(8) 计算本年应付利息。

(9) 用双倍余额递减法计提本年折旧费,计入管理费用。

(10) 把本年收益结转到未分配利润。

要求:根据各有关经济业务分别编制会计分录,并编制简单的财务报表。

本章参考文献

[1] 张启銮,李延喜,刘艳萍.中国经典 MBA 系列教材—MBA 会计学[M].第 6 版.大连:大连理工大学出版社,2010.

[2] 葛家澍,杜兴强.中级财务会计学[M].北京:中国人民大学出版社,2007,第 3 版.

[3] 刘永泽.会计学[M].第 4 版.大连:东北财经大学出版社,2007.

[4] 冯庆梅.企业财务会计[M].第 1 版.北京:清华大学出版社,2008.

[5] 中国注册会计师协会.2008 年度注册会计师全国统一考试教材—会计[M].中国财政经济出版社,2008.

[6] 沈路,李琳,杨慧辉.新编会计学[M].第 1 版.上海:上海财经大学出版社,2008.

[7] 杜兴强.会计学[M].第 1 版.北京:中国人民大学出版社,2008.

[8] 于沛,杨火青.会计学[M].第 1 版.上海:上海财经大学出版社,2009.

[9] 《企业会计准则——基本准则》(2006年2月15日财政部发布,自2007年1月1日起实施).
[10] 《企业会计准则——具体准则》(2006年2月15日财政部发布,自2007年1月1日起实施).
[11] 《企业会计准则——应用指南(2006)》(1999年10月31日全国人民代表大会常务委员会发布,自2000年7月1日起实施).
[12] 《中华人民共和国会计法》(2006年2月15日财政部发布,自2007年1月1日起实施).
[13] 有关会计工作的法规. http://www.szft.gov.cn/zfbm/ftkj/zcfg/kjflfg/
[14] 张奇峰,张鸣,戴佳君.投资性房地产公允价值计量的财务影响与决定因素:以北辰实业为例[J]. 会计研究,2011(8):22~30.

第 2 章 金融资产

学习目标

通过本章的学习,你可以:

1. 了解金融资产的概念,掌握其分类;
2. 了解银行结算方式,掌握应收账款及应收票据的会计处理方式;
3. 理解交易性金融资产的概念,掌握交易性金融资产入账价值的确定及其主要的账务处理,掌握交易性金融资产利息、股息的确认和账务处理,掌握期末计价;
4. 理解持有至到期投资的取得,了解持有至到期投资确认投资收益的票面利率法和溢折价摊销的直线法,掌握持有至到期投资确认投资收益和溢折价摊销的实际利率法;
5. 了解金融资产的减值,掌握持有至到期投资及可供出售金融资产发生减值的账务处理;
6. 了解长期股权投资的不同取得方式,掌握不同类别下长期股权投资成本的确认,理解长期股权投资核算的成本法、权益法及其适用的范围。

引导案例

"我公司在二级市场新增持的 A 股和原来持有的民生银行法人股,三年内如果我们出售 1 股,大家可尽情骂我。"史玉柱的这条微博颇为投资者所关注,对很多错过银行股行情的投资者而言,在银行股成为本轮行情大赢家的背景下,不妨关注上市公司金融资产的重新估值为相关 A 股带来的另类投资机会。

虽然本轮行情始于 2012 年 12 月 4 日的 19:49,但银行股实际上已经早于大市企稳,更成为本轮反弹当之无愧的"领头大哥"。根据 wind 资讯,中信银行指数在 2012 年 9 月 26 日已触底,至今累计上涨了 47.93%,而自 1912 年 12 月 4 日以来,中信银行指数也累计上涨了 40.28%,远远跑赢了其他行业指数。其中,民生银行、兴业银行、平安银行、浦发银行和北京银行自底部反弹幅度均超过了 50%,令其余蓝筹股望尘莫及。

而就在半年前,史玉柱还被很多人认为是疯子,不断爆料增持民生银行,主动买套。据统计,自 2011 年以来,史玉柱已出资 55 亿元持股民生银行。而在短短的半年时间之内,史玉柱则成为了最会赚钱的人。从民生银行 2012 年三季报中可以看到,史玉柱控制的上海健特生命科技有限公司以持股 8.096 亿股,成为民生银行 A 股第五大股东。根据持股平均成本算,其盈利已经超过了 30 亿元。

新会计准则在 2007 年一季报首次出现金融资产,利润表新增了"公允价值变动收益"一栏。从此上市公司的利润跟资本市场的价格波动产生了直接联系,2007 年因为股价大幅度上涨,很大一部分上市公司因为持有金融资产而利润大增,进而成为股价上涨的一大推手。金融资产成上市公司扭亏关键。在 2008 年的大熊市中,上市公司也因为金融资产的贬值而业绩大幅下滑。

有分析指出,对金融资产增值的挖掘,可以有两种思路。

一是依据绝对数额的增长,民生银行为新希望和东方集团带来几十亿收益就是一个很好的例子。此外,平安保险持有平安银行超过 21 亿股,按照 16.71 元的成本计算,其账面浮盈已经接近百亿元,而其 2011 年净利润为 194 亿元。可见,金融资产的升值对其账面利润增值贡献之大。

二是选择业绩弹性大的品种,尤其是徘徊在亏损边缘的上市公司,其持有上市银行股权数字虽然不大但很可能会帮助公司扭亏为盈。由于其业绩差,股价低,此次因持有的银行股权增值而促使业绩增长,因此很容易成为投机资金的选择对象。

(资料来源:曹阳.金融资产增值催生另类投资机会.中国证券报,2013-01-29(12).有删改。)

那么,什么是金融资产?金融资产是怎样分类的?在会计上应如何进行处理?对金融资产的不同处理会对企业的业绩产生哪些影响?通过本章的学习,你将接触到更多关于金融资产的知识。在金融工具不断涌现的今天,有必要了解它们究竟为何物,如何在会计上体现。

2.1 金融资产概述

2.1.1 金融资产的概念

金融资产是企业资产的重要组成部分,主要包括:库存现金、银行存款、应收账款、应收票据、其他应收款项、股权投资、债券投资和衍生金融工具形成的资产等。

固定资产、预付租赁款和无形资产等之所以不符合金融资产的定义,是因为企业虽然拥有利用这些资产获取未来经济利益的权利,却没有因为拥有它们而获得在未来收取现金或其他金融资产的合同权利。

2.1.2 金融资产的分类

金融资产的分类与其计量紧密相关。由于企业持有金融资产的目的各式各样,而不同的金融资产给企业带来的风险和报酬也不相同,因此,为了增进财务报告中金融资产的有用性,企业应当按照会计准则的规定,结合自身业务特点、投资策略和风险管理要求,对金融工具进行分类,并对不同的类别应用不同的后续计量规则。

《企业会计准则第 22 号——金融工具确认和计量》将金融资产分为如下四类:

① 以公允价值计量且其变动计入当期损益的金融资产;
② 持有至到期投资;
③ 贷款和应收款项;
④ 可供出售金融资产;

《企业会计准则第2号——长期股权投资》规范的长期股权投资也属于金融资产的范畴。

金融资产分类与金融资产计量密切相关,不同类别的金融资产,其初始计量和后续计量采用的基础也不完全相同。因此,上述分类一经确定,便不应随意变更。

表2-1列举了各类金融资产的一些常见例子。

表2-1 各类金融资产的一些常见例子

金融资产			
以公允价值计量且其变动计入当期损益的金融资产	持有至到期投资	贷款和应收款项	可供出售金融资产
• 为短期获利而持有的有牌价的证券投资 • 远期外汇合同 • 利率互换 • 股票认购权证	• 国债 • 企业债券	• 贷款 • 应收票据 • 应收账款	• 无牌价的普通股股票投资 • 不再符合"持有至到期投资"的债务工具投资

2.2 金融资产的确认与计量规则

2.2.1 金融资产的确认

1. 以公允价值计量且其变动计入当期损益的金融资产

这一类金融工具包括两种情况:一是交易性金融资产或金融负债;二是在初始确认时被指定为以公允价值计量且其变动计入当期损益的金融资产和金融负债。需要注意的是,某项金融资产划分为以公允价值计量且其变动计入当期损益的金融资产后,不能再重分类为其他类别的金融资产;其他类别的金融资产也不能再重分类为以公允价值计量且其变动计入当期损益的金融资产。

1) 交易性金融资产

金融资产满足下列条件之一的,应当划分为交易性金融资产:

① 取得该金融资产的目的,主要是为了近期内出售或回购,如购入的拟短期持有的股票,可作为交易性金融资产。

② 属于进行集中管理的可辨认金融工具组合的一部分,且有客观证据表明企业近期采用短期获利方式对该组合进行管理,如基金公司购入的一批股票,目的是短期获利,该组合股票应作为交易性金融资产。

③ 属于衍生工具,即一般情况下,购入的期货等衍生工具,应作为交易性金融资产,

但是,如衍生工具被指定有效套期关系中的套期工具,那么该金融衍生工具初始确认后的公允价值变动应根据其对应的套期关系的不同,采用相应的方法进行处理。

2) 指定为以公允价值计量且其变动计入当期损益的金融资产

企业将某项金融资产指定为以公允价值计量且其变动计入当期损益的金融资产,通常是指该金融资产不满足确认为交易性金融资产条件,企业仍可以在符合特定条件的情况下将其按公允价值计量,并将其公允价值变动计入当期损益。

通常情况下,只有符合下列条件之一的金融资产,才可以在初始确认时将其指定为以公允价值计量且其变动计入当期损益的金融资产:

① 该指定可以消除或明显减少由于该金融资产的计量基础不同所导致的相关利得或损失在确认或计量方面不一致的情况;

② 企业风险管理或投资策略的正式书面文件已载明,该金融资产组合或该金融资产和金融负债组合,以公允价值为基础进行管理、评价并向关键管理人员报告。

2. 持有至到期投资

持有至到期投资,是指到期日固定、回收金额固定或可确定,且企业有明确意图和能力持有至到期的非衍生金融资产。通常情况下,能够划分为持有至到期的金融资产主要是债权性投资。划分为这一类的金融资产必须具备三个特征。

1) 具有固定的到期日,以及固定的或可确定的金额

常见的债务工具包括商业票据、企业债券和国债等。它们都具有固定的到期日,并且如果是固定利率债券的话,还具有固定的本金和利息金额。而权益工具一般不能满足第一个特征。常见的权益工具有普通股、优先股等。它们没有固定的到期日,而且未来可收回的金额也是不可确定的,不能被划分为持有至到期投资。

2) 企业有明确意图将该金融资产持有至到期

有明确意图持有至到期,是指投资者在取得投资时意图就是明确的,除非遇到一些企业所不能控制、预期不会重复发生且难以合理预计的独立事件,否则企业将持有至到期。根据第 22 号企业会计准则,如果存在下列情况之一,则表明企业没有意图将金融资产投资持有至到期。

① 持有该金融资产的期限不确定。

② 发生市场利率变化、流动性需要变化、替代投资机会及其投资收益变化、融资来源和条件变化、外汇风险变化等情况时,将出售该金融资产。但是,无法控制、预期不会重复发生且难以合理预计的独立事项引起的金融资产出售除外。

③ 该金融资产的发行方可以按照明显低于其摊余成本的金额清偿。

④ 其他表明企业没有明确意图将该金融资产持有至到期的情况。

3) 企业有能力将该金融资产持有至到期

有能力持有至到期,是指企业有足够的财务资源,并不受外部因素影响将投资持有至到期。企业应当于每个资产负债表日对持有至到期投资的意图和能力进行评价。发生变化的,应当将其重分类为可供出售金融资产进行处理。

存在下列情况之一的,表明企业没有能力将具有固定期限的金融资产投资持有至

到期。

① 没有可利用的财务资源持续地为该金融资产投资提供资金支持,以使该金融资产投资持有至到期。

② 受法律、行政法规的限制,使企业难以将该金融资产持有至到期。

③ 其他表明企业没有能力将具有固定期限的金融资产持有至到期的情况。

如果企业将持有至到期投资在到期前处置,通常表明其违背了将投资持有至到期的最初意图。即如果处置或重分类为其他类金融资产的金额相对于该类投资在出售或重分类前的总额比重较大(大于5%),则企业在处置或重分类后应立即将其剩余的持有至到期投资重分类为可供出售金融资产,而且在以后的两个完整的会计年度内不得将该金融资产划分到持有至到期投资。但是,下列三种情况除外。

① 出售日或重分类日距离该项投资到期日或赎回日较近(如到期前三个月内),市场利率变化对该项投资的公允价值没有显著影响。

② 根据合同约定的偿付方式,企业已收回几乎所有初始本金。

③ 出售或重分类是由于企业无法控制、预期不会重复发生且难以合理预计的独立事项所引起的。此种情况主要包括因被投资单位信用状况严重恶化,将持有至到期投资予以出售;因相关税收法规取消了持有至到期投资的利息税前可抵扣政策,或显著减少了税前可抵扣金额,将持有至到期投资予以出售;因发生重大企业合并或重大处置,为保持现行利率风险头寸或维持现行信用风险政策,将持有至到期投资予以出售;因法律、行政法规对允许投资的范围或特定投资品种的投资限额作出重大调整,将持有至到期投资予以出售;因监管部门要求大幅度提高资产流动性,或大幅度提高持有至到期投资在计算资本充足率时的风险权重,将持有至到期投资予以出售。

3. 贷款和应收款项

贷款和应收款项是指在活跃市场中没有报价、回收金额固定或可确定的非衍生金融资产。贷款和应收款项泛指一类金融资产,包括:

(1) 现金和银行存款;

(2) 提供劳务或销售商品形成的应收款项;

(3) 企业持有的符合贷款和应收款项定义的其他企业的债权(不包括在活跃市场有报价的债务工具)。

划分为贷款和应收款项类的金融资产,与划分为持有至到期投资的金融资产,其主要差别在于前者不是活跃市场上有报价的金融资产,并且不像持有至到期投资那样在出售或重分类方面受到较多限制。

【例2-1】 2013年6月5日,企业从银行提取现金500元,根据现金支票存根填制付款凭证,企业编制会计分录如下:

借:库存现金　　　　　　　　　　　　　　500
　　贷:银行存款　　　　　　　　　　　　　　　500

【例2-2】 甲企业对现金清查后,发现账款不符,现金短缺80元。经查明是由于出纳员造成的,应由其赔款。相关的账务处理如下。

① 短款原因查明前：
借：待处理财产损溢——待处理流动资产损溢　　　　80
　　贷：库存现金　　　　　　　　　　　　　　　　80
② 短款原因查明后：
借：其他应收款——应收现金短缺款（××个人）　　80
　　贷：待处理财产损溢——待处理流动资产损溢　　80

【例2-3】 永益公司实行定额备用金制度，会计部门根据核算的定额，付给行政部门定额备用金1 000元。一周后，行政部门持购买办公用品的发票910元向会计部门报销，会计部门审核后付给现金，补足其定额。

（1）预付备用金时：
借：其他应收款——备用金　　　　　　　　　　1 000
　　贷：库存现金　　　　　　　　　　　　　　　　1 000
（2）报销时：
借：管理费用　　　　　　　　　　　　　　　　910
　　贷：库存现金　　　　　　　　　　　　　　　　910

4. 可供出售金融资产

可供出售金融资产，是指初始确认时即被指定为可供出售金额资产，或者是在初始确认以后因原本划分为"持有至到期投资"的金融资产不再符合该类的定义而被重分类为可供出售金额资产。

对于在活跃市场上有报价的金融资产，既可能划分为以公允价值计量且其变动计入当期损益的金融资产，也可能划分为可供出售金融资产；如果该金融资产属于有固定到期日、回收金额固定或可确定的金融资产，则该金融资产还可能划分为持有至到期投资。某项资产具体应划分为哪一类，主要取决于企业管理层的风险管理、投资决策等因素。金融资产的分类应视管理层的意图如实表达。

2.2.2　金融资产的计量规则

1. 金融资产的初始计量

金融资产在初始确认时都应当按公允价值进行计量。所谓公允价值，是指"在公平交易中，熟悉情况的交易双方自愿进行资产交换或者债务清偿的金额"。在初始确认时，公允价值一般就是交易价格，即支付对价的公允价值。但是，如果有客观证据表明相同金融资产的公开交易价格更公允，或采用仅考虑公开市场参数的估值技术更公允，则在初始确认时就应当采用更公允的市场价格或估值结果作为公允价值。

另外，企业在取得金融资产时，会发生一些交易费用。交易费用，是指可直接归属于购买、发行或处置金融工具新增的外部费用。新增的外部费用，是指企业不购买、发行或处置金融工具就不会发生的费用，包括支付给代理机构、咨询公司、券商等的手续费和佣金及其他必要支出，不包括债券溢价、折价、融资费用、内部管理成本及其他与交易不直接相关的费用。交易费用是否应当包含在金融资产的初始确认金额里,取决于金融资产的分类。

2. 金融资产的后续计量

《企业会计准则第 22 号——金融工具确认和计量》规定,除了下列金融资产以外,所有金融资产都应该按照公允价值进行后续计量:

① 持有至到期投资;
② 贷款和应收款项;
③ 在活跃市场中没有报价且其公允价值不能可靠计量的权益工具投资,以及与该权益工具挂钩并通过交付该权益工具结算的衍生金融资产。

表 2-2 列示了金融资产的初始确认金额及后续计量的规则。

表 2-2 金融资产的初始计量及后续计量规则表

类 别	初始计量	后续计量		
		计量方法	价值类型	损益处理
交易性金融资产	公允价值	公允价值	公允价值	变动计入损益
持有至到期投资	公允价值+交易费用	摊余成本	现值	利息计入损益
贷款及应收款项	公允价值+交易费用	摊余成本	现值	利息计入损益
可供出售金融资产	公允价值+交易费用	公允价值	公允价值	变动计入损益

2.3 主要金融资产的账务处理

2.3.1 银行结算方式和存款的核对

银行存款就是企业存放在银行或其他金融机构的货币资金。按照国家有关规定,凡是独立核算的单位都必须在当地银行开设账户。企业在银行开设账户以后,除了按核定的限额保留库存现金外,超过限额的现金必须存入银行;除了在规定的范围内可以用现金直接支付的款项外,在经营过程中所发生的一切货币收支业务,都必须通过银行存款账户进行结算。

1. 银行结算方式

根据中国人民银行发布的《银行结算办法》以及国际结算的有关规定,银行结算主要包括以下几种方式。

1) 银行汇票

银行汇票是指汇款人将款项交存当地银行,由银行签发给汇款人持往异地办理转账结算或支取现金的票据。这种结算方式特别适用于企业先收款后发货或银货两清的商品交易。

银行汇票的特点是:银行汇票一律记名;银行汇票的汇款金额起点是 500 元;银行汇票的付款期限是一个月;银行汇票可以背书转让或转汇到其他地点。

企业向银行提交"银行汇票委托书"并将款项交存开户银行,取得银行汇票后,根据银行盖章退回的申请书存根联,借记"其他货币资金——银行汇票"科目,贷记"银行存款"科目。

【例 2-4】 企业要求银行办理汇票 200 000 元,企业填制"银行汇票委托书"将 200 000 元交给银行,取得银行汇票后,用银行汇票购买材料物资支出 175 500 元,其中货款 150 000 元,增值税 25 500 元。

① 根据银行盖章的委托书存根联,取得汇票时:

借:其他货币资金——银行汇票　　　　　　　　　200 000
　　贷:银行存款　　　　　　　　　　　　　　　　　200 000

② 根据发票账单及开户银行转来的银行汇票有关副联等凭证报销时:

借:材料采购　　　　　　　　　　　　　　　　　150 000
　　应交税费——应交增值税(进项税额)　　　　　　 25 500
　　贷:其他货币资金——银行汇票　　　　　　　　　175 500

③ 余额转回:

借:银行存款　　　　　　　　　　　　　　　　　 24 500
　　贷:其他货币资金——银行汇票　　　　　　　　　 24 500

2) 商业汇票

商业汇票是指收款人或付款人(或承兑申请人)签发的,由承兑人承兑,并于到期日向收款人或被背书人支付款项的票据。按照承兑人的不同,商业汇票可分为商业承兑汇票和银行承兑汇票。商业承兑汇票是由收款人签发,经付款人承兑,或由付款人签发并承兑的票据。银行承兑汇票是由收款人或承兑申请人签发,并由承兑申请人向开户银行申请,经银行审查同意承兑的票据。

商业汇票的特点是:商业汇票一律记名,在同城或异地均可使用;商业汇票允许背书转让和申请贴现;商业汇票一经承兑,其承兑人即付款人负有到期无条件支付票款的责任;商业汇票的付款期限由交易购销双方商定,但最长不能超过 6 个月。

采用商业汇票结算方式时应注意:只有合法的商品交易才可签发汇票,不得签发无商品交易的汇票。商业汇票对应的会计科目为"应收票据",我们将在 2.3.2 节介绍。

3) 银行本票

银行本票是申请人将款项交存银行,由银行签发给其据以办理转账结算或支取现金的票据。银行本票一般适用于同城结算。银行本票分为定额银行本票和不定额银行本票两种。定额银行本票的面额有 500 元、1 000 元、5 000 元和 10 000 元;不定额银行本票的金额起点为 500 元。银行本票付款期为一个月,逾期后,兑付银行不予受理,但签发银行可办理退款手续。

银行本票的特点是:银行本票一律记名;银行本票允许背书转让;银行本票受理银行见票付款,不予挂失。

企业向银行提交"银行本票申请书"并将款项交存银行,取得银行本票后,根据银行盖章退回的申请书存根联,借记"其他货币资金——银行本票"科目,贷记"银行存款"科目。企业使用银行本票后,根据发票账单等有关凭证,借记"材料采购""原材料""库存商品""应交税费——应交增值税(进项税额)"等科目,贷记"其他货币资金——银行本票"科目。因本票超过付款期限等原因而要求退款时,应填制进账单一式两联,连同本票一并送交银行,根据银行盖章退回的进账单第一联,借记"银行存款"科目,贷记"其他货币资金——银行本票"科目。因银行本票存款与银行汇票存款的会计处理基本相同,在此不再举例说明。

4) 支票

支票是指银行的存款人签发给收款人办理结算或委托开户银行将款项支付给收款人的票据,是我国企业往来业务中较常用的一种结算形式,适用于同城结算。支票分为现金支票和转账支票两种,前者除用于提取现金外,还可用于转账;后者只能用于转账,不能用于提取现金。

支票的特点是:支票一律记名;支票的金额起点是100元,付款期限是10天;转账支票在中国人民银行批准的地区可以背书转让。

5) 信用卡

信用卡是指商业银行向个人和单位发行的,凭以向特约单位购物、消费和向银行存取现金,且具有消费信用的特制载体卡片。信用卡按使用对象的不同可分为单位卡和个人卡;按信誉等级可分为金卡和普通卡。

信用卡在规定的限额和期限内允许善意投资,透支额金卡最高不得超过10 000元,普通卡最高不得超过5 000元。透支期限最长为60天。透支利息,自签单日或银行记账日起15日内按日息万分之五计算,超过15日按日息万分之十计算,超过30日或透支金额超过定限额的,按日息万分之十五计算。持卡人不得发生恶意透支。

【例2-5】 某企业要求银行办理信用卡,企业填制"信用卡申请书"将30 000元交给银行,办妥信用卡后,用信用卡支付购买大宗办公用品支出27 000元。后又续存资金20 000元。

① 根据银行盖章的申请书存根联,办妥信用卡时:
借:其他货币资金——信用卡   30 000
    贷:银行存款   30 000
② 据发票账单及开户银行转来的有关凭证:
借:管理费用   27 000
    贷:其他货币资金——信用卡   27 000
③ 续存资金:
借:其他货币资金——信用卡   20 000
    贷:银行存款   20 000

6) 汇兑

汇兑是指汇款人委托银行将款项汇给外地收款人的结算方式。收款单位对于汇入款项,应在收到银行的收账通知时确认收款。汇兑可分为电汇和信汇两种。

汇兑结算方式的特点是:收付双方不一定要事先订立经济合同,也不局限于商品交易款项汇划;汇款人汇出的款项不受金额起点的限制;这种结算方式便于汇款人主动向异地收款人付款,对单位和个人的各种经济往来,均能采用。

7) 委托收款

委托收款是指收款人委托银行向付款人收取款项的结算方式。它适用于在银行开立账户的同城或异地单位之间的商品交易、劳务供应款项及其他应收款的结算。

委托收款结算方式的特点:方便灵活,适用范围广,不受金额起点的限制,付款期为3天。采用该方式时应注意,对于不符合条件的收款通知,付款人有理由拒付。

8) 异地托收承付

异地托收承付是指根据经济合同由收款单位发货后委托银行向异地付款单位收取款项,由付款单位向银行承兑付款的结算方式。因为收款单位委托银行向异地付款单位收款,所以该方式才叫异地托收承付结算方式。这种结算方式适用于订有合同的商品交易和劳务供应款项的结算。收款单位应在收到银行的收账通知时确认收款;付款单位根据承付通知和有关发票等原始凭证,确认付款。

异地托收承付结算的特点是:异地托收承付结算方式的结算起点为 10 000 元;按照结算办法的规定,承付分为验单承付和验货承付两种,验单承付的承付期是 3 天,验货承付的承付期限为 10 天;款项的划转方式的为邮划和电划两种方式,由收款单位指定使用;④付款单位在承付期内有权全部或部分拒付货款,由开户银行审核其拒付理由。

9) 信用证

信用证是国际结算的主要方式,从事进出口业务的企业和对外经济合作企业常采用这种方式。就国际信用证而言,它是进口方银行应进口方要求,向出口方(受益人)开立,以受益人按规定提供运输单据和发票为前提的、支付一定金额的书面承诺,即有条件的银行付款凭证。

2. 存款的核对

企业的往来结算,大部分均通过银行收付,进行频繁。为了检查银行存款记录的正确性,查明银行存款的实际余额,企业应定期将银行存款日记账与银行提供的银行对账单逐笔核对。企业应设置"银行存款日记账"核算银行存款的收付业务,并且与银行转来的对账单相互核对,每月至少核对一次。企业账面余额与银行对账单上结存数之间如有差额,必须逐笔查明原因,及时纠正。如果两者的余额不一致,原因可能有两个:一是企业或银行记账有差错;二是存在未达账项。所谓未达账项,是指对于同一经济业务,由于企业与开户银行的记账时间不同,一方已登计入账而另一方尚未登计入账的会计事项,未达账项是导致企业银行存款日记账与银行对账单不一致的主要原因。未达账项主要包括四种情况:

① 企业已收款入账,银行尚未入账;
② 企业已付款入账,银行尚未入账;
③ 银行已收款入账,企业尚未入账;
④ 银行已付款入账,企业尚未入账。

一般情况下,企业要编制"银行存款余额调节表"来核对银行存款的数额,列示并解决企业与银行在银行存款余额上的差异。

银行存款余额调节表的计算公式为

企业账面数金额＋银行已收企业未收金额－银行已付企业未付金额
＝银行对账单余额＋企业已收银行未收金额－企业已付银行未付金额

【例 2-6】 某企业月末收到其开户行转来的对账单一张,对账单上的余额为 151 740 元,企业银行存款的账面余额为 148 780 元。经核对后,发现下列未达账项。

1. 企业已入账而银行尚未入账的事项

(1) 企业已付银行未付的事项:企业已开出但银行尚未兑付的支票一张,金额 3 400 元。

(2) 企业已收银行未收的事项:在途存款一笔,金额 3 400 元。

2. 银行已入账而企业尚未入账的事项

(1)银行已收企业未收的事项:银行收到托收款 4 800 元。

(2)银行已付企业未付事项:银行划付电话费 600 元,手续费 400 元,利息 840 元。编制银行存款余额调节表见表 2-3。

表 2-3 银行存款余额调节表

企业银行存款账户	金　　额	银行对账单	金　　额
账面余额	148 780	对账单余额	151 740
加:银行已收,企业未收账项		加:企业已收,银行未收账项	
(1) 收到托收款项	4 800	(1) 在途存款	34 400
减:银行已付,企业未付款项		减:企业已付,银行未付款项	
(1) 划付电话费	600	(1) 未汇兑支票	34 000
(2) 支付手续费	400		
(3) 划付利息	8400		
调节后余额	151 740	调节后余额	151 740

2.3.2 应收账款和应收票据的核算

1. 应收账款

1) 应收账款及其账户设置

应收账款通常是指企业由于商品交易、劳务供应以及办理工程结算等业务而形成的应向客户收取的款项。企业一般需要设置"应收账款"账户对其进行核算。"应收账款"账户除了用来核算到期的商务性结算债权之外,还核算企业负债性质的预收货款(如我国现行会计制度规定:预收货款情况不多的企业,也可以将预收的货款直接计入应收账款的贷方)。有时,该账户还用来核算有对外施工业务的企业应向建设单位收取的工程价款和预收工程款等。

2) 应收账款的一般业务处理

(1) 不缴纳增值税业务的账务处理

应收账款的结算期限较短,在不缴纳增值税的企业,其会计处理也较为简单。

【例 2-7】 某企业根据合同向 A 企业提供劳务服务,价款计 5 000 元,价款在 20 天后交纳,会计分录如下。

提供劳务时:

借:应收账款——A 企业　　　　　　　　　　　　5 000
　　贷:主营业务收入　　　　　　　　　　　　　　　　5 000

收到价款时:

借:银行存款　　　　　　　　　　　　　　　　　5 000
　　贷:应收账款——A 企业　　　　　　　　　　　　　5 000

【例 2-8】 某企业收到客户甲公司汇来的预付货款 8 000 元,按该企业的规定,预收款项应记录于应收账款账户。会计分录为:

借:银行存款　　　　　　　　　　　　　　　　　8 000
　　贷:应收账款——预收货款　　　　　　　　　　　　8 000

(2) 缴纳增值税业务的账务处理

缴纳增值税的工商企业应将销项税业务包含于产品或商品销售的核算中。因此,在应收账款的会计处理中应将这类业务予以反映。

【例 2-9】 某工业企业对外销售产品一批,销售收入为 30 000 元,增值税率为 17%,应向客户收取的应收账款数额为 35 100 元。会计分录为:

借:应收账款　　　　　　　　　　　　　　　　　35 100
　　贷:应交税费——应交增值税(销项税额)　　　　　5 100
　　　　主营业务收入　　　　　　　　　　　　　　　30 000

收到货款时:

借:银行存款　　　　　　　　　　　　　　　　　35 100
　　贷:应收账款　　　　　　　　　　　　　　　　　35 100

与不缴纳增值税业务的账务处理相比,缴纳增值税的应收账款核算除增值税价外计税以外,销售收入的会计处理并无差别。因此,在以后的举例中,都按不缴纳增值税业务进行会计处理。

(3) 折扣的账务处理

折扣可分为商业折扣和现金折扣两种。商业折扣的作用,从供货方面来讲,目的在于优惠大宗交易;同时在物价水平发生波动时,通过调整折扣来替代销售价目表的频繁修订。

【例 2-10】 某企业向 A 商店销售商品一批,零售价 200 000 元。根据该批商品的销量,可以给予客户 20% 的商业折扣,货款尚未划转,应按实际成交额编制会计分录如下:

借:应收账款——商店　　　　　　　　　　　　160 000
　　贷:主营业务收入　　　　　　　　　　　　　　　160 000

现金折扣的作用则在于鼓励客户及早付款。采用现金折扣,通常要在发票上标明付款条件,如 2/10,1/20,n/30。意思是:若10日内付款,可以给予2%的现金折扣;若20日内付款可以给予1%的现金折扣;账款应该在30日内偿付全额。超过30日信用期限,即视为购方违约或逾期拖欠。

在现金折扣条件下,应收账款的确定有两种方式:一种称为总价法,即以扣减现金折扣前的售价总额作为名义售价,列记应收账款,将现金折扣作为对客户的一种回报和鼓励;另一种称为净价法,即以扣减现金折扣后的售价净额作为实际售价,列记应收账款,将现金折扣视为正常。

在会计处理中,我国采用将实际发生的现金折扣作为财务费用,计入当期的损益的方法。

【例2-11】 某企业向A商店销售商品一批,售价100 000元,付款条件为2/10,1/20,n/30。

① 实行总价法
发出商品,列记销售,编制会计分录如下:
借:应收账款——商店　　　　　　　　　　　100 000
　贷:主营业务收入　　　　　　　　　　　　　　　100 000
客户在20日内付款,编制会计分录如下:
借:银行存款　　　　　　　　　　　　　　　 99 000
　　财务费用　　　　　　　　　　　　　　　　1 000
　贷:应收账款——商店　　　　　　　　　　　　　100 000
若客户在30日内付款,编制会计分录如下:
借:银行存款　　　　　　　　　　　　　　　100 000
　贷:应收账款——商店　　　　　　　　　　　　　100 000

② 实行净价法
发出商品,列记销售收入(按2%现金折扣记售价),编制会计分录如下:
借:应收账款——商店　　　　　　　　　　　 98 000
　贷:主营业务收入　　　　　　　　　　　　　　　 98 000
客户在20日内付款,编制会计分录如下:
借:银行存款　　　　　　　　　　　　　　　 99 000
　贷:财务费用　　　　　　　　　　　　　　　　　　1 000
　　　应收账款——商店　　　　　　　　　　　　　 98 000
若客户在30日内付款,编制会计分录如下:
借:银行存款　　　　　　　　　　　　　　　100 000
　贷:应收账款——商店　　　　　　　　　　　　　 98 000
　　　财务费用　　　　　　　　　　　　　　　　　　2 000

2. 应收票据

1) 应收票据的概念和种类

应收票据,对于持票人来说,是经债务人的书面承诺,具有法定形式和确定收款期限的债权凭证。

目前我国企业使用的商业票据主要是商业汇票。商业汇票有银行承兑汇票和商业承兑汇票两种。银行承兑汇票由银行出具信用担保;商业承兑汇票则是企业间直接承担信用责任。商业汇票不仅限于同城结算,也可以用于异地结算。

商业汇票的签发,必须以合法的商品交易为依托。承兑期限最长不得超过9个月,一般为3个月到6个月,到期一律通过银行转账结算。商业汇票可以向银行申请贴现,也可以背书转让。

2) 应收票据的账户设置与账务处理

为了反映商业汇票等应收票据业务的进行情况,企业应设置"应收票据"账户进行核算,同时设置专门的应收票据登记簿,以便随时了解所持债权票据的经办情况,及时进行恰当的处理。应收票据按计算利息的方式,可分为带息票据和不带息票据。不带息票据的到期价值就是票据的票面价值,带息票据的到期价值应是票据面值(本金)与按票面利率计算的利息和,即面值×(1+利率×票据期限)。

【例2-12】 某企业2013年5月6日向A公司销售一批商品,按所签合同采用商业汇票结算。价款计200 000元,票据期限为2个月。编制分录如下:

借:应收票据——商业汇票——A公司　　　　200 000
　　贷:主营业务收入　　　　　　　　　　　　　　200 000

上项商业汇票期满,同年7月6日收到该项商品产品价款。编制分录如下:

借:银行存款　　　　　　　　　　　　　　　　200 000
　　贷:应收票据——商业汇票——A公司　　　　200 000

假定上例中的票据为带息票据,年利息率为12%,则该企业的会计分录在收回票据时会与上例有所不同。见下述计算与会计分录:

应计利息=200 000×12%×(2÷12)=4 000(元)

借:银行存款　　　　　　　　　　　　　　　　204 000
　　贷:应收票据　　　　　　　　　　　　　　　　200 000
　　　　财务费用　　　　　　　　　　　　　　　　4 000

3) 应收票据贴现的账务处理

商业汇票是一种远期票据,在到期之前,不能从承兑人方面取得资金。但是,企业在急需资金的情况下,可以按规定向银行背书转让,办理贴现。所谓贴现是指票据持有人在票据到期前,为取得货币资金,向银行申请贴付一定利息,把票据转让给银行的信用活动。商业汇票的票面额扣除贴现利息后的余额为贴现额,计算公式为

商业汇票贴现额=商业汇票到期票面额-贴现利息

其中,贴现利息可按本金、贴现利息率、贴现期限(即贴现日至到期日)的乘积求得。

设上述企业在持有不带息票据1个月后,向银行申请贴现,贴现率为15%。其计算与分录如下:

贴现利息=200 000×15%×(1÷12)=2 500(元)

借:银行存款　　　　　　　　　　　　　　　　197 500
　　财务费用　　　　　　　　　　　　　　　　　　2 500

贷：应收票据——商业汇票　　　　　　　　　　　200 000

设上述企业在持有带息票据1个月后,向银行申请贴现,贴现率为15%。计算与分录如下：

$$贴现利息=204\,000\times 15\%\times (1\div 12)=2\,550\,元$$
$$实得额=204\,000-2\,550=201\,450\,元$$

借：银行存款　　　　　　　　　　　　　　　　　201 450
　　贷：应收票据　　　　　　　　　　　　　　　　200 000
　　　　财务费用　　　　　　　　　　　　　　　　 1 450

非银行承兑的商业汇票完成贴现,只是货币索取权由一种形式转化为另一种形式,即把商业信用转换成银行信用,并不意味着贴现企业解脱了作为原债权人的责任。企业申办贴现时,因背书转让而在法律上负有连带偿还责任。就是说,如果期票到期,承兑人的银行存款数额不足以偿还到期票据款额时,贴现银行不承担向债务人的追索责任,而是将票据退还给贴现企业,并索讨票据的到期金额。

设2013年7月6日已贴现的不带息商业票据到期,但A公司存款不足,无力偿付,贴现企业收到银行退回的应收票据及要求付款的通知时,应当向银行支付票据的到期值,并继续向债务人追索欠款。贴现企业应编制分录如下：

借：应收账款——A公司　　　　　　　　　　　　200 000
　　贷：银行存款　　　　　　　　　　　　　　　　200 000

但是,若到此时贴现企业也无力偿还票面金额,银行则对已贴现票面额视同逾期贷款处理。贴现企业应编制如下分录：

借：应收账款——A公司　　　　　　　　　　　　200 000
　　贷：短期借款——银行贴现　　　　　　　　　　200 000

若A公司破产,则应收账款应转为坏账损失处理。如果企业贴现的应收票据是银行承兑汇票,将银行承兑汇票贴现时,因直接承兑人是银行,所以,在贴现时不做或有负债考虑。

2.3.3　坏账损失的核算

企业在从事生产经营活动中,会发生以下一些情况,导致应收款项不能收回,诸如：债务人发生严重财务困难；债务人违反了合同条款,如偿付利息或本金发生违约或逾期等。应收账款作为非期票形式的商业信用,由于结算制度的约束不力,常常会使还债无期,索债无凭,拖欠无责,形成长期挂账。这些无法收回的款项,会计上称为坏账或呆账。因坏账而发生的损失被称为坏账损失。

为避免坏账损失所带来的影响,会计上常采用预提坏账准备的办法。坏账未发生时,按照一定方法预先提取坏账准备,坏账发生时,经管理部门批准,用以冲抵。我国企业财务管理制度规定：企业可以根据应收账款的账龄,逐年按年末应收账款余额的5%～30%提取坏账准备,计入管理费用。

为了记录坏账准备的提取和抵补情况,需要设置"坏账准备"账户,在一般情况下该账户表现为贷方余额。

坏账准备是应收账款的抵减账户。在资产负债表上列示的应收账款额为应收账款净额,是应收账款减去坏账准备额后的净额。就坏账准备本身而言,它既非资产又非负债,仅是一个备抵账户。

1. 坏账准备的提取和抵补

根据应收账款的期末余额,按规定比例提取坏账准备时,编制会计分录如下:
借:资产减值损失
 贷:坏账准备
发生坏账损失时,经批准,用坏账准备金弥补,编制分录如下:
借:坏账准备
 贷:应收账款
但是,有两种情况需要注意。其一,若企业当期应提取的坏账准备大于其账户已有的账面余额,应按其差额提取;其二,若应提坏账准备小于已有的账面余额,应按其差额冲减资产减值损失。

【例2-13】 某公司2013年末坏账准备贷方余额为700元。若当年应收账款借方余额为18 000元,按5%的比例提取坏账准备,应为900元。

 借:资产减值损失   200
  贷:坏账准备   200

若当年应收账款借方余额为10 000元,按5%的比例提取坏账准备,应为500元。
用红字编制分录如下:

 借:资产减值损失   200
  贷:坏账准备   200

2. 坏账收回

如果已确认并转销的坏账损失,后来又得以收回,应按其可收回的数额重新列账,编制分录如下:
借:应收账款
 贷:坏账准备
同时,
借:银行存款
 贷:应收账款

【例2-14】 某企业在上年末曾注销一笔坏账9 000元,但在本年经营开始后,又将该坏账收回。其会计分录为:

 借:应收账款   9 000
  贷:坏账准备   9 000
 借:银行存款   9 000
  贷:应收账款   9 000

3. 坏账核算需注意的问题

坏账核算需注意以下两个问题
(1) 下列情况不能全额提取坏账准备：
① 当年发生的应收款项；
② 计划对应收款项进行重组；
③ 与关联方发生的应收款项；
④ 其他已逾期,但无确凿证据表明不能收回的应收款项。
(2) 企业与关联方之间发生的应收款项也应提取坏账准备,但一般不能全额计提坏账准备,除非有确凿证据表明关联方(债务单位)已撤销、破产、资不抵债、现金流量严重不足等,并且不准备对应收款项进行重组或无其他收回方式的,则对预计无法收回的应收关联方的款项也可以全额计提坏账准备。

2.3.4 交易性金融资产的核算

1. 交易性金融资产的取得

交易性金融资产初始确认时,应按公允价值计量,相关交易费用应当直接计入当期损益。企业为发行金融工具所发生的差旅费等,不属于此处所讲的交易费用。需要注意的是,交易性金融资产入账成本中包括的已经宣告但尚未发放的现金股利或已到付息期但尚未领取的利息,应进行专门记录,并通过"应收股利""应收利息"科目反映。

【例2-15】 假设昌源公司于2013年6月10日购入1 000股M上市公司的股票,购买价格为20元/股,另支付交易手续费及印花税等共计500元。甲公司拟在短期内将这些股票卖出。款项以存入证券公司投资款支付。该公司曾于2013年5月20日宣布现金股利0.5元/股,并于2013年6月28日发放。

2013年6月10日,记录购买交易性金融资产：
借：交易性金融资产——M公司股票—成本　　　19 500
　　应收股利　　　　　　　　　　　　　　　　500
　　投资收益　　　　　　　　　　　　　　　　500
　　贷：其他货币资金——存出投资款　　　　　　20 500

2013年6月28日,记录收到购买前已宣告发放的股利：
借：银行存款　　　　　　　　　　　　　　　　500
　　贷：应收股利　　　　　　　　　　　　　　　500

【例2-16】 达智公司3月25日从A股市场购入D公司债券58 000元,以进行交易为目的,不准备持有到期。购买价中包含已到付息期但尚未领取的债券利息2 000元,购买该债券支付的交易费用为850元。款项以银行存款全部支付。

借：交易性金融资产——D公司债券—成本　　　63 000
　　应收利息——D公司　　　　　　　　　　　2 000
　　投资收益　　　　　　　　　　　　　　　　850

贷：银行存款　　　　　　　　　　　　　　　　　　　　　65 850

2. 交易性金融资产持有期间收到的股利、利息

　　交易性金融资产持有期间被投资单位宣告发放的现金股利，或在资产负债表日按分期付息、一次还本债券投资的票面利率计算的利息，应作为交易性金融资产持有期间实际实现的投资收益，借记"应收股利"或"应收利息"科目，贷记"投资收益"科目。

　　实际收到股利或债券利息时，借记"银行存款""其他货币资金"等科目，贷记"应收股利""应收利息"科目。

　　【例2-17】　续【例2-15】，M公司于2013年8月20日，宣告发放现金股利0.3元/股。
　　借：应收股利　　　　　　　　　　　　　　　　　300
　　　　贷：投资收益　　　　　　　　　　　　　　　　　　300
　　【例2-18】　续【例2-16】，达智公司4月2日收到D公司债券利息2 000元存入银行。
　　借：银行存款　　　　　　　　　　　　　　　　　2 000
　　　　贷：应收利息　　　　　　　　　　　　　　　　　　2 000

3. 交易性金融资产的期末计价

　　资产负债表日，企业应将交易性金融资产的公允价值变动计入当期损益。即交易性金融资产公允价值高于其账面价值时，应按其差额借记"交易性金融资产——公允价值变动"科目，贷记"公允价值变动损益"；交易性金融资产公允价值低于其账面价值时，应按差额编制相反的分录。

　　【例2-19】　2012年12月31日，九江公司持有的上市公司S的股票市场价格为35元/股。
　　九江公司12月31日记录的持有的S公司1 000股股票的账面价值为
　　借方余额：交易性金融资产——S公司股票—成本　19 500
　　12月31日S公司股票当日公允价值为35 000，应调高该股票的账面价值15 500元。
　　2012年12月31日，记录公允价值变动损益。
　　借：交易性金融资产——公允价值变动　　　　　15 500
　　　　贷：公允价值变动损益　　　　　　　　　　　　　15 500

4. 交易性金融资产的出售

　　当企业将金融资产出售时，应当终止确认金融资产投资。处置时，其公允价值与初始入账金额之间的差额应当确认为投资收益，同时调整公允价值变动损益。

　　在会计处理上，出售交易性金融资产时，按实际收到的金额借记"银行存款"等科目，按出售交易性金融资产的成本贷记"交易性金融资产——成本"，按该项交易性金融资产的公允价值变动借记（原来记录的公允价值变动贷方净额）或贷记（原来记录的公允价值变动借方净额）"交易性金融资产——公允价值变动"科目，按两者的差额借记（出售收入小于账面价值的差额）或贷记（出售收入大于账面价值的差额）"投资收益"。

　　出售交易性金融资产后，应同时将出售的交易性金融资产的公允价值变动转为"投资收益",借记(原来记录的公允价值变动收益)"公允价值变动损益"科目;或者借记"投资收益"科目,贷记(原来记录的公允价值变动损失)"公允价值变动损益"科目。

【例 2-20】 续【例 2-19】,九江公司于 2013 年 4 月 20 日以 42 元/股的价格将上述股票卖出,发生相关交易费用 1 000 元。

2013 年 4 月 20 日,记录处置交易性金融资产:

借:银行存款	41 000
公允价值变动损益	15 500
贷:交易性金融资产——成本	19 500
交易性金融资产——公允价值变动	15 500
投资收益(42×1 000−19 500−1 000)	21 500

2.3.5 可供出售金融资产

1. 可供出售金融资产的初始计量

企业取得可供出售的金融资产,应按其公允价值与交易费用之和,借记"可供出售金融资产(成本)"账户,按支付的价款中包含的已宣告但尚未发放的现金股利,借记"应收股利"账户,按实际支付的金额,贷记"银行存款"等账户。企业取得的可供出售金融资产为债券投资的,应按债券的面值,借记"可供出售金融资产(成本)"账户,按支付的价款中包含的已到付息期但尚未领取的利息,借记"应收利息"账户,按实际支付的金额,贷记"银行存款"等账户,按其差额,借记或贷记"可供出售金融资产(利息调整)"账户。

【例 2-21】 A 公司于 2012 年 1 月 6 日从二级市场购入股票 100 万股,每股市价 10 元,手续费 5 万元;初始确认时,该股票划分为可供出售金融资产。

借:可供出售金融资产——成本	10 050 000
贷:银行存款	10 050 000

2. 可供出售金融资产的后续计量

资产负债表日,可供出售债券为分期付息、一次还本债券投资的,应按票面利率计算确定的应收未收利息,借记"应收利息"账户,按可供出售债券的摊余成本和实际利率计算确定的利息收入,贷记"投资收益"账户,按其差额,借记或贷记"可供出售金融资产(利息调整)"账户。可供出售债券为一次还本付息债券投资的,应于资产负债表日按票面利率计算确定的应收未收利息,借记"可供出售金融资产(应计利息)"账户,按可供出售债券的摊余成本和实际利率计算确定的利息收入,贷记"投资收益"账户,按其差额,借记或贷记"可供出售金融资产(利息调整)"账户。

资产负债表日,可供出售金融资产的公允价值高于其账面价值的差额,借记"可供出售金融资产(公允价值变动)"账户,贷记"资本公积——其他资本公积"账户;公允价值低于其账面价值的差额编制相反的会计分录。

【例 2-22】 续【例 2-21】,A 公司到 2012 年 12 月 31 日仍持有该股票,当时该股票的市价为 9 元/每股。

确认股票价格变动：

借：资本公积——其他资本公积　　　　　　　　　1 050 000
　　贷：可供出售金融资——公允价值变动　　　　　　　1 050 000

2013年3月3日，A公司将该股票出售，售价为12元/每股，另外支付交易费用2万元。

借：银行存款　　　　　　　　　　　　　　　　11 980 000
　　可供出售金融资——公允价值变动　　　　　　　1 050 000
　　贷：可供出售金融资产——成本　　　　　　　　　10 050 000
　　　　投资收益　　　　　　　　　　　　　　　　10 930 000
　　　　资本公积——其他资本公积　　　　　　　　　1 050 000

【例2-23】 2013年1月1日甲公司支付价款1 028.2元购入某公司发行的3年期公司债券，该公司债券的票面总金额为1 000元，票面利率4％，实际利率为3％，利息每年末支付，本金到期支付。甲公司将该公司债券划分为可供出售金融资产。2013年12月31日，该债券的市场价格为1 000.09元。假定无交易费用和其他因素影响，甲公司的账务处理如下：

购入债券：

借：可供出售金融资产——成本　　　　　　　　　1 000
　　可供出售金融资产——利息调整　　　　　　　　28.2
　　贷：银行存款　　　　　　　　　　　　　　　　1 028.2

2013年12月31日，收到债券利息、确认公允价值变动：

$$实际利息=1 028.2×3％≈30.8(元)$$
$$年末摊余成本=1 028.2+30.8-40=1 019(元)$$

借：应收利息　　　　　　　　　　　　　　　　40
　　贷：投资收益　　　　　　　　　　　　　　　　30.8
　　　　可供出售金融资产——利息调整　　　　　　　9.2
借：银行存款　　　　　　　　　　　　　　　　40
　　贷：应收利息　　　　　　　　　　　　　　　　40
借：资本公积——其他资本公积　　　　　　　　　18.91
　　贷：可供出售金融资——公允价值变动　　　　　　18.91

3. 可供出售金融资产的减值

判断可供出售金融资产是否发生了减值，应当注重该金融资产公允价值是否持续下降。如果公允价值预计会持续下跌，无回升的希望，那么此时可以判断发生了减值的迹象，应计提资产减值准备，先将原来因公允价值暂时性变动计入资本公积的金额转出，再确认减值损失。

可供出售金融资产发生减值时，即使该金融资产没有终止确认，原直接计入所有者权益的因公允价值下降形成的累计损失，应当予以转出，计入减值损失。该转出的累计损失，为可供出售金融资产的初始取得成本扣除已收回本金和已摊销金额、当前公允价值和原已计入损益的减值损失后的余额。

具体来说,确定可供出售金融资产发生减值的,按应减记的金额,借记"资产减值损失"账户,按应从所有者权益中转出原计入资本公积的累计损失金额,贷记"资本公积——其他资本公积"账户,按其差额,贷记"可供出售金融资(公允价值变动)"账户。

对于已确认减值损失的可供出售金融资产,在随后会计期间内公允价值上升且客观上与确认原减值损失事项有关的,应按原确认的减值损失,借记"可供出售金融资(公允价值变动)"账户,贷记"资产减值损失"账户;但可供出售金融资产为股票等权益工具投资的(不含在活跃市场上没有报价、公允价值不能可靠计量的权益工具投资)发生的减值损失则不得通过损益转回,应借记"可供出售金融资(公允价值变动)"账户,贷记"资本公积——其他资本公积"账户。

【例2-24】 2011年7月20日,瑞通公司以65元/股的价格购买了1 000股甲公司的股票,并划分为可供出售金融资产。2011年至2013年,A公司股票的公允价值信息见表2-4。

表2-4　A公司股票的公允价值信息表

日　　期	公允价值/(元/股)	减值情况
2011.12.31	45	无客观证据表明减值
2012.12.31	30	有客观证据表明减值
2013.12.31	35	

瑞通公司应编制会计分录如下。

2011年7月20日:
借:可供出售金融资产——成本　　　　　　　　　　　65 000
　　贷:银行存款　　　　　　　　　　　　　　　　　　65 000

2011年12月31日:
借:资本公积——其他资本公积　　　　　　　　　　　20 000
　　贷:可供出售金融资产——公允价值变动　　　　　　20 000

2012年12月31日:
借:资产减值损失——可供出售金融资产　　　　　　　35 000
　　贷:资本公积——其他资本公积　　　　　　　　　　20 000
　　　　可供出售金融资产——公允价值变动　　　　　　15 000

2013年12月31日:
借:可供出售金融资产——公允价值变动　　　　　　　5 000
　　贷:资本公积——其他资本公积　　　　　　　　　　5 000

2.3.6　持有至到期投资

1. 持有至到期投资的初始确认

当企业取得持有至到期投资时,应当按照取得时的公允价值和相关交易费用之和作为初始入账金额。实际支付的价款中包含的已到付息期但尚未领取的债券利息,应单独确认为应收项目。

在初始取得持有至到期投资时,往往会产生企业持有至到期投资的溢价或折价。持有至到期投资的溢价或折价应当在企业的后续计量中进行摊销。持有至到期投资存在溢折价,则意味着持有至到期投资的票面利率和实际利率不一致。其中,票面利率是指持有至到期债券票面上的利率,它是计算债券利息的依据,企业是通过持有至到期投资的面值和票面利率计算其收到的利息的。实际利率,是指将金融资产在预期存续期间或适用的更短期间内的未来现金流量,折现为该金融资产当前账面价值所使用的利率。持有至到期投资初始确认时,就应当计算确定其实际利率,并在其预期存续期间或适用的更短期间内保持不变。

【例 2-25】 金鼎公司于 2013 年 1 月 7 日,支付价款 1 000 万元(含交易费用)从活跃市场上购入 A 公司 5 年期债券,面值 1 250 万元,票面年利率 4.72%,按年支付利息(即每年利息为 59 万元),本金最后一次支付。合同约定,该债券的发行方在遇到特定情况时可以将债券赎回,且不需要为提前赎回支付额外款项。甲公司在购买该债券时,预计发行方不会提前赎回。

计算实际利率:

$59\times(1+R)^{-1}+59\times(1+R)^{-2}+59\times(1+R)^{-3}+59\times(1+R)^{-4}+(59+1\,250)\times(1+R)^{-5}=1\,000$(万元),计算得出 $R=10\%$

2. 持有至到期投资的后续计量

企业应当采用实际利率法,按照摊余成本对持有至到期投资进行后续计量。

金融资产的摊余成本,是指该金融资产的初始确认金额经下列调整后的结果:

① 扣除已偿还的本金;

② 加上或减去采用实际利率法将该初始确认金额与到期日金额(通常为面值)之间的差额进行摊销形成的累计摊销额;

③ 扣除已发生的减值损失。

具体来说,关于溢折价的摊销,应当根据以下公式进行计算:

本期的溢(折)价摊销 = 应收利息(面值×票面利率)
− 上期摊余成本×实际利率

本期未摊销溢(折)价 = 上期未摊销溢(折)价 − 本期溢(折)价摊销

本期摊余成本 = 上期摊余成本 − 本期溢价摊销

或者 本期摊余成本 = 上期摊余成本 + 本期折价摊销

【例 2-26】 续【例 2-25】,持有至到期投资折价摊销的计算与账务处理。

例 2-25 计算出实际利率为 10%,因此根据以上的公式得出溢(折)价摊销表(见表 2-5)。

具体来说,企业在资产负债表日,应当根据上述公式计算应当确认的投资收益以及折价或溢价摊销额,同时确认应收利息,分别调整持有至到期投资的"成本""利息调整""应计利息"明细账户。

表 2-5 持有至到期投资溢(折)价摊销表

年份	(1)期初摊余成本	(2)实际利息(按 10%计算)	(3)现金流入	(4)摊余成本＝(1)+(2)－(3)
2013	1 000	100	59	1 041
2014	1 041	104	59	1 086
2015	1 086	109	59	1 136
2016	1 136	113	59	1 190
2017	1 190	119	1 309	0

持有至到期投资为分期付息、一次还本债券投资的，应按票面利率计算确定的应收未收利息，借记"应收利息"账户，按持有至到期投资摊余成本和实际利率计算确定的利息收入，贷记"投资收益"账户，按其差额，借记或贷记"持有至到期投资(利息调整)"账户；持有至到期投资为一次还本付息债券投资的，应于资产负债表日按票面利率计算确定的应收未收利息，借记"持有至到期投资(应计利息)"账户，按持有至到期投资摊余成本和实际利率计算确定的利息收入，贷记"投资收益"账户，按其差额，借记或贷记"持有至到期投资(利息调整)"账户。

① 2013 年 1 月 1 日，购入债券，会计分录为：

借：持有至到期投资——成本　　　　　　　　　　　　12 500 000
　　贷：银行存款　　　　　　　　　　　　　　　　　　10 000 000
　　　　持有至到期投资——利息调整　　　　　　　　　 2 500 000

② 2013 年 12 月 31 日，确认实际利息收入、收到票面利息等，会计分录为：

借：应收利息　　　　　　　　　　　　　　　　　　　　　590 000
　　持有至到期投资——利息调整　　　　　　　　　　　　410 000
　　贷：投资收益　　　　　　　　　　　　　　　　　　 1 000 000
借：银行存款　　　　　　　　　　　　　　　　　　　　　590 000
　　贷：应收利息　　　　　　　　　　　　　　　　　　　 590 000

③ 2014 年 12 月 31 日，确认实际利息收入、收到票面利息等，会计分录为：

借：应收利息　　　　　　　　　　　　　　　　　　　　　590 000
　　持有至到期投资——利息调整　　　　　　　　　　　　450 000
　　贷：投资收益　　　　　　　　　　　　　　　　　　 1 040 000
借：银行存款　　　　　　　　　　　　　　　　　　　　　590 000
　　贷：应收利息　　　　　　　　　　　　　　　　　　　 590 000

(4) 2015 年 12 月 31 日，确认实际利息收入、收到票面利息等，会计分录为

借：应收利息　　　　　　　　　　　　　　　　　　　　　590 000
　　持有至到期投资——利息调整　　　　　　　　　　　　500 000
　　贷：投资收益　　　　　　　　　　　　　　　　　　 1 090 000
借：银行存款　　　　　　　　　　　　　　　　　　　　　590 000
　　贷：应收利息　　　　　　　　　　　　　　　　　　　 590 000

⑤ 2016 年 12 月 31 日，确认实际利息收入、收到票面利息等，会计分录为：

借：应收利息　　　　　　　　　　　　　　　　　　　　　590 000

　　　　　持有至到期投资——利息调整　　　　　　　540 000
　　　　贷：投资收益　　　　　　　　　　　　　　　　1 130 000
　　借：银行存款　　　　　　　　　　　　　　　　　590 000
　　　　贷：应收利息　　　　　　　　　　　　　　　　590 000
　　⑥ 2017年12月31日，确认实际利息收入、收至票面利息和本金等，会计分录为：
　　借：应收利息　　　　　　　　　　　　　　　　　590 000
　　　　持有至到期投资——利息调整　　　　　　　600 000
　　　　贷：投资收益　　　　　　　　　　　　　　　　1 190 000
　　借：银行存款　　　　　　　　　　　　　　　　　590 000
　　　　贷：应收利息　　　　　　　　　　　　　　　　590 000
　　借：银行存款　　　　　　　　　　　　　　　　　12 500 000
　　　　贷：持有至到期投资——成本　　　　　　　　　12 500 000

3. 持有至到期投资的期末计量与减值

在资产负债表日，如果企业对持有至到期投资测试的结果表明该项投资发生了减值，则应当按其账面价值与预计未来现金流量现值之间的差额计算确认为资产减值损失，计入当期损益。即应当按照减值的金额，借记"资产减值损失"账户，贷记"持有至到期投资减值准备"账户。

持有至到期投资确认减值损失后，如有客观证据表明该金融资产价值已恢复，且客观上与确认该损失后发生的事项有关（如债务人的信用等级提高等），则原确认的减值损失应当予以转回，计入当期损益。但是，减值转回后的持有至到期投资账面价值不应当超过假定不计提减值准备情况下该持有至到期投资在转回日的摊余成本。同时，已计提减值准备的持有至到期投资价值以后得以恢复的，应在原已计提的减值准备金额内，按恢复增加的金额，借记"持有至到期投资减值准备"账户，贷记"资产减值损失"账户。

持有至到期投资作为一项以摊余成本计量的金融资产，在发生减值、摊销或终止确认时产生的利得或损失，应当计入当期损益。

处置持有至到期投资时，应按实际收到的金额，借记"银行存款"等账户，按其账面余额，贷记"持有至到期投资（成本、利息调整、应计利息）"账户，按其差额，贷记或借记"投资收益"账户。已计提减值准备的，还应同时结转减值准备。

"持有至到期投资"账户期末借方余额，反映企业持有至到期投资的摊余成本。

2.3.7 长期股权投资的核算

1. 长期股权投资的性质与分类

长期股权投资属于权益性投资，它是通过企业以自身资产（货币资金、实物或无形资产等）获得其他企业的权益性资产来实现的。长期股权投资通常投资金额大、期限长，风险和收益也较大。具体来说，长期股权投资包括以下几类。

1) 控制

控制是指有权决定一个企业的财务和经营政策,并能据以从该企业的经营活动中获得收益。投资企业能够对被投资单位实施控制的,被投资单位为其子公司,投资企业应当将子公司纳入合并财务报表的合并范围。

2) 共同控制

共同控制是指按照合同约定对某项经济活动所共有的控制,仅在与该项经济活动相关的重要财务和生产经营决策需要分享控制权的投资方一致同意时存在。投资企业与其他方对被投资单位实施共同控制的,被投资单位为其合营企业。

3) 重大影响

重大影响是指对一个企业的财务和经营政策有参与决策的权利,但并不能够控制或者与其他方一起共同控制这些政策的制定。投资企业能够对被投资单位施加重大影响的,被投资单位为其联营企业。在确定能否对被投资单位实施控制或施加重大影响时,应当考虑投资企业和其他方持有的被投资单位当期可转换公司债券、当期可执行认股权证等潜在表决权因素。

4) 无控制、无共同控制、无重大影响

在这种情况下,通常投资企业拥有的被投资单位的表决权资本所占比例小于20%,并且不存在其他方对被投资单位施加重大影响的途径;或者投资企业虽然拥有被投资企业20%以上的表决权资本,但是并没有实质上施加重大影响的权利或者自愿放弃该权利。

2. 长期股权投资的划分分析初始计量

长期股权投资通常可以划分为形成控股合并的长期股权投资和不形成控股合并的长期股权投资。进一步划分,控股合并形成的长期股权投资包括同一控制下的控股合并与非同一控制下的控股合并两种情况。

1) 形成控股合并的长期股权投资的初始计量

控股合并形成的长期股权投资,初始投资成本的确定应根据形成控股合并的类型加以区分,分同一控制下的控股合并与非同一控制下控股合并两种情况确定长期股权投资的初始投资成本。

(1) 形成同一控制下控股合并的长期股权投资

同一控制下的企业合并,是指参与合并的企业在合并前后均受同一方或相同多方的最终控制,且该控制并非暂时性的。同一控制下的企业合并,在合并日取得对其他参与合并企业控制权的一方为合并方,参与合并的其他企业为被合并方。合并日,是指合并方实际取得对被合并方控制权的日期,即被合并方净资产或生产经营决策的控制权转移给合并方的日期。

同一控制下的企业合并具有以下特点:从最终实施控制方的角度看,其所能够实施控制的净资产没有发生变化,原则上应保持其账面价值不变;由于该类合并发生于关联方之间,交易作价往往不公允,很难以双方议定的价格作为核算基础,容易产生利润操纵。

企业合并的支付方式主要有:支付现金;转让非现金资产;承担债务;发行权益证券。

不同方式下的账务处理也不同。合并方以支付现金、转让非现金资产或承担债务方式作为合并对价的,应当在合并日按照取得被合并方所有者权益账面价值的份额作为长期股权投资的初始投资成本,计入"长期股权投资——投资成本"科目。长期股权投资初始投资成本与支付的现金、转让的非现金资产以及所承担债务账面价值之间的差额,应当调整"资本公积——资本溢价(或股本溢价)"科目余额,不足冲减的,应依次借记"盈余公积""利润分配——未分配利润"科目。

合并方以发行权益性证券作为合并对价的,应按发行权益性证券的面值总额作为股本,长期股权投资初始投资成本与所发行权益性证券面值总额之间的差额,应当调整资本公积(资本溢价或股本溢价);资本公积(资本溢价或股本溢价)不足冲减的,调整留存收益。

【例2-27】 A公司和B公司均为P公司控制的子公司。A公司于2013年3月1日以货币资金1 000万元取得B公司60%的股份,并于当日起能够对B公司实施控制。两公司在企业合并前采用的会计政策相同。合并日,B公司所有者权益为2 000万元。

本例中A公司长期股权投资初始投资成本为1 200(2 000×60%)万元。账务处理为:

借:长期股权投资——B公司(投资成本)　　　12 000 000
　　贷:银行存款　　　　　　　　　　　　　　10 000 000
　　　　资本公积——资本溢价(或股本溢价)　　 2 000 000

同一控制下企业合并发生的相关费用,包括为进行企业合并而支付的审计费用、评估费用、法律服务费用等,应当在发生时计入管理费用,不应计入长期股权投资的初始投资成本。但以下两种情况除外:

① 为企业合并发行的债券或承担其他债务支付的手续费、佣金等,计入所发行债券及其他债务的初始计量金额;

② 企业合并中发行权益性证券发生的手续费、佣金等费用,应当抵减权益性证券溢价收入,溢价收入不足冲减的,冲减留存收益。

(2) 形成非同一控制下控股合并的长期股权投资

非同一控制下的企业合并形成的长期股权投资,其初始投资成本的确定包括:购买日初始投资成本的计量和购买日投资成本的调整。

① 购买日初始投资成本的计量

非同一控制下的企业合并,购买方在购买日确认的长期股权投资初始投资成本包括购买方在购买日为取得对被购买方的控制权而付出的资产、发生或承担的负债以及发行的权益性证券的公允价值之和;购买方为进行企业合并发生的各项直接相关费用;在合并合同或协议中对可能影响合并成本的未来事项做出约定的,购买日如果估计未来事项很可能发生并且对合并成本的影响金额能够可靠计量的,购买方应当将其计入合并成本。

购买方在购买日作为企业合并对价付出的资产、发生或承担的负债的公允价值与其账面价值的差额,计入当期损益。以固定资产、无形资产等作为合并对价的,应按其公允价值与账面价值及相关税金之间的差额贷记"营业外收入——非流动资产处置利得(或非货币性资产交换利得)"科目或借记"营业外支出——非流动资产处置损失(或非货币性资产交换损失)"科目;非同一控制下企业合并涉及以存货作为合并对价的,应按其公允价值贷记"主营业务收入"科目,按其账面价值借记"主营业务成本"科目,相关城建税及教育费附加借记"营业税金及附加"科目。

【例 2-28】 A 公司于 2013 年 3 月 1 日以土地使用权为对价取得 B 公司 60%的股权,并于当日起能够对 B 公司实施控制。购买日,A 公司土地使用权账面原价 1 500 万元,累计摊销 450 万元,公允价值 1 200 万元;B 公司可辨认净资产公允价值为 2 000 万元。为此次交易,A 公司共支付审计、评估费用 100 万元。假定合并前 A 公司与 B 公司不存在任何关联方关系。

本例中 A 公司长期股权投资初始投资成本 1 300(1 200+100)万元,应交税费的 66(1 200×5.5%)万元。账务处理为:

借:长期股权投资——B公司(投资成本)	13 000 000
累计摊销	4 500 000
贷:无形资产——土地使用权	15 000 000
应交税费——营业税	600 000
应交税费——城建税	42 000
应交税费——教育费附加	18 000
银行存款	1 000 000
营业外收入	840 000

② 购买日投资成本的调整

若长期股权投资的初始投资成本大于投资时应享有被投资单位可辨认净资产公允价值份额,则不调整长期股权投资的初始投资成本;对于两者的差额应作为合并商誉确认,并且在合并财务报表中反映。

若长期股权投资的初始投资成本小于投资时应享有被投资单位可辨认净资产公允价值份额,则应当对取得的被购买方各项可辨认资产、负债及或有负债的公允价值以及合并成本的计量进行复核,经复核后合并成本仍小于合并中取得的被购买方可辨认净资产公允价值份额的,其差额应当在编制合并财务报表时计入当期损益,贷记"营业外收入"科目,同时调整长期股权投资的初始投资成本。

【例 2-29】 沿用【例 2-28】,A 公司在购买日享有 B 公司可辨认净资产的份额为 1 200(2 000×60%)万元,投资成本不进行调整,差额 100(1 300-1 200)万元在编制合并会计报表时作为商誉确认。假设购买日 B 公司可辨认净资产公允价值为 3 000 万元,则 A 公司在购买日享有 B 公司可辨认净资产的份额为 1 800(3 000×60%)万元,投资成本小于享有 B 公司可辨认净资产的份额 500(1 800-1 300)万元,则在编制合并财务报表时,需要对投资成本进行调整,差额 500 万元作为当期损益处理。合并调整分录为:

借:长期股权投资——B公司(投资成本)	5 000 000
贷:营业外收入	5 000 000

2) 其他方式获得的长期股权投资的初始计量

除企业合并形成的长期股权投资外,其他方式取得的长期股权投资初始投资成本的计量,具体应遵循以下规定。

① 以支付现金取得的长期股权投资,应当以实际支付的购买价款作为初始投资成本,包括与取得长期股权投资直接相关的费用及购买过程中支付的手续费等必要支出。

② 以发行权益性证券取得的长期股权投资,应当按照发行权益性证券的公允价值作为初始投资成本。为发行权益性证券支付给有关证券承销机构等的手续费、佣金等与权益性证券发行直接相关的费用,不构成取得的长期股权投资的成本。该部分费用应自权益性证券的溢价发行收入中扣除,权益性证券的溢价收入不足冲减的,应冲减盈余公积和未分配利润。

【例 2-30】 2013 年 3 月 1 日,A 公司通过增发 6 000 万股本公司普通股(每股面值 1 元)取得 B 公司 20% 股权,按照增发前后的平均股价计算,该 6 000 万股股份的公允价值为 10 400 万元。为增发该部分股份,A 公司向证券承销机构等支付了 400 万元的佣金和手续费。假定 A 公司取得该部分股权后能够对 B 公司的生产经营决策施加重大影响。

本例中,A 公司应当以所发行股份的公允价值作为取得长期股权投资的成本:

借:长期股权投资——B 公司(投资成本)   104 000 000
    贷:股本   60 000 000
        资本公积——资本溢价(或股本溢价)   44 000 000

发行权益性证券过程中支付的佣金和手续费,应冲减权益性证券的溢价发行收入:

借:资本公积——资本溢价(或股本溢价)   4 000 000
    贷:银行存款   4 000 000

③ 投资者投入的长期股权投资,应当按照投资合同或协议约定的价值作为初始投资成本,但合同或协议约定价值不公允的,按照该项长期股权投资的公允价值作为其入账价值,公允价值与合同约定价值之间的差额计入"资本公积——资本溢价(或股本溢价)"科目。

④ 以债务重组、非货币性资产交换方式取得的长期股权投资,其初始投资成本应当分别按照"债务重组""非货币性资产交换"的相关规定进行确定。

3) 投资成本中包含的已宣告尚未发放现金股利或利润的处理

企业无论以何种方式取得长期股权投资,取得投资时,对于支付的对价中包含的应享有被投资单位已经宣告但尚未发放的现金股利或利润应作为应收项目单独核算,不构成取得长期股权投资的初始投资成本。

3. 长期股权投资的后续计量

长期股权投资的后续计量有两种方法:成本法和权益法。

1) 成本法

成本法的核算范围包括以下两方面。

第一,投资企业能够对被投资单位实施控制的长期股权投资。即投资企业对纳入合并报表编制范围内的子公司的长期股权投资需要采用成本法核算,编制合并财务报表时按照权益法进行调整。

第二,对被投资单位不具有共同控制或重大影响,并且在活跃的市场中没有报价、公允价值不能可靠计量的长期股权投资。

（1）成本法核算下长期股权投资账面价值的调整及投资损益的确认

被投资单位宣告分派的现金股利或利润中，投资企业按应享有的部分确认为当期投资收益；但投资企业确认的投资收益仅限于所获得的被投资单位在接受投资后产生的累积净利润的分配额。所获得的被投资单位宣告分派的利润或现金股利超过被投资单位在接受投资后产生的累积净利润的部分，应冲减长期股权投资的账面价值。

具体可按以下公式进行计算：

$$\text{应冲减初始投资成本的金额} = \left(\text{投资后至本年末或本期末为止被投资单位分派的现金股利或利润} - \text{投资后至上年末止被投资单位累积实现的净损益}\right)$$
$$\times \text{投资企业的持股比例} - \text{投资企业已冲减的初始投资成本}$$

$$\text{应确认投资收益} = \text{投资企业当年获得的利润或现金股利} - \text{应冲减初始投资成本的金额}$$

如果投资后至本年末（或本期末）止被投资单位累积分派的现金股利或利润大于投资后至上年末止被投资单位累积实现的净损益，则按上述公式计算应冲减初始投资成本的金额；如果投资后至本年末（或本期末）止被投资单位累积分派的现金股利或利润等于或小于投资后至上年末止被投资单位累积实现的净损益，则被投资单位当期分派利润或现金股利中应由投资企业享有的部分，应确认为投资收益。

如果已冲减初始投资成本的股利，又由投资后被投资单位实现的未分配的净利润弥补，则应将已冲减初始成本又得以弥补的部分予以转回，并确认为当期投资收益，但是恢复增加金额不能大于原冲减的金额。恢复金额应当在备查簿详细记录。如果被投资单位当期未分配股利，即使被投资单位以前分配的股利小于投资后被投资单位实现的净利润，也不能按上述公式计算恢复初始投资成本和确认当期投资收益。

【例2-31】 2012年1月9日，A公司以银行存款购入B公司15%的股份，并准备长期持有，实际投资成本为300 000元。B公司2012年5月1日宣告分派2010年度的现金股利100 000元，A公司于5月2日收到现金股利。B公司2012年1月9日股东权益合计为1 600 000元，其中，股本为1 300 000元，未分配利润为300 000元；2012年实现净利润400 000元；2013年5月1日宣告分派现金股利300 000元。

A公司的会计处理如下。

① 购入股票时：

借：长期股权投资——B公司　　　　　　　　300 000
　　贷：银行存款　　　　　　　　　　　　　　　300 000

② 2012年5月1日，宣告分派现金股利，因为分派的是以前的股利，所以应当冲减长期股权投资账面价值：

借：应收股利　　　　　　　　　　　　　　　15 000
　　贷：长期股权投资——B公司　　　　　　　　15 000

③ 5月21日收到现金股利时：

借：银行存款　　　　　　　　　　　　　　　15 000
　　贷：应收股利　　　　　　　　　　　　　　　15 000

④ 2012年实现净利润400 000元时，不编制分录。

⑤ 2013年5月1日,宣告分派现金股利时,应冲减初始投资成本的金额=(投资后至本年末或本期末为止被投资单位分派的现金股利或利润-投资后至上年末止被投资单位累积实现的净损益)×投资企业的持股比例-投资企业已冲减的初始投资成本=(300 000+100 000-400 000)×15%-15 000=-15 000(元)

$$应确认投资收益=\frac{投资企业当年获得}{的利润或现金股利}-\frac{应冲减初始投资}{成本的金额}$$

$$=300\,000×15\%-(-15\,000)=60\,000(元)$$

借:应收股利　　　　　　　　　　　　　　45 000
　　长期股权投资——B公司　　　　　　　 15 000
　贷:投资收益　　　　　　　　　　　　　　60 000

⑥ 如果在2013年5月1日,宣告分派的现金股利为200 000元,则

$$\begin{aligned}应冲减初始投资\\成本的金额\end{aligned}=\left(\begin{aligned}投资后至本年末或本期末为止\\被投资单位分派的现金股利或利润\end{aligned}-\begin{aligned}投资后至上年末止\\被投资单位累积实现的净损益\end{aligned}\right)$$

$$×\begin{aligned}投资企业的\\持股比例\end{aligned}-\begin{aligned}投资企业已冲减\\的初始投资成本\end{aligned}$$

$$=(200\,000+100\,000-400\,000)×15\%-15\,000$$
$$=-30\,000(元)$$

虽然计算的金额为恢复长期股权投资成本30 000元,但是本着稳健性原则,恢复的金额应当以当初冲减的金额为上限,因此,最多应该冲减15 000元。

应确认投资收益=投资企业当年获得的利润或现金股利-应冲减初始投资成本的金额
　　　　　　　=200 000×15%-(-15 000)=45 000

借:应收股利　　　　　　　　　　　　　　30 000
　　长期股权投资——B公司　　　　　　　 15 000
　贷:投资收益　　　　　　　　　　　　　　45 000

2)权益法

投资企业对被投资单位具有共同控制或重大影响的长期股权投资,应当采用权益法核算。采用权益法核算的长期股权投资包括两类:一是对合营企业投资;二是对联营企业投资。

(1)初始投资成本的调整

长期股权投资的初始投资成本大于投资时应享有被投资单位可辨认净资产公允价值份额的,不调整长期股权投资的初始投资成本;长期股权投资的初始投资成本小于投资时应享有被投资单位可辨认净资产公允价值份额的,其差额应当计入"营业外收入"科目,同时调整长期股权投资的成本。

【例2-32】 沿用【例2-30】,假设购买日B公司可辨认净资产的公允价值为40 000万元。A公司对B公司的长期股权投资10 400万元大于取得投资时应享有B公司可辨认净资产公允价值的份额8 000(40 000×20%)万元,该差额不调整长期股权投资的账面价值。假定本例中购买日B公司可辨认净资产公允价值为60 000万元,A公司按持股比例20%计算确定应享有12 000万元,则初始投资成本与应享有被投资单位可辨认净资产公

允价值份额之间的差额1 600万元应计入取得投资当期的"营业外收入"科目。

在【例2-30】对长期股权投资进行初始计量后,调整初始投资成本的账务处理如下:

借:长期股权投资——B公司(投资成本)　　　16 000 000
　　贷:营业外收入　　　　　　　　　　　　　　　　　　　16 000 000

(2) 投资损益的确认

采用权益法核算的长期股权投资,应当按照应享有或应分担的被投资单位实现的净损益的份额,确认投资损益并调整长期股权投资的账面价值,计入"长期股权投资——损益调整"科目。在确定应享有或应分摊的被投资单位实现的净损益时,在被投资单位账面净利润的基础上,应考虑以下因素的影响并进行适当调整。

① 投资企业应以取得投资时被投资单位各项可辨认资产等的公允价值为基础对被投资单位的净利润进行调整。如以取得投资时被投资单位固定资产、无形资产的公允价值为基础计提的折旧额或摊销额,相对于被投资单位已计提的折旧额或摊销额之间存在差额的,应按其差额对被投资单位净利润进行调整,并按调整后的净利润和持有比例计算并确认投资损益。在进行有关调整时,应当考虑重要性项目。

② 权益法下,是将投资企业与被投资单位作为一个整体对待的,作为一个整体其所产生的损益,应当在一致的会计政策基础上确定,被投资企业采用的会计政策与投资企业不同的,投资企业应当基于重要性原则,按照本企业的会计政策对被投资单位的损益进行调整。另外,投资企业与被投资单位采用的会计期间不同的,也应进行相应调整。

③ 在进行上述调整后,重新计算递延所得税资产和递延所得税负债,并相应调整财务报表。

【例2-33】 A公司于2013年1月1日购入B公司30%的股份,购买价款2 200万元,并自取得投资之日起派人参与B公司的生产经营决策。取得投资当日,B公司可辨认净资产公允价值为5 730万元,报表各项目账面价值与公允价值如表2-6。

表2-6　B公司有关项目账面价值与公允价值表

项　　目	账面原价/万元	已提折旧或摊销/万元	公允价值/万元	B公司预计使用年限/年	A公司取得投资后剩余使用年限/年
存货	500		700		
其他流动资产	2 900		2 900		
固定资产	1 200	240	1 600	20	16
无形资产	700	140	800	10	8
递延所得税负债			270		
合　　计	5 300	380	5 730		

假定B公司于2013年实现净利润600万元,其中在A公司取得投资时的账面存货有80%对外销售,年末按账面价值计算的递延所得税资产和递延所得税负债为零,年末按公允价值计算的递延所得税负债为180万元。A公司与B公司的会计年度及采用的会计政策相同。固定资产、无形资产均按年限平均法提取折旧或摊销,预计净残值均为零。A公司在确定其应享有的投资收益时,应在B公司实现净利润的基础上,根据取得投资时B公司有关资产的账面价值与其公允价值差额的影响进行调整(假定不考虑所得

税影响）：

存货账面价值与公允价值的差额应调减的利润
＝（700－500）×80％＝160（万元）

固定资产公允价值与账面价值差额应调整增加的折旧额
＝1 600÷16－1 200÷20＝40（万元）

无形资产公允价值与账面价值差额应调整增加的摊销额
＝800÷8－700÷10＝30（万元）

递延所得税负债调减的利润＝180－0＝180（万元）

调整后的净利润＝600－160－40－30－180＝190（万元）

A公司应享有的份额＝190×30％＝57（万元）

确认投资收益的账务处理为：

借：长期股权投资——B公司（损益调整）　　　570 000
　　贷：投资收益　　　　　　　　　　　　　　　　570 000

（3）取得现金股利或利润的处理

按照权益法核算的长期股权投资，投资企业在被投资单位宣告发放现金股利或利润时，按照规定计算应分得的部分确认应收股利，同时冲减长期股权投资的账面价值。

（4）被投资单位超额亏损的确认

投资企业确认应分担被投资单位发生的损失，原则上应当以长期股权投资及其他实质上构成对被投资单位净投资的长期权益账面金额减记至零为限，投资企业负有承担额外损失义务的除外。

其他实质上构成对被投资单位净投资的长期权益，通常是指非日常经营活动所产生的长期性的应收项目，如企业对被投资单位的长期债权，该债权没有明确的清收计划、且在可预见的未来期间不准备收回的，实质上构成对被投资单位的净投资。

企业存在其他实质上构成对被投资单位净投资的长期权益项目以及负有承担额外损失义务的情况下，在确认应分担被投资单位发生的亏损时，应当按照以下顺序进行处理：

第一步，冲减长期股权投资的账面价值；

第二步，若长期股权投资的账面价值不足冲减的，则应当以其他实质上构成对被投资单位净投资的长期权益账面价值为限继续确认投资损失，冲减长期应收款等项目的账面价值；

第三步，若在进行上述处理后，按照投资合同或协议约定企业仍承担额外损失义务的，应按预计承担的义务确认预计负债，借记"投资收益"科目，贷记"预计负债——承担超额亏损"科目。

在确认了有关的投资损失以后，被投资单位以后期间实现盈利的，应按与上述相反的顺序分别减记已确认预计负债、恢复其他实质上构成对被投资单位净投资的长期权益及长期股权投资的账面价值，同时确认投资收益。

【例2-34】　A公司持有B公司40％的股权，能够对B公司施加重大影响。2012年12月31日该项长期股权投资的账面价值为4 000万元。假定取得投资时点B公司各项可辨认净资产的公允价值与其账面价值相等，双方采用的会计政策及会计期间也相同。

假设 1：B 公司 2013 年亏损为 6 000 万元，则 A 公司 2013 年应确认投资损失 2 400 万元。确认上述投资损失后，长期股权投资的账面价值变为 1 600 万元。会计分录为：

借：投资收益　　　　　　　　　　　　　　　　24 000 000
　　贷：长期股权投资——B 公司（损益调整）　　　24 000 000

假设 2：B 公司 2013 年亏损额为 12 000 万元，B 公司按其持股比例确认应分担的损失为 4 800 万元，如果 A 公司账上仍有应收 B 公司长期应收款 1 600 万元（该款项非日常经营活动形成，无明确的清偿计划），则长期股权投资的账面价值 4 000 万元减记至零以后，应进一步确认投资损失 800 万元（4 800－4 000）。其会计分录为：

借：投资收益　　　　　　　　　　　　　　　　48 000 000
　　贷：长期股权投资——B 公司（损益调整）　　　40 000 000
　　　　长期应收款——B 公司　　　　　　　　　 8 000 000

假设 3：B 公司 2013 年亏损额为 20 000 万元，B 公司按其持股比例确认应分担的损失为 8 000 万元，如果 A 公司账上仍有应收 B 公司长期应收款 1 600 万元（该款项非日常经营活动形成，无明确的清偿计划），且 B 公司股东出资协议中约定，所有股东均须对 B 公司亏损按出资比例承担连带责任。则 A 公司在长期股权投资的账面价值 4 000 万元减记至零，并按长期应收款进一步确认投资损失 1 600 万元以后，尚需承担的 B 公司超额亏损余额 2 400 万元计入预计负债。其会计分录为：

借：投资收益　　　　　　　　　　　　　　　　80 000 000
　　贷：长期股权投资——B 公司（损益调整）　　　40 000 000
　　　　长期应收款——B 公司　　　　　　　　　16 000 000
　　　　预计负债　　　　　　　　　　　　　　　24 000 000

沿用假设 3，若股东出资协议中未约定股东需要对 B 公司超额亏损承担责任，则不应当确认预计负债，超额损失 2 400 万元在账外进行备查登记。

(5) 被投资单位除净损益以外所有者权益的其他变动的处理

采用权益法核算时，投资企业对于被投资单位除净损益以外所有者权益的其他变动，在持股比例不变的情况下，应按照持股比例与被投资单位净损益以外所有者权益的其他变动中归属于本企业的部分，相应调整长期股权投资的账面价值（其他权益变动），同时增加或减少"资本公积——其他资本公积"科目。

4. 长期股权投资的期末计价与处置

1) 长期股权投资的期末计价

长期股权投资作为一项资产，如果其给企业带来经济利益流入的能力受到影响，则为了使资产负债表上反映的信息真实、公允，符合稳健性原则，长期股权投资就应当计提减值准备。

企业应当定期对其持有的长期股权投资进行减值测试，至少应于每期末（资产负债表日）进行一次。对长期股权投资进行减值测试，首先应当判断长期股权投资是否出现减值迹象。

长期股权投资可以通过以下迹象判断其是否发生了减值：①影响被投资单位经营的政治或法律环境的变化，如税收、贸易等法规的颁布或修改，可能导致被投资单位出现巨额亏损；②被投资单位所供应的商品或提供的劳务因产品过时或消费者偏好改变而使市场的需求发生变化，从而导致被投资单位财务状况发生严重恶化；③被投资单位所在行业的生产技术等发生重大变化，失去竞争能力，从而导致财务状况发生严重恶化，如进行清理整顿、清算等；④有证据表明该项投资实质上已经不能再给企业带来经济利益的其他情形。

如果出现长期股权投资减值迹象，则应当对其可收回金额进行估计。可收回金额是指长期股权投资的公允价值减去处置费用后的净额与长期股权投资预计未来现金流量的现值之间的较高者。处置费用包括与资产处置相关的法律费用、相关税费、搬运费以及为使资产达到可销售状态所发生的直接费用等。

对长期股权投资的可收回金额进行估计后，如果可收回金额小于长期股权投资的账面价值，就应当进行减值的会计处理。

【例2-35】2013年12月31日，A公司拥有B公司表决权股份的60%，对B公司构成实质上的控制，采用成本法核算，且该长期股权投资没有公开的市场价格。当日，该长期股权投资的账面价值为2 000万元，之前未计提减值准备。2013年12月31日，由于B公司所在行业的生产技术等发生重大变化，从而导致被投资单位财务状况发生严重恶化，因此，A公司判断该长期股权投资发生了减值，经计算，其可收回金额为1 600万元。

A公司应计提的减值准备金额为400万元(2 000－1 600)，会计处理如下：

借：资产减值损失　　　　　　　　　　　　4 000 000
　　贷：长期股权投资减值准备　　　　　　　　4 000 000

2) 长期股权投资的处置

企业所持有的对被投资单位的股权全部或部分对外出售时，应相应结转与所售股权相对应的长期股权投资的账面价值，出售所得价款与处置长期股权投资账面价值之间的差额，应确认为处置损益。

采用权益法核算的长期股权投资，原计入资本公积中的金额，在处置时亦应进行结转，将与所出售股权相对应的部分在处置时自资本公积转入当期损益。

【例2-36】A企业原持有B企业40%的股权，2013年12月20日，A企业决定出售其持有的B企业股权的1/4，出售时A企业账面上对B企业长期股权投资的构成为：投资成本1 200万元，损益调整320万元，其他权益变动200万元，出售取得价款470万元。

A企业应确认的处置损益为：

借：银行存款　　　　　　　　　　　　　　4 700 000
　　贷：长期股权投资——B公司　　　　　　　4 300 000
　　　　投资收益　　　　　　　　　　　　　　400 000

同时，还应将原计入资本公积的部分按比例转入当期损益：

借：资本公积——其他资本公积　　　　　　　500 000
　　贷：投资收益　　　　　　　　　　　　　　500 000

讨论案例

雅戈尔的困扰

雅戈尔以生产服装起家,而后大举进军房地产,同时又在炒股、做期货等投资领域风生水起。服装、地产和投资,组成了这家宁波籍上市公司的"三驾马车"。由于三个领域跨度颇大,雅戈尔曾在资本市场背负了"不务正业"之名。

在服装方面长期保持国内同行业领先地位的同时,雅戈尔在向房地产和投资领域的进军中也一度尝到甜头:近年来,地产行业年均贡献 6 亿元的收益,而投资中信证券则带来了超过 25 倍的投资回报。

"投资得好,一下子就能赚制造业 30 年的钱。"这曾是雅戈尔掌门人李如成对投资的态度。不过,2010 年以后,雅戈尔开始面临"三驾马车陷入泥潭"的困扰——服装行业整体不振、房产受制宏观调控,而投资也因大盘低迷屡遭"滑铁卢"。

自 2011 年开始,意识到"房地产市场、资本市场融资功能丧失"的雅戈尔,曾公开喊出了"重回主业"的口号。但服装行业的环境却大不如前。

"做衣服赚钱太不容易"

"雅戈尔是中国第一代男装品牌的代表。"服装行业观察人士马岗说。有数据表明,截至 2012 年,雅戈尔品牌衬衫、西装国内市场占有率分别连续 18 年和 13 年位列第一,且与第二名拉开了较大差距,"一枝独秀领跑市场"。

"做裤子、做衣服赚钱太不容易了。"一位浙江老板曾在媒体上如此点评雅戈尔和李如成,他理解李如成"想赚快钱"的心情。

这里所说的"快钱",主要是指李如成携雅戈尔闯入的两个领域——与服装毫无关系的地产和金融投资。在这两个高手众多的领域,雅戈尔曾搅起一片"腥风血雨"。它是"地王",也做过"股王"。

地产利润数倍于服装

2009 年,楼市火爆,雅戈尔三四百人的地产团队创造的利润,约为几万工人支撑的服装板块利润的 2.5 倍。"每个企业都在演进。我们用服装挣的钱来投资房地产,没有什么不好。"这是李如成曾认为的"服装厂盖房"的逻辑。

大手笔的房地产投资,带给过雅戈尔一段"美好时光"。以楼市火爆的 2009 年为例,雅戈尔房地产业务取得了 51.96 亿元的营收,净利润达 11.91 亿元;而同期营收 69.05 亿元的服装板块,净利润仅为 4.45 亿元。

投资团队贡献五成净利

地产比做服装来钱快,比地产赚钱更快的是遇上好行情的金融投资,李如成曾表示,"投资一下子就能赚制造业 30 年的钱"。

资本市场上,雅戈尔一度享有"炒股王"、"认购王"等称号。年报显示,截至 2012 年年底,雅戈尔持有广百股份、海正药业、中信证券等 21 家上市公司的股份,其中对工大首创、广博股份和金正大的持股比例都在 10% 以上。

从资本市场的运作中,雅戈尔一度获益颇丰。其中,对中信证券的投资成功,一时为投资者和舆论叹为"神话"。

1999年,雅戈尔出资3.2亿元,成为中信证券的主发起人之一。及至后来中信证券上市,其股价自4.5元的发行价一路飙升,最高时达到115元。2006年开始,雅戈尔开始多次减持中信证券。有数据称,雅戈尔通过减持中信证券的股票,累计套现达60亿元。

据报道,投资中信证券的成功,使向来稳重的李如成"喜形于色"。李告诉一家咨询机构负责人,他做服装,"利润都是一点一点积累起来的","但投资一下子就能赚制造业30年的钱"。

以股市行情大好的2007年为例,雅戈尔通过减持中信证券等股票,获得投资收益27.54亿元。到了2008年,投资的净利润已占到上市公司利润总额的五成以上。

而实现如此巨量收益的,是二三十人的投资团队。此时,投资已被雅戈尔内部视作投入"团队人数最少却赚钱最多"的业务,而有几万工人的服装板块却"赚钱最少"。

2008年,雅戈尔与基金经理出身的陈继武合作,成立了凯石投资。雅戈尔的投资业务交由这家三十多人的机构委托打理。而凯石投资将投资方向,瞄准了定向增发和PE(私募股权投资)。随后,雅戈尔在凯石投资的协助下,在定增领域风头一时无两。2009年至2011年间,雅戈尔参与了苏宁电器、东方电气、华鲁恒升等二十余家上市公司增发,并投资了多个PE项目。

为此,雅戈尔动用资金超过百亿元。由此而来的回报是,2010年,雅戈尔的金融投资业务实现净利润12.45亿元,占上市公司总体净利润的46%,远超服装和地产业务。此间,"中国巴菲特"等光环,被冠到了李如成的头上。

2012年投资板块亏2.31亿

曾有种说法,看雅戈尔的年报,首先认为它是一家投资公司,其次以为它是家地产商,最后才能发现,它是做服装的。

雅戈尔常被引做国内企业"不务正业"的典型。2011年时,李如成回应"不务正业"的说法称,只要是适合企业的,都是可以做的,"服装、房地产和投资三个领域,我都很喜欢,都是坚持要做的"。

按照他的说法,雅戈尔是以草船借箭的方式,通过房地产和资本市场的盈利,来反哺服装。李如成曾说,如果不做地产和投资,雅戈尔就不可能有200亿元的净资产。

赶上好的光景,"三驾马车"齐头并进、互相牵引,确实不失为理想的模式。但有的年份,比如2011年时,其中的两驾马车——地产和投资"被套"。

自2011年开始,号称"史上最严"的房地产调控政策实施。雅戈尔地产所布局的苏州、杭州、上海和宁波,均相继出台了限购政策。

由此而来的冲击,从雅戈尔的财务数据中显而易见。2011年,雅戈尔地产业务实现营收36.36亿元,同比大降46.94%,净利的降幅也达15.86%。

一年后,虽然地产业务营收和净利大幅回升四成和七成,但年报却显示,雅戈尔地产板块的存货接近220亿元,占309亿流动资产的比重高达七成;同时,15个地产项目的开发成本,约为304.6亿元。

地产不振,金融投资也开始告急。2012年8月,雅戈尔与凯石投资意欲分家的消息,开始见诸媒体。股市低迷下,雅戈尔的投资业务遭遇了"滑铁卢"。有报道称,2011 年前 10 个月,雅戈尔参与了十余家上市公司的定向增发,其中有 8 家浮亏。此间,其持有的多只股票亦遭套牢。

年报上的数据,更能直观显示出投资业务的步步趋艰。2011 年,雅戈尔投资板块的净利为 4.87 亿元,较 2010 年大降 60.9%。而 2012 年,投资板块业绩进一步恶化,变为亏损 2.31 亿元。

(资料来源:佚名,雅戈尔的困扰:"三驾马车"两驾被套.(2013-07-08)[2013-07-15]http://gz.ifeng.com/loushiredian/fengyankanshi/detail_2013_07/08/970233_5.shtml.有删改。)

结合案例内容及网上公开资料,分析雅戈尔将其金融资产投资主要划分为哪几种金融资产?对其应如何进行会计核算?请谈一谈你对金融资产投资的看法与体会。

本章小结

- 交易性金融资产的入账成本(公允价值)以"交易性金融资产——成本"反映,发生的交易费用,以"投资收益"反映。交易性金融资产持有期间被投资单位宣告发放的现金股利,或在资产负债表日按分期付息、一次还本债券投资的票面利率计算的利息,应作为交易性金融资产持有期间实际实现的投资收益。"公允价值变动"明细账则反映资产负债表日的公允价值变动情况。

- 取得持有至到期投资时的金融市场利率与债券票面利率不一致会形成溢折价问题。取得持有至到期投资时,应当按照取得时的公允价值和相关交易费用之和作为初始投资成本,并确定实际利率。其在持有期间于资产负债表日按照摊余成本进行计量。

- 长期股权投资可以划分为形成控股合并的长期股权投资和不形成控股合并的长期股权投资两种。同时,控股合并形成的长期股权投资包括同一控制下的控股合并与非同一控制下的控股合并两种情况。

- 同一控制下的企业合并时,合并方以支付现金、转让非现金资产或承担债务方式作为合并对价的,应当在合并日按照取得被合并方所有者权益账面价值的份额作为长期股权投资的初始投资成本;非同一控制下的企业合并,购买方在购买日以作为企业合并对价付出的资产、发生或承担的负债的公允价值为长期股权投资的初始投资成本,需要时作购买日投资成本的调整;其他方式取得的长期股权投资初始投资成本的计量应遵循"购买法"原则。

- 投资企业能够对被投资单位实施控制的长期股权投资,以及对被投资单位不具有共同控制或重大影响,并且在活跃的市场中没有报价、公允价值不能可靠计量的长期股权投资适用成本法。

- 投资企业对被投资单位具有共同控制或重大影响的长期股权投资,应当采用权益法核算。持有投资期间,对属于因被投资单位实现净损益而产生的所有者权益的变动,投资企业按照持股比例计算应享有的份额,增加或减少长期股权投资的账面价值,对被投资单位除净损益以外其他因素导致的所有者权益变动,在持股比例不变的情况下,按照持股比例计算应享有或应分担的份额,增加或减少长期股权投资的账面价值,同时确认为资本公积。

中英文关键词语

交易性金融资产 trading securities
可供出售金融资产 available-for-sale securities
持有至到期投资 hold-to-maturity securities
实际利率 actual interest rate
溢折价 premium or discount
控股合并 merger of controlling interests
摊余成本 unamortised cost

公允价值 fair value
重分类 re-classification
成本法 cost method
权益法 equity method
货币资金 monetary fund
坏账准备 allowance for doubtful accounts
商业折扣 trade discount

思考练习题

一、单项选择题

1. 企业在发生以公允价值计量且其变动计入当期损益的金融资产的下列有关业务时,不应贷记"投资收益"的是( )。
   A. 收到持有期间获得的现金股利
   B. 收到持有期间获得的债券利息
   C. 资产负债表日,持有的股票市价大于其账面价值
   D. 企业转让交易性金融资产收到的价款大于其账面价值的差额

2. 某股份有限公司于 2013 年 8 月 1 日,以每股 12 元的价格购入某上市公司股票 50 万股,划分为交易性金融资产,购买该股票支付手续费等 10 万元。10 月 11 日,收到该上市公司按每股 0.5 元发放的现金股利。12 月 31 日该股票的市价为每股 11 元。则在 2013 年 12 月 31 日该交易性金融资产的账面价值为( )万元。
   A. 550   B. 575   C. 585   D. 610

3. 甲公司 2012 年 1 月 1 日购入面值为 200 万元,年利率为 4% 的 A 债券;取得时支付价款 208 万元(含已到付息期尚未发放的利息 8 万元),另支付交易费用 1 万元,甲公司将该项金融资产划分为交易性金融资产。2012 年 1 月 5 日,收到购买时价款中所含的利息 8 万元,2012 年 12 月 31 日,A 债券的公允价值为 212 万元(不含利息),2013 年 1 月 5 日,收到 A 债券 2012 年度的利息 8 万元;2013 年 4 月 20 日,甲公司出售 A 债券,售价为 216 万元。甲公司出售 A 债券时确认投资收益的金额为( )万元。
   A. 16   B. 12   C. 4   D. 2

4. 2013 年 1 月 1 日,甲公司自证券市场购入面值总额为 2 000 万元的债券。购入时

实际支付价款 2 078.98 万元,另外支付交易费用 10 万元。该债券发行日为 2013 年 1 月 1 日,系分期付息、到期还本债券,期限为 5 年,票面年利率为 5%,年实际利率为 4%,每年 12 月 31 日支付当年利息。甲公司将该债券作为持有至到期投资核算。假定不考虑其他因素,该持有至到期投资 2013 年 12 月 31 日的账面价值为( )。

  A. 2 062.14 万元   B. 2 068.98 万元

  C. 2 072.54 万元   D. 2 083.43 万元

5. 甲企业于 2011 年 1 月份购入某公司新发行的 6 年期、年利率为 2.3% 的公司债券 9 000 万元,划分为持有至到期投资。当年 12 月份,因资金周转困难,甲企业卖出上述债券 5 000 万元。假定 2012 年和 2013 年甲企业资金和财务状况明显改善,甲公司还一直持有剩余的公司债券,并决定持有这些债券到期。针对上述情况,下列说法错误的是( )。

  A. 甲企业应将剩余的 4 000 万元债券重分类为可供出售金融资产

  B. 在 2007 年至 2008 年间企业不得把任何取得的金融资产划分为持有至到期投资

  C. 甲企业可以自 2009 年起将剩余债券由"可供出售金融资产"类划分为"持有至到期投资"

  D. 甲企业可以自 2008 年起将剩余债券由"可供出售金融资产"类划分为"持有至到期投资"

6. 持有至到期投资、贷款和应收款项等金融资产发生减值时,应当将该金融资产的账面价值减记至( ),减记的金额确认为资产减值损失,计入当期损益。

  A. 可变现净值   B. 预计未来现金流量现值

  C. 公允价值   D. 可收回金额

7. 采用权益法核算长期股权投资时,初始投资成本小于投资时应享有被投资单位可辨认净资产公允价值份额的差额,应计入( )科目。

  A. 投资收益   B. 资本公积

  C. 营业外收入   D. 公允价值变动损益

8. 自 2011 年起,甲公司一直持有乙公司 20% 的股权,并采用权益法核算。因乙公司以前年度连续亏损,2013 年初甲公司备查账簿中显示,对于该项长期股权投资,甲公司尚有未确认的亏损分担额 60 万元。2013 年度,乙公司实现净利润 200 万元。不考虑其他因素,则 2009 年底,对于该项长期股权投资,甲公司应该确认的投资收益金额是( )万元。

  A. 40   B. -20   C. 0   D. 60

二、多项选择题

1. 下列项目,属于金融资产的有( )。

  A. 库存现金   B. 持有至到期投资   C. 应收款项   D. 应付款项

2. 满足下列( )条件的金融资产,应当划分为交易性金融资产。

  A. 取得该金融资产的目的,主要是为了近期内出售

B. 被指定为有效套期工具的衍生工具

C. 属于进行集中管理的可辨认金融工具组合的一部分,且有客观证据表明企业近期采用短期获利方式对该组合进行管理

D. 以赚取差价为目的从二级市场购入的股票

3. 划分为贷款和应收款项类的金融资产,与划分为持有至到期投资的金融资产,其主要差别在于(   )。

A. 贷款和应收款项在活跃市场上有报价

B. 持有至到期投资在活跃市场上有报价

C. 持有至到期投资在出售或重分类方面受到较多限制

D. 贷款和应收款项在出售或重分类方面受到较多限制

4. 关于可供出售金融资产的计量,下列说法中正确的有(   )。

A. 支付的价款中包含的已到付息期但尚未领取的债券利息或已宣告但尚未发放的现金股利,应单独确认为应收项目

B. 资产负债表日,可供出售金融资产应当以公允价值计量,且公允价值变动计入资本公积

C. 处置可供出售金融资产时,应将取得的价款与该金融资产账面价值之间的差额,计入投资损益;同时,将原直接计入所有者权益的公允价值变动累计额对应处置部分的金额转出,计入投资损益

D. 处置可供出售金融资产时,应将取得的价款与该金融资产账面价值之间的差额,计入投资损益,不考虑原计入所有者权益的公允价值变动累计额的转出

5. 下列各项中,属于金融资产发生减值的客观证据有(   )。

A. 发行方或债务人发生严重财务困难

B. 债务人违反了合同条款,如偿付利息或本金发生违约或逾期等

C. 因发行方发生重大财务困难,该金融资产无法在活跃市场继续交易

D. 债务人认为无法偿还

6. 权益法下,被投资单位发生的下列交易或事项中,不会影响"长期股权投资——其他权益变动"科目余额的有(   )。

A. 被投资单位实现利润

B. 被投资企业所持有的采用公允价值模式计量的投资性房地产发生公允价值变动

C. 被投资单位可供出售金融资产公允价值变动

D. 发放股票股利

三、会计处理题

1. 某股份有限公司 2013 年有关交易性金融资产的资料如下:

(1) 3月1日以银行存款购入 A 公司股票 10 000 股,划分为交易性金融资产进行核算,每股买价 10.4 元(含已宣告但尚未发放的现金股利 0.4 元),同时支付相关税费

2 000 元。

(2) 4 月 20 日又购入 A 公司股票 30 000 股,划分为交易性金融资产进行核算,每股买价 12.4 元(其中包含已宣告发放尚未支取的股利每股 0.4 元),同时支付相关税费 3 000 元。

(3) 4 月 27 日收到 A 公司发放的购买时已宣告的现金股利 16 000 元。

(4) 6 月 30 日 A 公司股票市价为每股 10.4 元。

(5) 7 月 18 日该公司以每股 15 元的价格转让 A 公司股票 20 000 股,扣除相关税费 10 000 元,实得金额为 290 000 元。

(6) 12 月 31 日 A 公司股票市价为每股 16 元。

要求:根据上述经济业务编制有关会计分录。

2. A 公司于 2013 年 1 月 2 日从证券市场上购入 B 公司于 2012 年 1 月 1 日发行的债券,该债券四年期、票面年利率为 4%、每年 1 月 5 日支付上年度的利息,到期日为 2016 年 1 月 1 日,到期日一次归还本金和最后一次利息。A 公司购入债券的面值为 1 000 万元,实际支付价款为 992.77 万元,另支付相关费用 20 万元。A 公司购入后将其划分为持有至到期投资,购入债券的实际利率为 5%,假定按年计提利息。

要求:编制 A 公司 2013 年 1 月 2 日至 2016 年 1 月 1 日间上述有关业务的会计分录。

3. 甲公司在 2011 年至 2013 年间发生的有关投资业务如下:

(1) 2011 年 1 月 1 日,甲公司以 610 万元(含已宣告但尚未领取的现金股利 10 万元和支付的相关费用 0.6 万元)购入 A 公司 10%的股权(A 公司为非上市公司,其股权不存在活跃市场),A 公司当日可辨认净资产公允价值为 6 000 万元(假定 A 公司可辨认资产、负债的公允价值与其账面价值相等)。甲公司对 A 公司没有重大影响,甲公司采用成本法核算此项投资。甲公司按照净利润的 10%提取盈余公积。

(2) 2011 年 5 月 10 日,甲公司收到 A 公司支付的现金股利 10 万元。

(3) 2011 年 A 公司实现净利润 400 万元(假定利润均衡发生)。

(4) 2012 年 1 月 1 日,甲公司又从 A 公司的另一投资者处取得 A 公司 20%的股份,实际支付价款 1 300 万元。此次购买完成后,持股比例达到 30%,对 A 公司有重大影响,改用权益法核算此项投资。2××9 年 1 月 1 日 A 公司可辨认净资产公允价值为 6 200 万元。

(5) 2012 年 A 公司实现净利润 1 000 万元。

(6) 2012 年末 A 公司因持有的可供出售金融资产公允价值变动增加资本公积 200 万元。

(7) 2013 年 1 月 5 日,甲公司将持有的 A 公司的 15%的股权对外转让,实得款项 1 400 万元,从而对 A 公司不再具有重大影响,甲公司将对 A 公司的长期股权投资由权益法改为成本法核算。

(8) 2013 年 4 月 20 日,A 公司宣告分派现金股利 400 万元。

要求:根据上述资料,编制甲公司与上述投资业务有关的会计分录。

本章参考文献

[1] 葛家澍,杜兴强.中级财务会计学[M].第3版.北京:中国人民大学出版社,2007.
[2] 中国注册会计师协会.2013年度注册会计师全国统一考试教材——会计[M].北京:中国财政经济出版社,2013.
[3] 徐玉霞.财务会计[M].厦门:厦门大学出版社,2007.
[4] 财政部会计准则委员会.企业会计准则——具体准则[EB/OL].(2006-07-03)[2013-07-20]. http://www.casc.gov.cn/kjfg/200607/t20060703_337130.htm.
[5] 财政部会计司编写组.企业会计准则讲解[M].北京:人民出版社,2007.

第 3 章　存货与商品销售成本

学习目标

通过本章的学习,你应该能够:
1. 掌握存货确认的条件;
2. 了解存货的分类;
3. 能够灵活应用存货的计价方法,了解各种方法的优缺点及适用范围;
4. 掌握存货取得和发出的核算方法;
5. 掌握存货期末计价的成本与可变现净值孰低法;
6. 掌握商品销售成本的两种盘存制度。

引导案例

法尔莫公司案例

从孩提时代开始,米奇·莫纳斯就喜欢几乎所有的运动,尤其是篮球。但是因天资及身高所限,他没有机会到职业球队打球。然而,莫纳斯确实拥有一个所有顶级球员共有的特征,那就是一种无法抑制的求胜欲望。

莫纳斯把他无穷的精力从球场上转移到他的董事长办公室里。他首先设法获得了位于(美)俄亥俄州阳土敦市的一家药店,在随后的十年中他又收购了另外 299 家药店,从而组建了全国连锁的法尔莫公司。不幸的是,这一切辉煌都是建立在资产造假——未检查出来的存货高估和虚假利润的基础上的,这些舞弊行为最终导致了莫纳斯及其公司的破产。同时也使为其提供审计服务的"五大"事务所[①]损失了数百万美元。下面是这起案件的经过。

自获得第一家药店开始,莫纳斯就梦想着把他的小店发展成一个庞大的药品帝国。其所实施的策略就是他所谓的"强力购买",即通过提供大比例折扣来销售商品。莫纳斯首先做的就是把实际上并不盈利且未经审计的药店报表拿来,用自己的笔为其加上并不存在的存货和利润。然后凭着自己空谈的天分及一套夸大了的报表,在一年之内骗得了

[①] "五大"事务所指的是毕马威、安永、德勤、普华永道和安达信世界五大会计师事务所。其中,安达信事务所因对美国安然公司审计失误于 2002 年倒闭。现在为"四大"事务所,主要提供审计与咨询服务。

足够的投资并用之收购了8家药店,奠定了他的小型药品帝国的基础。这个帝国后来发展到了拥有300家连锁店的规模。一时间,莫纳斯成为金融领域的风云人物,他的公司则在阳土敦市赢得了令人崇拜的地位。

在一次偶然的机会导致这个精心设计的、至少引起5亿美元损失的财务舞弊事件浮出水面之时,莫纳斯和他的公司炮制虚假利润已达十年之久。这实在并非一件容易的事。当时法尔莫公司的财务总监认为因公司以低于成本出售商品而招致了严重的损失,但是莫纳斯认为通过"强力购买",公司完全可以发展得足够大以使得它能顺利地坚持它的销售方式。最终在莫纳斯的强大压力下,这位财务总监卷入了这起舞弊案件。在随后的数年之中,他和他的几位下属保持了两套账簿,一套用以应付注册会计师的审计,一套反映糟糕的现实。

他们先将所有的损失归入一个所谓的"水桶账户",然后再将该账户的金额通过虚增存货的方式重新分到公司的数百家成员药店中。他们仿造购货发票、制造增加存货并减少销售成本的虚假记账凭证、确认购货却不同时确认负债、多计或加倍计算存货的数量。财务部门之所以可以隐瞒存货短缺是因为注册会计师只对300家药店中的4家进行存货监盘,而且他们会提前数月通知法尔莫公司他们将检查哪些药店。管理人员随之将那4家药店堆满实物存货,而把那些虚增的部分分配到其余的296家药店。如果不考虑其会计造假,法尔莫公司实际已濒临破产。在最近一次审计中,其现金已紧缺到供应商因其未能及时支付购货款而威胁取消对其供货的地步。

注册会计师们一直未能发现这起舞弊,他们为此付出了昂贵的代价。这项审计失败使会计师事务所在民事诉讼中损失了3亿美元。那位财务总监被判33个月的监禁,莫纳斯本人则被判入狱5年。

(资料来源:存货的"奥秘",——美国法尔莫公司会计报表舞弊案例分析.(2006-03-22)[2013-08-26]http://www.studa.net/kuaiji/060322/14015728.html.)

此案件给我们敲响了警钟,存货是财务舞弊的常用手段,存货管理也是企业提高流动资本运用效率,加快资本增值能力的重要方法。本章的学习将使我们了解与存货相关的知识与核算方法。

3.1 存货概述

3.1.1 存货的概念

《企业会计准则第1号——存货》规定,存货是指企业在日常活动中持有的以备出售的产成品或商品、处在生产过程中的在产品、处在生产过程中或提供劳务过程中耗用的材料和物料等。存货是企业从事生产经营活动重要的物质基础,也是企业流动资产的重要组成部分,通常占全部资产的比重较大。

存货必须在符合定义的前提下,同时满足以下两个条件时,才能予以确认。

一是与该存货有关的经济利益很可能流入企业。资产最重要的特征是预期会给企业带来经济利益。如果某一项目预期不能给企业带来经济利益,就不能确认为企业的资产。存货是企业的一项重要的流动资产,因此,对存货的确认,关键是判断其是否很可能会给企业带来经济利益,或其所包含的经济利益是否很可能流入企业。通常,拥有存货的所有权是与该存货有关的经济利益很可能流入该企业的一个重要标志。一般情况下,根据销售合同已经售出(取得现金或收取现金的权利),所有权已经转移的存货,因其所含经济利益已不能流入本企业,因而不能再作为企业的存货进行核算,即使该存货尚未运离企业。企业在判断与该存货有关的经济利益能否流入企业时,通常应结合考虑该存货所有权的归属,而不应当仅仅看其存放的地点。

二是该存货的成本能够可靠地计量。否则,即使存放于企业,也不应确认为企业存货。成本或者价值能够可靠地计量是资产确认的一项基本条件。存货作为企业资产的组成部分,要予以确认也必须能够对其成本进行可靠地计量。存货的成本能够可靠地计量必须以取得的确凿证据为依据,并且具有可验证性。如果存货成本不能可靠地计量,则不能确认为一项存货。如企业承诺的订货合同,由于并未实际发生,不能可靠确定其成本,因此就不能确认为购买企业的存货。

3.1.2 存货的分类

处于不同行业的企业,存货的内容有所不同。一般应根据企业的性质、经营范围,并结合存货的用途对其进行分类。

1. 按存货在不同企业中的不同经济用途来分类

按存货企业所处的行业来分类可以分为制造业存货、商品流通企业存货和其他行业存货。

1)制造业存货

制造业存货的特点是在出售前需要经过生产加工,改变其实物形态或使用功能。制造业存货按其经济用途通常又可以分为原材料、委托加工材料、在产品、自制半成品、产成品、周转材料(包括包装物、低值易耗品)。

① 原材料,是指企业通过采购或其他方式取得的用于制造产品并构成产品实体的物品以及取得的供生产耗用但不构成产品实体的辅助材料、修理用备件、燃料等。

② 委托加工材料,是指企业因技术或经济原因而委托外单位加工的各种材料。

③ 周转材料,是指为了包装本企业产品而储备的各种包装容器和由于价值低、易损耗等原因而不能作为固定资产的各种劳动资料。

④ 在产品及自制半成品,指已经过一定生产过程,但尚未全部完工、在销售以前还要进一步加工的中间产品或正在加工中的产品。

⑤ 产成品,指企业加工生产并已完成全部生产过程,可以对外销售的制成产品。

2)商品流通企业存货

在商品流通企业,存货主要分为:商品、材料物资、低值易耗品、包装物等。其中商品存货是商业企业存货的主要组成部分,它是指企业为销售而购入的物品。

3）其他行业存货

在服务企业，如旅行社、饭店、宾馆、游乐场所、美容美发、照相、中介机构等，既不生产产品也不经销产品。这些单位一般存有少量物料用品、办公用品、家具用品等，供开展业务活动时使用，价值较小时也作为存货处理。

按存放地点来分类

存货按其存放地点可以分为库存存货、在途存货、委托加工存货和委托代销存货四类。

1）库存存货

库存存货是指已经运到企业，并已验收入库的各种材料和商品以及已验收入库的自制半成品和产成品。

2）在途存货

在途存货包括运入在途存货和运出在途存货。运入在途存货是指货款已经支付或虽未付款但已经取得所有权、正在运输途中的各种从外部购入的存货。运出的在途存货是指按合同已经发出或送出，但尚未转让所有权也未确认销售收入的存货。

3）委托加工存货

委托加工存货是指企业已经委托外单位加工，但尚未加工完成的各种存货。

4）委托代销存货

委托代销存货是指企业已经委托外单位代销，但按合同规定尚未办理代销结算的存货。

3.1.3 存货盘存制度

企业确定存货实物数量的方法有两种：一种是永续盘存制；另一种是实地盘存制。

1）永续盘存制

永续盘存制也称账面盘存制，指对存货项目设置经常性的库存记录，即分别品名规格设置存货明细账，逐笔或逐日地登记收入及发出的存货，并随时记列结存数。这种方法要求企业详细记录每一笔存货收入、发出和结存的数量、金额、日期、规格等，并且要定期盘点存货（每年至少一次），以保证存货的实际库存同账面余额相符。通过会计账簿资料，就可以完整地反映存货的收入、发出和结存情况。这种方法记录存货的工作量较大，但目前电算化会计软件的普及大大降低了它的成本。

2）实在盘存制

实地盘存制也称定期盘存制，指会计期末通过对全部存货进行实地盘点，以确定期末存货的结存数量，然后分别乘以各项存货的盘存单价，计算出期末存货的总金额，计入各有关存货科目，倒轧本期已耗用或已销售存货的成本。采用这种方法，平时对有关存货科目只记借方不记贷方，每期末，通过实地盘点存货数量，据以计算期末存货成本，然后计算出耗用或销货成本，计入有关存货科目的贷方。这一方法用于工业企业，称为"以存记耗"或"盘存记耗"；用于商品流通企业，称为"以存计销"或"盘存计销"。

基本公式：

$$期初存货＋本期购货＝本期耗用或销货＋期末存货$$

用历史成本计价，则可改写为：

$$本期耗用或销货成本＝期初存货成本＋本期购货成本－期末存货成本$$

期初存货成本和本期购货成本这两项数字都不难从账上取得，通过实地盘存，确定期末存货成本，则本期销货成本即可用上述公式进行计算。

3) 永续盘存制与实地盘存制的比较

采用永续盘存制，通过账簿记录中的账面结存数，结合不定期的实地盘点，将实际盘存数与账存数相核对，可查明溢余或短缺的原因。同时，采用永续盘存制，通过账簿记录可以随时反映出存货是否过多或不足，以便及时合理地组织货源，加速资金周转。

采用实地盘存制，由于"以存计销"和"以存计耗"倒挤成本，从而使非正常销售或耗用的存货损失、差错，甚至偷盗等原因所引起的短缺，全部挤入耗用或销货成本之内，掩盖了仓库管理上存在的问题，削弱了对存货的控制。同时，采用实地盘存制，只能到期末盘点时结转耗用或销货成本，而不能随时结转成本。

企业可根据存货类别和管理要求，对有些存货实行永续盘存制，而对另一些存货实行实地盘存制，不论采用何种方法，前后各期应保持一致。

4) 盘盈盘亏的处理

经过存货盘存记录的实存数与存货的账面记录的核对，若账面存货小于实际存货，为存货的盘盈；反之，为存货的盘亏。对于盘盈、盘亏的存货要计入"待处理财产损溢"科目，查明原因后再进行处理。

企业发生的存货毁损，应当将处置收入扣除账面价值和相关税费后的金额计入当期损益。存货的账面价值是存货成本扣减累计跌价准备后的金额。存货盘亏造成的损失，应当计入当期损益。

讨论案例1

盘存制度在餐饮企业产品成本中的应用

餐饮产品成本核算是餐饮企业为了满足成本信息需要，对餐饮产品成本进行确认、测定、记录、分配、计算，以确定产品实际总成本的一系列行为。餐饮企业通过对食品进行成本核算，计算出实际成本，来作为生产耗费的补偿尺度，这也是餐饮企业制定产品价格的依据。同时，产品实际成本更是企业确定盈利水平的重要依据。

餐饮产品成本理论上包括物化劳动和活劳动的耗费，但餐饮主要是以提供劳务为主，服务往往是综合性的，劳务花费、工资等很难合理地进行分摊，因此人工费用等一般直接计入期间费用，而没有直接计入产品成本，这是由餐饮企业的特点决定的。另外，由于餐饮产品数量零星，种类繁多，生产、销售和服务功能通常融合为一体，很难将劳动手段的耗费如厨房设施设备的折旧等严格地"对象化"，只能列为期间费用。因此核算餐饮产品成本时仅核算餐饮企业在一定时期内耗用的主料、配料和调料的总成本。采用这种方法,平时对有关原材料账户只记借方,不记贷方,每期期末,通过实地盘点确定原材料数量,据以计算期末原材料成本,然后计算出本期耗用的原材料成本,再计入有关原材料账户的贷方。其计算公式如下:本期耗用原材料实际成本=期初原材料的结存金额+本期原材料的购进金额—期末原材料的盘存金额。"期初原材料的结存金额"和"本期原材料的购进金额"可从会计部门所设置的"原材料"账户及其所属明细账获得。"期末原材料的盘存金额"可通过盘点仓库库存原材料和厨房已领未用的原材料数量计算而得。

例如:某餐饮企业2013年3月1日结存原材料6 600元;3月3日购进20 000元原材料,3月4日厨房领用原材料,3月6日又购进11 000元原材料,3月7日厨房又领用原材料。财会部门平时依据相关凭证登记原材料账户只登记收入(借方),不登记支出(贷方),见表3-1。期末根据仓库和厨房的盘存单倒轧本期耗用的原材料成本,见表3-2。本期耗用原材料实际成本=期初原材料的结存金额+本期原材料的购进金额—期末原材料的盘存金额=6 600+31 000-1 904=35 696(元)。

表3-1 原 材 料

2013年		凭证号		摘要	借方	贷方	借或贷	余额
日	月	字	号					
3	1			期初余额			借	6 600
	3			购进	20 000			
	6			购进	11 000			

表3-2 盘 存 单

企业名称: 存放地点: 编号:
材料类别: 盘点时间:

序号	名称	规格	计量单位	盘点数量	单价	金额	备注
1	猪肉		公斤	50	18.00	900	厨房
2	鸡蛋		公斤	20	5.20	104	厨仓
3	面粉		公斤	300	3.00	900	库房
合计			公斤	370		1 904	

盘点人签章: 负责人签章:

根据以上计算得出的本期所耗原材料实际成本,财会部门编制相应的会计凭证,登记原材料账户,见表3-3。

借:主营业务成本　　　　　　　　　　35 696
　　贷:原材料　　　　　　　　　　　　　　35 696

采用实地盘点法,根据公式计算出食品成本后,编制食品成本报表。在实际工作中,如果按每一道菜(或主食品)核算其单位成本,成本计算工作将十分繁重。为了减轻成本计算的工作量,餐饮食品成本通常按总成本或大类成本计算。

表 3-3 原 材 料

2013年		凭证号		摘要	借方	贷方	借或贷	余额
日	月	字	号					
5	1			期初余额			借	6 600
	3			购进	20 000			
	6			购进	11 000			
	31			本月合计	31 000	35 696	借	1 904

(资料来源:孟悦.实地盘存法在餐饮企业产品成本中的应用[J].商业会计,2011,33:54~55,有删改。)

永续盘存制和实地盘存制在适用范围及实务操作上有着显著区别。请结合案例,试探讨两种盘存制度应用在餐饮行业的优缺点及适用条件;结合某上市餐饮公司的年度报告,分析其所采用的盘存制度。

3.2 存货的会计处理

3.2.1 存货成本的内容

企业取得存货应当按照成本进行计量。存货成本包括采购成本、加工成本和使存货达到目前场所和状态所发生的其他成本三个组成部分。企业存货的取得主要是通过外购和自制两个途径。

1) 外购存货的成本

企业外购存货主要包括原材料和商品。外购存货的成本即存货的采购成本,指企业物资从采购到入库前所发生的全部支出,包括购买价款、相关税费、运输费、装卸费、保险费以及其他可归属于存货采购成本的费用。

商品流通企业在采购商品过程中发生的运输费、装卸费、保险费以及其他可归属于存货采购成本的费用等进货费用,应计入所购商品成本。在实务中,企业也可以将发生的运输费、装卸费、保险费以及其他可归属于存货采购成本的费用等进货费用先进行归集,期末,按照所购商品的存销情况进行分摊。对于已销售商品的进货费用,计入主营业务成本;对于未售商品的进货费用,计入期末存货成本。商品流通企业采购商品的进货费用金额较小的,可以在发生时直接计入当期销售费用。

2) 加工取得存货的成本

企业通过进一步加工取得的存货,主要包括产成品、在产品、半成品、委托加工物资等,其成本由采购成本、加工成本构成。某些存货还包括使存货达到目前场所和状态所发生的其他成本,如可直接认定的产品设计费用等。通过进一步加工取得的存货的成本中采购成本是由所使用或消耗的原材料采购成本转移而来的,因此,计量加工取得的存货成本,重点是要确定存货的加工成本。

存货的加工成本由直接人工和制造费用构成,其实质是企业在进一步加工存货的过程中追加发生的生产成本,因此,不包括直接由材料存货转移来的价值。其中,直接人工是指企业在生产产品过程中,直接从事产品生产的工人的职工薪酬。直接人工和间接人工的划分依据通常是生产工人是否与所生产的产品直接相关(即可否直接确定其服务的产品对象)。制造费用是指企业为生产产品和提供劳务而发生的各项间接费用。制造费用是一项间接生产成本,包括企业生产部门(如生产车间)管理人员的职工薪酬、折旧费、办公费、水电费、机物料消耗、劳动保护费、季节性和修理期间的停工损失。

3)其他方式取得存货的成本

投资者投入存货的成本,应当按照投资合同或协议约定的价值确定,但合同或协议约定价值不公允的除外。

盘盈的存货应按照其重置成本作为入账价值,并通过"待处理财产损溢"科目进行会计处理,按管理权限报经批准后,冲减当期管理费用。

3.2.2 发出存货成本的计价方法

《企业会计准则第1号——存货》规定,企业应根据各类存货的实际情况,确定发出存货的实际成本,可以采用个别计价法、月末一次加权平均法、移动加权平均法和先进先出法四种方法[2]。企业不得采用后进先出法确定发出存货的成本。当企业采用计划成本或定额成本法进行日常核算时,应当按期结转其成本差异,将计划成本或定额成本调整为实际成本,即企业的存货不论采用什么方法进行日常核算,最终将反映实际成本。

1. 实际成本法

1)个别计价法

个别计价法,又称个别认定法、具体辨认法、分批实际法,是按照各种存货,逐一辨认各批发出存货和期末存货所属的购进批别或生产批别,分别按其购入或生产时所确定的单位成本作为计算各批发出存货和期末存货成本的方法,采用这一方法是假设存货的成本流转与实物流转相一致。

采用个别计价法一般要具备两个条件:一是存货项目必须是可以辨别的;二是必须要有详细的记录来反映每个存货项目的具体情况。这种方法计算发出存货的成本和期末存货的成本比较合理准确,但实务操作的工作量繁重,困难较大,更加适用于容易识别、存货品种数量不多、单位成本较高的存货计价。

举个例子,美达公司存货中的每只电子管都有一个特定的编号,该编号也会出现在采购发票上。根据这个编号,公司的会计部门可以分辨出销售给长虹灯具公司的电子管的成本是1 500元还是1 800元,其真实成本就被记为销货成本。

2)月末一次加权平均法

月末一次加权平均法,指本月全部收货数量加月初存货数量作为权数,去除本月全部收货成本加上月初存货成本,计算出存货的加权平均单位成本,从而确定存货的发出和库存成本的一种计算方法。计算公式如下：

$$\text{存货单位成本} = \frac{\text{月初结存金额} + \sum(\text{本月各批收货的实际单位成本} \times \text{本月各批收货的数量})}{\text{月初结存数量} + \text{本月各批收货数量之和}}$$

本月发出存货成本 = 本月发出存货数量 × 存货单位成本

月末库存存货成本 = 月末库存存货数量 × 存货单位成本

【例 3-1】 美达公司 2013 年 9 月的购货、存货以及发出存货的资料,见表 3-4。

表 3-4 美达公司 9 月存货资料

日期及摘要	数量/件	单位成本/(元/件)	每批成本/元	结存数量/件
9 月 1 日期初余额	3 000	8	24 000	3 000
9 月 10 日购入	2 500	10	25 000	5 500
9 月 12 日发出	4 500			1 000
9 月 13 日购入	4 000	6	24 000	5 000
9 月 15 日发出	4 500			500
9 月 20 日购入	1 000	8	8 000	1 500

采用月末一次加权平均法核算,方法如下：

$$\text{存货平均单位成本} = \frac{3\,000 \times 8 + 2\,500 \times 10 + 4\,000 \times 6 + 1\,000 \times 8}{3\,000 + 2\,500 + 4\,000 + 1\,000} = 7.7(\text{元})$$

本月发出存货成本 = (4 500 + 4 500) × 7.7 = 69 300(元)

月末库存存货成本 = 1 500 × 7.7 = 11 550(元)

采用月末一次加权平均法,只在月末计算一次,操作简单,并在市场价格上涨或下跌时所计算出来的单位成本呈平均化,对存货成本的分摊较为折中。但这种方法平时无法从账上提供发出和结存存货的单价及金额,不利于加强对存货的管理。

3) 移动加权平均法

移动加权平均法,是以每次收货前的结存数量和该次收货数量为权数,去除本次收货成本加原有存货成本,从而计算加权单价的一种方法。计算公式如下：

$$\text{存货加权单价} = \frac{\text{原有存货成本} + \text{本批收货的实际成本}}{\text{原有存货数量} + \text{本次收货数量}}$$

本批发货成本 = 本批发货数量 × 存货加权单价

本月月末库存存货成本 = 月末库存存货数量 × 本月月末存货单位成本

移动加权平均法可随时计算并提供发出存货所需要的平均单位成本,能使管理当局及时了解存货的结存情况,且计算的平均单位成本及发出和结存的存货成本较客观。但每次收入存货都要重新计算平均单位成本,工作量较大,不适用于收发货较频繁的企业。

4) 先进先出法

先进先出法是以先购入的存货先发出这样的一种存货实物流转假设为前提,对发出存货进行计价的一种方法。采用这种方法,先购入的存货成本在后购入的存货成本之前转出,据此确定发出存货和期末存货的成本。

采用先进先出法,期末存货成本是根据近期进货的单位成本计算的,比较接近现行的市场价值,其优点是使企业不能随意挑选存货和计价以调整当期利润,缺点是工作量比较烦琐,且当物价上涨时,会高估企业当期利润和库存存货价值;反之则低估企业存货价值和当期利润。

【例 3-2】 美达公司 2013 年 9 月的购买货、存货以及发出存货的先进先出计价法计算表,见表 3-5。

表 3-5 先进先出计价法计算表

日期及摘要	凭证编号	收入			发出			结存		
		数量/件	单价/(元/件)	金额/元	数量/件	单价/(元/件)	金额/元	数量/件	单价/(元/件)	金额/元
9月1日期初余额	(略)							3 000	8	24 000
9月10日购入	(略)	2 500	10	25 000						
9月12日发出	(略)				3 000 1 500	8 10	24 000 15 000			
9月13日购入	(略)	4 000	6	24 000						
9月15日发出	(略)				1 000 3 500	10 6	10 000 21 000			
9月20日购入	(略)	1 000		8 000						
9月30日本月发生额及月末余额	(略)	7 500	—	57 000	9 000	—	70 000	500 1 000	6 8	3 000 8 000

2. 计划成本法

1) 计划成本法的基本原理

计划成本法是指企业存货的收入、发出和结存均按预先制定的计划成本计价,同时另设"材料成本差异"科目,登记实际成本与计划成本的差额。

采用计划成本法的前提是制定每一品种规格存货的计划成本,存货计划成本的组成内容应与其实际成本的构成一致,包括买价、运杂费和有关的税金等。一般适用于存货品种繁多、收发频繁的企业。

采用计划成本法对材料存货进行核算是指在日常的会计处理中,会计期末需通过"材料成本差异"科目,将发出和期末存货调整为实际成本。调整基本公式为

$$实际成本 = 计划成本 \pm 成本差异$$

材料成本差异随着材料存货的入库而形成,也随着材料出库而减少。

2) 计划成本的制定

采用计划成本法,首先要求企业对每一品种规格的存货制定计划成本。存货计划成本制定得是否合理直接影响企业内部的利益分配关系,如果计划成本定得太低,采购部门和生产部门无论如何努力,都无法实现目标,这就失去了其考核和控制的作用;如果计划成本定得太高,采购部门和生产部门容易达到目标,则缺乏鞭策作用,不利于改进采购和生产工作。

存货计划成本的组成内容应与其实际成本的构成一致,企业应当根据供需条件,制定计划成本。

存货的计划成本,一般由企业采购部门或生产部门会同财会部门等共同制定,制定的计划成本应尽可能接近实际。除特殊情况,如材料采购价格发生重大变动,一般在年度内不调整计划成本。

3) 存货成本差异的形成和分配

存货成本差异是指存货实际成本与计划成本的差异。实际成本大于计划成本为超支,称为不利差异;实际成本小于计划成本为节约,称为有利差异。

存货成本差异是随着存货入库而形成的,通常包括:

① 外购材料实际成本与计划成本的差异;

② 自制材料实际成本与计划成本的差异;

③ 委托外单位加工完工入库材料实际成本与计划成本的差异;

④ 其他单位投资转入的材料实际成本与计划成本的差异;

⑤ 其他入库材料(如残料)实际成本与计划成本的差异;

⑥ 完工入库产成品实际成本与计划成本的差异;

⑦ 其他入库存货(包括低值易耗品、包装物)实际成本与计划成本的差异;

⑧ 调整计划成本而发生的成本差异。

存货成本差异形成后,应随着存货的领用、消耗、销售等而减少。期初和当期形成的存货成本差异,应在当期已发出存货和期末库存存货之间进行分配,属于已发出存货应分配的存货成本差异,从"材料成本差异"等科目转入有关科目;属于期末库存存货应分配的存货成本差异,仍保留在"材料成本差异"等科目,作为"原材料"等科目的调整项目,以存货的计划成本加上不利差异或减去有利差异后,即为期末库存存货的实际成本。企业通常在月份终了时计算存货成本差异率,据以分配当月形成的存货成本差异。

存货成本差异率的计算公式如下:

$$本月存货成本差异率=\frac{月初结存存货的成本差异+本月收入存货的成本差异}{月初结存存货的计划成本+本月收入存货的计划成本}\times 100\%$$

本月发出存货应负担的成本差异=本月发出存货的计划成本×存货成本差异率

【例 3-3】 海明汽车工业企业对原材料采用计划成本法核算。2013 年 8 月份"原材料"科目某种材料的期初余额为 80 000 元。"材料成本差异"科目期初借方余额为 2 500 元,原材料计划单位成本为 100 元。本月外购原材料 10 000 件,实际成本 90 0000 元,本月生产车间领用材料 9 000 件。

根据上述资料计算发出材料应负担的材料成本差异如下。

材料成本差异率为

$$\frac{2\,500+(900\,000-10\,000\times 100)}{80\,000+10\,000\times 100}\times 100\%=-9\%$$

发出材料应负担的材料成本差异为

$$9\,000\times 100\times(-9\%)=-81\,000(元)$$

在企业的流动资产总额中,存货占有较大比例,是资产负债表中的重要列示项目;同时，存货成本在损益表中作为构成成本总额的重要部分，必然影响利润的计算，故企业对存货计价方法的选择会影响利润。企业在选择存货计价方法时，应明确以下原则。

一是以历史成本为基础。我国《企业会计准则》规定：各种存货应当按取得的实际成本核算。这表明在持续经营的前提下，我国现行对存货的计价是以历史成本为基础的。

二是坚持客观性原则。该原则要求既要如实反映销售成本，又要如实反映期末存货成本。会计信息必须在遵循法律、法规的前提下，客观地反映经济业务，这也是会计信息质量的基本要求。

三是坚持谨慎性原则。在有不确定的因素存在或信息不全面的情况下作出判断时，要保持必要的谨慎性，既不高估企业价值和收益，也不低估可能的损失和费用。

讨论案例2

福日股份通过存货计价会计政策的变更影响毛利率

福建福日电子股份有限公司（600203）主要生产"福日"牌彩电，于1994年4月向社会公开发行7 000万普通股，募集资金2.54亿，主要投向数字化大屏幕彩电、超大屏幕背投彩电等项目。

该公司所用的主要原材料有显像管、机芯散件、外壳等。《招股说明书》披露存货政策为：

"存货取得采用实际成本计价，存货发出采用以下方法计价：外购商品采用分批确认法；原材料按移动加权平均法；生产成本中费用分配按工时费用率；低值易耗品采用一次性摊销。根据福建日立电视机有限公司董事会决议，福日公司产成品核算方法从1998年1月1日起由原来的先进先出法改为后进先出法。"

根据公司披露的财务数据，公司产品成本中主要组成部分为显像管，显像管价格一直处于下跌趋势，在这样的价格趋势下，改变存货计价方式将会影响公司成本和毛利率，公司披露存货计价方式改变后，平均每台彩电销售成本降低5%左右，公司1997年的彩电产品毛利率为11%，如果产品价格维持不变，则存货计价方式的改变将提高毛利率至15%的水平，但事实上，1998年福日电视机产品的毛利率为8%，比1997年的11%有较大下降。可见，产品市场的竞争导致的价格下降是吞噬毛利率的杀手。

（资料来源：佚名.福日股份通过存货计价会计政策变更影响毛利率.(2000-10-05)[2013-09-06] http://www.docin.com/p-85488754.htoml.有删改）

本案例中，福日电视通过不同的存货计价方式，使利润发生变化。结合本案例，试探讨不同计价方式对利润的影响，并分析合理选择存货计价方法应综合考虑的影响因素有哪些。

3.2.3 存货的核算

1) 存货取得的核算

(1) 购入原材料的核算

当发票账单与材料同时到达时,企业在支付货款,材料验收入库后,所作会计分录如下:

借:原材料
  应交税费——应交增值税(进项税额)
 贷:银行存款/应付票据

当已付款,但材料尚未到达或尚未验收入库,所作会计分录表示如下:

借:在途物资
  应交税费——应交增值税(进项税额)
 贷:银行存款/应付票据

待材料到达、验收入库后,所作会计分录如下:

借:原材料
 贷:在途物资

当材料已到达并已验收入库,但结算凭证未到,货款尚未支付时,在当月末以其暂估价入账,所作会计分录如下:

借:原材料
 贷:应付账款——暂估应付账款

下月初用红字作同样的记账凭证予以冲回。

在付款后,所作会计分录如下:

借:原材料
  应交税费——应交增值税(进项税额)
 贷:银行存款/应付票据

采用预付货款方式时,在预付材料价款时,所作会计分录如下:

借:预付账款
 贷:银行存款

已经预付货款的材料验收入库时,所作会计分录如下:

借:原材料
  应交税费——应交增值税(进项税额)
 贷:预付账款

【例 3-4】 海明公司为一般纳税人,5 月 1 日购进一批塑料作为生产原材料,该货价款为 20 000 元,增值税税额为 3 400 元,结算凭证已收到,货款已付。其会计分录为:

借:原材料   20 000
  应交税费——应交增值税(进项税额) 3 400
 贷:银行存款   23 400

【例 3-5】 假设购入材料的结算凭证已到,货款已付,但材料尚未运到。

收到结算凭证时：

借：在途物资 20 000
　　应交税费——应交增值税（进项税额） 3 400
　贷：银行存款 23 400

上述材料验收入库时：

借：原材料 20 000
　贷：在途物资 20 000

【例 3-6】 假设购入材料已经运到，并验收入库，但结算凭证未到，货款未付。月末，以暂估价 22 000 元入账。会计分录为：

借：原材料 22 000
　贷：应付账款——暂估应付账款 22 000

下月初，用红字将上述分录原账冲回。会计分录为：

借：原材料 22 000
　贷：应付账款——暂估应付账款 22 000

收到有关结算凭证，并付款时，会计分录为：

借：原材料 20 000
　　应交税费——应交增值税（进项税额） 3 400
　贷：银行存款 23 400

(2) 委托加工物资的核算

委托加工业务，在会计处理上主要包括拨付加工物资、支付加工费用和税金、收回加工物资和剩余物资等几个环节。各环节所作会计分录如下。

拨付委托加工物资，均按实际成本入账。会计分录为：

借：委托加工物资
　贷：原材料或库存商品

支付加工费、增值税等，计入"委托加工物资"科目。

借：委托加工物资
　　应交税费——应交增值税（进项税额）
　贷：银行存款

缴纳的消费税：

$$消费税计价组成价格 = \frac{发出加工的原材料的成本 + 加工费}{1 - 消费税率}$$

委托加工的物资收回后直接用于销售的，委托方将受托方代收代交的消费税计入委托加工物资的成本。其会计分录为：

借：委托加工物资
　贷：应付账款或银行存款

委托加工物资收回后用于连续生产应税消费品的，则委托方将受托方代收代缴的消费税予以抵扣。其会计分录为：

借：应交税费——应交消费税

贷：应付账款或银行存款
　加工完成收回加工物资。其会计分录为：
　　借：库存商品或原材料
　　　　贷：委托加工物资

【例3-7】 海明公司委托海华公司加工材料一批（属应税消费品），原材料成本为6 000元，支付的加工费为3 000元（不含增值税），消费税税率为10%，材料加工已完成并验收入库，加工费用等已支付。双方适用的增值税税率为17%。甲企业按实际成本对原材料进行核算，其会计分录如下。

发出委托加工材料：
　　借：委托加工物资　　　　　　　　　　　　　　　　　　6 000
　　　　贷：原材料　　　　　　　　　　　　　　　　　　　　　　6 000
支付加工费用：

$$消费税组成计税价格 = \frac{6\,000 + 3\,000}{1 - 10\%} = 10\,000$$

　　（海华公司）代收代缴的消费税 = 10 000 × 10% = 1 000（元）
　　应纳增值税 = 3 000 × 17% = 510（元）
海华公司收回加工后的材料用于连续生产应税消费品时：
　　借：委托加工物资　　　　　　　　　　　　　　　　　　3 000
　　　　应交税费——应交增值税（进项税额）　　　　　　　　 510
　　　　　　　　——应交消费税　　　　　　　　　　　　　1 000
　　　　贷：银行存款　　　　　　　　　　　　　　　　　　　　4 510
海华公司收回加工后的材料直接用于销售时：
　　借：委托加工物资　　　　　　　　　　　　　　　　　　3 000
　　　　应交税费——应交增值税（进项税额）　　　　　　　　 510
　　　　贷：银行存款　　　　　　　　　　　　　　　　　　　　3 510
（3）加工完成收回委托材料

【例3-8】 海华公司收回加工后的材料用于连续生产应税消费品时：
　　借：原材料　　　　　　　　　　　　　　　　　　　　　9 000
　　　　贷：委托加工物资　　　　　　　　　　　　　　　　　　9 000

【例3-9】 甲企业收回加工后的材料直接用于销售时：
　　借：原材料　　　　　　　　　　　　　　　　　　　　　10 000
　　　　贷：委托加工物资　　　　　　　　　　　　　　　　　　10 000

2）发出存货的核算
（1）领用和出售原材料的核算
① 企业生产经营领用原材料
　　借：生产成本或制造费用或营业费用或管理费用
　　　　贷：原材料
企业发出委托为单位加工的原材料。

借：委托加工物资
　　贷：原材料
② 基建工程、福利等部门领用的原材料
借：在建工程或应付职工薪酬
　　贷：原材料
　　　　应交税费——应交增值税（进项税额转出）
③ 出售的原材料
借：银行存款或应收账款
　　贷：其他业务收入
　　　　应交税费——应交增值税（销项税额）
月末，按出售原材料的实际成本借记"其他业务成成"，贷记"原材料"，其会计分录为：
借：其他业务成本
　　贷：原材料

（2）生产经营领用的低值易耗品的核算

低值易耗品是指不能作为固定资产的各种用具物品，如工具、管理用具、玻璃器皿，以及在生产经营过程中周转使用的包装容器等。低值易耗品可以多次使用而不改变原有的实物形态，在使用过程中需要进行维护与修理，报废时也有一定的残值。这些特点与固定资产相似，但其价值损耗不是采取折旧的方法，而是以摊销的方法计入有关的成本或费用。低值易耗品的摊销方法可以采用一次摊销法或五五摊销法。

① 一次摊销法

价值较低或极易损坏的管理用具和小型工、卡具，可根据领用的价值一次摊入有关的成本或费用。借记"制造费用"、"管理费用"等科目，贷记"低值易耗品"科目，采用一次摊销法的低值易耗品在报废时如有残值，应将报废低值易耗品的残值作为当月低值易耗品摊销额的减少，根据其残值借记"原材料"等科目，贷记"制造费用"、"管理费用"等科目。

【例3-10】 海明公司的管理部门领用管理用具一批，其实际成本为500元，本月报废的管理用具其残料作价100元入库。其会计分录分别为：

借：管理费用　　　　　　　　　　　　　　　　　　　500
　　贷：周转材料——低值易耗品　　　　　　　　　　　　500
借：原材料　　　　　　　　　　　　　　　　　　　　100
　　贷：管理费用　　　　　　　　　　　　　　　　　　　100

② 五五摊销法

五五摊销法，是指低值易耗品在领用时或出租、出借包装物时先摊销其成本的一半，在报废时再摊销其成本的另一半，即低值易耗品或包装物分两次各按50%进行摊销。

（3）生产经营领用的包装物的核算

包装物是指为了包装本公司的商品而储备的各种包装容器，如桶、箱、瓶、坛、袋等，而各种包装材料，如纸、绳、铁丝、铁皮等应作为原材料核算，用于储存和保管产品或材料而不对外销售的包装物，应按价值的大小和使用年限的长短，分别作为低值易耗品或固定资产核算。生产领用包装物,借记"生产成本",贷记"包装物"科目。随同产品或商品出售不单独计价的包装物,借记"销售费用"科目,贷记"包装物"科目;随同产品或商品出售并单独计价的包装物,借记"其他业务支出"科目,贷记"包装物"科目。

【例 3-11】 海明公司销售部门为销售商品领用库存未用的纸箱一批包装商品,该批纸箱的实际成本为 300 元,随同产品出售但不单独计价。其会计分录为:

借:销售费用　　　　　　　　　　　　　　　　　　300
　　贷:周转材料——包装物　　　　　　　　　　　　　　300

【例 3-12】 假设随同产品出售并单独计价,则该批纸箱的实际成本为 500 元。会计分录为:

借:其他业务成本　　　　　　　　　　　　　　　　500
　　贷:周转材料——包装物　　　　　　　　　　　　　　500

(4) 出租或出借包装物的核算

在第一次领用新包装物用于出租时,应按其成本借记"其他业务成本"科目,贷记"包装物"科目,而用于出借的包装物,应按其成本借记"销售费用"科目,贷记"包装物"科目。若出租或出借包装物的价值较大时,可通过"长期待摊费用"科目核算。公司收到出租包装物的租金时,应借记"银行存款"等科目,贷记"其他业务收入"科目。收到出租或出借包装物的押金时,借记"银行存款"等科目,贷记"其他应付款"科目,退回押金时做相反的会计分录。对于逾期未退回包装物而没收的押金,应借记"其他应付款"科目,由于没收押金而应缴纳增值税,贷记"应交税费"科目,按其差额贷记"其他业务收入"科目。按没收的押金而规定应缴的消费税,借记"其他业务支出"科目,贷记"应交税费"科目。出租包装物不能使用而报废时,应按其残料价值借记"原材料"等科目,贷记"其他业务支出"科目;出借的包装物不能使用而报废时,应按其残料价值借记"原材料"等科目,贷记"销售费用"科目。

【例 3-13】 海明公司出租给海华公司新纸箱 500 个,实际成本为 6 000 元。其会计分录为:

借:其他业务成本　　　　　　　　　　　　　　　6 000
　　贷:包装物　　　　　　　　　　　　　　　　　　6 000

【例 3-14】 海明公司收到海华公司的包装物租金 1 000 元。会计分录为:

借:银行存款　　　　　　　　　　　　　　　　　1 000
　　贷:其他业务收入　　　　　　　　　　　　　　　1 000

【例 3-15】 海明公司按规定收取海丽公司的押金 5 000 元。

借:银行存款　　　　　　　　　　　　　　　　　5 000
　　贷:其他应付款——海丽公司　　　　　　　　　　5 000

【例 3-16】 海明公司按规定没收海华公司逾期未退回包装物的押金 2 000 元,按规定应缴纳的增值税为 290 元。

借:其他应收款——海华公司　　　　　　　　　　2 000
　　贷:其他业务收入　　　　　　　　　　　　　　　1710
　　　　应交税费——应交增值税　　　　　　　　　　290

3.2.4 存货成本的结转

企业销售存货,应当将已售存货的成本结转为当期损益,计入营业成本。这就是说,企业在确认存货销售收入的当期,应当将已经销售存货的成本结转为当期营业成本。

存货为商品、产成品的,企业应采用先进先出法、移动加权平均法、月末一次加权平均法和个别计价法确定已销售商品的实际成本。存货为非商品存货的,如材料等,应将已出售的材料的实际成本予以结转,计入当期其他业务成本。这里所讲的材料销售不构成企业的主营业务。如果材料销售构成了企业的主营业务,则该材料为企业的商品存货,而不是非商品存货。

若对已售存货计提了存货跌价准备,则还应结转已计提的存货跌价准备,冲减当期主营业务成本或其他业务成本,实际上是按已售产成品或商品的账面价值结转主营业务成本或其他业务成本。企业按存货类别计提存货跌价准备的,也应按比例结转相应的存货跌价准备。

企业的周转材料(如包装物和低值易耗品)符合存货定义和确认条件的,按照使用次数分次计入成本费用。金额较小的,可在领用时一次性计入成本费用,以简化核算,但为加强实物管理,应当在备查簿上进行登记。

3.2.5 存货的期末计价

存货期末计价按照成本与可变现净值孰低计量。成本与可变现净值孰低法,是指资产负债表日,对期末存货按照成本与可变现净值两者之中较低者计价的一种方法。当成本低于可变现净值时,期末存货按成本计价;当可变现净值低于成本时,期末存货按可变现净值计价。

成本与可变现净值孰低计量的理论基础主要是使存货符合资产的定义。当存货的可变现净值下跌至成本以下时,表明该存货会给企业带来的未来经济利益低于其账面成本,因而将这部分损失从资产价值中扣除,计入当期损益。否则,存货的可变现净值低于成本时,如果仍按照成本计量,就会出现虚计资产的现象。

下面,具体看一下存货的可变现净值及相关账务处理。

1. 存货的可变现净值

可变现净值,是指在日常活动中,存货的估计售价减去至完工时估计将要发生的成本、估计的销售费用以及相关税费后的金额。存货的可变现净值由存货的估计售价、至完工时将要发生的成本、估计的销售费用和估计的相关税费等内容构成。

1) 可变现净值的基本特征

可变现净值主要有以下三个基本特征。

(1) 确定存货可变现净值的前提是企业在进行日常活动

如果企业不是在进行正常的生产经营活动,比如企业处于清算过程,那么不能按照存货准则的规定确定存货的可变现净值。

(2) 可变现净值为存货的预计未来净现金流量,而不是简单地等于存货的售价或合同价

企业预计的销售存货现金流量,并不完全等于存货的可变现净值。存货在销售过程中可能发生的销售费用和相关税费,以及为达到预定可销售状态还可能发生的加工成本等相关支出,构成现金流入的抵减项目。企业预计的销售存货现金流量,扣除这些抵减项目后,才能确定为存货的可变现净值。

(3) 不同存货可变现净值的构成不同

产成品、商品和用于出售的材料等直接用于出售的商品存货,在正常生产经营过程中,应当以该存货的估计售价减去估计的销售费用和相关税费后的金额,确认为其可变现净值。

需要经过加工的材料存货,在正常生产经营过程中,应当以所生产的产成品的估计售价减去至完工时估计将要发生的成本、估计的销售费用和相关税费后的金额,确认为其可变现净值。

2) 确定存货的可变现净值时应考虑的因素

企业在确定存货的可变现净值时,应当以取得的确凿证据为基础,并且考虑持有存货的目的、资产负债表日后事项的影响等因素。

(1) 确定存货的可变现净值应当以取得确凿证据为基础

确定存货的可变现净值必须建立在取得确凿证据的基础上。这里所讲的"确凿证据"是指对确定存货的可变现净值和成本有直接影响的客观证明。

① 存货成本的确凿证据。存货的采购成本、加工成本和其他成本及以其他方式取得存货的成本,应当以取得的外来原始凭证、生产成本账簿记录等作为确凿证据。

② 存货可变现净值的确凿证据。存货可变现净值的确凿证据,是指对确定存货的可变现净值有直接影响的确凿证明,如产成品或商品的市场销售价格、与产成品或商品相同或类似商品的市场销售价格、销货方提供的有关资料和生产成本资料等。

(2) 确定存货的可变现净值应当考虑持有存货的目的

由于企业持有存货的目的不同,确定存货可变现净值的计算方法也不同。如用于出售的存货和用于继续加工的存货,其可变现净值的计算就不相同,因此,企业在确定存货的可变现净值时,应考虑持有存货的目的。企业持有存货的目的,通常可以分为:

① 持有以备出售的存货,如商品等、产成品,其中又分为有合同约定的存货和没有合同约定的存货;

② 将在生产过程中或提供劳务过程中耗用的存货,如材料等。

3) 存货可变现净值的确定

对于企业持有的各类存货,在确定其可变现净值时,最关键的问题是确定估计售价。企业应当区别如下四种情况确定存货的估计售价。

(1) 为执行销售合同或者劳务合同而持有的存货

为执行销售合同或者劳务合同而持有的存货,通常应当以产成品或商品的合同价格为其可变现净值的计算基础。如果企业与购买方签订了销售合同(或劳务合同,下同),并且销售合同订购的数量等于企业持有存货的数量,在这种情况下,在确定与该项销售合同

直接相关存货的可变现净值时,应当以销售合同价格作为其可变现净值的计算基础。也就是说,如果企业就其产成品或商品签订了销售合同,则该批产成品或商品的可变现净值应当以合同价格作为计算基础;如果企业销售合同所规定的标的物还没有生产出来,但持有专门用于该标的物生产的原材料,其可变现净值也应当以合同价格作为计算基础。

【例 3-17】 2013 年 8 月 1 日,甲公司与乙公司签订了一份不可撤销的销售合同,双方约定,2014 年 1 月 25 日,甲公司应按每台 62 万元的价格(假定本章中所称销售价格和成本均不含增值税)向乙公司提供 W1 型机器 100 台。

2013 年 12 月 31 日,甲公司 W1 型机器的成本为 5 600 万元,数量为 100 台,单位成本为 56 万元/台。

2013 年 12 月 31 日,W1 型机器的市场销售价格为 60 万元/台。假定不考虑相关税费和销售费用。

根据甲公司与乙公司签订的销售合同的规定,该批 W1 型机器的销售价格已由销售合同约定,并且其库存数量等于销售合同约定的数量,因此,在这种情况下,计算 W1 型机器的可变现净值应以销售合同约定的价格 6 200 万元作为计算基础。

(2) 持有存货的数量多于销售合同订购数量

如果企业持有存货的数量多于销售合同订购数量,超出部分的存货可变现净值应当以产成品或商品的一般销售价格(即市场销售价格)为计算基础。

【例 3-18】 2013 年 11 月 1 日,甲公司与丙公司签订了一份不可撤销的销售合同,双方约定,2014 年 3 月 31 日,甲公司应按每台 15 万元的价格向丙公司提供 W2 型机器 120 台。

2013 年 12 月 31 日,甲公司 W2 型机器的成本为 1 960 万元,数量为 140 台,单位成本为 14 万元/台。

根据甲公司销售部门提供的资料表明,向丙公司销售的 W2 型机器的平均运杂费等销售费用为 0.12 万元/台;向其他客户销售 W2 型机器的平均运杂费等销售费用为 0.1 万元/台。

2013 年 12 月 31 日,W2 型机器的市场销售价格为 16 万元/台。

在本例中,能够证明 W2 型机器的可变现净值的确凿证据是甲公司与丙公司签订的有关 W2 型机器的销售合同、市场销售价格资料、账簿记录和公司销售部门提供的有关销售费用的资料等。

根据该销售合同规定,库存的 W2 型机器中的 120 台的销售价格已由销售合同约定,其余 20 台并没有由销售合同约定。因此,在这种情况下,对于销售合同约定的数量 (120 台)的 W2 型机器的可变现净值应以销售合同约定的价格 15 万元/台作为计算基础,而对于超出部分(20 台)的 W2 型机器的可变现净值应以市场销售价格 16 万元/台作为计算基础。

$$W2 型机器的可变现净值 = (15 \times 120 - 0.12 \times 120) + (16 \times 20 - 0.1 \times 20)$$
$$= (1\,800 - 14.14) + (320 - 2)$$
$$= 1\,785.6 + 318$$

$=2\ 103.6(万元)$

（3）没有销售合同约定的存货

没有销售合同约定的存货（不包括用于出售的材料），其可变现净值应当以产成品或商品的一般销售价格（即市场销售价格）为计算基础。

【例 3-19】 2013 年 12 月 31 日，甲公司 W3 型机器的账面成本为 600 万元，数量为 10 台，单位成本为 60 万元/台。

2013 年 12 月 31 日，W3 型机器的市场销售价格为 64 万元/台。预计发生的相关税费和销售费用合计为 3 万元/台。

甲公司没有签订有关 W3 型机器的销售合同。

由于甲公司没有就 W3 型机器签订销售合同，因此，在这种情况下，计算 W3 型机器的可变现净值应以一般销售价格总额(64－3)×10＝610 万元作为计算基础。

（4）用于出售的材料

用于出售的材料等，通常以市场价格作为其可变现净值的计算基础。这里的市场价格是指材料等的市场销售价格。如果用于出售的材料存在销售合同约定，应按合同价格作为其可变现净值的计算基础。

【例 3-20】 2013 年 11 月 1 日，甲公司根据市场需求的变化，决定停止生产 W4 型机器。为减少不必要的损失，决定将库存原材料中专门用于生产 W4 型机器的外购原材料——A 材料全部出售，2013 年 12 月 31 日其账面成本为 500 万元，数量为 10 吨。据市场调查，A 材料的市场销售价格为 30 万元/吨，同时可能发生销售费用及相关税费共计 5 万元。

在本例中，由于企业已决定不再生产 W4 型机器，因此，该批 A 材料的可变现净值不能再以 W4 型机器的销售价格作为其计算基础，而应按其本身的市场销售价格作为计算基础。即：该批 A 材料的可变现净值为(30×10－5＝)295 万元。

2. 成本与可变现净值孰低法的会计处理

如果成本低于可变现净值，则不需作账务处理，资产负债表中的存货仍按期末账面价值列示。

如果可变现净值低于成本，则具体账务处理主要有两种方法，即备抵法和直接转销法。

1）备抵法

我国《企业会计准则》规定，企业应当定期或至少于每年年度终了，对存货进行全面清查，对由于存货遭受毁损、部分或全部陈旧过时或销售价格低于成本等原因，使存货成本不可收回的部分，应提取存货跌价准备。存货跌价准备应按单个存货项目的成本低于其可变现净值的差额提取，并按规定设置"存货跌价准备"科目。每一会计期末通过比较期末的成本与可变现净值，计算出应计提的准备，然后与"存货跌价准备"科目的余额进行比较，若应提数大于已提数，应予以补提；反之，应冲销部分已提数。提取或补提存货跌价准备时，借记"资产减值损失"科目，贷记"存货跌价准备"科目；冲回或转销存货跌价准备时，借记"存货跌价准备"科目,贷记"资产减值损失"科目。

2) 直接转销法

在确认存货跌价损失时,将可变现净值低于成本的损失直接冲销有关存货科目,同时将存货成本调整为可变现净值。在这种方法下,企业应设置"存货跌价损失"科目,确认损失时,借记"存货跌价损失"科目,贷记"有关存货"科目。

采用这种方法,要直接冲销有关存货的账簿记录,即要冲减有关的明细账记录,工作量较大,而且若已作调整的存货以后可变现净值又得以恢复,再恢复有关存货的成本记录也十分麻烦,因此,这一方法不常用。

【例 3-21】 海明公司采用"成本与可变现净值孰低法"进行存货的计价核算,并用"备抵法"进行相应的账务处理。假设,2010 年年末存货的账面成本为 50 000 元,预计可变现净值为 45 000 元,应提的存货跌价准备为 5 000 元。应作如下处理:

借:资产减值损失   5 000
    贷:存货跌价准备   5 000

假设 2011 年年末该存货的预计可变现净值为 42 500 元,则应计提的存货跌价准备为 2 500 元。即:

借:资产减值损失   2 500
    贷:存货跌价准备   2 500

2012 年年末该存货的可变现净值有所恢复,预计可变现净值为 48 500 元,则应冲减计提的存货跌价准备 6 000 元,即:

借:存货跌价准备   6 000
    贷:资产减值损失   6 000

2013 年年末,该存货的可变现净值进一步恢复,预计可变现净值为 52 500 元,则应冲减计提的存货跌价准备 1 500 元,即:

借:存货跌价准备   1 500
    贷:资产减值损失   1 500

3. 存货跌价准备的计提及转回

1) 存货跌价准备的计提

企业在计提存货跌价准备时通常应当以单个存货项目为基础。在这种方式下,企业应当将每个存货项目的成本与其可变现净值逐一进行比较,按较低者计量存货,并且按成本高于可变现净值的差额,计提存货跌价准备。这就要求企业应当根据管理要求和存货的特点,明确规定存货项目的确定标准。比如,将某一型号和规格的材料作为一个存货项目、将某一品牌和规格的商品作为一个存货项目等。

如果某一类存货的数量繁多并且单价较低,企业可以按存货类别计量成本与可变现净值,即按存货类别的成本的总额与可变现净值的总额进行比较,每个存货类别均取较低者确定存货期末价值。

【例 3-22】 星海公司的有关资料及存货期末计量见表 3-6,假设星海公司在此之前没有对存货计提跌价准备。假定不考虑相关税费和销售费用。

表 3-6　按存货类别计提存货跌价准备

2013 年 12 月 31 日　　　　　　　　　　　　　　　　　　金额单位：元

商品	数量（台）	成本 单价	成本 总额	可变现净值 单价	可变现净值 总额	按存货类别确定的账面价值	由此计提的存货跌价准备
第一组							
A 商品	400	10	4 000	9	3 600		
B 商品	500	7	3 500	8	4 000		
合　计			7 500		7 600	7 500	0
第二组							
C 商品	200	50	10 000	48	9 600		
D 商品	100	40	4 500	44	4 400		
合　计			14 500		14 000	14 000	500
第三组							
E 商品	700	100	70 000	80	56 000	56 000	
合　计			70 000		56 000	56 000	14 000
总　计			92 000		77 600	77 500	14 500

需要注意的是，资产负债表日，同一项存货中一部分有合同价格约定、其他部分不存在合同价格约定的，应当分别确定其可变现净值，并与其相对应的成本进行比较，分别确定存货跌价准备的计提或转回的金额，由此计提的存货跌价准备不得相互抵消。

2）存货跌价准备的转回

在资产负债表日，企业应当确定存货的可变现净值。企业确定存货的可变现净值，应当以资产负债表日的状况为基础确定，既不能提前确定存货的可变现净值，也不能延后确定存货的可变现净值，并且在每一个资产负债表日都应当重新确定存货的可变现净值。

企业的存货在符合条件的情况下，可以转回计提的存货跌价准备。存货跌价准备转回的条件是以前减记存货价值的影响因素已经消失，而不是在当期造成存货可变现净值高于成本的其他影响因素。

当符合存货跌价准备转回的条件时，应在原已计提的存货跌价准备的金额内转回。即在对该项存货、该类存货或该合并存货已计提的存货跌价准备的金额内转回。转回的存货跌价准备与计提该准备的存货项目或类别应当存在直接对应关系，但转回的金额以将存货跌价准备余额冲减至零为限。

【例 3-23】　2012 年 12 月 31 日，甲公司 W7 型机器的账面成本为 500 万元，但由于 W7 型机器的市场价格下跌，预计可变现净值为 400 万元，由此计提存货跌价准备 100 万元。

假定：

（1）2013 年 6 月 30 日，W7 型机器的账面成本仍为 500 万元，但由于 W7 型机器市场价格有所上升，使得 W7 型机器的预计可变现净值变为 475 万元；

(2) 2013年12月31日，W7型机器的账面成本仍为500万元，由于W7型机器的市场价格进一步上升，预计W7型机器的可变现净值为555万元。

本例中：(1) 2013年6月30日，由于W7型机器市场价格上升，W7型机器的可变现净值有所恢复，应计提的存货跌价准备为(500－475＝)25万元，则当期应冲减已计提的存货跌价准备(100－25＝)75万元，且小于已计提的存货跌价准备(100万元)，因此，应转回的存货跌价准备为75万元。

会计分录为：

借：存货跌价准备　　　　　　　　　　　　　　750 000
　　贷：资产减值损失——存货减值损失　　　　　　　750 000

(2) 2013年12月31日，W7型机器的可变现净值又有所恢复，应冲减存货跌价准备(500－555＝)55万元，但是对W7型机器已计提的存货跌价准备的余额为25万元，因此，当期应转回的存货跌价准备为25万元而不是55万元(即以将对W7型机器已计提的"存货跌价准备"余额冲减至零为限)。其会计分录为：

借：存货跌价准备　　　　　　　　　　　　　　250 000
　　贷：资产减值损失——存货减值损失　　　　　　　250 000

企业计提了存货跌价准备，如果其中有部分存货已经销售，则企业在结转销售成本时，应同时结转对其已计提的存货跌价准备。

讨论案例3

锡业股份存货减值酿巨亏　无意加大套保

2013年7月11日晚间，锡业股份发布了2013年半年度业绩预告，公司预计1～6月归属于上市公司股东的净利润亏损为9.1亿～9.8亿元，上年同期盈利7 710.37万元。

由于2013年上半年公司主要产品销售价格较上年同期出现较大跌幅，销售产品毛利率下降，同时公司对铅、银、铜的产成品、原料、中间周转品按会计准则要求计提了大额的存货跌价准备，导致公司上半年出现大幅亏损。

2012年锡业股份净利润3451.2万元，同比下降了95.05%；2013年一季度更是巨亏了1.94亿元。这也意味着，二季度锡业股份的亏损达7.16亿～7.86亿元。

锡业股份为全球最大的锡业公司，2013年7月5日晚间锡业股份发布公告称，董事长雷毅因涉嫌严重违纪，已被立案调查。

截至2012年年末，锡业股份的存货余额为94.56亿元，以原材料锡和锡制品为主，另外还有少量的铅、铜、白银等金属品。值得注意的是，有券商机构研报显示，锡业股份94.56亿存货中，有大约32亿是2012年四季度时增加的，而2013年以来，锡价和铜价累计下跌了15%左右。

如今存货面临减值风险，锡业股份证券部人士声称公司有通过套期保值等手段来对冲。锡业股份对形势的误判酿成了现在的苦果，高存货计提减值带来的损失已经形成，所以跌到目前这个价位再做套期保值意义已经不大。

同时，公司人士称现阶段公司要压缩成本和费用以及挖潜、增加公司的利润。而针对存货是否还有进一步减值的风险,据称只能跟随市场采取措施,并看管理层的决策。

锡业股份的半年报将于 2013 年 8 月 19 日公布,公司存货在 2013 年二季度是增加还是减少,存货余额还有多少,届时将成为市场关注的焦点。

(资料来源:佚名.锡业股份存货减值酿巨亏　无意加大套保.(2013-07-29)[2013-09-10]http://finance.eastmoney.com/news/1354,20130729310369220.html.有删改。)

阅读上述资料,我们发现计提存货跌价准备会影响利润。请结合锡业股份年度报告以及其他网络公开信息,分析锡业股份计提的存货跌价准备的逐年变化趋势,试分析对存货计提跌价准备会怎样影响利润。

3.3 商品销售成本

3.3.1 销售成本概述

销售成本是指已销售产品的生产成本或已提供劳务的劳务成本以及其他销售的业务成本。销售成本包括主营业务成本和其他业务支出两部分,其中,主营业务成本是企业销售商品产品、半成品以及提供工业性劳务等业务所形成的成本;其他业务支出是企业销售材料、出租包装物、出租固定资产等业务所形成的成本。

对于主营业务成本,应以产品(商品)的销售数量或提供的劳务数量和产品的单位生产成本或单位劳务成本为基础进行确认,其计算公式为:

$$主营业务成本 = \begin{array}{c}产品(商品)销售数量\\或提供劳务数量\end{array} \times \begin{array}{c}产品(商品)单位生产\\成本或单位劳务成本\end{array}$$

3.3.2 产品销售成本的核算

产品销售成本是指企业所销售产成品的生产成本。企业设置"主营业务成本"账户核算这部分已销售产品的成本。该账户的借方登记售出产品按照先进先出法、加权平均法等成本流动假设计算的制造成本,贷方登记期末转入"本年利润"账户,由本期产品销售收入补偿的售出产品的制造成本,结转后该账户无余额。

就销售产品而言,产品的销售数量可直接在"库存商品明细账"上取得;产品单位生产成本可采用多种方法进行计算确定,如先进先出法、加权平均法等,但企业一经选定某一种方法后,不得随意变动,这是会计核算一贯性原则的要求。

下面举例说明。

【例 3-24】 顺阳公司销售甲产品 40 台,产品的单位成本为 5 000 元,则会计分录为:
借:主营业务成本　　　　　　　　　　　　　　　　200 000
　　贷:库存商品——甲产品　　　　　　　　　　　　　　200 000

【例 3-25】 顺阳公司上月销售的乙产品因质量问题被退回 10 台,单位成本 3 000 元,退回产品已入库,则会计分录为:

借：库存商品——乙产品　　　　　　　　　　　　30 000
　　　　贷：主营业务成本　　　　　　　　　　　　　　30 000

【例3-26】　顺阳公司主营业务成本账户余额为550 000元，期末结转入本年利润账户。会计分录为：
　　借：本年利润　　　　　　　　　　　　　　　　550 000
　　　　贷：主营业务成本　　　　　　　　　　　　　550 000

3.3.3　商品销售成本的核算

商品销售成本是指已销商品的进价成本，即购进价格。商品销售成本的结转，是指将计算出来的已销商品进价成本，从"库存商品"账户转入"主营业务成本"账户。

1. 商品销售成本结转的方式

商品销售成本结转按照结转时间的不同可分为随时结转和定期结转，其中随时结转是指在商品销售的同时结转成本，定期结转一般在月终一次结转成本。在实务中，随时结转主要适用于直运商品销售和成批进成批出的商品销售；定期结转则广泛用于日常的批发商品销售业务，并且多在月末时间进行，在方式上既可采用分散结转方式，也可采用集中结转方式。

（1）分散结转

分散结转方式即在库存商品明细账上计算每种已销售商品的成本和期末结存商品的金额，并在每一账户的付出商品金额内登记结转数，然后将各户的商品销售成本加总，求得全部商品销售成本后，在类目账和总账上予以结转。这种方式按照库存商品明细账户逐一计算商品销售成本，逐笔登记结转，计算工作量较大，但能提供每个品种的商品销售成本的详细资料。

（2）集中结转

集中结转方式在库存商品明细账上只计算每种商品的期末结存金额，不计算每种商品的销售成本，它把各商品明细账户结存商品金额加总或按大类商品加总，得出期末库存商品总金额或大类商品结存金额，然后根据总账或类目账的资料，倒挤出已销商品的成本。这种方式并不逐笔计算和结转每个品种的商品销售成本，工作较简单，但不能提供每一种商品的销售成本。

2. 商品销售成本的计算

商品销售成本的计算方法有：先进先出法、月末一次加权平均法、移动加权平均法、个别计价法、毛利率法等。其中，前四种方法在本书3.2.2中已有介绍，此处主要介绍毛利率法。

毛利率法是一种对商品销售成本估算的方法。即用估计的毛利率（上季实际毛利率或本季计划毛利率）计算商品销售成本。其计算公式为

　　商品销售成本＝本月商品销售额×[1－上季实际（或本季计划）毛利率]

【例3-27】　太元商店月初商品存货24 000元，本月购货120 000元，销货180 000元，

销售退回与折让合计 1 600 元,上季度该店销货毛利率为 25%,计算本月销售成本和月末存货的成本。

本月商品销售净额 = 180 000 - 1 600 = 179 400(元)
商品销售毛利 = 179 400 × 25% = 44 850(元)
商品销售成本 = 179 400 × (1 - 25%) = 134 550(元)
月末存货成本 = 24 000 + 120 000 - 134 550 = 9 450(元)

采用毛利率法,计算手续简便,但计算的商品销售成本不够准确,因为这种方法是按照企业全部商品或大类商品计算的。通常只有在季度的前两个月采用,季末应选用其他四种成本计算方法中的一种进行调整。一般适宜于经营品种较多,月度计算商品销售成本有困难的企业。

3. 商品销售成本的账务处理

对于已实现销售的商品,在结转商品销售成本时,借记"主营业务成本"账户,贷记"库存商品"账户。会计期末,"主营业务成本"账户转入"本年利润"账户,结转后无余额。

【例 3-28】 续【例 3-27】,月末太元商店结转商品销售成本。会计分录为:

借:主营业务成本　　　　　　　　　　　　　　　134 500
　　贷:库存商品　　　　　　　　　　　　　　　　134 500

此外,企业在确认销售收入时,经常会遇到商业折扣、销售折让与退回等特殊情况,本节探讨了在这些特殊模式下的销售成本的核算。

1) 不同商业折扣模式下销售成本的会计处理

商业折扣是目前企业最常用的促销手段之一,是企业为了扩大销售、实现"薄利多销"而给予客户的价格优惠。例如,企业为鼓励客户多买商品而规定:购买 10 件以上商品给予客户 10% 的折扣,或客户每购买 10 件送 1 件。

按照《企业会计准则第 14 号——收入》规定:销售商品涉及商业折扣的,应当按照扣除商业折扣后的金额确定销售商品收入的金额。这是因为由于商业折扣一般在销售商品时即已确定,所以,并不构成最终成交价格的一部分,在确认销售商品收入时并无实质性影响,即以按照扣除商业折扣后的金额确定销售收入的金额。

对于具体账务处理,我们来举例说明。

【例 3-29】 甲企业为增值税一般纳税人,适用的增值税税率为 17%,商品销售价格不含增值税。2013 年 3 月 5 日,甲企业销售一批商品给 A 公司,其售价为 500 000 元,实际成本为 350 000 元。为了促销,甲公司给予 A 公司 10% 的商业折扣并开具增值税专用发票。甲公司已发出商品,并向银行办理了托收手续。

商品折扣 = 500 000 × 10% = 50 000(元)

实现销售时:

借:应收账款——A 公司　　　　　　　　　　　526 500
　　贷:主营业务收入　　　　　　　　　　　　　450 000
　　　　应交税金——应交增值税(销项税额)　　　76 500

结转已销售商品的成本:

借：主营业务成本　　　　　　　　　　　　　　　350 000
　　贷：库存商品　　　　　　　　　　　　　　　　　350 000

【例3-30】　乙企业为增值税一般纳税人，适用的增值税税率为17%，商品销售价格不含增值税。2013年5月8日，乙企业销售400件商品给B公司，其售价为800 000元，实际成本为640 000元。为了促销，乙企业规定：每购买100件商品赠送3件相同商品。乙企业已发出商品，货款已收存银行。

单位售价＝800 000÷400＝2 000（元）

单位成本＝640 000÷400＝1 600（元）

由于本题乙企业按合同是销售400件，虽然实际出库了412件，但12件是属于赠送性质的，所以不计入销售收入。

实现销售时：

借：银行存款　　　　　　　　　　　　　　　　　936 000
　　贷：主营业务收入　　　　　　　　　　　　　　　800 000
　　　　应交税金——应交增值税（销项税额）　　　　136 000

在结转销售成本时，乙企业实际库存减少的是412件，根据客观性原则，所以销售成本应为412件的实际成本，结转成本的会计处理应为：

借：主营业务成本　　　　　　　　　　　　　　　659 200
　　贷：库存商品　　　　　　　　　　　　　　　　　659 200

2）销售折让与销售退回时销售成本的会计处理

销售折让是指企业因售出商品的质量不合格等原因而在售价上给予的减让。它不是为了促销而给予的价格折让，因此要与商业折扣区别开来。《企业会计准则第14号——收入》规定：销售折让如果发生在确认销售收入之前，则应在确认销售收入时以直接扣除销售折让后的金额确认；已确认销售收入的售出商品发生销售折让，且不属于资产负债表日后事项的，应在发生时冲减当期销售收入，如按规定允许扣减增值税税额的，还应冲减已确认的应交增值税销项税额，但不冲减销售成本；销售折让属于资产负债表日后事项的，应当按照《企业会计准则第29号——资产负债表日后事项》处理。

下面按销售折让发生在确认销售收入之后、且不属于资产负债表日后事项的情况说明举例。

【例3-31】　丙企业为增值税一般纳税人，适用的增值税税率为17%，商品销售价格不含增值税。2013年6月7日，丙企业销售一批商品给C公司，其售价为90 000元，实际成本为60 000元，货款已结清。货到后C公司发现质量不合格，要求给予5%的价格折让。经查明，C公司提出的销售折让要求符合合同规定，丙企业同意并办妥了相关手续。

实现销售时：

借：银行存款　　　　　　　　　　　　　　　　　105 300
　　贷：主营业务收入　　　　　　　　　　　　　　　90 000
　　　　应交税金——应交增值税（销项税额）　　　　15 300

结转已销售商品的成本时：

借：主营业务成本　　　　　　　　　　　　　　　60 000

贷：库存商品　　　　　　　　　　　　　　　　　　　60 000
发生销售折让时：
$$销售折让＝90 000×5\%＝4 500(元)$$
　　借：主营业务收入　　　　　　　　　　　　　　　　　4 500
　　　　应交税费——应交增值税(销项税额)　　　　　　　　765
　　贷：银行存款　　　　　　　　　　　　　　　　　　　5 265

　　由于商品没有退回，所以库存商品数量没有增加，已售商品的数量没有减少，凝结在已售商品身上的生产成本不变，故而销售成本不需冲减。

　　销售退回是指企业售出的商品由于质量不符合要求等原因而发生的退货。企业会计准则规定，如果发生销售退回时，企业已经确认销售收入，则不论是本年销售本年退回，还是以前年度销售本年退回，不属于资产负债表日后事项的，均应直接冲减退回当期的销售收入和销售成本；属于资产负债表日后事项涉及的销售退回，则作为资产负债表日后调整事项调整报告年度相关的收入、成本等。

　　下面按销售退回发生在确认销售收入之后、且不属于资产负债表日后事项的情况举例说明。

　　【例 3-32】 丁企业为增值税一般纳税人，适用的增值税税率为 17%，商品销售价格不含增值税。2013 年 11 月 4 日，丁企业销售一批商品给 D 公司，其售价为 300 000 元，其实际成本为 200 000 元，货款已结清。货到后 D 公司发现质量出现严重问题，要求全部退货。丁企业同意退货，于退货当日支付了退货款，并按规定向 D5 公司开具增值税专用票(红字)。

实现销售时：
　　借：银行存款　　　　　　　　　　　　　　　　　　　351 000
　　　　贷：主营业务收入　　　　　　　　　　　　　　　　300 000
　　　　　　应交税金——应交增值税(销项税额)　　　　　　51 000
结转已销售商品的成本时：
　　借：主营业务成本　　　　　　　　　　　　　　　　　200 000
　　　　贷：库存商品　　　　　　　　　　　　　　　　　　200 000
发生销售退回时：
　　借：主营业务收入：　　　　　　　　　　　　　　　　300 000
　　　　应交税费——应交增值税(销项税额)　　　　　　　51 000
　　　　贷：银行存款　　　　　　　　　　　　　　　　　　351 000
　　借：库存商品　　　　　　　　　　　　　　　　　　　200 000
　　　　贷：主营业务成本　　　　　　　　　　　　　　　　200 000

　　本题中商品全部退回，库存商品的数量增加，已售商品数量减少，所以需要增加库存商品的成本，冲减已售商品的成本。

本章小结

- 准确确认存货范围是进行存货核算的前提。存货确认的两个条件：一是与该存货有关的经济利益很可能流入企业；二是该存货的成本能够可靠地计量。存货确认的两个条件必须同时符合才能加以确认。

- 存货一般根据企业的性质、经营范围，并结合存货的用途进行分类。按存货在不同企业中的不同经济用途可分为制造业存货、商品流通企业存货和其他行业存货；按存货存放地点可以分为库存存货、在途存货、委托加工存货和委托代销存货四类。

- 正确进行存货的计价，取决于存货数量确定的准确性，企业存货数量可以通过盘存来确定。常用的存货数量盘存方法主要有永续盘存制和实地盘存制两种，注意两种方法的比较。

- 发出存货按实际成本计价可分为：个别计价法、月末一次加权平均法、移动加权平均法和先进先出法。各种方法各有其优缺点和适用范围，应考虑企业实际情况加以选用。存货还可以按计划成本法计价。采用计划成本法，会计期末需通过"材料成本差异"科目，将发出和期末存货调整为实际成本。存货的计价方法一经确定，不得随便变更。

- 存货期末计价按照成本与可变现净值孰低计量。可变现净值是指在日常话动中，存货的估计售价减去至完工时估计将要发生的成本、估计的销售费用以及相关税费后的金额。当可变现净值低于成本时，企业要对存货计提跌价准备。

- 销售成本是指已销售产品的生产成本或已提供劳务的劳务成本以及其他销售的业务成本。

- 产品销售成本是指企业所销售产成品的生产成本。企业设置"主营业务成本"账户核算这部分已销售产品的成本。该账户的借方登记售出产品按照先进先出法、加权平均法等成本流动假设计算的制造成本，贷方登记期末转入"本年利润"账户、由本期产品销售收入补偿的售出产品的制造成本，结转后该账户无余额。

- 商品销售成本是指已销商品的进价成本，即购进价格。商品销售成本的结转，是指将计算出来的已销商品进价成本，从"库存商品"账户转入"主营业务成本"账户。

- 商品销售成本的结转，按照结转时间的不同可分为随时结转和定期结转，其中随时结转就是指在商品销售的同时结转成本，定期结转一般在月终一次结转成本。在实务中，随时结转主要适用于直运商品销售和成批进成批出的商品销售；定期结转则广泛用于日常的批发商品销售业务，并且多在月末时间进行，在方式上既可采用分散结转方式，也可采用集中结转方式。

中英文关键词语

个别计价法 specific identification
先进先出法 first-in, first-out method
移动加权平均法 moving weighted average method
月末一次加权平均法 at the end of a weighted average method
原材料 raw material
在产品 work in progress
半成品 semifinished product
产成品 finished goods
成本与市价孰低法 lower of cost or market
存货跌价准备 goods in stock drops in price preparing

思考练习题

一、单选题

1. 在物价不断上涨的时期,在一个公司可以选用的存货计价方法中,若要使会计报表中的净收益最高,则可以采用(　　)的计价方法。
   A. 加权平均法　　　　　　　　　　B. 先进先出法
   C. 移动加权平均法　　　　　　　　D. 个别计价法

2. 海明公司为增值税一般纳税人。本期外购原材料一批,购买价格为10 000元,增值税为1700元,入库前发生的挑选整理费用为500元。该批原材料的入账价值为(　　)元。
   A. 10500　　　B. 11700　　　C. 10 000　　　D. 12200

3. 存货采用先进先出法进行核算的企业,在物价持续上涨的情况下将会使企业(　　)。
   A. 期末库存降低,当期损益增加　　B. 期末库存降低,当期损益减少
   C. 期末库存升高,当期损益减少　　D. 期末库存升高,当期损益增加

4. 企业外购存货的采购成本,通常不包括(　　)。
   A. 途中保险费　　　　　　　　　　B. 运输途中的合理损耗
   C. 入库前的挑选整理费　　　　　　D. 市内零星货物运杂费

5. 某企业在清查存货时发现存货盘盈,报经批准处理后应当(　　)。
   A. 冲减销售费用　　　　　　　　　B. 冲减管理费用
   C. 作为其他业务收入　　　　　　　D. 作为营业外收入

6. 根据企业会计准则的要求,存货在资产负债表上列示的价值应当是(　　)。
   A. 账面价值　　　　　　　　　　　B. 公允价值
   C. 可变现净值　　　　　　　　　　D. 成本与可变现净值较低者

7. 由于自然灾害造成的存货毁损,应将其净损失计入(　　)。
   A. 制造费用　　　　　　　　　　　B. 管理费用

第3章　存货与商品销售成本

C. 其他业务成本　　　　　　　　　D. 营业外支出

8. 某企业2013年7月的材料成本差异率为超支3‰,本月生产领用原材料的计划成本为20 000元,则实际成本为(　　)。
   A. 19 400元　　B. 20 000元　　C. 20 600元　　D. 21 000元

9. 企业生产车间领用的管理用低值易耗品,其成本应计入(　　)。
   A. 制造费用　　B. 销售费用　　C. 管理费用　　D. 其他业务成本

10. 某企业2013年9月月初库存原材料计划成本为75 000元,材料成本差异为贷方余额1 500元;本月购入的原材料计划成本为450 000元,实际成本为441 000元。该公司本月材料成本差异率为(　　)。
    A. 超支2‰　　B. 节约2‰　　C. 超支1.4%　　D. 节约1.4%

11. 将存货流转过程表现为公式是(　　)。
    A. 上期期初存货+本期减少存货+本期增加存货=下期期初存货
    B. 上期期末存货+本期增加存货-本期减少存货=下期期初存货
    C. 本期期初存货+本期增加存货=下期期初存货+本期减少存货
    D. 本期期初存货+本期增加存货-本期减少存货=本期期末存货

12. 存货计价方法中的个别计价法适合(　　)的存货。
    A. 鲜活商品　　　　　　　　　B. 数量不多
    C. 单位价值较高　　　　　　　D. 同类大批量

13. 计入存货成本的相关税费不应该包括(　　)。
    A. 消费税　　　　　　　　　　B. 资源税
    C. 可以抵扣的增值税税额　　　D. 不能抵扣的进项税税额

14. 某增值税一般纳税企业因意外灾害毁损库存原材料一批,该批原材料实际成本为20 000元,收回残料价值1 000元。保险公司赔偿5 600元。该企业购入材料的增值税率为17%。该批毁损原材料造成的非常损失净额为(　　)元。
    A. 16 100　　B. 16 010　　C. 16 000　　D. 16 800

二、多选题

1. 下列各种物资中,应当作为企业存货核算的有(　　)。
   A. 低值易耗品　　B. 委托加工物资　　C. 工程物资　　D. 委托代销商品

2. 企业对发出存货的实际成本进行确认的方法有(　　)。
   A. 个别计价法　　B. 后进先出法　　C. 先进先出法　　D. 加权平均法

3. 下列项目中,应计入材料采购成本的有(　　)。
   A. 制造费用
   B. 运输途中的合理损耗
   C. 进口关税
   D. 一般纳税人购入材料支付的可以抵扣的增值税

4. 实际工作中,影响存货入账价值的主要因素有(　　)。
   A. 采购过程中发生的运杂费

B. 存货采购入库后的储存费用(非生产阶段所必需)
   C. 自然灾害发生的直接材料、直接人工和制造费用
   D. 为特定客户设计产品所发生的、可直接确定的设计费用
5. 企业委托其他单位加工物资,下列项目中应计入委托加工物资成本的有(　　)。
   A. 发出原材料的成本　　　　　　B. 承担的运费
   C. 业务人员差旅费　　　　　　　D. 支付的加工费
6. 企业发出的下列商品中,仍属于销售方存货的有(　　)。
   A. 委托代销的商品　　　　　　　B. 分期收款销售发出的商品
   C. 售后回购的商品　　　　　　　D. 已签订合同准备出售的商品
7. 下列会计科目的期末余额,应在资产负债表"存货"项目下列示的有(　　)。
   A. 在途物资　　B. 委托代销商品　　C. 发出商品　　D. 生产成本
8. 下列货物中应确认为存货的有(　　)。
   A. 委托外单位加工产品所需的材料
   B. 某产品寄销在外
   C. 承销其他单位的产品
   D. 购进产品,合同规定目的地交货,尚处于运输途中
9. 下列税金中,应计入存货成本的有(　　)。
   A. 进口商品缴纳的进口关税
   B. 由受托方代扣代缴的委托加工直接用于对外销售的商品负担的消费税
   C. 由受托方代扣代缴的委托加工继续用于生产应纳消费税的商品负担的消费税
   D. 一般纳税企业进口原材料缴纳的增值税
10. 下列说法或做法中,正确的有(　　)。
    A. 从存货的所有权看,代销商品在出售以前,应作为委托方的存货处理;但是,为了加强受托方对代销商品的管理,受托方应在资产负债表上同时反映一项资产和一项负债
    B. 外购存货运输途中发生的损耗必须区分合理与否,属于合理损耗的部分,可以直接作为存货实际成本计列
    C. 存货采用成本与可变现净值孰低法计价,从存货的整个周转过程来看,只起着调节不同会计期间利润的作用,并不影响存货周转期的利润总额
    D. 如果期初存货计价过高,则可能会因此减少当期收益
11. 下列项目中,应计入企业存货成本的有(　　)。
    A. 进口原材料支付的关税
    B. 原材料入库前的挑选整理费用
    C. 生产过程中发生的制造费用
    D. 自然灾害造成的原材料净损失

三、判断题

1. 在永续盘存制下，不需要对存货进行实地盘存。（   ）
2. 企业在存货清查中发现盘盈，报经批准后，应当转入营业外收入。（   ）
3. 企业发生的存货盘盈或毁损，均应计入管理费用。（   ）
4. 按照《企业会计准则第 1 号——存货》规定，企业发出存货可采用后进先出法计价。（   ）
5. 企业购入的存货如果只是凭证账单到达而货物没有到达，则该批存货成本不包括在当期期末所编制的会计报表中。（   ）
6. 如果高估期末存货的价值，则会引起本期收益的高估；如果低估期末存货的价值，则会引起本期收益的低估。（   ）
7. 在资产负债表中，"存货"项目包括材料采购、原材料、周转材料、库存商品、委托加工物资、委托代销商品等科目的期末余额。（   ）
8. 存货采购过程中发生的仓储费用以及在生产过程中为使存货达到下一个生产阶段所必需的仓储费用，应计入存货成本。（   ）
9. 存货的日常核算可以采用计划成本法，但在编制会计报表时，应当按照实际成本反映存货价值。（   ）
10. 企业因收发计量差错造成的存货盘亏，应计入产品生产成本。（   ）

四、简答题

1. 简述存货确认的方法。
2. 确定存货实物量的两种方法是什么？请比较其优缺点。
3. 材料按实际成本法核算时发出存货的计价方法有哪些？各有什么优缺点？
4. 存货成本包括哪些？

五、计算题

1. 利和公司 2013 年 3 月份有关甲商品的收、发、存情况如下：
(1) 3 月 1 日结存 300 件，单位成本为 2 万元；
(2) 3 月 8 日购入 200 件，单位成本为 2.2 万元；
(3) 3 月 10 日发出 400 件；
(4) 3 月 20 日购入 300 件，单位成本为 2.3 万元；
(5) 3 月 28 日发出 200 件；
(6) 3 月 31 日购入 200 件，单位成本为 2.5 万元。
要求：
(1) 采用先进先出法计算甲商品 2013 年 3 月份发出存货的成本和 3 月 31 日结存存货的成本。
(2) 采用移动加权平均法计算甲商品 2013 年 3 月份发出存货的成本和 3 月 31 日结存存货的成本。

(3)采用月末一次加权平均法计算甲商品2013年3月份发出存货的成本和3月31日结存存货的成本。

六、综合题

1. 海明公司为增值税一般纳税人,适用的增值税税率为17%,商品、原材料售价中不含增值税。假定销售商品、原材料和提供劳务均符合收入确认条件,其成本在确认收入时逐笔结转,不考虑其他因素。2013年4月,海明公司发生了如下交易或事项。

(1)销售商品一批,按商品标价计算的金额为400万元,由于是成批销售,海明公司给予客户10%的商业折扣并开具了增值税专用发票,款项尚未收回。该批商品实际成本为300万元。

(2)向本公司行政管理人员发放自产产品作为福利,该批产品的实际成本为16万元,市场售价为20万元。

(3)向海华公司转让一项软件的使用权,一次性收取使用费40万元并存入银行,且不再提供后续服务。

(4)销售一批原材料,增值税专用发票注明售价160万元,款项收到并存入银行。该批材料的实际成本为118万元。

(5)将以前会计期间确认的与资产相关的政府补助在本月分配计入当月收益600万元。

(6)确认本月设备安装劳务收入。该设备安装劳务合同总收入为200万元,预计合同总成本为140万元,合同价款在前期签订合同时已收取。采用完工百分比法确认劳务收入。截至本月末,该劳务的累计完工进度为60%,前期已累计确认劳务收入100万元、劳务成本70万元。

(7)以银行存款支付管理费用40万元,财务费用20万元,营业外支出10万元。

要求:

(1)逐笔编制海明公司上述交易或事项的会计分录。

(2)计算海明公司4月的营业收入、营业成本、营业利润、利润总额。

2. 大华公司的原材料按实际成本核算,2013年8月份公司发生了如下材料物资采购业务。

(1)公司购入A材料7 000kg,单价16元,增值税进项税额19 040元,款项未付。

(2)用银行存款3 500元支付上述A材料外地运杂费。

(3)公司构入B材料240吨,单价840元,增值税进项税额34 272元,款项均通过银行付清。

(4)公司购进A材料3 600kg,含税单价18.72元,C材料3 000kg,含税单价11.70元,增值税税率17%,款项均已通过银行付清,另外供应单位代垫运费6 600元(按重量分配)。

(5)用银行存款10 000元预付订购材料款。

(6)以前已预付款的D材料本月到货,价款144 000元,增值税进行税额为24 480元。

(7) 本月购入的 A、B、C、D 材料均已验收入库,结转其实际成本。

要求:根据上述资料逐笔编制本月业务的会计分录。

七、知识运用

1. 新准则中取消后进先出法的思考

新准则下,存货取消了"后进先出"法,一律使用"先进先出"法记账,这对生产周期较长的公司将产生一定影响。原用"后进先出"法,且存货较多、周转率较低的公司,如家电、金属加工类等上市公司,若存货价格下跌,在次年年报存货核算法改变后,其利润可能出现大幅下降。

新准则借鉴了国际会计准则的做法,规定企业应当采用先进先出法、加权平均法或者个别计价法确定发出存货的实际成本。相对旧准则,新准则取消了后进先出法。因为在后进先出法下,成本流与实物流在大多数情况下不一致。同时还强调对于性质和用途相似的存货,应当采用相同的成本计算方法确定发出存货的成本。

存货计价方法的改变可能使得企业在新准则实施前后的存货和利润出现波动。新会计准则下,发出存货计价办法变革,可能对采用后进先出法的公司、生产周期较长的公司在短期内将产生一定影响。尤其是对于原先采用后进先出法、存货较多、周转率较低的公司,这会造成毛利率和利润的不正常波动。例如,采用后进先出法的电器设备、电子行业的公司,在电子元器件价格不断下跌的行情中,一旦变革为先进先出法,记账时要以先期的较高价格为准,从而会导致主营业务成本大幅上升,毛利率快速下,当期利润下降;相反,对于那些商品成本价格不断上升的企业,如燃油行业,变成先进先出法的当期,成本将下降,同时企业的毛利率快速上升,当期的利润增大。

该准则实施以后会计信息的可比性提高。新准则指出,企业应当采用先进先出法、加权平均法或者个别计价法确定发出存货的实际成本,对于性质和用途相似的存货,应当采用相同的成本计算方法确定发出存货的成本,以及企业应当采用一次转销法或者五五摊销法对低值易耗品和包装物进行摊销。这两个规定的实施,都从一定程度上减少了企业管理当局对会计政策的选择权,使得那些想通过采用不同的会计政策来粉饰会计报表的行为得到了一定程度的遏制。这使得不同企业的会计信息口径一致,更具有横向可比性。

企业应合理选择并配套设立存货账簿。新准则取消后进先出法后,对于原来一直采用后进先出法的企业来说,应该合理选择存货计价的会计计价政策,并健全详细的存货记录,以便使用新的存货计价方法。如果企业选择先进先出法,可能会因存货时间过长而不便于进行会计处理,在这种情况下不妨将过去所有存货平均计算其单位成本,并将其视为实施新准则开始期间购进存货的单位成本。

阅读上述材料,试分析某上市公司在 2007 年前后存货计价方法的改变及因而受到的影响。

(资料来源:乔子坤,毛月焕. 有货和非货币性资产交换会计准则的执行要点[J]. 财会学习,2006[4]:40~42.)

2. 房地产企业存货结构性上升暗含隐忧

截至2013年3月6日,176家境内外上市房企大都发布了业绩预告或快报。其中,万科、SOHO中国、首创、渝开发、上海新梅置业、苏州高新等企业还公布了2012年年度财报。

分析176家上市房企和兰德咨询"22036企业数据库"中44家非上市公司的存货情况,我们得出的结论是:2012年行业企业的存货量继续上升,但结构性、差异化特征愈发明显,而去化速度也略有加快。

我们知道,房地产开发企业的存货包括未开工、在建开发工程、库存现房、在销项目、未开盘销售的项目以及尚未结算的项目等。与存货直接相关的指标主要有两个,一是存货量,有面积和货值两个表述方式;另一个是存货周转率。其中,存货周转率是指一定时期主营业务成本与平均存货余额的比例,是反映企业资金效率和经营业绩的重要指标之一。

先看看几家典型企业的存货量指标情况。

截至2012年年末,万科的存货共计2 551.6亿元,同比2011年的2 083.4亿元的存货上升了22.48%;占总资产的比重是67.36%,下降了2.97个百分点。各类存货中,已完工开发产品(现房)159.9亿元,占比6.27%;在建开发产品1 622.2亿元(其中包含已售出未结算产品),占比63.57%;拟开发产品(对应规划中项目)767.3亿元,占比30.07%。

佳兆业去年共实现合约销售额173亿元,同比增长13%,完成全年销售目标165亿元的105%。在超额完成销售目标之后,佳兆业宣布2013年销售目标提高超过30%,达到220亿元。值得注意的是,截至2012年年末,佳兆业土地储备约2 390万平方米;预计2013年可售建筑面积达470万平方米,总体可售货值约400亿元,同比均有大幅度增长。

另外,首创置业的存货是239亿元,同比增长了6%;苏州高新的存货是12亿元,增长了9%;新梅置业的存货则下降了86%。

44家非上市公司中,我们获取了5个企业的存货数据。总体来看,它们都有不同程度的增加。其中,山西太原和四川都江堰市的两家企业存货都增长了20%以上。

事实上,鉴于存货包括"尚未结算的项目",即销售未结算资源,而许多企业的财报中又不像万科那样披露存货子项指标和数据,因此若要弄清楚各项存货及占比情况是很难的。业内人员在讨论房地产存货情况时,往往仅指库存现房、在销项目、未开盘销售的项目,即待售资源,或狭义的存货定义。例如万科,如果减掉1 436.5亿元的已售未结算资源,则狭义存货值是1 115.1亿元。

国家统计局于2010年8月首次公布待售面积数据。截至2010年6月末,全国房地产开发企业商品房待售面积的基数为19 182万平方米,其中,商品住宅待售面积为10 646万平方米。国家统计局发布的最新数据是,截至2012年年末,全国商品房待售面积36 460万平方米,比2011年年末增加了7 752万平方米,增长了27%。

进一步对比期末待售面积与同期商品房销售面积的比值关系发现,去年比值系数是0.33,即去化周期4个月。而2011年年末,全国商品房待售面积27 194万平方米,商品房销售面积10.99亿平方米,比值系数是0.25,去化周期3个月。

也就是说，无论是典型企业存货情况，还是全国商品房待售面积和去化周期，2012年总体均呈现增长趋势，这表明全国楼市的库存压力进一步加大。虽然上市房企的年报要到2013年4月30日才能出完，但兰德咨询推算，2012年全行业企业的平均存货周转率会有所提高，约是1.4次左右，而存货值则进一步增加，约达6万亿元左右。

当然，此处所说的存货是指2012年12月31日这一时点的数据。如果再算上今年企业陆续拿地、陆续具备销售条件的资源，存货还会进一步增加。

阅读上述材料，结合本章学习的知识，试通过某上市房地产企业的年度报告分析其存货数据及明细表等；并试着与以前年度报表的存货情况进行对比分析。

（资料来源：宋延庆，博锐管理在线 http://www.boraid.com/article/hfm1/225/225022.asp. 2013-03-20.）

本章参考文献

[1] 中国注册会计师协会.2013年度注册会计师全国统一考试教材——会计[M].北京：中国财政经济出版社，2013.

[2] 葛家澍，杜兴强.中级财务会计学（上）[M].北京：中国人民大学出版社，2007.

[3] 周晓苏.会计学[M].清华大学出版社，2007.

第 4 章 固定资产与无形资产

学习目标

通过本章的学习,你应该能够:
1. 了解固定资产的概念、特征和分类;
2. 掌握固定资产增加、固定资产减少、固定资产报废清理的账务处理;
3. 掌握固定资产的折旧方法,掌握固定资产的核算;
4. 了解无形资产的概念和特征;
5. 掌握无形资产取得、摊销及减少的会计处理。

引导案例

武钢股份延长固定资产折旧年限 预增 5.4 亿元

武钢股份 2012 年 6 月 29 日公告称,公司董事会审议通过《关于 2012 年固定资产折旧年限调整的议案》。决议在不改变公司各大类固定资产折旧年限范围的情况下,仅在折旧年限范围内对房屋建筑物及机器设备类的固定资产折旧年限延长 3 年,固定资产净残值率仍是 5%。此次调整起始日期为 2012 年 4 月 1 日。

对于调整原因,武钢股份表示,主要是近年来公司不断扩大对固定资产的投资力度,对设备生产线进行技术改造及技术革新,并定期对设备生产线进行全面检修及年修,对生产用房屋及建筑物进行修缮,提高了设备的使用性能和装备水平及使用寿命。

同时,对比同行业其他公司的固定资产折旧情况,公司的固定资产综合折旧率在同行业中偏高。因此本次会计估计变更将使公司的财务信息更为客观。

实际上,在经济降温的大背景之下,武钢股份的经营形势也十分严峻,经营压力或许才是武钢股份做出调整的真实原因。而固定资产折旧年限的变更将增加公司 2012 年度净利润不超过 5.4 亿元。

事实上,多数上市钢企早就对自身的固定资产折旧年限作出了调整。

资料显示,山东钢铁从 2011 年 12 月 1 日起就大幅度延长了房屋、建筑物等的固定资产折旧年限,此举也增加了公司 2011 年净利润 5800 万元。新钢股份 2012 年 6 月 26 日公告,公司将从 2012 年 4 月 1 日起调整固定资产年限,在钢铁行业普遍不景气,公司 2012 年一季度略亏的情况下,这一调整将明显缓解公司的盈利压力。根据 2011 年年报,新钢股份实现净利润为1.7亿,而根据此次公告,由于折旧年限调整,将增加2012年股东权益及净利润1.44亿元,调整比例达到上年净利的85%。

此外,鞍钢股份、柳钢股份、马钢股份、南钢股份等也先后作出了类似调整,增加了公司利润。

(资料来源:曾剑.武钢股份延长固定资产折旧年限 预增5.4亿元.(2012-06-29)[2013-09-03] http://finance.sina.com.cn/stock/s/20120629/014012431088.shtml.有删改。)

固定资产作为生产资料,是物质生产的基础,在企业经济活动中处于十分重要的地位。本案例中的"武钢净利润预增不超过5.4亿"说明了固定资产折旧年限对公司利润的影响。掌握好固定资产的确认、计量及其后续核算在财务会计学习中是至关重要的。

4.1 固定资产概述

4.1.1 固定资产的概念

几乎所有的企业,不管规模大小,经营活动千差万别,都毫无例外地要使用耐久性的资产,诸如厂房、建筑物、机器设备、自然资源等。这些资产与流动资产相反,具有非流动性的特征,它们使用年限较长,即使用寿命不短于一年或一个经营周期,其价值将逐渐并分次转化为现金,因而可以用来生产货品和劳务达数年甚至数十年之久。我们称这种非流动资产为长期资产。但除了具有实物形态的非流动性资产外,像专利权、商标权这样一些代表长期法定利益、而不具有实物形态的资产项目,也归属于长期资产。因此,长期资产具有多种类型,一般可分为固定资产和无形资产。固定资产(fixed assets)是指企业使用的具有实物形态,并能单独使用或交换的有形资产,包括土地、房屋及设备等资产。无形资产(intangible assets)是指不具有实物形态,而且价值难以确定,但可为企业带来未来的经济利益的长期资产。诸如专利权、商标权和土地所有权等。

企业的固定资产应具备以下三个特征。

① 企业持有固定资产的目的,是为了生产商品、提供劳务、出租或经营管理的需要,即企业持有的固定资产是企业的劳动工具或者手段,而不是直接用于出售的。其中"出租"的固定资产是指企业以经营租赁方式出租的机器设备类固定资产,不包括以经营租赁方式出租的建筑物,后者属于企业的投资性房地产,不属于固定资产。这是固定资产的最基本特征,从而使固定资产明显区别于库存商品等流动资产。

② 使用寿命超过一个会计年度。固定资产的使用年限,是指企业使用固定资产的预计期间,或者该固定资产所能生产产品或提供劳务的数量。通常情况下,固定资产的使用寿命是指使用固定资产的预计期间,比如自用房屋建筑物的使用寿命表现为企业对该建筑物的预计使用年限。对于某些机器设备或运输设备等固定资产,其使用寿命表现为该固定资产所能生产产品或提供劳务的数量,例如汽车或飞机等,按其预计行驶或飞行里程估计其使用寿命。这一特征表明企业固定资产的收益期超过一年,固定资产能在超过一

年的时间里为企业创造经济利益。

③ 固定资产是有形资产。固定资产具有实物特征,这一特征将固定资产与无形资产区别开来。有些无形资产可能同时符合固定资产的其他特征,如无形资产为生产商品、提供劳务而持有,使用寿命超过一个会计年度,但是由于其没有实物形态,所以不属于固定资产。

固定资产在生产过程中可以长期发挥作用,长期保持原有的实物形态,但其价值则随着企业生产经营活动而逐渐地转移到产品成本中去,并构成产品价值的一个组成部分。根据重要性原则,一个企业把劳动资料按照使用年限和原始价值划分为固定资产和低值易耗品。对于原始价值较大、使用年限较长的劳动资料,应按照固定资产来进行核算;而对于原始价值较小、使用年限较短的劳动资料,则应按照低值易耗品来进行核算。

从会计角度看,固定资产同时满足下列条件的,才能予以确认。

第一,与该固定资产有关的经济利益很可能流入企业。资产最重要的特征是预期会给企业带来经济收益。企业在确定固定资产时,需要判断与该项固定资产有关的经济利益是否很可能流入企业。如果与该项固定资产有关的经济利益很可能流入企业,并同时满足固定资产确认的其他条件,那么企业应将其确认为固定资产;否则不应将其确认为固定资产。

第二,该固定资产的成本能够可靠地计量。成本能够可靠地计量是资产确认的一项基本条件。企业在确定固定资产成本时必须取得确凿证据,但是,有时需要根据所获得的最新资料,对固定资产的成本进行合理的估计。比如,企业对于已达到预定可使用状态但尚未办理竣工决算的固定资产,需要根据工程预算、工程造价或者工程实际发生的成本等资料,按估计价值确认其成本,办理竣工决算后,再按照实际成本调整原来的暂估价值。

在具体应用固定资产确认条件时,还应注意以下问题:

① 有时,企业虽然不能取得固定资产的所有权,但是能够控制并且使该固定资产所包含的经济利益流入企业,也可以将其确认为企业的固定资产。融资租入固定资产就是典型的例子。

② 如果构成固定资产的各组成部分,各自具有不同的使用寿命或者以不同的方式为企业提供经济利益,从而适用不同的折旧率或者折旧方法,企业应将其各组成部分单独确认为固定资产。

③ 有时,企业取得某项固定资产而发生的支出不能确切地计量,但能够合理地估计,如已达到预定可使用状态,但尚未办理竣工决算的固定资产以暂估价值入账,也是符合固定资产的"成本能够可靠计量"这一确认要求的。

④ 与固定资产有关的后续支出,满足固定资产确认条件的,应当计入固定资产成本;不满足固定资产确认条件的,应当在发生时计入当期损益。

4.1.2 固定资产的分类

企业的固定资产种类繁多,规格不一,为加强管理,便于组织会计核算,有必要对其进行科学、合理的分类。根据不同的管理需要和不同的分类标准,可以对固定资产进行不同的分类,主要有以下4种。

1. 按固定资产的经济用途分类

按固定资产的经济用途分类可将资产分为如下两类。

① 生产经营用固定资产,是指直接服务于企业生产、经营过程的各种固定资产。如生产经营用的房屋、建筑物、机器、设备、器具、工具等。

② 非生产经营用固定资产,是指不直接服务于生产、经营过程的各种固定资产。如职工宿舍、食堂、浴室、理发室等使用的房屋、设备和其他固定资产等。

按照固定资产的经济用途分类,可以归类反映和监督企业生产经营用固定资产和非生产经营用固定资产之间以及生产经营用各类固定资产之间的组成和变化情况,借以考核和分析企业固定资产的利用情况,促使企业合理地配备固定资产,充分发挥其作用。现行制度规定,企业的固定资产应按生产经营性和非生产经营性固定资产分别核算。

2. 按固定资产的所有权分类

按固定资产的所有权分类可将其分为如下两类。

① 自有固定资产,是指企业具有所有权的固定资产,包括自用固定资产和租出固定资产。租出固定资产是指企业在经营租赁方式下出租给其他单位使用的固定资产。

② 租入固定资产,是指企业不具有所有权,而是根据租赁合同向其他单位租入的固定资产。这其中又根据租赁方式的不同,分为经营租入的固定资产和融资租入的固定资产。前者租赁期较短,期满后须归还,因而会计上一般不作为本企业的固定资产处理;而后者租赁期较长,并且在期满后支付一笔名义购买价,通常情况下即可取得该项固定资产的所有权,按照实质重于形式原则,在会计核算上将其视为企业自有的固定资产进行会计处理。

固定资产按所有权分类,有利于考核和监督企业在用固定资产的产权结构,促使企业挖掘自有固定资产的潜力,节约租金支出,同时也便于企业采用不同的管理方法,对固定资产进行管理。

3. 按固定资产使用情况分类

按固定资产使用情况分类可将资产分为以下三类。

① 使用中固定资产,是指正在使用的生产经营性和非生产经营性固定资产。由于季节性经营或大修理等原因,暂时停止使用的固定资产仍属于企业使用中固定资产,企业出租给其他单位使用的固定资产和内部替换使用的固定资产,也属于使用中固定资产。

② 未使用固定资产,是指已完工或已购建的尚未交付使用的新增固定资产以及因进行改建、扩建等原因暂停使用的固定资产。如企业购建的尚待安装的固定资产、因经营任务变更而停止使用的固定资产等。

③ 不需用固定资产,是指本企业多余或不适用,需要调配处理的各种固定资产。

按照固定资产的使用情况分类,有利于反映企业固定资产的使用情况及其比例关系,便于分析固定资产的利用效率,挖掘固定资产的使用潜力,促使企业合理地使用固定资产,也便于企业合理地计提固定资产的折旧。

4. 按固定资产的经济用途和使用情况综合分类

现行制度对固定资产是按其经济用途和使用情况进行综合分类的。采用这一分类方法,可把企业的固定资产分为以下七大类。

① 生产经营用固定资产。

② 非生产经营用固定资产。

③ 租出固定资产,指在经营性租赁方式下出租给外单位使用的固定资产。

④ 不需用固定资产。

⑤ 未使用固定资产。

⑥ 土地,指过去已经估价单独入账的土地;因征地而支付的补偿费,应计入与土地有关的房屋、建筑物的价值,而不作为土地的价值单独入账;企业取得的土地使用权不能作为固定资产进行管理。

⑦ 融资租入固定资产,指企业以融资租赁方式租入的固定资产,在租赁期内,应视同自有固定资产进行管理。

由于企业的经营性质不同,经营规模各异,对固定资产的分类不可能完全一致,因此企业可以根据各自的具体情况和经营管理、会计核算的需要进行必要的分类。

4.2 固定资产的增减核算

4.2.1 固定资产的增加

企业固定资产的增加包括:企业自行购入、自行建造、投资转入、租入、接受捐赠等不同形式,其具体会计核算如下所述。

1. 自行购入的固定资产

企业在购入固定资产的时候根据固定资产是否需要安装可以分两种情况进行处理。

1) 不需要安装的固定资产购入

不需要安装的固定资产的账务处理:企业购入不需要安装的固定资产,直接以购入固定资产实际支付的价款作为计价的依据,借记"固定资产"科目,贷记"银行存款"等科目。

2) 需要安装的固定资产购入

购入需要安装的固定资产时,由于需要发生固定资产的安装成本,因此,为了便于归集安装过程中发生的安装成本,企业应该设置"在建工程"科目,并通过该科目核算安装过程中发生的各种安装成本;待固定资产安装完毕后,再将固定资产的买价、支付的运杂费等费用连同固定资产安装成本,一次由"在建工程"科目转入"固定资产"科目。

2. 自行建造的固定资产

企业生产经营所需的固定资产,除了外购等方式取得外,还经常根据生产经营的特殊需要利用自有的人力、物力条件自行建造,此类称之为自制、自建固定资产。自制固定资产是指企业自己制造生产经营所需的机器设备等,如自制特殊需要的车床等;自建固定资产是指企业自行建造房屋、建筑物、各种设施以及进行大型机器设备的安装工程(如大型生产线的安装工程)等,也称为在建工程,包括固定资产新建工程、改扩建工程和大修理工程等。

自行建造固定资产的成本,由建造该项资产达到预定可使用状态前所发生的必要支出构成。自行建造固定资产完工时,借记"固定资产"科目,贷记"在建工程"科目。已达到预定可使用状态但尚未办理竣工决算手续的固定资产,可先按估计价值记账,待确定实际价值后再进行调整。

自行建造固定资产入账价值的确定:

企业自行建造固定资产应按建造过程中发生的全部支出(包括所消耗的材料、人工、其他费用和缴纳的有关税金等)确定其价值。

企业在建工程(即自建固定资产)应按下列方法计价。

① 工程用材料:比照存货的有关外购材料的计价方法计价,但外购的工程用物资,其增值税进项税额应计入所购工程物资的成本。

② 待安装设备:比照固定资产的计价方法计价。

③ 预付工程款:按照实际预付的工程款计价。

④ 工程管理费用:按照实际发生的各项管理费用计价。

⑤ 自营工程:按照直接材料、直接工资、直接机械施工费以及所分摊的工程管理费等计价。

⑥ 出包工程:按照应当支付的工程价款计价。

⑦ 设备安装工程:按照所安装设备的原价、工程安装费用、工程试运转支出以及所分摊的工程管理费等计价。

【例 4-1】 某钢厂自行建造一铸造车间,有关的经济业务和如下:购入建造厂房和安装设备用料 170 000 元,款项已用银行存款支付。其会计分录为:

借:在建工程——工程物资　　　　　　　　　170 000
　　贷:银行存款　　　　　　　　　　　　　　　　170 000

为该工程自制的一套设备已完工,验收入库后准备安装。其全部自制成本为 230 000 元,其会计分录如下:

借:在建工程——工程物资　　　　　　　　　230 000
　　贷:生产成本　　　　　　　　　　　　　　　　230 000

购入一台辅助设备,价款为 75 000 元,外加运费 4 000 元、保险费 1 000 元,款项已用银行存款支付,其会计分录如下:

借:在建工程——工程物资　　　　　　　　　80 000
　　贷:银行存款　　　　　　　　　　　　　　　　80 000

将自制和购进的设备交付安装。原来这两个设备还只算工程物资,安装后就已成为工程的一部分了。其会计分录如下:

借:在建工程——铸造车间工程　　　　　　　310 000

贷：在建工程——工程物资　　　　　310 000（230 000＋80 000）
　　工程领用材料费 120 000 元，其会计分录如下：
　　　借：在建工程——铸造车间工程　　　　　120 000
　　　　贷：在建工程——工程物资　　　　　　　　　120 000
　　该工程应负担的工资费用为 77 000 元，其会计分录如下：
　　　借：在建工程——铸造车间工程　　　　　77 000
　　　　贷：应付职工薪酬　　　　　　　　　　　　77 000
　　用银行存款支付在建工程的其他各种费用，共计 4 980 元，其会计分录如下：
　　　借：在建工程——铸造车间工程　　　　　4 980
　　　　贷：银行存款　　　　　　　　　　　　　　4 980
　　该项工程共耗资 511 980 元，施工完毕并且按期交付使用，结转其已完工成本。假设厂房的成本为 180 000 元，设备的成本为 331 980 元，而工程共耗资（310 000＋120 000＋77 000＋4 980＝）511 980 元，我们可以看出有一部分材料未用完，会计分录如下：
　　　借：固定资产——厂房　　　　　　　　　180 000
　　　　　　　　——设备　　　　　　　　　　331 980
　　　　贷：在建工程—铸造车间工程　　　　　　　511 980
　　自行建造完成的固定资产的核算，也要先通过"在建工程"账户归集全部建造成本，完工交付使用后再转入"固定资产"账户。企业自行建造固定资产可采用自营方式或出包方式进行。

　　【例 4-2】 某企业自行建造仓库一幢，出包给某建筑公司承建，按规定先预付工程造价 80 000 元，待工程竣工交付使用时，再补交工程余款 140 000 元。
　　预付工程款 80 000 元。会计分录如下：
　　　借：在建工程——出包工程　　　　　　　80 000
　　　　贷：银行存款　　　　　　　　　　　　　　80 000
　　工程完工，根据承包单位结算账单，再补付工程余款 140 000 元。会计分录如下：
　　　借：在建工程——出包工程　　　　　　　140 000
　　　　贷：银行存款　　　　　　　　　　　　　　140 000
　　工程竣工交付使用，按实际发生的全部工程支出转账。会计分录如下：
　　　借：固定资产——经营用固定资产　　　　220 000
　　　　贷：在建工程——出包工程　　　　　　　　220 000
　　企业应当定期或至少于每年年度终了时，对在建工程进行全面检查，如有证据表明在建工程已经发生了减值，应当计提减值准备，并通过"资产减值损失"和"在建工程减值准备"账户进行核算。

3. 投资者投入的固定资产

　　投资者投入的固定资产成本，应当按照投资合同或协议约定的价值确定，但合同或协议约定价值不公允的除外。在投资合同或协议约定价值不公允的情况下，应将该固定资产的公允价值作为入账价值。

4. 租入的固定资产

企业以融资租赁方式租入固定资产,应在"固定资产"科目下开设"融资租入固定资产"明细科目进行核算。

租入不需要安装的固定资产时,按租赁固定资产的价款,加上运输费、途中保险费、安装调试费等作为租入固定资产的原值,借记"固定资产——融资租入固定资产"科目,贷记"长期应付款"等科目。分期支付融资租赁费时,借记"长期应付款"科目,贷记"银行存款"科目;租赁期满时,如果合同规定将固定资产所有权转归承租方,应将该固定资产从"融资租入固定资产"明细科目转入自有固定资产的有关明细科目;此外,在租赁期内,融资租入的固定资产应视同自有固定资产进行管理,计提折旧、进行固定资产修理等。

【例4-3】 甲公司以融资租赁方式从某租赁公司租入需要安装的生产用设备一台,租赁合同约定,应付租赁款及设备价款为500 000元,以银行存款支付设备运杂费2 000元,支付安装调试费4 000元。

本例中甲公司以融资租赁方式租入的生产用设备需要安装调试,应通过"在建工程"科目进行核算,安装完毕转入固定资产时,应在"固定资产"科目下设置"融资租入固定资产"明细科目,以便与其他的自有固定资产区别开来;该项融资租入固定资产的入账价值为506 000元(即:500 000+2 000+4 000=506 000元)。具体账务处理如下:

① 设备运达企业时:

借:在建工程——安装工程(租赁固定资产工程)　　500 000
　　贷:长期应付款——应付融资租赁款　　　　　　　　500 000

② 支付设备运杂费和安装调试费时:

借:在建工程——安装工程(租赁固定资产工程)　　　6 000
　　贷:银行存款　　　　　　　　　　　　　　　　　　6 000

③ 设备安装完毕交付使用时:

借:固定资产——融资租入固定资产(设备)　　　　506 000
　　贷:在建工程——安装工程(租赁固定资产工程)　　506 000

5. 接受捐赠的固定资产

接受捐赠的固定资产的会计处理如下所述。

① 接受时:按新会计准则(有企业直接按税法规定)确定的价值,借记"固定资产"、"无形资产""原材料"等科目,贷记"营业外收入——捐赠利得"科目。

② 企业应缴所得税:如果捐赠收入金额不大,所得税费用负担不重,直接借记"所得税费用"科目,贷记"应交税费——应交所得税"科目。如果捐赠收入金额较大,所得税费用负担较重,则应按照捐赠资产计算的所得税费用借记"所得税费用"科目,按照计算的递延所得税负债贷记"递延所得税负债"科目,按当期应缴所得税贷记"应交税费——应交所得税"科目。

【例4-4】 某公司接受捐赠一辆汽车,捐赠者提供的有关价值凭证上标明汽车价格为150 000元,办理产权过户手续时支付相关税费3 800元,则该公司应进行如下账务处理。

  借：固定资产   153 800
   贷：营业外收入——捐赠利得   150 000
    银行存款   3 800

【例4-5】 甲公司于2013年11月取得其他企业捐赠的大型机器设备一台，凭据上注明该项设备账面原值为300 000元，估计折旧100 000元，运费2 000元。其会计分录为：

  借：固定资产   202 000
   贷：营业外收入——捐赠利得   200 000
    银行存款   2 000

6. 固定资产的盘盈

盘盈的固定资产，作为前期差错处理，在按管理权限报经批准处理前，应通过"以前年度损益调整"科目核算。

4.2.2 固定资产的减少

固定资产减少的核算，除了要反映固定资产原值和累计已提折旧的减少情况外，还要反映固定资产在减少过程中所发生的支出和取得的收入等情况。为了总括地核算和监督固定资产的减少情况，单位应设置"固定资产清理"科目。它属于资金占用类科目，用来核算建设单位因报废、毁损等原因转入清理的固定资产的净值及其在清理过程中所发生的清理费用和清理收入。借方登记有偿或无偿调出固定资产和毁损、报废固定资产的净值以及发生的清理费用；贷方登记收回有偿调出固定资产的价款和清理过程中取得的残料价值或变价收入，以及应向保险公司或过失人收回的赔款等；期末借方余额反映固定资产清理后的净损失，如为贷方余额则反映固定资产清理后的净收益。固定资产清理工作结束后，应将净损失或净收益转入"营业外收入或支出"等科目，结转后，本科目应无余额。本科目应按被清理的固定资产设置明细账，进行明细分类核算。单位因盘亏等原因而引起固定资产的减少，不通过本科目核算。

1. 出售的固定资产

企业对不需用或多余的固定资产，可以有偿转让或出售给其他单位。固定资产出售时，应转销固定资产原值和已提累计折旧数，并将其净值转入"固定资产清理"账户，如出售的固定资产价款大于固定资产净值，其差额作营业外收入处理；反之，则作为营业外支出处理。

【例4-6】 某企业出售旧汽车一辆，账面原值为180 000元，已提折旧80 000元，现以120 000元作价出售，价款收到存入银行。会计分录分别如下所述。

① 将旧汽车转入清理时：

  借：固定资产清理——汽车   100 000
   累计折旧   80 000

贷：固定资产——汽车　　　　　　　　　　　　　　180 000
② 收到价款，存入银行时：
借：银行存款　　　　　　　　　　　　　　　　　　　120 000
　　　贷：固定资产清理——汽车　　　　　　　　　　　　120 000
③ 将"固定资产清理"账户贷方余额转作处理固定资产收益时：
借：固定资产清理　　　　　　　　　　　　　　　　　 20 000
　　　贷：营业外收入——处理固定资产净收益　　　　　　20 000

2. 投资转出的固定资产

　　投资转出的固定资产，按转出固定资产的账面价值加上应支付的相关税费，借记"长期股权投资"科目，按投出固定资产已提折旧，借记"累计折旧"科目，按该项固定资产已计提的减值准备，借记"固定资产减值准备"科目，按投出固定资产的账面原价，贷记"固定资产"科目，按应支付的相关税费，贷记"银行存款""应交税费"等科目。

　　【例 4-7】某公司将一台账面原值为 7 000 元、已提折旧 10 000 元的设备对外投资，该项固定资产已提取减值准备 5 000 元。有关会计处理为：

借：长期股权投资　　　　　　　　　　　　　　　　　 55 000
　　累计折旧　　　　　　　　　　　　　　　　　　　 10 000
　　固定资产减值准备　　　　　　　　　　　　　　　　5 000
　　　贷：固定资产　　　　　　　　　　　　　　　　　70 000

3. 捐赠转出的固定资产

　　捐赠转出的固定资产，应按固定资产净值，借记"固定资产清理"科目，按该项固定资产已提的折旧，借记"累计折旧"科目，按固定资产的账面原价，贷记"固定资产"科目；按该项固定资产已计提的减值准备，借记"固定资产减值准备"科目，贷记"固定资产"科目；按捐赠转出的固定资产应交的相关税费，借记"固定资产清理"科目，贷记"银行存款"等科目；按"固定资产清理"科目的余额，借记"营业外支出——捐赠支出"科目，贷记"固定资产清理"科目。

　　【例 4-8】某公司将一台账面原始价值为 45 000 元、已提折旧为 15 000 元的设备捐赠给本企业的某一协作单位，捐出时用现金支付运杂费 200 元，该设备已提减值准备 500 元。有关账务处理为如下所述。

① 注销捐赠资产价值时：
借：固定资产清理　　　　　　　　　　　　　　　　　 29 500
　　累计折旧　　　　　　　　　　　　　　　　　　　 15 000
　　固定资产减值准备　　　　　　　　　　　　　　　　　500
　　　贷：固定资产　　　　　　　　　　　　　　　　　45 000
② 发生清理费用时：
借：固定资产清理　　　　　　　　　　　　　　　　　　　200
　　　贷：库存现金　　　　　　　　　　　　　　　　　　　200

③ 结转清理支出时：

借：营业外支出——捐赠支出　　　　　　　　　　　　29 700
　　贷：固定资产清理　　　　　　　　　　　　　　　　　　29 700

4. 无偿调出固定资产

企业按照有关规定并报经有关部门批准无偿调出固定资产时，调出固定资产的账面价值以及清理固定资产所发生的费用，仍然通过"固定资产清理"科目核算，清理所发生的净损失冲减资本公积。企业应按调出固定资产的账面价值，借记"固定资产清理"科目，按已提折旧，借记"累计折旧"科目，按该项固定资产已计提的减值准备，借记"固定资产减值准备"科目，按固定资产原价，贷记"固定资产"科目；发生的清理费用，借记"固定资产清理"科目，贷记"银行存款""应付职工薪酬"等科目；调出固定资产发生的净损失，借记"资本公积——无偿调出固定资产"科目，贷记"固定资产清理"科目。

5. 盘亏的固定资产

盘亏的固定资产，按其账面价值，借记"待处理财产损溢"科目，按已提折旧，借记"累计折旧"科目，按该项固定资产已计提的减值准备，借记"固定资产减值准备"科目，按固定资产原价，贷记"固定资产"科目。

【例 4-9】　某企业在财产清查中发现短少一台设备，其账面原值为 60 000 元，已计提折旧 8 000 元，已提减值准备 2 000 元，有关会计处理为：

借：待处理财产损溢——待处理固定资产损溢　　　50 000
　　累计折旧　　　　　　　　　　　　　　　　　　　 8 000
　　固定资产减值准备　　　　　　　　　　　　　　　 2 000
　　贷：固定资产　　　　　　　　　　　　　　　　　　60 000

批准后，会计分录为：

借：营业外支出——固定资产盘亏　　　　　　　　　50 000
　　贷：待处理财产损溢——待处理固定资产损溢　　　50 000

4.2.3　固定资产的报废清理

固定资产在使用过程中，由于不断发生损耗而丧失功能，应按规定程序报废，经批准后进行清理。

固定资产报废时，除转销其原值及已提折旧外，还应将其残值转入"固定资产清理"账户的借方；在清理过程中所发生的残料价值和变价收入，以及固定资产毁损须由保险公司或过失人赔偿的损失，也应分别转入"固定资产清理"账户的贷方。清理以后的净收入，应按不同情况进行处理。属于正常处理损失的，以"营业外支出——处理固定资产净损失"处理，属于自然灾害等非正常原因造成的毁损，以"营业外支出——非常损失"处理。其会计核算一般可以分为以下几个步骤：

1. 固定资产转入清理

单位报废、毁损的固定资产转入清理时,应按固定资产原价减去累计折旧后的差额,借记"固定资产清理"科目,按已提折旧,借记"累计折旧"科目,按固定资产原价,贷记"固定资产"科目。

2. 清理费用的处理

固定资产在清理过程中所发生的清理费用(如应付清理人员的工资等),应按实际发生数,借记"固定资产清理"科目,贷记"银行存款""库存材料"等科目。

3. 收回的固定资产价款、残料价值或变价收入的处理

单位收回报废和毁损固定资产的残料价值或变价收入等,应冲减清理支出,借记"银行存款""库存材料"等科目,贷记"固定资产清理"科目。

4. 保险赔偿的处理

对于报废和毁损的固定资产,单位计算或收到的应由保险公司或过失人赔偿的款项时,应冲减清理支出,借记"其他应收款""银行存款"等科目,贷记"固定资产清理"科目。

5. 清理净损益的处理

报废、毁损固定资产清理后的净损失或净收益,应借记"营业外收入或支出"科目,贷记"固定资产清理"科目。

【例 4-10】 某企业有铸造设备一台,原价为 120 000 元,预计使用年限为 10 年,估计残值 10%,已提折旧 108 000 元。现使用期已满,进行报废处理。在清理过程中发生清理费用 500 元,以银行存款付清,残料入库,作价 1 400 元。其会计分录如下所述。

① 转销报废的固定资产账面价值及累计折旧数时:

借:固定资产清理	12 000
累计折旧——机器设备	108 000
贷:固定资产——机器设备	120 000

② 残料作价入库时,会计分录为:

借:原材料	1 400
贷:固定资产清理	1 400

③ 以银行存款支付清理费用时,会计分录为:

借:固定资产清理	500
贷:银行付款	500

④ "固定资产清理"账户的借方余额为(12 000＋500－1 400＝)11 100 元。清理完毕,结转清理损失时,会计分录为:

借:营业外支出——处理固定资产净损失	11 100
贷:固定资产清理	11 100

4.3 固定资产折旧

固定资产除土地外,都有使用年限,企业应估计其使用年限,将固定资产的实际成本按期分摊到产品成本或当期的费用中去。折旧是指在固定资产的预计使用年限中,按照可遵循的方法对固定资产原值扣除其预计残值后的余额进行的系统摊销。固定资产随着使用年限的增加或因其他因素的影响,其提供效用和获取收益的能力逐渐减退,以至最终要报废并退出生产经营过程。因此,其成本价值应该在其提供服务的各个会计期间分摊,从产品销售收入中收回,用以更新固定资产。

从本质上讲,折旧也是一种费用,只不过这一费用没有在计提期间付出实实在在的货币资金,但这种费用是已经发生的长期支出,而这种支出的收益在资产投入使用后的有效使用期内体现,无论是从权责发生制的原则,还是从收入与费用配比的原则讲,计提折旧都是必需的。

影响固定资产折旧的因素主要有以下几个方面。

第一,固定资产原价。固定资产原价是指企业计提固定资产折旧时的基础,即固定资产取得时的入账价值。在固定资产使用寿命一定的情况下,固定资产的原始价值越高,则单位时间内或单位工作量的折旧额就越高;反之,固定资产在单位时间内或单位工作量内的折旧额就越低。

第二,固定资产的预计净残值。预计净残值是指假定固定资产预计使用寿命已满并处于使用寿命终了时的预期状态,企业预计从该项资产处置中获得的收入扣除预计处置费用后的金额。因此,在计算折旧时,应从固定资产原价中扣除。残值收入与清理费用往往是根据经验估计加以确定的。

第三,固定资产减值准备。减值准备是指固定资产已计提的固定资产减值准备累计金额。固定资产计提减值准备后,应当在剩余使用寿命内根据调整后的固定资产账面价值(固定资产账面余额扣减累计折旧和累计减值准备后的金额)和预计净残值重新计算确定折旧率和折旧额。

第四,固定资产的使用寿命。使用寿命是指企业使用固定资产的预计期间,或者该固定资产所能生产产品或提供劳务的数量。企业确定固定资产使用寿命时,应当考虑下列四个因素。

① 该项资产预计生产能力或实物质量。

② 该项资产预计有形损耗,指固定资产在使用过程中,由于正常使用和自然力的作用而引起的使用价值和价值的损失,如设备使用中发生磨损、房屋建筑物受到自然侵蚀等。

③ 该项资产预计无形损耗,指由于科学技术的进步和劳动生产率的提高而带来的固定资产价值上的损失,如因新技术的出现而使现有的资产技术水平相对陈旧、市场需求变化使其所生产的产品过期等。

④ 法律或者类似规定对该资产使用的限制。某些固定资产的使用寿命可能会受法律或类似规定的约束。如对于融资租赁的固定资产。根据《企业会计准则第21号——租

赁》的规定,能够合理确定租赁期届满时将会取得租赁资产所有权的,应当在租赁资产使用寿命内计提折旧;如果无法合理确定租赁期届满时能够取得租赁资产所有权的,应当在租赁期与租赁资产使用寿命两者中较短的期间内计提折旧。

企业应当对所有的固定资产计提折旧,但是,已提足折旧仍继续使用的固定资产和单独计价入账的土地除外。在确定计提折旧的范围时还应注意以下几点。

① 固定资产应当按月计提折旧,并根据用途计入相关资产的成本或者当期损益。固定资产应自达到预定可使用状态时开始计提折旧,终止确认时或划分为持有待售非流动资产时停止计提折旧。为了简化核算,当月增加的固定资产,当月不计提折旧,从下月起计提折旧;当月减少的固定资产,当月仍计提折旧,从下月起不计提折旧。

② 固定资产提足折旧后,不论能否继续使用,均不再计提折旧,提前报废的固定资产也不再补提折旧。所谓提足折旧是指已经提足该项固定资产的应计折旧额。

③ 已达到预定可使用状态但尚未办理竣工决算的固定资产,应当按照估计价值确定其成本,并计提折旧;待办理竣工决算后再按实际成本调整原来的暂估价值,但不需要调整原已计提的折旧额。

不同企业因生产或行业性质的不同,对固定资产的使用方式也不同,由此导致固定资产的损耗方式也有所不同。为了更好地实现收入与费用的配比,企业需要根据与固定资产有关的经济利益的预期实现方式,合理选择固定资产的折旧方法。如果固定资产在各期给企业带来的经济利益分布比较均衡,那么各期的折旧费用也应该比较均衡;如果固定资产在各期给企业带来的经济利益分布不均衡,则各期折旧费用也不均衡。

4.3.1 年限平均法折旧

年限平均法,又称平均年限法,它假定折旧是由于时间的推移而不是使用的关系,认为服务潜力降低的决定因素是随时间推移所造成的陈旧和破坏,而不是使用所造成的有形磨损。因而假定资产的服务潜力在各个会计期间所使用的服务总成本是相同的,而不管其实际使用程度如何。有关计算公式为

$$月折旧额 = 固定资产原始价值 \times 月折旧率$$

月折旧率则计算如下:

$$年折旧率 = (1 - 预计净残值率) \div 预计使用年限 \times 100\%$$
$$月折旧率 = 年折旧率 / 12$$

折旧率按计算对象的不同,可分为个别折旧率、分类折旧率和综合折旧率三种。个别折旧率是按单项固定资产计算的折旧率,分类折旧率是按各类固定资产分别计算的折旧率,综合折旧率则是按全部固定资产计算的折旧率。按个别折旧率计算折旧,工作量过于烦琐;按综合折旧率计算折旧,会影响折旧费的合理分摊;采用分类折旧率,既可以适当简化核算工作,又可以较为合理的地分配折旧费。

由于年限平均法模式简单,只有在以下各项条件都满足时才是正确的:① 利息因素可以略而不计,或投资成本假定为零;② 修理和维修费用在整个资产使用年限内是固定不变的;③ 最后一年资产的效率与最初一年是相同的;④ 使用资产所取得的收入(或现金流量)在整个使用年限内是固定不变的;⑤ 各种必要的估计(包括预期使用年限)都是

可予以相当确定的预计的。

由于以上各项因素的不确定性,要使任何折旧方法对所有各种因素都考虑到是有困难的。如果有些因素可以适当抵消,通常都认为年限平均法最为适宜。例如:操作效率的降低及修理和维修费用的增加,恰好为收入的增加及保险费和财产税的减少所抵消。此外,年限平均法通俗易懂,核算简便,同时由于根据这种方法计算出来的固定资产有效使用期内各年度或月份提取的折旧额相等,因此企业产品成本稳定并具有较强的可比性。

【例 4-11】 甲企业有厂房三幢,原始价值为 100 000 元,预计使用年限为 10 年,预计净残值率为 4%。有关计算如下:

$$年折旧率 = (1-4\%) \div 10 \times 100\% = 9.6\%$$
$$年折旧额 = 100 \times 9.6\% = 9.6(万元)$$
$$月折旧率 = 9.6\% \div 12 = 0.8\%$$
$$月折旧额 = 100 \times 0.8\% = 0.8(万元)$$

【例 4-12】 某公司 2012 年 12 月 31 日购入一台管理用设备,其原始价值为 168 000 元,原估计使用年限为 8 年,预计净残值为 8 000 元,按直线法计提折旧。由于技术原因以及更新办公设施的原因,已不能继续按预定使用年限计提折旧,因此公司于 2017 年 1 月 1 日将该设备的折旧年限改为 6 年,预计净残值为 4 000 元。那么 2017 年开始后重新计算的每月折旧额是多少?

至 2017 年 1 月 1 日:

$$已提折旧额 = (168\,000 - 8\,000) \div 8 \times 4 = 80\,000(元)$$

从 2017 年开始:

$$每月折旧额 = (168\,000 - 80\,000 - 4\,000) \div (2 \times 12) = 3\,500(元)$$

年限平均法折旧操作简便,适用于大多数固定资产,因而应用范围最广泛。另外,由于按固定资产的服务时间计提折旧,因此平均年限法有可能充分反映无形损耗的影响。但是,这种方法忽略了折现因素。按直线法计算的净利,会给人们以投入资本总额的收入率在不断提高的假象。

4.3.2 工作量法折旧

工作量法又称作业量法,是根据固定资产在使用期间完成的总工作量平均计算折旧的一种方法。工作量法和年限平均法都是平均计算折旧的方法,都属于直线法。工作量法的基本计算公式为:

单位工作量折旧额 = 固定资产原值 × (1-净残值率) ÷ 预计总工作量

某项固定资产月折旧额 = 该项固定资产当月实际工作量 × 单位工作量折旧额

【例 4-13】 某企业的一台机器设备的原值为 80 000 元,预计可使用时间为 20 000 小时,预计报废时的净残值率为 5%,本月共使用 200 小时。那么该机器设备本月折旧额是多少?

$$单位小时折旧额 = 80\,000 \times (1-5\%) \div 20\,000 = 3.8(元/小时)$$
$$本月计提折旧额 = 200 \times 3.8 = 760(元)$$

4.3.3 加速折旧

国家税务总局发布的《关于下放管理的固定资产加速折旧审批项目后续管理工作的通知》中明确规定下述企业或固定资产允许实行加速折旧：

① 对在国民经济中具有重要地位、技术进步快的电子生产企业、船舶工业企业、生产"母机"的机械企业、飞机制造企业、化工生产企业、医药生产企业的机器设备；

② 对促进科技进步、环境保护和国家鼓励投资项目的关键设备，以及常年处于震动、超强度使用或受酸、碱等强烈腐蚀的机器设备；

③ 证券公司电子类设备；

④ 集成电路生产企业的生产性设备；

⑤ 外购的达到固定资产标准或构成无形资产的软件。

加速折旧的方法主要有双倍余额递减法和年数总和法两种。双倍余额递减法是在不考虑固定资产残值的情况下，根据每期期初固定资产账面余额和双倍的平均年限法折旧率计算折旧额的方法。年数总和法是将固定资产的原值减去净残值后的净额乘以一个逐年递减的分数计算每年的折旧额的方法，该分数的分子代表固定资产尚可使用的年数，分母代表使用年数的逐年数字总和。

1. 双倍余额递减法

双倍余额递减法是在不考虑固定资产预计残值的情况下，将每期固定资产的期初账面净值（原值－累计折旧）乘以一个固定不变的百分率，计算该期折旧额的一种加速折旧方法。应用双倍余额递减法计算折旧额时，由于每年年初固定资产净值没有扣除预计净残值，所以在计算固定资产折旧额时，应在其折旧年限到期前两年内，将固定资产的净值扣除预计净残值后的余额平均摊销。计算公式为

$$年折旧率 = 2 \div 预计使用年限 \times 100\%$$

$$年折旧额 = 年初固定资产账面净值 \times 年折旧率$$

如果在某一折旧年度，按该法计算的折旧额小于按平均年限法计算的折旧额，则应该按直线法计提折旧，一般采用下列公式进行判断：

$$当年按双倍余额递减法计算的折旧额 < \frac{账面净值 - 预计净残值}{剩余使用年限}$$

【例 4-14】 设某项固定资产账面价值为 14 000 元，预计使用 5 年，估计残值为 500 元，用双倍余额递减法计算如下：

$$双倍直线折旧率 = (2 \div 5) \times 100\% = 40\%$$

第一年应提折旧 $= 14\,000 \times 40\% = 5\,600$（元）

第二年应提折旧 $= (14\,000 - 5\,600) \times 40\% = 3\,360$（元）

第三年应提折旧 $= (14\,000 - 5\,600 - 3\,360) \times 40\% = 2\,016$（元）

第四年如果按照双倍余额递减法应提折旧额为：

$$(14\,000 - 5\,600 - 3\,360 - 2\,016) \times 40\% = 1\,210（元）$$

若按照直线法则应提折旧额为：$(3\,024 - 500) \times 40\% = 1\,262$（元）

由于按双倍余额递减法计算的折旧已经小于用直线法计算的折旧,所以从第四年开始应改用直线法计提折旧。第四、第五年应各计提折旧1 262元。以上计算过程见表4-1。

表4-1 双倍余额递减法折旧计算表

年 份	(1)折旧计算/元	(2)累计折旧/元	(3)账面净值/元
0			14 000
1	14 000×40%	5 600	8 400
2	8 400×40%	3 360	5 040
3	5 040×40%	2 016	3 024
4	(3 024－500)÷2	1 262	1 762
5	(3 024－500)÷2	1 262	500

【例4-15】 乙公司有一台机器设备原价为600 000元,预计使用寿命为5年,预计净残值率为4%。按双倍余额递减法计算折旧,每年折旧额计算如下:

年折旧率＝(2÷5)×100%＝40%

第一年应提的折旧额＝600 000×40%＝240 000(元)

第二年应提的折旧额＝(600 000－240 000)×40%＝144 000(元)

第三年应提的折旧额＝(360 000－144 000)×40%＝86 400(元)

从第四年起改按年限平均法(直线法)计提折旧:

第四、第五年应提的折旧额＝(129 600－600 000×4%)÷2＝52 800(元)

2. 年数总和法

年数总和法,又称合计年限法,即将固定资产的原价减去预计净残值后的余额,乘以一个以固定资产尚可使用寿命为分子,以预计使用年限逐年数字之和为分母的逐年递减的分数计算每年的折旧额的一种方法。实际上,这个预计使用年限的总和就是一个以"1"为首项、以"1"为公差、以预计使用年限数为末项的等差数列和。有关计算公式如下:

年折旧率＝尚可使用年数÷预计使用年限的年数总和

年折旧额＝应计折旧额×年折旧率

【例4-16】 某项固定资产,原始价值为153 000元,预计净残值为3 000元,预计使用年限为5年。年数总和法下各年折旧额的计算见表4-2。

表4-2 使用年数总和法计算折旧计算表

年 份	(1) 尚可使用年限/年	(2) 原值－净残值/元	(3) 折旧率	(4) 每年折旧额/元	(5) 累计折旧/元
1	5	150 000	5/15	50 000	50 000
2	4	150 000	4/15	40 000	90 000
3	3	150 000	3/15	30 000	120 000
4	2	150 000	2/15	20 000	140 000
5	1	150 000	1/15	10 000	150 000

【例 4-17】 有一台设备,原值 78 000 元,预计残值 2 000 元,预计可用 4 年,试用年数总和法计算每年折旧额。

年数总和 = 1+2+3+4 = 10

第一年应提折旧额 = (78 000−2 000)×(4÷10) = 30 400

第二年应提折旧额 = (78 000−2 000)×(3÷10) = 22 800

第三年应提折旧额 = (78 000−2 000)×(2÷10) = 15 200

第四年应提折旧额 = (78 000−2 000)×(1÷10) = 7 600

【例 4-18】 丁企业在 2013 年 3 月购入一项固定资产,该资产原值为 300 万元,采用年数总和法计提折旧,预计使用年限为 5 年,预计净残值为 5%,要求计算出 2013 年和 2014 年对该项固定资产计提的折旧额。

采用年数总和法计提折旧,需要考虑固定资产的净残值,同时要注意折旧的年限一年与会计期间一年并不相同。

该固定资产在 2013 年 3 月购入,固定资产增加的当月不计提折旧,从第二个月开始计提折旧,因此 2013 年计提折旧的期间是 4 月到 12 月,共 9 个月。

2013 年计提的折旧额为:300×(1−5%)×(5÷15)×(9÷12) = 71.25(万元)

2014 年计提的折旧额中(1~3 月份)属于是折旧年限第一年的,(9~12 月份)属于是折旧年限第二年的,因此对于 2014 年的折旧额计算应当分段计算:

1~3 月份计提折旧额:300×(1−5%)×(5÷15)×(3÷12) = 23.75(万元)

4~12 月份计提折旧额:300×(1−5%)×(4÷15)×(9÷12) = 57(万元)

2014 年计提折旧额为:23.75+57 = 80.75(万元)。

采用加速折旧法的各项条件是:①在不考虑资本的利息或成本的情况下递减每年的服务贡献;②操作效率的降低会导致其他业务费用的增加;③资产价值早期降低很多,后期降低较少;④即使早期和后期耗用的服务价值相同,其折现价值也不同,因而早期服务价值成本要比后期大;⑤修理和维修费用递增;⑥现金收入逐年降低;⑦存在着折旧的可能性所造成的以后年度收入的不确定性。

主张采用加速折旧法的一个主要论据是资产净收入贡献的递减与操作效率是相互关联的,并对各期应负担的折旧费具有同样的影响。资产净收入的减少可能是因为资产在后期需要更多的修理时间和修理费用;或过度使用易于发生事故,因而减少使用;也可能是因为操作效率降低而产量减少。操作效率降低还会造成燃料成本和人工成本升高,或者在原料使用方面造成较大的浪费。所有这些均说明资产的净收入在后期要少于早期,因而,即使不计利息成本,资产净收入的减少也证明使用加速折旧法是合理的。

预期现金收入的递减也是采用加速折旧法的一个理由,可以认为,资产的原始成本在早期获取收入过程中所耗用的要比后期大,因此早期折旧费应大于后期。

修理和维修费是逐年递增的,为了补偿递增的修理和维修费,应采用加速折旧法。修理和维修费用与折旧是相关的,应该包括在服务的总成本或净收入的计算中。

折旧费分配中最难处理的一个因素是不确定性。预期使用年限、预期净收入和未来的修理和维修费用,均具有不确定性。在大多数情况下,不确定性可根据风险选择所调整的期望值,将不确定数值转化为单一的确定数值。收入的不确定性为加速折旧法提供了一定的依据。因为早期收入比晚期收入更有把握,在开始指定投资决策时,对晚期收入所打的折扣应当更大些,所以,应将大部分资产成本分配于早期。虽然这些不确定因素不足以证明加速折旧法就是合理的,但相对其他方法而言,加速折旧是最趋于现金收支的一种方法。

4.4 无形资产的会计处理

无形资产是指企业拥有或控制的、没有实物形态的、可辨认的并能为企业带来经济利益的非货币性资产,如专利权、商标权、土地使用权、非专利技术等。无形资产具有如下几个特征。

1. 无形资产不具有实物形态

无形资产通常表现为某种权利、技术或获取超额利润的综合能力。比如:土地使用权、著作权、经营特许权、专利权等。它没有实物形态,却能够为企业带来经济利益,或使企业获取超额收益。看不见、摸不着,不具有实物形态,是无形资产区别于其他资产的特征之一。

需要指出的是,某些无形资产的存在有赖于实物载体。比如,计算机软件需要存储在磁盘中。但这并没有改变无形资产本身不具有实物形态的特征。在确定一项包含无形和有形要素的资产是属于固定资产,还是属于无形资产时,需要通过判断来加以确定,通常以哪个要素更重要作为判断的依据。例如,计算机控制的机械工具没有特定计算机软件就不能运行时,则说明该软件是构成相关硬件不可缺少的组成部分,则该软件应作为无形资产核算。无论是否存在实物载体,只要将一项资产归类为无形资产,则不具有实物形态仍然是无形资产的特征之一。

2. 无形资产属于非货币性长期资产

非货币性资产,是指企业持有的货币资金和将以固定或可确定的金额收取的资产以外的其他资产。无形资产由于没有发达的交易市场,一般不容易转化成现金,在持有过程中为企业带来未来经济利益的情况不确定,不属于以固定或可确定的金额收取的资产,属于非货币性资产。

属于非货币性资产,而且不是流动资产,是无形资产的又一特征。无形资产没有实物形态,货币性资产也没有实物形态,比如应收款项、银行存款等也没有实物形态。因此,仅仅以有无实物形态将无形资产与其他资产加以区分是不够的。无形资产属于长期资产,主要是因为其能在超过企业的一个经营周期内为企业创造经济利益。那些虽然具有无形资产的其他特性却不能在超过一个经营周期内为企业服务的资产,不能作为企业的无形资产核算。另外,虽然固定资产也属于非货币性资产,但其为企业带来经济利益的方式与无形资产不同,固定资产是通过实物价值的磨损和转移来为企业带来未来经济利益的,而无形资产很大程度上是通过某些权利、技术等优势为企业带来未来经济利益的。

3. 无形资产是为企业使用而非出售的资产

企业持有无形资产的目的不是为了出售而是为了生产经营，即利用无形资产来生产商品、提供劳务、出租给他人或为企业经营管理服务。比如：软件公司开发的、用于对外销售的计算机软件，对于购买方而言属于无形资产，而对于开发商而言却是存货。

无形资产为企业创造经济利益的方式，具体可能表现为销售产品或提供劳务取得的收入、让渡无形资产的使用权给他人取得的租金收入，也可能表现为因为使用无形资产而改进了生产工艺、节约了生产成本等。

4. 无形资产在创造经济利益方面存在较大的不确定性

无形资产必须与企业的其他资产（包括足够的人力资源、高素质的管理队伍、相关的硬件设备、相关的原材料等）相结合，才能为企业创造经济利益。此外，无形资产创造经济利益的能力还较多地受外界因素的影响，比如相关新技术更新换代的速度、利用无形资产所生产产品的市场接受程度等。

由于无形资产在创造经济利益方面存在较大的不确定性，所以，要求在对无形资产进行核算时应持更为谨慎的态度。

5. 由企业拥有或者控制并能为其带来未来经济利益的资源

预计能为企业带来未来经济利益是一项资产的本质特征，无形资产也不例外。通常情况下，企业对拥有或者控制的无形资产应当拥有其所有权，并且该无形资产能够为企业带来未来经济利益。但在某些情况下并不需要企业拥有其所有权，如果企业有权获得某项无形资产产生的经济利益，同时又能约束其他人获得这些经济利益，则说明企业控制了该无形资产，或者说控制了该无形资产产生的经济利益，具体表现为企业拥有该无形资产的法定所有权或者使用权，并受法律的保护。比如，企业自行研制的技术通过申请，依法取得专利权后，便在一定期限内拥有了该专利技术的法定所有权；又比如，企业与其他企业签订合约转让商标权，合约的签订，使商标使用权转让方的相关权利受到了法律的保护。

6. 无形资产具有可辨认性

要作为无形资产进行核算，该资产必须是能够区别于其他资产而可单独辨认的，如企业持有的专利权、非专利技术、商标权、土地使用权、特许权等。从可辨认性角度考虑，商誉是与企业整体价值联系在一起的，而无形资产的定义要求无形资产是可辨认的，因此，便与商誉清楚地区分开来了。企业合并中取得的商誉代表了购买方为从不能单独辨认并独立确认的资产中获得预期未来经济利益而付出的代价。这些未来经济利益可能产生于取得的可辨认资产之间的协同作用，也可能产生于购买者在企业合并中准备支付的、但不符合在财务报表上确认的资产。从计量上讲，商誉是企业合并成本大于合并中取得的各项可辨认资产、负债公允价值份额的差额，代表的是企业未来现金流量大于每一单项资产产生未来现金流量的合计金额的差额，其存在无法与企业自身区分开来，由于不具有可辨认性，虽然商誉也是没有实物形态的非货币性资产，但不构成无形资产。符合以下条件之一的，则认为其具有可辨认性。

（1）能够从企业中分离或者划分出来，并能够单独用于出售或转让等，而不需要同时处置在同一获利活动中的其他资产，则说明无形资产可以辨认。某些情况下无形资产可能需要与有关的合同一起用于出售、转让等，这种情况下也视为可辨认无形资产。

（2）产生于合同性权利或其他法定权利。无论这些权利是否可以从企业或其他权利和义务中转移或者分离。如：一方通过与另一方签订特许合同而获得的特许使用权，通过法律程序申请获得的商标权、专利权等。

如果企业有权获得一项无形资产产生的未来经济收益，并能约束其他方获得这些利益，则表明企业控制了该项无形资产。例如，对于会产生经济利益的技术知识，若其受到版权、贸易协议约束（如果允许）等法定权利或雇员保密法定职责的保护，那么说明该企业控制了相关利益。

客户关系、人力资源等，由于企业无法控制其带来的未来经济利益，不符合无形资产的定义，不应将其确认为无形资产。内部产生的品牌、报刊名、刊头、客户名单和实质上类似于项目的支出不能与整个业务开发成本区分开来。因此，这类项目不应确认为无形资产。

无形资产通常包括专利权、非专利技术、商标权、著作权、特许权、土地使用权等。

① 专利权，是指国家专利主管机关依法授予发明创造专利申请人的，对其发明创造在法定期限内所享有的专有权利，包括发明专利权、实用新型专利权和外观设计专利权。发明专利权的期限为20年，实用新型专利权和外观设计专利权的期限为10年，均自申请日起计算。

② 非专利技术，也称专有技术。它是指不为外界所知、在生产经营活动中已采用了的、不享有法律保护的、可以带来经济效益的各种技术和诀窍。非专利技术一般包括工业专有技术、商业贸易专有技术、管理专有技术等。非专利技术并不是专利法的保护对象。非专利技术用自我保护的方式来维持其独占性，具有经济性、机密性和动态性等特点。

③ 商标权。商标是用来辨认特定的商品或劳务的标记。商标是权指专门在某类指定的商品或产品上使用特定的名称或图案的权利。经商标局核准注册的商标为注册商标，包括商品商标、服务商标和集体商标、证明商标；商标注册人享有商标专有权，受法律保护。注册商标的有效期为10年，自核准注册之日起计算。注册商标有效期满，需要继续使用的，应当在期满前6个月内申请继续注册；在此期间未能提出申请的，可以给予6个月的宽展期。宽展期满仍未提出申请的，注销其注册商标。每次续展注册的有效期为10年。

④ 著作权，又称版权，是指作者对其创作的文学、科学和艺术作品依法享有的某些特殊权利。著作权包括作品署名权、发表权、修改权和保护作品完整权，还包括复制权、发行权、出租权、展览权、表演权、放映权、广播权、信息网络传播权、摄制权、改编权、翻译权、汇编权以及应当由著作人享有的其他权利。著作权人包括作者和其他依法享有著作权的公民、法人或者其他组织。著作权属于作者，创作作品的公民是作者。由法人或者其他组织主持，代表法人或者其他组织意志创作，并由法人或者其他组织承担责任的作品，法人或

者其他组织视为作者。作者的署名权、修改权、保护作品完整权的保护期不受限制。公民的作品,其发表权、复制权、发行权、出租权、展览权、表演权、放映权、广播权、信息网络传播权、摄制权、改编权、翻译权、汇编权以及应当由著作人享有的其他权利的保护期,为作者终生及其死亡后50年,截止于作者死亡后第50年的12月31日;如果是合作作品,截止于最后死亡的作者死亡后第50年的12月31日。

(5)特许权,又称经营特许权、专营权,指企业在某一地区经营或销售某种特定商品的权利或一家企业接受另一家企业使用其商标、商号、技术秘密等的权利。特许权通常有两种形式,一种是由政府机构授权,准许企业使用或在一定地区享有经营某种业务的特权,如水、电、邮电通信等专营权、腌菜专卖权等;另一种指企业间依照签订的合同,有限期或无限期使用另一家企业的某些权利的特许权,如连锁店分店使用总店的名称等。特许权业务涉及特许权受让人和转让人两个方面。通常在特许权转让合同中规定了特许权转让的期限、转让人和受让人的权利与义务。转让人一般要向受让人提供商标、商号等使用权,传授专有技术,并负责培训营业人员,提供经营所必需的设备和特殊原料,受让人则须向转让人支付取得特许权的费用,开业后则按营业收入的一定比例或其他计算方法支付享有特许权费用。此外,受让人还要为转让人保守商业秘密。

(6)土地使用权,是指国家准许某企业在一定期间内对国有土地享有开发、利用、经营的权利。根据我国土地管理法的规定,我国土地实行公有制,任何单位和个人不得侵占、买卖或者以其他形式非法转让。企业取得土地使用权的方式大致有行政划拨所得、外购取得(例如以缴纳土地出让金方式取得)及投资者投资取得几种。通常情况下,作为投资性房地产或作为固定资产核算的土地,按照投资性房地产或者固定资产核算;以缴纳土地出让金等方式外购的土地使用权、投资者投入等方式取得的土地使用权,作为无形资产核算。

4.4.1 无形资产的取得

无形资产通常按实际成本计量,即以取得无形资产并使之达到预定用途而发生的全部支出作为无形资产的成本。对于不同来源取得的无形资产,其成本构成不尽相同。

1. 外购的无形资产

外购的无形资产,其成本包括购买价款、相关税费以及直接归属于使该项资产达到预定用途所发生的其他支出。

直接归属于使该项资产达到预定用途所发生的其他支出包括使无形资产达到预定用途所发生的专业服务费用、测试无形资产是否能够正常发挥作用的费用等,但不包括为引入新产品进行宣传发生的广告费、管理费用及其他间接费用,也不包括在无形资产已经达到预定用途以后发生的费用。

无形资产达到预定用途后所发生的支出,不构成无形资产的成本。

购买无形资产的价款超过正常信用条件延期支付(如付款期在3年以上),实际上具有融资性质的,即采用分期付款方式购买无形资产,无形资产的成本为购买价款的现值。这是因为,企业在发生这项业务的过程中,实际上可以区分为两项业务:一项业务是购买无形资产;另一项业务实质上是向销售方借款。因此,所支付的货款必须考虑货币的时间价值,根据无形资产准则的规定,要采用现值计价的模式,无形资产的成本为购买价款的现值。

【例 4-19】 甲企业购入一项专利权,实际支付的价款为 15 万元,款项已用银行存款支付。根据上述经济业务,甲企业应做如下账务处理:

借:无形资产——专利权　　　　　　　　　　150 000
　　贷:银行存款　　　　　　　　　　　　　　150 000

2. 投资者投入的无形资产

投资者投入的无形资产的成本,应当按照投资合同或协议约定的价值确定,在投资合同或协议约定价值不公允的情况下,应按无形资产的公允价值入账。其会计处理为,借记"无形资产"科目,贷记"实收资本"科目,股份制企业贷记"股本"科目。

【例 4-20】 某煤炭企业接受某企业以矿产品生产非专利技术投资,投资双方的确认价值为 100 000 元。其会计分录如下:

借:无形资产——非专利技术　　　　　　　　100 000
　　贷:实收资本　　　　　　　　　　　　　　100 000

3. 接受捐赠的无形资产

企业接受其他单位捐赠的无形资产,应按确定的实际成本,借记"无形资产"科目;按未来应缴的所得税,贷记"递延所得税负债"科目;按确定的价值减去未来应缴所得税后的差额,贷记"资本公积"科目;按应支付的相关税费,贷记"银行存款""应交税费"等科目。

【例 4-21】 乙公司接受捐赠一项商标权,捐赠方没有提供有关价值的凭据,同类无形资产的市场价格为 100 000 元。乙公司在接受捐赠的过程中支付相关费用 5 000 元。乙公司适用的所得税税率为 33%。乙公司的具体账务处理如下:

借:无形资产——商标权　　　　　　　　　　105 000
　　贷:资本公积　　　　　　　　　　　　　　 67 000
　　　　递延所得税负债　　　　　　　　　　　 33 000
　　　　银行存款　　　　　　　　　　　　　　 5 000

4. 企业自行开发取得的无形资产

企业内部研究与开发项目应区分为研究阶段和开发阶段分别核算。研究是指为获取并理解新的科学或技术知识而进行的独创性的有计划调查。开发是指在进行商业性生产或使用前,将研究成果或其他知识应用于某项计划或设计,以生产出新的或具有实质性改进的材料、装置、产品等。

在研究阶段的支出应全部费用化,计入当期损益(管理费用);开发阶段的支出符合资本化条件的应当资本化,确认为无形资产的成本,不符合资本化条件的计入当期损益(管理费用)。如果确实无法区分研究阶段的支出和开发阶段的支出,应将其所发生的研发支出全部费用化,计入当期损益。

企业内部研究开发项目的支出,在"研发支出"科目归集。其中,研究阶段的支出计入

"研发支出——费用化支出"科目,会计期末按费用性质转入当期损益;开发阶段的支出计入"研发支出——资本化支出"科目,待无形资产达到预定用途时转入无形资产。资产负债表日,"研发支出"科目的余额,反映企业正在进行的无形资产开发阶段的支出。

【例 4-22】 A 公司自行研究开发一项业务系统软件,在研究开发过程中发生材料费 40 万元、人工工资 10 万元,以及其他费用 30 万元,总计 80 万元,其中,符合资本化条件的开发阶段支出为 50 万元,期末,该软件已经达到预定用途。

① 相关费用发生时:

借:研发支出——费用化支出　　　　　　　　　　300 000
　　　　　　——资本化支出　　　　　　　　　　500 000
　贷:原材料　　　　　　　　　　　　　　　　　400 000
　　　应付职工薪酬——工资　　　　　　　　　　100 000
　　　银行存款　　　　　　　　　　　　　　　　300 000

② 期末:

借:管理费用——研发支出　　　　　　　　　　　300 000
　　无形资产——软件　　　　　　　　　　　　　500 000
　贷:研发支出——费用化支出　　　　　　　　　300 000
　　　　　　——资本化支出　　　　　　　　　　500 000

5. 土地使用权的处理

企业取得的土地使用权通常应确认为无形资产。土地使用权用于自行开发建造厂房等地上建筑物时,土地使用权的账面价值不与地上建筑物合并计算其成本,而仍作为无形资产进行核算,土地使用权与地上建筑物分别进行摊销和提取折旧,但下列情况除外。

① 房地产开发企业取得的土地使用权用于建造对外出售的房屋建筑物,相关的土地使用权应当计入所建造的房屋建筑物成本。

② 企业外购的房屋建筑物,实际支付的价款中包括土地以及建筑物的价值,则应当对支付的价款按照合理的方法(例如,公允价值)在土地和地上建筑物之间进行分配;如果确实无法在地上建筑物与土地使用权之间进行合理分配的,应当全部作为固定资产核算。

企业改变土地使用权的用途,将其作为用于出租或增值目的时,应将其转为投资性房地产。

企业现在购入或以支付土地出让金方式取得的土地使用权,在会计核算上按实际发生的成本计入"无形资产——土地使用权";开发利用时以"无形资产——土地使用权"的账面价值,转入开发商品房成本,或转入在建工程成本;开发利用完成后,在会计核算上列入"固定资产——建筑物或构筑物"或"开发商品——商品房";该项房屋、建筑物报废时,将净残值中相当于尚可使用的土地使用权价值的部分,转入继续建造的房屋、建筑物的价值,如果不再继续建造房屋、建筑物,则将其价值计入"无形资产——土地使用权"。

【例 4-23】 某煤炭企业于 2013 年 9 月 5 日有偿取得一块土地的使用权,价款 8 000 000 元,准备建造厂房,以银行存款支付,当年 11 月 1 日开始建造厂房。则其会计分录如下:

① 购入土地时：
借：无形资产——土地使用权　　　　　　　　　8 000 000
　　贷：银行存款　　　　　　　　　　　　　　　　8 000 000
② 建造厂房时：
借：在建工程　　　　　　　　　　　　　　　　8 000 000
　　贷：无形资产——土地使用权　　　　　　　　8 000 000

4.4.2　无形资产摊销

无形资产属于企业的长期资产，能在较长的时间里给企业带来效益。但无形资产通常也有一定的有效期限，其价值将随着时间的推移而消失，因此，企业应将入账的无形资产在一定年限内摊销，其摊销金额计入管理费用，并同时冲减无形资产的账面价值。

企业会计制度规定，无形资产应当自取得当月起在预计使用年限内分期平均摊销。如预计使用年限超过了相关合同规定的受益年限或法律规定的有效年限，则该无形资产的摊销年限按如下原则确定：

① 合同规定了受益年限，但法律没有规定有效年限的，摊销年限不应超过合同规定的受益年限；

② 合同没有规定受益年限，但法律规定了有效年限的，摊销年限不应超过法律规定的有效年限；

③ 合同规定了受益年限，法律也规定了有效年限的，摊销年限不应超过受益年限和有效年限两者之间较短者；

④ 合同没有规定受益年限，法律也没有规定有效年限的，摊销年限不应超过 10 年。

无形资产的摊销期限一经确定，不得任意变更。因客观经济环境改变确实需要变更摊销年限的，应将该变更作为会计估计变更处理；否则，应视作滥用会计估计变更，视同重大会计差错处理。

无形资产摊销时，应按计划的摊销额，借记"管理费用——无形资产摊销"账户，贷记"累计摊销"账户。

1. 使用寿命有限的无形资产的摊销处理

使用寿命有限的无形资产，应在其预计的使用寿命内采用系统合理的方法对应摊销金额进行摊销。应摊销金额，是指无形资产的成本扣除残值后的金额，对已计提减值准备的无形资产，还应扣除已计提的无形资产减值准备累计金额。

1）残值的确定

无形资产的残值意味着在其经济寿命结束之前企业预计将会处置该无形资产，并且从该处置中取得利益。使用寿命有限的无形资产，其残值应当视为零，但下列情况除外：

① 有第三方承诺在无形资产使用寿命结束时购买该无形资产；

② 可以根据活跃市场得到预计残值信息，并且该市场在无形资产使用寿命结束时很可能存在。

估计无形资产的残值应以资产处置时的可收回金额为基础，此时的可收回金额是指在预计出售日,出售一项已到使用寿命且处于类似使用状况下同类无形资产预计的处置价格(扣除相关税费)。

残值确定以后,在持有无形资产的期间,至少应于每年年末进行复核,预计其残值与原估计金额不同的,应按照会计估计变更进行处理。如果无形资产的残值重新估计以后高于其账面价值的,无形资产不再摊销,直至残值降低至低于账面价值时再恢复摊销。

例如,企业一项非专利技术的成本为 200 万元,企业管理层预计持有 10 年。根据目前活跃市场上得到的信息,该非专利技术预计残值为 20 万元。企业采取直线法对该项无形资产进行摊销。到第 8 年期末,由于市场发生变化,经复核重新估计该项非专利技术预计残值为 60 万元。如果此时企业已摊销 144 万元,该项非专利技术账面价值为 56 万元,低于重新估计的该项非专利技术的残值,则不再对该项非专利技术进行摊销,直至残值降至低于其账面价值时再恢复摊销。

2) 无形资产摊销期限与摊销方法

无形资产通常有一定的有效期限,因此无形资产应当自企业取得之日起在预计使用年限内摊销。我国有关法律规定,无形资产应按预计使用年限或者不超过 10 年的期限进行分期摊销。

在无形资产的使用寿命内系统地分摊其应摊销金额,存在多种方法。这些方法包括直线法、生产总量法等。企业选择无形资产摊销方法时,应依据从该项资产中获取的期末未来经济利益的预计实现方式来选择,并一致地运用于不同会计期间,例如,受技术陈旧因素影响较大的专利权和专有技术等无形资产,可采用类似固定资产加速折旧的方法进行摊销;有特定产量限制的特许经营权或专利权,应采用产量法进行摊销。

3) 无形资产摊销的会计处理

无形资产价值摊销时,借记"管理费用——无形资产摊销"科目,贷记"累计摊销"科目。

【例 4-24】 亿联企业于 2013 年 6 月购买了一项专利权,其入账价值为 15 万元,有效使用年限为 5 年。按直线法摊销。

根据专利权的有效期限计算每月摊销额:

年摊销额=购入商标的全部价款÷有效使用年限=150 000÷5=30 000(元)

月摊销额为:

$$30\ 000÷12=2\ 500(元)$$

亿联企业每月摊销无形资产时的会计分录如下:

借:管理费用——无形资产摊销　　　　　　2 500
　　贷:累计摊销　　　　　　　　　　　　　　　　2 500

使用寿命有限的无形资产应当在其使用寿命内,采用合理的摊销方法进行摊销。摊销时,应当考虑该项无形资产所服务的对象,并以此为基础将其摊销价值计入相关资产的成本或者当期损益。

【例 4-25】 2012 年 1 月 1 日,A 公司从外单位购得一项非专利技术,支付价款 5 000 万元,款项已支付,估计该项非专利技术的使用寿命为 10 年,该项非专利技术用于产品生产;同时,购入一项商标权,支付价款3 000万元,款项已支付,估计该商标权的使用寿命为15年。假定这两项无形资产的净残值均为零,并按直线法摊销。

本例中,A公司外购的非专利技术的估计使用寿命为10年,表明该项无形资产是使用寿命有限的无形资产,且该项无形资产用于产品生产,因此,应当将其摊销金额计入相关产品的制造成本。A公司外购的商标权的估计使用寿命为15年,表明该项无形资产同样也是使用寿命有限的无形资产,而商标权的摊销金额通常直接计入当期管理费用。

A公司的账务处理如下所述。

① 取得无形资产时:

借:无形资产——非专利技术　　　　　　　50 000 000
　　无形资产——商标权　　　　　　　　　30 000 000
　　贷:银行存款　　　　　　　　　　　　　　　　80 000 000

② 按年摊销时:

借:制造费用——非专利技术　　　　　　　5 000 000
　　管理费用——商标权　　　　　　　　　2 000 000
　　贷:累计摊销　　　　　　　　　　　　　　　　7 000 000

如果A公司于2013年12月31日根据科学技术发展的趋势判断2012年购入的该项非专利技术在4年后将被淘汰,不能再为企业带来经济利益,决定对其再使用4年后不再使用。为此,A公司应当在2013年12月31日据此变更该项非专利技术的估计使用寿命,并按会计估计变更进行处理。

2013年12月31日该项无形资产累计摊销金额为1 000万元(500×2),2014年该项无形资产的摊销金额为1 000万元[(5 000-1 000)÷4]。

A公司2014年对该项非专利技术按年摊销的账务处理如下:

借:制造费用——非专利技术　　　　　　　10 000 000
　　贷:累计摊销　　　　　　　　　　　　　　　　10 000 000

2. 使用寿命不确定的无形资产

根据可获得的情况判断,有确凿证据表明无法合理估计其使用寿命的无形资产,才能作为使用寿命不确定的无形资产,不能随意将无形资产判断为使用寿命不确定的无形资产。按照《企业会计准则第6号——无形资产》的规定,对于使用寿命不确定的无形资产,在持有期间内不需要摊销,而应当在每个会计期间进行减值测试。按照《企业会计准则第8号——资产减值》的规定,需要计提减值准备的,相应计提有关的减值准备。其相关的账务处理为:借记"资产减值损失"科目,贷记"无形资产减值准备"科目。

【例4-26】 2013年5月3日,天明股份有限公司用银行存款1800万元从外单位购得一项商标使用权,该商标权的使用寿命无法合理估计,企业将其作为使用寿命不确定的无形资产进行核算。2013年年末,经测试表明该商标已经发生减值。该商标的公允价值为1 500万元。

该公司的账务处理如下。

① 购入商标时：
借：无形资产——商标权　　　　　　　　　18 000 000
　　贷：银行存款　　　　　　　　　　　　　　18 000 000
② 年末发生减值时：
借：资产减值损失　　　　　　　　　　　　3 000 000
　　贷：无形资产减值准备——商标权　　　　　　3 000 000

4.4.3　无形资产的减少

1. 无形资产转让的核算

企业转让无形资产有转让所有权和转让使用权两种方式。

1）转让无形资产的所有权

出售无形资产是无形资产所有权转让的主要形式，此时应当注销所出售无形资产的账面价值（即无形资产账面余额与相应的已计提的减值准备），将实际取得的转让收入与该项无形资产账面价值的差额计入营业外收入或营业外支出。出售无形资产应缴的营业税，作为相应营业外收入的减少或营业外支出的增加。

企业出售无形资产，应按实际取得的转让收入，借记"银行存款"等账户；按该无形资产已计提的减值准备，借记"无形资产减值准备"账户；按已计提的累积摊销，借记"累积摊销"账户；按无形资产的账面余额，贷记"无形资产"账户；按应支付的相关税费，贷记"银行存款""应交税费"等账户；按其差额，贷记"营业外收入——出售无形资产收益"账户或借记"营业外支出——出售无形资产损失"账户。

【例 4-27】　某合营企业将拥有的一项专利权出售，取得收入 150 000 元，应缴的营业税为 7 500 元。该专利权的摊余价值为 123 760 元，已计提的减值准备为 5 000 元。编制会计分录如下：

借：银行存款　　　　　　　　　　　　　　150 000
　　无形资产减值准备　　　　　　　　　　　5 000
　　贷：无形资产——专利权　　　　　　　　　123 760
　　　　应交税费——应交营业税　　　　　　　7 500
　　　　营业外收入——出售无形资产收益　　　237 40

2）转让无形资产的使用权

无形资产使用权的转让仅是将部分使用权让渡给其他单位或个人，出让方仍保留对该无形资产的所有权，受让方只能在合同规定的范围内合理使用而无权转让。转让企业仍拥有无形资产的所有权，因此不应注销无形资产的账面价值，转让取得的收入计入其他业务收入，发生与转让有关的各种费用支出计入其他业务支出。转让无形资产使用权应缴的营业税计入其他业务支出。

企业转让无形资产的使用权时，其转让收入的核算与转让无形资产所有权的收入核算相同，只是结转转让成本的方法不一样。由于企业转让的只是使用权，企业仍保留对此项无形资产的所有权，企业转让无形资产使用权的成本，只是履行出让合同所规定义务发生的费用(如服务费等)。因而结转转让成本时,应按履行合同所发生的实际费用,借记"其他业务支出"账户,贷记"银行存款"等账户。企业转让无形资产的使用权所取得的收入借记"银行存款"等账户,贷记"其他业务收入"等账户;发生的相关支出,借记"其他业务支出"账户,贷记"银行存款"等账户。

【例4-28】 A烟厂购买一项专利,支付费用20万元,按规定摊销期为10年,购买1年后将专利使用权转让给B烟厂,取得转让收入18万元。

① 支付购买专利费用时会计分录为时:

借:无形资产　　　　　　　　　　　　　　200 000
　贷:银行存款　　　　　　　　　　　　　　200 000

② 摊销(全年摊销额)时会计分录为:

借:管理费用——无形资产摊销　　　　　　20 000
　贷:无形资产　　　　　　　　　　　　　　20 000

③ 取得转让无形资产收入时会计分录为:

借:银行存款　　　　　　　　　　　　　　180 000
　贷:其他业务收入　　　　　　　　　　　　180 000

④ 计提营业税时会计分录为:

借:其他业务支出　　　　　　　　　　　　9 000
　贷:应交税费——应交营业税　　　　　　　9 000(180 000×5%)

2. 无形资产转销的核算

如果无形资产预期不能为企业带来经济利益,从而不再符合无形资产的定义,则应将其全部转销。

企业会计制度规定,当存在下列一项或若干项情况时,应当将该项无形资产的账面价值全部转入当期损益:

① 某项无形资产已被其他新技术等所替代,并且该项无形资产已无使用价值或转让价值;

② 某项无形资产已超过法律保护期限,并且已不能为企业带来经济利益;

③ 其他足以证明某项无形资产已经丧失了使用价值或转让价值的情形。

企业转销某项无形资产时,应按该无形资产的账面价值全部转入当期损益,借记"管理费用"等账户,贷记"无形资产"账户。

【例4-29】 2013年5月31日,某合资企业专利权无形资产已丧失了使用价值,企业决定将其转销,摊余价值为30 000元。编制会计分录如下:

借:管理费用　　　　　　　　　　　　　　30 000
　贷:无形资产——专利权　　　　　　　　　30 000

【例4-30】 2012年12月31日,甲公司拥有A非专利技术的账面价值为200 000元。2013年度,用A非专利技术生产的产品被B非专利技术生产的产品所代替,A非专利技术已没有使用价值和转让价值。在此情况下,甲公司决定将A非专利技术转销,具体账务处理如下:

借：管理费用　　　　　　　　　　　　　　　200 000
　　贷：无形资产——A非专利技术 200 000

讨论案例

王老吉与加多宝的商标大战

王老吉与加多宝之间的商标大战涉及两个企业，分别是广州王老吉药业股份有限公司——绿罐王老吉经营者与加多宝（中国）饮料有限公司——红罐王老吉经营者。这两个企业是这次商标大战的主体。

广州王老吉药业股份有限公司——绿罐王老吉经营者

1. 1830年王泽邦创立王老吉，最初为凉茶铺，后扩展为药厂，这就是最早的王老吉药厂。

2. 新中国成立后，王老吉一分为二：内地王老吉被归入国有企业；中国香港和海外王老吉由王老吉家族后代经营。

3. 1956年，国家实行工商业社会主义改造，将八间历史悠久的中药厂合并，由于王老吉药厂固定资产和员工数最多，因而以王老吉命名，称为王老吉联合制药厂。

4. 1968年，王老吉药厂被认为是为资本家树碑立传，于是改名为广州中药九厂，王老吉凉茶也改名为广东凉茶。

5. 1982年中药九厂改名广州羊城药厂。1992年转制，成为以国家股为主体的股份制企业，改名广州羊城药业股份有限公司。

6. 其母公司广州医药集团有限公司1997年资产重组，成立广州药业股份有限公司，发行H股在香港上市，2001年增发A股在上海上市，羊城药业为其核心控股子公司。

7. 2004年3月4日，广州羊城药业股份有限公司更名为广州王老吉药业股份有限公司。

8. 2005年2月1日，广州王老吉药业股份有限公司与香港同兴药业有限公司签订正式合作协议，广州王老吉药业股份有限公司成为合资公司，其两大股东为：香港同兴药业和广州药业股份有限公司，分别持股48.046 5%、48.046 5%，其他自然人持股3.907 0%。

加多宝（中国）饮料有限公司——红罐王老吉经营者

加多宝（中国）饮料有限公司为中国香港鸿道（集团）有限公司的全资子公司，是红罐王老吉的经营者。鸿道集团为海外王老吉商标使用权人及中国香港同兴药业有限责任公司的实际控制人。

商标权及归属见表4-3

1. 中国内地王老吉商标权人——广州王老吉药业股份有限公司。

2. 王老吉海外商标权人：中国香港王老吉（国际）药业股份有限公司，王健仪任董事长,王老吉创始人王泽邦的第五代玄孙女。

3. 拥有内地王老吉商标独家使用权人:加多宝(中国)饮料有限公司。
4. 拥有海外王老吉商标使用权人:广州王老吉药业股份有限公司。

表4-3 权属交叉简表

	内地王老吉	海外王老吉
商标权人	广州王老吉药业股份有限公司	中国香港王老吉国际药业股份有限公司
商标使用权人	加多宝(中国)饮料有限公司	广州王老吉药业股份有限公司

商标权争夺大战

1995年,活动于粤、港两地的东莞籍贸易批发商陈鸿道,与王健仪进行了接触,并获得红罐装王老吉凉茶的配方,但由于王健仪仅拥有中国香港及海外的商标所有权,欲在内地经营王老吉凉茶饮料的陈鸿道,便转而与广州羊城药业寻求合作。

1997年,广药集团资产重组,成立广州药业股份有限公司,赴港上市。在此次重组中,王老吉进入了广州药业。同年2月,广药与香港鸿道集团签订了"王老吉商标许可使用合同"。而在拿到配方和商标使用权后,陈鸿道开始以加多宝集团为平台,在内地投资红罐王老吉凉茶业务。

2000年,广药集团和鸿道集团再次签订商标使用许可合同,许可时间为2000年至2010年5月。2002年至2003年间,鸿道又与广药分别补签了《"王老吉"商标许可补充协议》和《关于"王老吉"商标使用许可合同的补充协议》,将商标使用期限延至2020年。

2002年11月,广药集团亦从王健仪手中获得了10年的"海外商标使用权",使得广药集团的"王老吉"产品得以打通海内外市场。由此,广药集团、王老吉家族和加多宝三方正式形成三角业务关系。

2004年之后,两个"王老吉"开始了"统一经营"的努力。

2004年3月,羊城药业改名为"王老吉药业",恢复老字号品牌,并通过增资扩股,引入香港同兴药业为王老吉药业的战略合作伙伴。据称,鸿道集团便是同兴药业背后的实际控制人。

2005年2月1日,中外合资企业"王老吉药业"正式成立,广药与同兴药业各持股48.046 5%,并列第一大股东。广药和同兴药业还约定,要把海内外的王老吉商标转入到王老吉药业,打造一个世界性的民族品牌。

2008年,广药集团与鸿道集团交涉,广药称王老吉为国有资产,事件涉嫌国有资产流失,但双方交涉未果。同年8月,广药向鸿道发出律师函,称李益民签署的两个补充协议无效。

2010年11月,广药启动王老吉商标评估程序,经北京名牌资产评估有限公司评估,其品牌价值为1 080.16亿元,成为中国目前第一品牌。

2011年4月,广药向中国国际经济贸易仲裁委员会提出仲裁申请,并提供相应资料,广药集团认为"2002年至2003年间,鸿道与广药分别补签的《'王老吉'商标许可补充协议》和《关于'王老吉'商标使用许可合同的补充协议》"是当时任广药总经理的李益民收取了鸿道数百万的贿赂后,才签署了将租赁期限延长到2020年的授权书。李益民东窗事发后,广药集团认为上述补充协议无效,商标租赁期限已于 2010 年 5 月 2 号到期。李益民案在 2005 年 7 月由广州市中级人民法院做出一审判决,法院认定其收受贿款人民币 20.9 万、港币 329 万、美元 2.5 万,对其判处无期徒刑,剥夺政治权利终身。

2011 年 5 月,王老吉商标案立案。9 月开庭,后因鸿道集团一直未应诉,开庭推迟至 2011 年 12 月 29 日,但未出结果。

2012 年 2 月 10 日,重启仲裁;但仲裁委考虑到王老吉商标价值,建议调解,并将仲裁延至 5 月 10 日,而因鸿道集团提出的调解条件是以补充合同有效为前提,广药无法接受,调解失败。

2012 年 5 月 11 日,仲裁结果:广药集团与加多宝母公司(集团)有限公司签订的两份商标续约补充协议无效;鸿道集团停止使用王老吉商标。

2012 年 5 月 17 日,北京市中级人民法院就加多宝申请撤销仲裁结果立案。

2012 年 6 月 21 日上午,北京市第一中级人民法院开庭审理加多宝申请"撤销仲裁委对王老吉商标案判决"一案,焦点就在于广药集团原副董事长兼总经理李益民在 2001 年 8 月至 2003 年 6 月期间,分三次收受香港鸿道集团董事长陈鸿道 300 万港元及其后果。在李益民三次受贿后,双方企业于 2002 年 11 月和 2003 年 6 月分别签署协议,最终将王老吉商标租期延长至 2020 年。

2012 年 7 月 13 日,北京市第一中级人民法院驳回鸿道集团"撤销仲裁裁决的申请",让王老吉品牌纠纷案尘埃落定。

商标大战的后续发展

商标大战之后,广药集团抛出继续合作的橄榄枝,但加多宝并没有显露出太大的兴趣。相反,从广药集团立案起,加多宝就开始了"去王老吉"的行动。加多宝出品的红罐凉茶产品从 2011 年年底就开始启用新设计产品包装,"王老吉"字体小且放在不显著位置。此外,加多宝加大了电视广告和户外广告的投放,其经典广告语"怕上火喝王老吉"修改为"怕上火喝正宗凉茶",并在显著位置突出"正宗凉茶加多宝出品"字样。有机构统计显示,仅在 2012 年 4 月份,加多宝广告投入额就达到了 4 个亿。

在双方分手之前,红、绿王老吉的年销售额已达到 180 亿,超过可口可乐。但现在广药拥有一个知名的品牌,却要靠一个年销售额仅 10 亿的团队去管理,无异于"小牛拉大车",没有一个适应的管理团队、销售渠道,仅有好的品牌难以撑起发展大旗。就在前两个月,广药集团公开面向全国高薪聘请 3 000 名快销人才。此举被外界解读为广药在挖加多宝销售团队的墙脚。

加多宝一直对外宣称"加多宝凉茶"除换了一个名字外,其他一切照旧。但是,失去王老吉商标对于加多宝影响的确巨大。此前加多宝成功的市场宣传与营销,使得"王老吉"已成为凉茶的代名词。现在更名,相当于重新起步。

(资料来源:王老吉商标权之争.(2012-10-28)[2013-10-11] http://wenku.baidu.com/view/884a0ef4f90f76c661371aa3.html. 有删节。)

商标权属于无形资产的一种,通过上述案例,我们可以发现商标权的争夺给双方都造成了一定的影响,仔细阅读案例并结合网上公开信息,试讨论这次商标争夺大战对我们有什么启发?

本章小结

- 固定资产(fixed assets)是指企业使用的具有实物形态,并能单独使用或交换的有形资产,包括土地、房屋及设备等资产。
- 无形资产(intangible assets)是指不具有实物形态,而且价值难以确定,但可为企业带来未来的经济利益的长期资产。诸如专利权、商标权和土地所有权等。
- 固定资产的价值是根据它本身的磨损程度逐渐转移到新产品中去的,它的磨损分有形磨损和无形磨损两种情况。
- 固定资产折旧是指固定资产在使用过程中,逐渐损耗而消失的那部分价值。固定资产损耗的这部分价值,应当在固定资产的有效使用年限内进行分摊,形成折旧费用,计入各期成本费用。
- 年限平均法,又称平均年限法,它假定折旧是由于时间的推移而不是使用的关系,认为服务潜力降低的决定因素是随时间推移所造成的陈旧和破坏,而不是使用所造成的有形磨损。有关计算公式如下:

$$月折旧额 = 固定资产原始价值 \times 月折旧率$$

    其中,固定资产原始价值是月初应提折旧的固定资产原始价值;月折旧率则计算如下:

$$年折旧率 = (1 - 预计净残值率) \div 预计使用年限 \times 100\%$$

$$月折旧率 = 年折旧率 \div 12$$

- 工作量法,又称作业量法,是根据固定资产在使用期间完成的总工作量平均计算折旧的一种方法。工作量法的基本计算公式为:

$$单位工作量折旧额 = 固定资产原值 \times (1 - 净残值率) \div 预计总工作量$$

$$某项固定资产月折旧额 = 该项固定资产当月实际工作量 \times 单位工作量折旧额$$

- 双倍余额递减法是在不考虑固定资产预计残值的情况下,将每期固定资产的期初账面净值(原值-累计折旧)乘以一个固定不变的百分率,计算该期折旧额的一种加速折旧方法。计算公式为:

$$年折旧率 = 2 \div 预计使用年限 \times 100\%$$

$$年折旧额 = 年初固定资产账面净值 \times 年折旧率$$

- 年数总和法,又称合计年限法,是将固定资产的原价减去预计净残值后的余额,乘以一个以固定资产尚可使用寿命为分子,以预计使用年限逐年数字之和为分母的逐年递减的分数计算每年的折旧额。有关计算公式如下:

$$年折旧率 = 尚可使用年数 \div 预计使用年限的年数总和$$

$$年折旧额 = 应计折旧额 \times 年折旧率$$

- 无形资产应摊销金额,是指无形资产的成本扣除残值后的金额,对已计提减值准备的无形资产,还应扣除已计提的无形资产减值准备累计金额。
- 按照《企业会计准则第 6 号——无形资产》的规定,对于使用寿命不确定的无形资产,在持有期间内不需要摊销,而应当在每个会计期间进行减值测试。
- 如果无形资产预期不能为企业带来未来经济利益,不再符合无形资产的定义,则应将其转销。

中英文关键词语

固定资产 fixed assets
无形资产 intangible assets
有形磨损 physical wear and tear
无形磨损 invisible wear
在建工程 construction-in-process
净值 net value
残值 salvage value
账面价值 book value
折旧费用 depreciation expense
累计折旧 accumulated depreciation
直线法 straight-line method (SL)

加速折旧法 accelerated depreciation method
双倍余额递减法 double-declining balance method (DDB)
年数总和法 sum-of-the-years-digits method (SYD)
预计使用年限 expected useful life
累计摊销 accumulated amortization
专利权 patents
商标权 trademark rights
著作权 copyrights
土地使用权 land-use rights

思考练习题

一、选择题

1. 在下列为企业生产商品而持有的各种资产中,不属于固定资产的是(　　)。
   A. 机器设备　　　　B. 房屋　　　　C. 存货　　　　D. 建筑物
2. 固定资产的特征之一是(　　)。
   A. 为企业对外投资而持有　　　　B. 为企业的经营管理而持有
   C. 为企业进行出售而持有　　　　D. 为企业生产提供劳动对象而持有
3. 下列说法中,关于企业固定资产的正确说法是(　　)。
   A. 固定资产是具有一定实物形态的资产
   B. 固定资产的实物形态会因使用而发生变化
   C. 发生在固定资产上的支出一次性转化成成本或费用
   D. 固定资产包括企业以出售为目的而建造的房屋和设备等
4. 下列因素中,不影响固定资产折旧计算的是(　　)。
   A. 固定资产的原始价值　　　　B. 固定资产的预计净残值
   C. 固定资产的使用寿命　　　　D. 固定资产的实物形态

5. 下列固定资产中,应计提折旧的是( )。
   A. 季节性停用的设备	B. 当月交付使用的设备
   C. 未提足折旧提前报废的设备	D. 已提足折旧继续使用的设备
6. 下列现象中,不形成无形资产的情况是( )。
   A. 企业合并时取得的无形资产
   B. 通过债务重组取得的无形资产
   C. 企业自主研发处于研究阶段的支出
   D. 非货币性资产交换取得的无形资产
7. 某固定资产使用年限为5年,在采用年数总和法计提折旧的情况下,第一年的年折旧率为( )。
   A. 20%	B. 33%	C. 40%	D. 50%
8. 某固定资产原值为250 000元,预计净残值6 000元,预计可以使用8年,按照双倍余额递减法计算,第二年应提取折旧( )元
   A. 46 875	B. 45 750	C. 61 000	D. 30 500
9. 一台机器设备原值80 000元,估计净残值8 000元,预计可使用12年,按直线法计提折旧,则第二年应计提折旧( )元。
   A. 6 600	B. 6 000	C. 7 000	D. 8 000
10. 企业购入或支付土地出让金取得的土地使用权,在已经开发或建造自用项目的,通常通过( )科目核算。
    A. 固定资产	B. 在建工程
    C. 无形资产	D. 长期待摊费用

二、判断题

1. 固定资产的使用寿命只能根据其在企业生产商品和提供劳务等过程中存续的会计期间来确定。( )
2. 固定资产是一种有形资产,因而凡是具有一定实物形态的房屋、设备等都可以被确认为企业的固定资产。( )
3. 融资租赁是指实质上转移了与资产所有权相关的全部风险和报酬的租赁。( )
4. 固定资产按原始成本计价,难以反映企业对固定资产的投资规模。( )
5. 按固定资产的经济用途分类,可将其分为生产经营用固定资产和非生产经营用固定资产。这种分类,可以反映企业固定资产的用途结构及其变化。( )
6. 企业对自有固定资产扩建所发生的支出,一般直接计入当期损益,不调整固定资产原价。( )
7. 工业企业出售已经使用过的固定资产所得的收入应作为其他业务收入处理。( )
8. 无形资产可以转让其使用权,也可以转让其所有权。( )
9. 企业的无形资产是没有实物形态的非货币性资产,因而也不是可辨认的。( )
10. 某项资产只要符合无形资产的定义,企业就可以将其确认为企业的无形资产。
( )

11. 无形资产预期不能为企业带来经济利益的,应先将无形资产的账面价值转入"管理费用"科目,期末转入"营业外支出"。   (   )

三、综合练习题

1. 甲公司为一家制造性企业。2013年4月1日,为降低采购成本,向乙股份有限公司(以下简称"乙公司")一次购进了三套不同型号且具有不同生产能力的设备A、B和C。甲公司为该批设备共支付货款15 600 000元,增值税进项税额2 652 000元,包装费84 000元,全部以银行存款支付。假定设备A、B和C分别满足固定资产的定义及其确认条件,公允价值分别为:5 852 000元、7 189 600元、3 678 400元。甲公司实际支付的货款等于计税价格,不考虑其他相关税费。

请分别计算A、B、C三种设备的入账价值并编制甲公司购入固定资产的会计处理。

2. 乙公司发生如下有关固定资产增减的经济业务:

(1) 购入需要安装的生产用D设备一台,买价80 000元,增值税13 600元,包装费和运输费共计1 400元,款项已经通过银行支付,设备也已经投入安装;

(2) 购入不需要安装的生产用设备1台,买价50 000元,增值税8 500元,包装费500元,运输费1 000元,款项已经通过银行支付,设备已交付使用;

(3) 购入的D设备委托外部安装公司进行安装,发生安装费2 000元,调试费1 200元,款项已通过银行支付;

(4) D设备安装完毕并交付使用,计算并结转其实际成本;

(5) 借入长期借款2 000 000元,用于建设一条新的生产线,借入款项已存入银行;

(6) 将新建生产线过程发包给某工程公司施工,按工程进度用银行存款支付工程款800 000元;

(7) 接到银行通知,新建生产线使用长期借款的利息为100 000元,用长期借款支付;

(8) 新建生产线完工,经验收合格支付使用,计算并结转其实际成本;

(9) 收到投资者投入设备两台,双方确认其价值为800 000元;

(10) 在资产清查中盘盈设备一台,确认其重置价值为80 000元;

(11) 将不需要的设备一台出售给丙公司,其原始价值为200 000元,累计折旧为50 000元,先转入清理;

(12) 上述出售设备在清理过程中,消耗原材料8 000元,用银行存款支付清理费1 200元;

(13) 出售上述设备收到价款160 000元,已存入银行;

(14) 出售设备清理结束,计算净收益并转入公司的营业外收入;

(15) 在资产清查中发现盘亏设备一台,其原始价值为50 000元,累计折旧为25 000元,调整该设备的有关账面价值;

要求:根据所给资料编制会计分录。

四、简答题

1. 如何理解固定资产折旧的概念？计算固定资产的折旧额的方法有哪些？试对固定资产的直线折旧法和加速折旧法进行评价，它们可能对企业的经营成果造成什么样的影响？

2. 简述转让无形资产所有权和转让无形资产使用权有何不同以及分别应如何处理。

本章参考文献

[1] 王国生.财务会计学[M].上海：立信会计出版社,2007.

[2] 张启銮,李延喜,刘艳萍.会计学[M].第5版.大连：大连理工大学出版社,2006.

[3] 杜兴强.会计学[M].北京：中国人民大学出版社,2008.

[4] 冯庆梅.企业财务会计[M].北京：清华大学出版社,2008.

[5] 张志凤,谢瑞峰,杨闻萍.财务会计[M].北京：经济科学出版社,2008.

[6] 陈红,姚荣辉.会计学[M].北京：高等教育出版社,2009.

[7] 中国注册会计师协会.2013年度注册会计师全国统一考试教材——会计[M].北京：中国财政经济出版社,2013.

第 5 章 负 债

> **学习目标**

通过本章的学习,你应该能够:

1. 了解负债的性质及特征;
2. 理解流动负债与长期负债的区别;
3. 掌握流动负债的分类与计量;
4. 掌握应付票据、应付职工薪酬和应交税费的核算;
5. 掌握增值税的计算与会计处理;
6. 掌握流动负债的主要内容,能根据相关会计准则的规定,对各项流动负债正确地进行确认和计量;
7. 了解长期负债的性质、确认与计量的相关知识;
8. 掌握债务重组的含义;
9. 熟练掌握借款费用资本化条件及金额的计算;
10. 熟练掌握应付债券发行、溢价和折价的摊销以及会计处理;
11. 熟练掌握长期借款等长期负债的会计处理;
12. 掌握债务重组的方式及会计处理;
13. 能正确运用借款费用、债务重组等会计准则对相关问题进行分析与处理。

> **引导案例1**

某电器股份有限公司2011年的报表显示,期末的流动负债金额为264.16亿元,较上年流动负债增加了27.56亿元。主要变化发生在如下流动负债项目中:应付票据和应付账款金额为127.93亿元,占流动负债总额的48.43%,较上年增加18.72亿元;应付职工薪酬金额为4.64亿元,占流动负债总额的1.76%,较上年增加5 924万元。从企业的当期利润表又发现:当期的营业利润总额为2.88亿元,当期经营活动产生的净现金流量为 －8 900万元。该电器公司2012年在利润状况仍相当不错的情况下,为什么其流动负债会发生看似恶化的表现?其经营活动净现金流量能力为什么会下降?2012年该公司还能否继续保持利润的大幅增长呢?

流动负债主要有哪些主要项目？各自的核算内容是怎样的？如何看待流动负债的变动？本章将主要讲述流动负债的确认与计量，包括流动负债的特点、分类与计价，应付金额肯定和应付金额视经营情况而定的流动负债的核算内容及会计处理方法。

引导案例2

A公司是一家上市公司,2012年2月1日向银行借入3年期的借款800万元,年利率8%,用于构建固定资产。2012年3月1日该公司开始进行固定资产构建活动,共发生支出650万元。那么,该上市公司2012年2月份的上述借款业务是否可确认为长期负债？对于上述业务的借款在各月的利息该公司应如何进行会计处理？

本章将重点阐述长期负债的会计确认、计量、记录的基本原理,包括：借款费用资本化的条件、金额的确定与会计处理的一般问题,应付债券、长期借款和长期应付款的会计处理,债务重组的含义、方式及会计处理。

5.1 负债概述

5.1.1 负债概述

所谓负债,是指由于过去的交易或事项形成的,预期会导致经济利益流出企业的现时义务。公司生产经营活动的资金,除投资者投入以外,向银行或金融机构借入资金也是一个重要来源。另外,公司在生产经营活动中由于购买材料、商品等或接受其他单位劳务供应而结欠其他单位的款项;公司由于接受投资者投入资金而应付给投资者的利润,以及应缴纳的税费和应付给职工的工资、福利费等,都属于公司的负债。

负债一般具有确切的债权人和到期日。有些负债在其确立时,并无明确的债权人和确定的日期,但其债权人和日期是可以预计的,这亦称或有负债。如售出产品的保修业务,在其保修期内,购买该产品的单位和个人都可能成为其债权人。

5.1.2 负债的分类

负债一般按其偿还速度或偿还时间的长短划分,可分为流动负债和长期负债两类。

1. 流动负债

流动负债是指将在1年或超过1年的一个营业周期内偿还的债务,主要包括短期借款、应付票据、应付账款、预收账款、应付职工薪酬、应付股利、应交税费、其他应付款、预提费用和一年内到期的长期借款等。

2. 长期负债

长期负债是指偿还期在1年或超过1年的一个营业周期以上的债务,包括长期借款、应付债券、长期应付款等。

5.2 短期资金来源：流动负债

流动负债是指在 1 年(含 1 年)或者超过 1 年的一个营业周期内偿还的债务。流动负债包括短期借款、应付票据、应付账款、预收账款、应付职工薪酬、应付股利、应交税费、其他暂收应付款项、预提费用和 1 年内到期的长期借款等。

负债是企业应在未来偿付的债务，从理论上讲负债应按未来应偿付金额的现值计量。流动负债也是负债，也不应例外。但是，由于流动负债偿付的时间一般不超过 1 年，未来应付金额与其现值相差不多，按重要性原则的要求，不考虑货币时间价值对流动负债的影响，未来应付金额与其现值的差额忽略不计。因此，流动负债应按实际发生的金额入账。

1. 按流动负债形成的方式进行分类

按流动负债形成的方式进行分类，流动负债可分为以下四类。
(1) 借贷形成的流动负债
如从银行和其他金融机构借入的短期借款。
(2) 结算过程中形成的流动负债
如企业购入原材料已经到货，在货款尚未支付前形成的待结算的应付账款。
(3) 经营过程中形成的流动负债
由于权益发生制，有些费用需要预先提取，如预提费用、应交税金等。
(4) 利润分配过程中形成的流动负债
如应付股利等。

2. 按流动负债的应付金额是否肯定进行分类

按流动负债的应付金额是否肯定进行分类，可将流动负债分为应付金额确定的流动负债、应付金额视经营情况而定的流动负债和应付金额须予以估计的流动负债。
1) 应付金额确定的流动负债
这一负债具有确定的金额、偿还期限和确定的债权人。如短期借款、应付票据、已取得结算凭证的应付账款等。
2) 应付金额视经营情况而定的流动负债
这类负债需要企业在一定的经营期末才能确定负债金额，在该经营期结束前，负债金额不能以货币计量。如应交税费、应付工资、应付利润等。
3) 应付金额须予以估计的流动负债
这类负债是指没有确切的债权人和偿付日期，或虽有确切的债权人和偿付日期，但偿付的金额需要估计的流动负债，如应付福利费、预计负债、期末结算凭证尚未到达企业暂估入账的存货而形成的应付账款等。

5.2.1 短期借款

1. 短期借款的概述

1）短期借款的概念

短期借款是指企业向银行或其他金融机构借入的偿还期限在1年内(含1年)的各种借款。主要目的是用于补充流动资金、偿还短期债务等。

2）短期借款核算的内容

短期借款核算的内容主要有借款的取得、借款利息的处理以及短期借款清偿。短期借款核算的主要问题是借款费用的处理。

短期借款所发生的利息费用,一般作为财务费用处理。短期借款利息的处理有两种方法。

如果短期借款的利息金额较小,可按期支付。如每到季度末支付该季度的利息,并将支付该季度的利息计入最后1个月的财务费用;或者于到期日,将全部的借款利息连同本金一并归还。

如果借款利息金额较大,按权责发生制与配比性原则的要求,正确地计算企业的经营成果,应采用预提利息的方式,按月预提短期借款利息。期末根据借款本金以及利率计算应提利息,一方面将利息计入当期财务费用;另一方面形成了已预提而尚未支付的费用。如果企业将销售商品、提供劳务所形成的应收债权提供给银行或金融机构作为质押品申请借款,也作为短期借款业务处理。

3）短期借款核算应设置的账户

为了反映短期借款本金的增减变化及其结果,企业应设置"短期借款"账户。该账户借方登记偿还的短期借款本金,贷方登记取得的短期借款本金,期末贷方余额表示尚未清偿的短期借款本金债务。短期借款的利息无论是按期支付还是采用预提方式,都不通过"短期借款"账户核算。

2. 短期借款会计处理

企业按计划取得短期借款时,借记"银行存款"账户,贷记"短期借款"账户。到期还本付息时,借记"短期借款""财务费用""预提费用"账户,贷记"银行存款"账户。

短期借款利息采用预提方式,期末预提利息时,借记"财务费用"账户,贷记"预提费用"账户。季度末与银行结算利息时,按照已经预提的金额,借记"预提费用"账户,按应付利息的金额与预提数之间的差额(尚未提取的部分),借记"财务费用"账户;根据实际支付的利息,贷记"银行存款"账户。

如果借款利息金额较小且按期支付,或者借款利息在借款到期时与本金一并归还,则在实际支付时,借记"财务费用"账户,贷记"银行存款"账户。

【例5-1】 腾龙公司于6月1日从工商银行借入偿还期为6个月的短期借款500 000元,期限为1年,年利率6%,借款合同规定按季支付利息,该借款用于生产经营活动,借款利息采用预提方式。

6月1日取得借款时,会计分录为:

借:银行存款 500 000
　贷:短期借款 500 000

$$应计利息 = 500\,000 \times 6\% \div 12 \times 1 = 2\,500(元)$$

6月末预提短期借款利息时,会计分录为:

借:财务费用 2 500
　贷:预提费用 2 500

6月末支付利息时,会计分录为:

借:预提费用 2 500
　贷:银行存款 2 500

7、8月末预提短期借款利息时,分别会计分录为:

借:财务费用 2 500
　贷:预提费用 2 500

9月末支付利息时,会计分录为:

借:预提费用 5 000
　财务费用 2 500
　贷:银行存款 7 500

支付时,7、8月份的利息应冲减"预提费用"账户,9月份利息直接计入当期财务费用。

10月预提时,会计分录为:

借:财务费用 2 500
　贷:预提费用 2 500

11月末偿还短期借款及利息时,会计分录为:

借:短期借款 300 000
　预提费用 2 500
　财务费用 2 500
　贷:银行存款 305 000

【例5-2】 腾龙公司借款利息采用按季度支付方式,其他资料见【例5-1】。

6月1日取得借款时,会计分录为:

借:银行存款 500 000
　贷:短期借款 500 000

$$应计利息 = 500\,000 \times 6\% \div 12 \times 1 = 2\,500(元)$$

6月末支付本季度利息时,会计分录为:

借:财务费用 2 500
　贷:银行存款 2 500

$$应计利息 = 500\,000 \times 6\% \div 12 \times 3 = 7\,500(元)$$

9月末支付本季度借款利息时,会计分录为:

借:财务费用 7 500
　贷:银行存款 7 500

应计利息＝500 000×6％÷12×2＝5 000(元)

11月末偿还短期借款及利息时,会计分录为:

借:短期借款　　　　　　　　　　　　　300 000
　　财务费用　　　　　　　　　　　　　　5 000
　　贷:银行存款　　　　　　　　　　　　　　305 000

通过本例可以看出,按期支付利息不符合权责发生制和配比性原则的要求,但如果借款利息金额较小,为简化核算,可以采用此种方式核算短期借款利息。

如果企业以持有的应收债权作为质押品取得借款,其核算与上述业务处理相同,但需要设置备查账簿,详细记录质押的应收债权的账面余额、质押的期限及回款等情况。

5.2.2 应付及预收款项

1. 应付账款

1) 应付账款概述

(1) 应付账款的概念

应付账款是指因购买材料、商品或接受劳务供应等而发生的债务。这是买卖双方由于取得物资或服务与支付货款在时间上不一致而产生的负债。

(2) 应付账款入账时间的确定

应付账款入账时间应以与所购物资所有权有关的风险和报酬已经转移或已经接受了劳务为标志。如果所购物资和发票账单同时到达,应付账款一般是在所购物资验收入库后登记入账。如果所购物资已到达企业,发票账单尚未到达企业,一般先组织验收入库,先不处理会计业务;等发票账单到达企业后,再处理会计业务。如果发票账单先到达企业,则应根据发票账单办理结算手续,如未支付货款及增值税等款项,则作为应付账款入账。

(3) 应付账款的计量

应付账款一般按应付金额入账,不按到期应付金额的现值入账。如果形成的应付账款是带有现金折扣的,则按总价法处理,即以不扣除现金折扣的应付账款总额入账,在实际发生现金折扣时,冲减财务费用。如果销货方给予一定商业折扣,则应按扣除商业折扣后的金额,也就是发票所列的实际金额入账。

(4) 设置的账户

为了总括反映企业在结算中形成的应付账款负债的增减变化及其变动的结果,在会计核算中应设置"应付账款"总账账户。该账户借方登记偿还的应付账款以及经批准后由于某些原因而无法支付应付账款的转销;贷方登记应付账款债务的增加;期末贷方余额表示企业应偿还的应付账款债务。

"应付账款"账户应按债权人设置明细账。应付账款一般应在短期内支付。由于某些原因无法支付的应付账款或划转给关联企业无须支付的应付账款,按《企业会计制度》的规定转作资本公积。

(2) 应付账款的会计处理

如果企业所购物资验收入库后仍未付款,则按发票账单登记入账,借记"原材料""库存商品""应交税费——应交增值税(进项税)"账户,贷记"应付账款"账户。

如果企业所购物资已到,但发票账单未到而无法确定实际成本,则在月度终了时应按照合同价、市场价或计划价估计入账,借记"原材料""库存商品"等账户,贷记"应付账款"账户,待下月初用红字冲回。

如果赊购物资,在付款期内有现金折扣的,应按"总价法"进行会计处理。物资验收入库时,应根据发票上价款和增值税,借记"原材料""库存商品""应交税费——应交增值税(进项税额)"账户,贷记"应付账款"账户。当享受现金折扣时,借记"应付账款"账户,贷记"银行存款""财务费用"账户。偿还应付账款时,借记"应付账款"账户,贷记"银行存款"账户。

【例 5-3】 腾龙公司从蓝星公司赊购原材料一批,价款 400 000 元,增值税 68 000 元,付款期 1 个月,现金折扣条件为 2/10、1/20、n/30,计算现金折扣不考虑增值税。假定腾龙公司在第 16 天付款。

原材料验收入库时,编制会计分录:

借:原材料　　　　　　　　　　　　　　　　　400 000
　　应交税费——应交增值税(进项税额)　　　　68 000
　　贷:应付账款——蓝星公司　　　　　　　　　　468 000

现金折扣:$400\,000 \times 1\% = 4\,000$(元)

偿还应付账款时,编制会计分录:

借:应付账款——蓝星公司　　　　　　　　　　468 000
　　贷:财务费用　　　　　　　　　　　　　　　　4 000
　　　　银行存款　　　　　　　　　　　　　　　464 000

由于债权单位撤销或其他原因而无法支付或无须支付的应付账款,经批准后,应转入资本公积,借记"应付账款"账户,贷记"资本公积——其他资本公积"账户。

2. 预收账款

预收账款是指买卖双方协议商定,由购货方预先支付一部分货款给供应方而发生的一项负债。

预收账款的核算应视企业的具体情况而定。预收账款较多的企业,可以将发生的预收账款单独设置"预收账款"账户核算,待用产品或劳务偿付之后再进行结算。预收账款不多的企业,可以将预收账款直接计入"应收账款"的借方。预收账款与应收账款在性质上虽然不同,但其账户结构和反映的内容却相同,他们的贷方发生额均反映收到的货款,借方发生额均反映销售后应收的货款。

【例 5-4】 腾龙公司于 8 月份与蓝星公司签订一笔金额为 10 万元的购销合同,规定 10 月份腾龙公司向蓝星公司销售一批价值为 100 000 元的货物(增值税税率为 17%);腾龙公司先预收 40 000 元的货款,余款于交货时收取。腾龙公司应作会计分录如下。

8 月份预收货款时:

借:银行存款　　　　　　　　　　　　　　　　40 000
　　贷:预收账款(或应收账款)——蓝星公司　　　40 000

10月份交货时：

借：预收账款(或应收账款)——蓝星公司　　　　117 000
　　贷：主营业务收入　　　　　　　　　　　　　　　100 000
　　　　应交税费——应交增值税　　　　　　　　　 17 000

收到蓝星公司补付的余款时：

借：银行存款　　　　　　　　　　　　　　　　　　77 000
　　贷：预收账款(或应收账款)——蓝星公司　　　　77 000

3. 应付票据

1) 应付票据概述

(1) 应付票据概念

应付票据是指由出票人出票，由承兑人允诺在指定日期无条件支付特定的金额给收款人或者持票人的商业汇票，商业汇票包括银行承兑汇票和商业承兑汇票。在我国，只有商品交易才可以签发商业汇票，如购买原材料、购买商品等。企业间提供劳务等非商品交易业务则不能使用商业汇票。我国银行结算办法规定商业汇票的承兑期限最长不超过9个月，因此，应付票据归属于流动负债。

(2) 应付票据的计量

应付票据按是否带息可分为带息应付票据和不带息应付票据。应付票据无论商业汇票是否带息，一律按实际发生的金额入账，即按面值入账。带息票据的利息采用预计利息的，期末预计利息时，一方面将利息支出计入财务费用，一方面调增"应付票据"账户的账面；如果带息票据的利息是不预计利息的，无须调增应付票据的账面，待到期时将全部利息支出计入当期财务费用即可。

(3) 应付票据核算设置的账户

为了总括反映企业以商业汇票方式办理结算所形成的负债的增减变化及其变动的结果，在会计核算中应设置"应付票据"总账账户。该账户借方登记偿还的应付票据面值以及带息票据预计的利息；贷方登记应付票据面值以及预计带息票据的利息；期末贷方余额表示应付票据本金以及预计带息票据的利息。

"应付票据"账户应按债权人设置明细账。企业还应设置"应付票据"备查簿，详细登记每一应付票据的种类、号数、签发日期、到期日、票面金额、收款人姓名或单位名称、付款日期和金额等详细资料。应付票据到期付清时，应在备查簿内逐笔注销。

2) 应付票据的会计处理

企业采用商业承兑汇票办理结算时，应根据增值税专用发票中的价款、增值税及其他费用，借记"原材料""应交税费——应交增值税(进项税额)"等账户，贷记"应付票据"账户。在办理银行承兑汇票时，银行受理后需支付的手续费，借记"财务费用"账户，贷记"银行存款"账户。收到银行支付本息通知时，借记"应付票据""财务费用"账户，贷记"银行存款"账户。

以办理的商业汇票抵偿应付账款债务时，应借记"应付账款"账户，贷记"应付票据"账户。

带息票据利息的会计处理有两种方法：一种是期末预计利息,企业按照票据的票面价值和票据规定的利率月末计算应付利息;另一种是在到期时,将全部利息支出一次性计入当期损益。

A. 不带息票据的会计处理

处理不带息票据的业务,"应付票据"账户反映应付票据本金 债务增减变化及其结果。当企业购买存货或为清偿应付账款承兑商业承兑汇票时,应借记"原材料""库存商品""应交税费——应交增值税（进项税额）""应付账款"等账户,贷记"应付票据"账户;企业申请办理银行承兑汇票时,除上述会计处理外,还应根据支付的手续费借记"财务费用"账户,贷记"银行存款"账户。

企业应在票据到期前将足额款项交存银行划转。当接到银行支付通知时,借记"应付票据"账户,贷记"银行存款"账户。

如果商业承兑汇票到期未能承兑,付款人应将到期的应付票据转作应付账款,借记"应付票据"账户,贷记"应付账款"账户。

如果银行承兑汇票到期未能偿付,则企业接到银行扣款通知时,借记"应付票据"账户,贷记"银行存款"账户,不足的部分作为逾期贷款,贷记"短期借款"账户。作为逾期贷款的部分,银行每天按万分之五计收罚息,对计收的利息,按短期借款利息的处理办法处理。

【例 5-5】 腾龙公司于 3 月 10 日向银行申请办理银行承兑汇票,银行开具了面值 60 000 元、50 天期限不带息银行承兑汇票,用于抵付一项应付账款,并用现金支付手续费 60 元。到期时该公司未能支付票款,接到承兑银行扣款通知时,银行存款账户余额只有 50 000 元。

3 月 10 日银行开具票据时,会计分录为：

借：应付账款　　　　　　　　　　　　　　　　60 000
　　贷：应付票据　　　　　　　　　　　　　　　60 000
借：财务费用　　　　　　　　　　　　　　　　　　60
　　贷：库存现金　　　　　　　　　　　　　　　　　60

4 月 29 日票据到期时,会计分录为：

借：应付票据　　　　　　　　　　　　　　　　60 000
　　贷：银行存款　　　　　　　　　　　　　　　50 000
　　　　短期借款　　　　　　　　　　　　　　　10 000

B. 带息票据的会计处

理处理带息票据的业务,在预计利息时,"应付票据"账户反映应付票据的面值及已预计的利息;如果期末不预计利息,"应付票据"账户反映应付票据面值。企业期末预计利息时,借记"财务费用"账户,贷记"应付票据"账户。不预计利息的在票据到期时将全部利息计入当期财务费用。

【例 5-6】 腾龙公司 9 月 1 日购入原材料一批,签发并承兑一张 3 个月期限、票面利率 3.6% 的商业承兑汇票。发票材料价款 300 000 元,增值税 51 000 元,材料已验收入库。公司要求月末预计利息。

9月1日验收材料签发商业承兑汇票时,会计分录为:

借:原材料　　　　　　　　　　　　　　　　　　　300 000
　　应交税费——应交增值税(进项税额)　　　　　51 000
　　贷:应付票据　　　　　　　　　　　　　　　　　351 000

应计利息＝351 000×3.6%÷12×1＝1 053(元)

9、10月末预提利息时,分别编制会计分录如下:

借:财务费用　　　　　　　　　　　　　　　　　　1 053
　　贷:应付票据　　　　　　　　　　　　　　　　　1 053

12月1日到期时,会计分录为:

借:应付票据　　　　　　　　　　　　　　　　　　353 106
　　财务费用　　　　　　　　　　　　　　　　　　1 053
　　贷:银行存款　　　　　　　　　　　　　　　　　354 159

如果到期腾龙公司未能支付票款,则会计分录为:

借:应付票据　　　　　　　　　　　　　　　　　　353 106
　　财务费用　　　　　　　　　　　　　　　　　　1 053
　　贷:应付账款　　　　　　　　　　　　　　　　　354 159

不预计利息的应付票据,到期时按票据面值借记"应付票据"账户,根据计算所得的全部利息借记"财务费用"账户,根据本利之和贷记"银行存款"账户。

【例5-7】 (资料见【例5-6】)腾龙公司应付票据采用不预计利息的方式进行会计处理。

12月1日到期时,会计分录为:

借:应付票据　　　　　　　　　　　　　　　　　　351 000
　　财务费用　　　　　　　　　　　　　　　　　　3 159
　　贷:银行存款　　　　　　　　　　　　　　　　　354 159

4. 其他应付款

其他应付款是指企业除应付票据、应付账款、预收账款、应付职工薪酬、应付利息、应付股利、应交税费、长期应付款等以外的其他各项应付、暂收其他单位或个人的款项,如应付经营租入固定资产和包装物的租金、存入保证金(如收取的包装物的押金等)等。这些应付、暂收款项构成了企业的一项流动负债。

企业发生上述各项应付、暂收款时,借记"银行存款""管理费用"等账户,贷记"其他应付款"账户;支付时,借记"其他应付款"账户,贷记"银行存款"等账户。"其他应付款"账户按应付和暂收等款项的类别和单位或个人设置明细账,进行明细分类核算。

5.2.3　应付职工薪酬

1. 应付职工薪酬的性质与内容

职工薪酬是指企业为获得职工提供的服务而给予其的各种形式的报酬以及其他相关支出。从内容上看,职工薪酬就是职工在职期间和离职后企业提供给职工的全部货币性薪酬和非货币性薪酬,既包括提供给职工本人的薪酬,也包括提供给职工配偶、子女或其他被赡养人的福利等。因而,应付职工薪酬是企业对职工个人的一种负债,包括:

(1) 职工工资、奖金、津贴和补贴;
(2) 职工福利费;
(3) 医疗保险费、养老保险费、失业保险费、工伤保险费和生育保险费等社会保险费;
(4) 住房公积金;
(5) 工会经费和职工教育经费;
(6) 非货币性福利;
(7) 因解除与职工的劳动关系而给予的补偿;
(8) 其他与获得职工提供的服务相关的支出。

职工薪酬最基本的内容是工资和福利费。工资总额是指企业在一定期间内实际支付给职工的劳动报酬总数,一般由计时工资、计件工资、奖金、津贴和补贴、加班加点工资和特殊情况下支付的工资六个部分组成;职工福利费主要指给予职工的福利补助,包括职工医疗费、厂内医护人员的工资、医务经费、职工因公负伤赴外地就医的路费、职工生活困难补助,以及按国家规定开支的其他职工福利支出等。

2. 应付职工薪酬的核算

为了反映职工薪酬的发放和提取情况,在会计上应设置"应付职工薪酬"账户进行核算,并按职工薪酬的类别设置"工资""职工福利费""社会保险费""住房公积金""工会经费""非货币性福利""辞退福利""股份支付"等明细分类账户进行核算。"应付职工薪酬"账户贷方登记应支付给职工的各种薪酬,借方登记支付给职工的各种薪酬,期末贷方余额反映企业应付未付的职工薪酬。

根据配比原则,企业应在职工为其提供服务的会计期间内,计算确定本期应付职工薪酬金额,并将其确认为本期企业的职工薪酬负债,除因解除与职工的劳动关系给予的补偿外,应当根据职工提供服务的受益对象计入相关成本或费用。一般来讲,生产车间职工的职工薪酬计入产品成本,其中生产工人的职工薪酬借记"生产成本"账户,车间管理人员的职工薪酬借记"制造费用"账户;销售人员的职工薪酬借记"销售费用"账户;在建工程人员的职工薪酬借记"在建工程"账户;自行研发人员的职工薪酬借记"研发支出"账户;管理部门人员及其他人员的职工薪酬借记"管理费用"账户;应付职工薪酬总额贷记"应付职工薪酬"账户。

1) 货币性职工薪酬的核算

(1) 具有明确计提标准的货币性职工薪酬

职工薪酬中有很多项目是国家统一规定了计提基础和比例的,如应向社会保险经办机构缴纳的医疗保险费、养老保险费、失业保险费、工伤保险费、生育保险费等社会保险费,应向住房公积金管理中心缴存的住房公积金,以及应向工会部门缴纳的工会经费等,应按国家规定的标准计提。计提时,借记相关成本或费用账户,贷记"应付职工薪酬"账户。

(2) 没有规定明确计提标准的货币性薪酬

对于没有规定计提基础和计提比例的职工薪酬,企业应根据历史经验数据和自身实际情况,合理预计当期的应付职工薪酬,借记相关成本或费用账户,贷记"应付职工薪酬"账户。

【例5-8】 某公司2007年1月的"工资汇总表"上列示的应付职工薪酬总额为2 000万元。其中:产品生产工人工资1 000万元,车间管理人员工资200万元,企业管理人员工资360万元,公司专设销售机构人员工资100万元,建造厂房人员工资220万元,内部开发存货管理系统人员工资120万元。

该公司分别按照职工工资总额的10%、12%、2%和10.5%计提医疗保险费、养老保险费、失业保险费和住房公积金,缴纳给当地社会保险经办机构和住房公积金管理机构。公司预计2007年应承担的职工福利费金额为职工工资总额的2%,职工福利的受益对象为上述所有人员。公司分别按职工工资总额的2%和1.5%计提工会经费和职工教育经费。假定公司存货管理系统已处于开发阶段,并符合资本化为无形资产的条件。

分配本月职工薪酬的会计处理为:

应计入生产成本的职工薪酬
$=1\,000+1\,000\times(10\%+12\%+2\%+10.5\%+2\%+2\%+1.5\%)=1\,400$(万元)

应计入制造费用的职工薪酬
$=200+200\times(10\%+12\%+2\%+10.5\%+2\%+2\%+1.5\%)=280$(万元)

应计入管理费用的职工薪酬
$=360+360\times(10\%+12\%+2\%+10.5\%+2\%+2\%+1.5\%)=504$(万元)

应计入销售费用的职工薪酬
$=100+100\times(10\%+12\%+2\%+10.5\%+2\%+2\%+1.5\%)=140$(万元)

应计入在建工程成本的职工薪酬
$=220+220\times(10\%+12\%+2\%+10.5\%+2\%+2\%+1.5\%)=308$(万元)

应计入研发支出成本的职工薪酬
$=120+120\times(10\%+12\%+2\%+10.5\%+2\%+2\%+1.5\%)=168$(万元)

借:生产成本　　　　　　　　　14 000 000
　　制造费用　　　　　　　　　 2 800 000
　　管理费用　　　　　　　　　 5 040 000
　　销售费用　　　　　　　　　 1 400 000
　　在建工程　　　　　　　　　 3 080 000
　　研发支出——资本化支出　　 1 680 000
　贷:应付职工薪酬——工资　　　　　　　20 000 000
　　　　　　　　　——职工福利　　400 000(20 000 000×2%)
　　　　　　　　　——社会保险费 4 800 000[20 000 000×(10%+12%+2%)]
　　　　　　　　　——住房公积金 2 100 000(20 000 000×10.5%)
　　　　　　　　　——工会经费　　400 000(20 000 000×2%)
　　　　　　　　　——职工教育经费 300 000(20 000 000×1.5%)

结转代扣款项:
公司职工住房公积金由企业负担50%,职工个人负担50%,职工个人负担的部分由企业代扣代缴,公司本月职工住房公积金已足额缴纳。公司代扣个人所得税 1 000 000 元。

  借:应付职工薪酬   3 100 000
   贷:其他应付款——应交住房公积金   2 100 000
     应交税费——应交个人所得税   1 000 000

其中,2 100 000 元是职工个人负担、由企业代扣代缴的住房公积金。

支付工资 16 900 000 元(20 000 000－2 100 000－1 000 000):

  借:应付职工薪酬   16 900 000
   贷:银行存款(或库存现金)   16 900 000

缴纳本月住房公积金:

  借:其他应付款——应交住房公积金   2 100 000
    应付职工薪酬——住房公积金   2 100 000
   贷:银行存款   4 200 000

2) 非货币性职工薪酬的核算

非货币性职工薪酬是指企业以非货币性资产支付给职工的薪酬,主要包括企业以其自产产品或其他有形资产作为非货币性福利发放给职工,向职工无偿提供自己拥有的资产供其使用等。

企业以其生产的产品或外购商品作为非货币性福利提供给职工的,应当作为正常产品(商品)销售处理。一方面,根据受益对象,按照该产品(商品)的公允价值,计入相关资产成本或当期损益,同时确认应付职工薪酬;另一方面,发放非货币性福利时,按照产品(商品)的公允价值借记"应付职工薪酬"账户,贷记"主营业务收入""应交税费——应交增值税"账户。

【例 5-9】 某公司是一家彩电生产企业,共有职工 100 名,其中一线生产职工 85 名,15 名为管理人员。2007 年 12 月,该公司以其生产的成本为 5 000 元的液晶彩电作为福利发放给职工。该型号的液晶彩电的售价为每台 7 000 元,该公司适用的增值税税率是 17%。该公司的账务处理如下:

公司决定发放非货币性福利时:

  借:生产成本   696 150[85×7 000×(1+17%)]
    管理费用   122 850[15×7 000×(1+17%)]
   贷:应付职工薪酬——非货币性福利   819 000

公司实际发放非货币性福利时:

  借:应付职工薪酬——非货币性福利   819 000
   贷:主营业务收入   700 000 (100×7 000)
     应交税费——应交增值税(销项税额)   119 000
  借:主营业务成本   500 000(100×5 000)
   贷:库存商品   500 000

企业无偿向职工提供住房等资产使用时,应根据受益对象,将该住房每期应计提的折旧计入相关资产成本或当期损益,同时确认应付职工薪酬中的非货币性福利金额。租赁住房等资产供职工无偿使用的,应当根据受益对象,将每期应付的租金计入相关资产成本或当期损益,并确认应付职工薪酬中的非货币性福利金额。难以确定收益对象的,直接计入当期损益,并确认应付职工薪酬。

3) 辞退福利的确认与计量

辞退福利包括两方面内容:一是在职工劳动合同尚未到期前,不论职工本人是否愿意,企业决定解除与职工的劳动关系而给予的补偿;二是在职工劳动合同到期前,为鼓励职工自愿接受裁减而给予的补偿,职工有权利选择继续在职或接受补偿离职。辞退福利通常采取在解除劳动关系时一次性支付补偿的方式,也有通过提高退休后养老金或其他离职后的标准,或者职工工资支付至辞退后未来某一期间的方式。

辞退福利同时满足下列条件的,应当确认为因解除与职工的劳动关系给予补偿而产生的预计负债,同时计入当期损益:

① 企业已制订正式的解除劳动关系计划或提出自愿裁减建议,并即将实施。该计划或建议应当包括拟解除劳动关系或裁减的职工所在部门、职位及数量;根据有关规定按工作类别或职位确定的解除劳动关系或裁减补偿金额;拟解除劳动关系或裁减的时间。

② 企业不能单方面撤回解除劳动关系或裁减建议。企业应当严格按照辞退计划条款的规定,合理预计并确认辞退福利产生的应付职工薪酬。对于职工没有选择权的辞退计划,应根据计划条款规定拟解除劳动关系的职工数量、每一职工的辞退补偿等计提应付职工薪酬(预计负债);对于自愿接受裁减的建议,由于接受裁减的职工数量不确定,企业应预计将会接受裁减建议的职工数量,根据预计的职工数量和每一职位的辞退补偿等,确认应付职工薪酬(预计负债)。

为了反映解除劳动关系补偿的提取与支付情况,应在"应付职工薪酬"总分类账户下设置"辞退福利"明细账。由于被辞退职工不能再给企业带来任何经济利益,所以,辞退福利应计入当期费用而不计入资产成本。企业应当根据已确定的解除劳动关系计划或自愿裁减建议,借记"管理费用"账户,贷记"应付职工薪酬——辞退福利"账户。实际支付辞退福利时,应借记"应付职工薪酬——辞退福利"账户,贷记"银行存款"等账户。

5.2.4 应交税费

企业在一定时期内取得的营业收入和实现的利润,要按照规定向国家缴纳各种税费,如增值税、消费税、营业税、资源税、土地增值税、所得税等。这些应交税费,应按照权责发生制的原则预提计入有关科目。这些应交税费在尚未缴纳之前暂时停留在企业,形成一项负债。

企业在核算时应分别设置明细账户,进行明细核算。企业设置"应交税费"科目核算预计缴纳的各种税金,并按应交的税种设置相应的明细科目,如"应交营业税""应交增值税""应交所得税"等。"应交税费"账户贷方登记企业应缴纳的各种税费;借方登记实际缴纳的税费;期末应交税费科目为借方余额,反映企业多交或尚未抵扣的税金;若为贷方余额,反映企业未交的税金。

企业缴纳的印花税、耕地占用税以及其他不需要预计应交数额的税金,不在"应交税费"账户核算。

1. 增值税

增值税是指以商品生产、流通和劳务服务环节的新增价值或商品附加值为征税对象的一种流转税。按照增值税暂行条例的规定,企业购入货物或接受应税劳务支付的增值税(即进项税额),可以从销售货物或提供劳务按规定收取的增值税(即销项税额)中抵扣。

1) 科目设置

企业应交的增值税,在"应交税费"科目下设置"应交增值税"明细科目进行核算。"应交增值税"明细科目的借方发生额,反映企业购进货物或接受应税劳务支付的进项税额、实际已缴纳的增值税等;贷方发生额,反映销售货物或提供应税劳务应缴纳的增值税额、出口货物退税、转出已支付或应分担的增值税等;期末借方余额,反映企业尚未抵扣的增值税。"应交税费——应交增值税"科目分别设置"进项税额""已交税费""销项税额""出口退税""进项税额转出""转出未交增值税""转出多交增值税""减免税款""出口抵减内销产品应纳税额"等专栏。

2) 一般纳税企业一般购销业务的会计处理

实行增值税的一般纳税企业,从税务角度看,一是可以使用增值税专用发票,企业销售货物或提供劳务可以开具增值税专用发票(或完税凭证,或购进免税农产品凭证,或收购废旧物资凭证,或外购物资支付的运输费用的结算单据,下同);二是购入货物取得的增值税专用发票上注明的增值税税额可以用销项税额抵扣;三是如果企业销售货物或者提供劳务采用销售额和销项税额合并定价方法,则按公式"销售额=含税销售额÷(1+增值税税率)"还原为不含税销售额,并按不含税销售额计算销项税额。

根据上述特点,一般纳税企业在账务处理上的主要特点看以下两个:一是在购进阶段,会计处理时实行价与税的分离,价与税分离的依据为增值税专用发票上注明的价款和增值税,属于价款的部分,计入购入货物的成本;属于增值税额的部分,计入进项税额;二是在销售阶段,销售价格中不再含税,如果定价时含税,则应还原为不含税价格作为销售收入,以向购买方收取的增值税作为销项税额。

【例 5-10】 某企业为增值税一般纳税人,本期购入一批原材料,增值税专用发票上注明的原材料价款 600 万元,增值税税额为 102 万元。货款已经支付,材料已经到达并验收入库。该企业当期销售产品收入为 1 200 万元(不含应向购买者收取的增值税),符合收入确认条件,货款尚未收到。假如该产品的增值税税率为 17%,不缴纳消费税。根据上述经济业务,企业应作如下会计处理(该企业采用计划成本进行日常材料核算。原材料入库分录略):

借:物资采购　　　　　　　　　　　　　　6 000 000
　　应交税费——应交增值税(进项税额)　　1 020 000
　贷:银行存款　　　　　　　　　　　　　　7 020 000

销项税额=1 200×17%=204(万元)

借:应收账款　　　　　　　　　　　　　　14 040 000
　贷:主营业务收入　　　　　　　　　　　　12 000 000
　　　应交税费——应交增值税(销项税额)　　2 040 000

3) 一般纳税企业购入免税产品的会计处理

按照增值税暂行条例的规定,对农业生产者销售的自产农业产品、古旧图书等部分项目免征增值税。企业销售免征增值税项目的货物,不能开具增值税专用发票,只能开具普通发票。企业购进免税产品,一般情况下不能扣税,但按税法规定,对于购入的免税农业产品、收购的废旧物资等可以按买价(或收购金额)的一定比率计算进项税额,并准予从销项税额中抵扣。这里购入免税农业产品的买价是指企业购进免税农业产品支付给农业生产者的价款。在会计核算时,应按购入产品的买价和按规定税率计算的进项税额的合计数,借记"应交税费——应交增值税(进项税额)"账户,按买价减去按规定计算的进项税额后的差额,借记"材料采购""原材料"等有关账户,按应付或实际支付的价款,贷记"应付账款""应付票据""银行存款"等账户。

【例 5-11】 D 企业购入花生一批,价款 30 000 元,按规定扣除率为 13%,货物尚未到达,货款已用银行存款支付。会计分录为:

借:材料采购   26 100
    应交税费——应交增值税(进项税额)   3 900
  贷:银行存款   30 000

4) 小规模纳税企业的会计处理

小规模纳税企业的特点主要有以下三条:一是小规模纳税企业销售货物或者提供应税劳务,一般情况下,只能开具普通发票,不能开具增值税专用发票;二是小规模纳税企业销售货物或提供应税劳务,实行简易办法计算应纳税额,按照销售额的一定比例计算;三是小规模纳税企业的销售额不包括其应纳税额。采用销售额和应纳税额合并定价方法的,应按照公式"销售额=含税销售额÷(1+征收率)"还原为不含税销售额进行计算。

从会计核算角度看,首先,小规模纳税企业购入货物无论是否具有增值税专用发票,其支付的增值税额均不计入进项税额,不得由销项税额抵扣,应计入购入货物的成本。相应地,其他企业从小规模纳税企业购入货物或接受劳务支付的增值税税额,如果不能取得增值税专用发票,也不能作为进项税额抵扣,而应计入购入货物或应税劳务的成本。其次,小规模纳税企业的销售收入按不含税价格计算。最后,小规模纳税企业"应交税费——应交增值税"科目,应采用三栏式账户。该账户的贷方登记应缴纳的增值税,借方登记已缴纳的增值税,期末贷方余额表示尚未缴纳的增值税,借方余额表示多缴纳的增值税。小规模纳税企业销售货物或提供应税劳务,按照销售额与按征收率计算的应纳增值税额的合计数,借记"应收账款""应收票据""银行存款"等账户,按规定收取的增值税额贷记"应交税费——应交增值税"账户,按应收价款贷记"主营业务收入"等账户。

【例 5-12】 太和厂为小规模纳税企业,购入原材料一批,价款 50 000 元,增值税 8 500 元,价税款以银行存款支付,材料验收入库。另外销售产品一批,含税销售额为 265 000 元,货款已收存银行,该企业按 6% 的征收率缴纳增值税。

        应纳税额=含税销售额-含税销售额÷(1+征收率)
                =265 000-265 000÷(1+6%)=15 000(元)

① 支付购入材料价税款时,会计分录为:

借:原材料   58 500

贷：银行存款　　　　　　　　　　　　　　　　58 500
　② 销售产品收到价税款时，会计分录为：
　　借：银行存款　　　　　　　　　　　　　　265 000
　　　贷：主营业务收入　　　　　　　　　　　　　250 000
　　　　应交税费——应交增值税　　　　　　　　15 000
　③ 以银行存款交纳增值税时，会计分录为：
　　借：应交税费——应交增值税　　　　　　　　15 000
　　　贷：银行存款　　　　　　　　　　　　　　　15 000

5) 视同销售的会计处理

　　企业可能会将自产、委托加工或购买的货物分配给股东或投资者。自产或委托加工的货物用于非应税项目如作为投资、集体福利消费、赠送他人等，从会计角度看，不属于销售行为，不能确认为销售收入，但按税法规定应视同对外销售，应计算应交增值税，借记"在建工程""长期股权投资""应付职工薪酬——非货币性福利""营业外支出""应付股利"等账户；按实际成本贷记"原材料""库存商品"等账户；按计税价格和税率计算应负担上缴增值税，贷记"应交税费——应交增值税（销项税额）"账户。

【例5-13】　甲公司为增值税一般纳税人，本期以原材料对乙公司进行投资，双方协议按成本作价。该批原材料的成本为200万元，计税价格为220万元。假如该原材料的增值税税率为17%。根据上述经济业务，甲、乙（假如甲、乙公司原材料均采用实际成本进行核算）企业应分别作如下会计处理。

甲公司：
　　　　对外投资转出原材料计算的销项税额＝220×17%＝37.4(万元)
　　借：长期股权投资　　　　　　　　　　　　2 374 000
　　　贷：原材料　　　　　　　　　　　　　　2 000 000
　　　　应交税费——应交增值税（销项税额）　　374 000

乙公司：
收到投资时，视同购进处理会计分录为：
　　借：原材料　　　　　　　　　　　　　　　2 000 000
　　　应交税费——应交增值税（进项税额）　　　374 000
　　　贷：实收资本　　　　　　　　　　　　　2 374 000

6) 不予抵扣项目的会计处理

　　按照增值税暂行条例及其实施细则的规定，企业购进固定资产、用于非应税项目的购进货物或者应税劳务等按规定不予抵扣增值税进项税额。属于购入货物时即能认定其进项税额不能抵扣的，如购进固定资产、购入的货物直接用于免税项目、直接用于非应税项目，或者直接用于集体福利和个人消费的，进行会计处理时，其增值税专用发票上注明的增值税税额，计入购入货物及接受劳务的成本。属于购入货物时不能直接认定其进项税额能否抵扣的，增值税专用发票上注明的增值税税额，按照增值税会计处理方法计入"应交税费——应交增值税（进项税额）"科目；如果这部分购入货物以后用于按规定不得抵扣进项税额项目，则应将原已计入进项税额并已支付的增值税转入有关的承担者予以承担，通过"应交税费——应交增值税（进项税额转出）"科目转入有关的"在建工程""应付职工薪酬""待处理财产损溢"等科目。

【例 5-14】 某企业为增值税一般纳税人，本期购入一批材料，增值税专用发票上注明的增值税税额为 20.4 万元，材料价款 120 万元。材料已入库，货款已经支付（假如该企业材料采用实际成本进行核算）。材料入库后，该企业将该批材料全部用于工程建设项目。根据该项经济业务，企业可作如下会计处理。

材料入库时：

借：原材料　　　　　　　　　　　　　　　　　1 200 000
　　应交税费——应交增值税（进项税额）　　　　 204 000
　　贷：银行存款　　　　　　　　　　　　　　　1 404 000

工程领用材料时：

借：在建工程　　　　　　　　　　　　　　　　1 404 000
　　贷：应交税费——应交增值税（进项税额转出）　204 000
　　　　原材料　　　　　　　　　　　　　　　 1 200 000

7) 转出多交增值税和未交增值税的会计处理

为了分别反映增值税一般纳税人欠交增值税款和待抵扣增值税的情况，确保企业及时足额上缴增值税，避免出现企业用以前月份欠交增值税抵扣以后月份未抵扣的增值税的情况，企业应在"应交税费"科目下设置"未交增值税"明细科目，核算企业月份终了从"应交税费——应交增值税"科目转入的当月未交或多交的增值税；同时，在"应交税费——应交增值税"科目下设置"转出未交增值税"和"转出多交增值税"专栏。本月上缴本月的应交增值税，借记"应交税费——应交增值税（已交税费）"账户，贷记"银行存款"账户。本月上交上期应交未交的增值税，借记"应交税费——未交增值税"账户，贷记"银行存款"账户。月份终了，企业计算出当月应交未交的增值税，借记"应交税费——应交增值税（转出未交增值税）"科目，贷记"应交税费——未交增值税"科目；当月多交的增值税，借记"应交税费——未交增值税"科目，贷记"应交税费——应交增值税（转出多交增值税）"科目，经过结转后，月份终了，"应交税费——应交增值税"科目的余额，反映企业尚未抵扣的增值税。

【例 5-15】 A 企业本月发生销项税额合计 304 000 元，进项税额为 204 000 元，进项税额转出为 110 500 元，已交增值税 190 000 元，本月应交未交增值税 20 500 元（304 000＋110 500－204 000－190 000）转入未交增值税明细账户，会计分录为：

借：应交税费——应交增值税（转出未交增值税）　20 500
　　贷：应交税费——未交增值税　　　　　　　　　20 500

下月以银行存款缴纳上个月所欠的增值税 20 500 元。

借：应交税费——未交增值税　　　　　　　　　 20 500
　　贷：银行存款　　　　　　　　　　　　　　　 205 00

2. 消费税

为了正确引导消费方向，国家在普遍征收增值税的基础上，选择部分消费品，再征收一道消费税。消费税的征收方法有从价定率和从量定额两种方法。实行从价定率办法计征的应纳税额的税基为销售额,如果企业应税消费品的销售额中未扣除增值税税款,或者因不能开具增值税专用发票而发生价款和增值税税款合并收取的,在计算消费税时,按公式"应税消费品的销售额=含增值税的销售额÷(1+增值税税率或征收率)"换算为不含增值税税款的销售额。实行从量定额办法计征的应纳税额的销售数量是指应税消费品的数量;属于销售应税消费品的,为应税消费品的销售数量;属于自产自用应税消费品的,为应税消费品的移送使用数量;属于委托加工应税消费品的,为纳税人收回的应税消费品数量;进口的应税消费品,为海关核定的应税消费品进口征税数量。

1) 科目设置

企业按规定应交的消费税,在"应交税费"科目下设置"应交消费税"明细科目进行核算。"应交消费税"明细科目的借方发生额,反映实际缴纳的消费税和待扣的消费税;贷方发生额,反映按规定应缴纳的消费税;期末贷方余额,反映尚未缴纳的消费税;期末借方余额,反映多交或待扣的消费税。

2) 产品销售的会计处理

企业销售产品时应缴纳的消费税,应分别情况进行处理。

企业将生产的产品直接对外销售的,对外销售产品应缴纳的消费税,通过"营业税金及附加"科目进行核算。企业按规定计算出应交的消费税,借记"营业税金及附加"科目,贷记"应交税费——应交消费税"科目。

【例 5-16】 某企业为增值税一般纳税人(采用计划成本核算原材料),本期销售其生产的应纳消费税产品,应纳消费税产品的售价为 24 万元(不含应向购买者收取的增值税税额),产品成本为 15 万元。该产品的增值税税率为 17%,消费税税率为 10%。产品已经发出,符合收入确认条件,款项尚未收到。根据这项经济业务,企业可作如下会计处理:

应向购买者收取的增值税税额=240 000×17%=40 800(元)

应交的消费税=240 000×10%=24 000(元)

借:应收账款	280 800
贷:主营业务收入	240 000
应交税费——应交增值税(销项税额)	40 800
借:营业税金及附加——消费税	24 000
贷:应交税费——应交消费税	24 000
借:主营业务成本	150 000
贷:库存商品	150 000

企业将应税消费品用于在建工程等非生产机构时,应按规定缴纳消费税,借记"在建工程"账户,贷记"应交税费——应交消费税"账户。

【例 5-17】 A 企业将应税消费品用于在建工程,该批消费品成本为 700 000 元,计税价格为 10 000 000 元。该消费品的增值税税率为 17%,消费税税率为 10%。会计分录为:

借:在建工程	970 000
贷:应交税费——应交增值税(销项税额)	170 000
应交税费——应交消费税	100 000

库存商品　　　　　　　　　　　　　　　　　　　　700 000

3) 委托加工应税消费品的会计处理

　　按照税法规定，企业委托加工的应税消费品，由受托方在向委托方交货时代扣代缴税款（除受托加工或翻新改制金银首饰按规定由受托方缴纳消费税外）。委托加工的应税消费品，委托方用于连续生产应税消费品的，所纳税款准予按规定抵扣。这里的委托加工应税消费品，是指由委托方提供原料和主要材料，受托方只收取加工费和代垫部分辅助材料加工的应税消费品。对于由受托方提供原材料生产的应税消费品，或者受托方先将原材料卖给委托方，然后再接受加工的应税消费品，以及由受托方以委托方名义购进原材料生产的应税消费品，都不作为委托加工应税消费品，而应当按照销售自制应税消费品缴纳消费税。委托加工的应税消费品直接出售的，不再征收消费税。

　　在会计处理时，需要缴纳消费税的委托加工应税消费品，于委托方提货时，由受托方代收代缴税款。受托方按应扣税款金额，借记"应收账款""银行存款"等科目，贷记"应交税费——应交消费税"科目。委托加工应税消费品收回后，直接用于销售的，委托方应将代收代缴的消费税计入委托加工的应税消费品成本，借记"委托加工材料""生产成本"等科目，贷记"应付账款""银行存款"等科目，待委托加工应税消费品销售时，不需要再缴纳消费税；委托加工的应税消费品收回后用于连续生产应税消费品，按规定准予抵扣的，委托方应按代收代缴的消费税款，借记"应交税费——应交消费税"科目，贷记"应付账款""银行存款"等科目，待用委托加工的应税消费品生产出应纳消费税的产品销售时，再缴纳消费税。

　　受托加工或翻新改制金银首饰按规定由受托方缴纳消费税。企业应于向委托方交货时，按规定缴纳的消费税，借记"营业税金及附加"科目，贷记"应交税费——应交消费税"科目。

【例5-18】　某企业委托外单位加工材料（非金银首饰），原材料价款20万元，加工费用5万元，由受托方代收代缴消费税0.5万元（不考虑增值税），材料已经加工完毕并验收入库，加工费用尚未支付。假定该企业材料采用实际成本核算。根据这项经济业务，委托方应作的会计处理如下所述。

如果委托方收回加工后的材料用于继续生产应税消费品，委托方的会计处理如下：

借：委托加工材料　　　　　　　　　　　　　　200 000
　　贷：原材料　　　　　　　　　　　　　　　　　　200 000
借：委托加工材料　　　　　　　　　　　　　　 50 000
　　应交税费——应交消费税　　　　　　　　　 5 000
　　贷：应付账款　　　　　　　　　　　　　　　　　55 000
借：原材料　　　　　　　　　　　　　　　　　250 000
　　贷：委托加工材料　　　　　　　　　　　　　　　250 000

如果委托方收回加工后的材料直接用于销售，委托方的会计处理如下：

借：委托加工材料　　　　　　　　　　　　　　200 000
　　贷：原材料　　　　　　　　　　　　　　　　　　200 000
借：委托加工材料　　　　　　　　　　　　　　 55 000

    贷：应付账款　　　　　　　　　　　　　　　　55 000
借：原材料　　　　　　　　　　　　　　　　　　255 000
    贷：委托加工材料　　　　　　　　　　　　　　255 000

4) 进出口产品的会计处理

需要缴纳消费税的进口消费品，其缴纳的消费税应计入该进口消费品的成本，借记"固定资产""物资采购"等科目，贷记"银行存款"等科目。免征消费税的出口应税消费品分别不同情况进行账务处理：属于生产企业直接出口应税消费品或通过外贸企业出口应税消费品，按规定直接予以免税的，可以不计算应交消费税；属于委托外贸企业代理出口应税消费品的生产企业，应在计算消费税时，按应交消费税额，借记"应收账款"科目，贷记"应交税费——应交消费税"科目。应税消费品出口收到外贸企业退回的税费时，借记"银行存款"科目，贷记"应收账款"科目。发生退关、退货而补交已退的消费税时，作相反的会计分录。

3. 营业税

营业税是对在我国境内提供劳务、转让无形资产或者销售不动产的单位和个人以其营业额或转让额或销售额为课征对象而征收的一种流转税。营业税按照营业额和规定的税率计算应纳税额，其公式为："应纳税额＝营业额×税率"。这里的营业额是指企业提供应税劳务、转让无形资产或者销售不动产向对方收取的全部价款和价外费用。价外费用包括向对方收取的手续费、基金、集资费、代收款项、代垫款项及其他各种性质的价外收费。

1) 科目设置

企业按规定应交的营业税，在"应交税费"科目下设置"应交营业税"明细科目，"应交营业税"明细科目的借方发生额，反映企业已缴纳的营业税；其贷方发生额，反映应交的营业税；期末借方余额，反映多缴的营业税；期末贷方余额，反映尚未缴纳的营业税。

2) 其他业务收入相关的营业税的会计处理

工业企业经营工业生产以外的其他业务所取得的收入，按规定应交的营业税，通过"营业税金及附加"和"应交税费——应交营业税"科目进行核算。

【例 5-19】　某国有工业企业对外提供运输劳务，收入 35 万元，营业税税率 3%。当期用银行存款上缴营业税 1 万元。根据这项经济业务，企业应作会计处理如下：

$$应交营业税＝35×3\%＝1.05(万元)$$

借：营业税金及附加　　　　　　　　　　　　　　10 500
    贷：应交税费——应交营业税　　　　　　　　10 500
借：应交税费——应交营业税　　　　　　　　　　10 000
    贷：银行存款　　　　　　　　　　　　　　　　10 000

3) 销售不动产相关的营业税的会计处理

企业销售不动产，应当向不动产所在地主管税务机关申报缴纳营业税。企业销售不动产按规定应交的营业税，借记"固定资产清理"账户，贷记"应交税费—应交营业税"账户。

【例 5-20】　A 企业将不需用的楼房一幢出售，销售额为 860 000 元，按规定应缴纳营业税额为43 000元。会计分录为：

　　借：固定资产清理　　　　　　　　　　　　　　43 000
　　　　贷：应交税费——应交营业税　　　　　　　　　　43 000

4) 出租或出售无形资产相关的营业税的会计处理

在会计核算时，由于企业出租无形资产所发生的支出是通过"其他业务支出"科目核算的，而出售无形资产所发生的损益是通过营业外收支核算的，所以，出租无形资产应缴纳的营业税应通过"其他业务支出"科目核算，出售无形资产应缴纳的营业税，通过"营业外收入"或"营业外支出"科目核算。

值得说明的是，企业收到先征后返的消费税、营业税等，应于实际收到时，冲减当期的主营业务税费及附加或其他业务支出等；企业收到先征后返的增值税，于实际收到时，计入当期补贴收入。

4. 资源税

资源税是国家对在我国境内开采矿产品或者生产盐的单位和个人征收的一种税。资源税按照应税产品的课税数量和规定的单位税额计算，公式为："应纳税额＝课税数量×单位税额"。这里的课税数量为：开采或者生产应税产品用于销售的，以销售数量为课税数量；开采或者生产应税产品自用的，以自用数量为课税数量。

1) 科目设置

企业按规定应交的资源税，在"应交税费"科目下设置"应交资源税"明细科目核算。"应交资源税"明细科目的借方发生额，反映企业已交的或按规定允许抵扣的资源税；贷方发生额，反映应交的资源税；期末借方余额，反映多缴或尚未抵扣的资源税；期末贷方余额，反映尚未缴纳的资源税。

2) 销售产品或自产自用产品相关的资源税的会计处理

在会计核算时，企业按规定计算出销售应税产品应缴纳的资源税，借记"营业税金及附加"科目，贷记"应交税费——应交资源税"科目；企业计算出自产自用的应税产品应缴纳的资源税，借记"生产成本""制造费用"等科目，贷记"应交税费——应交资源税"科目。

【例5-21】 某企业将自产的煤炭1 000吨用于产品生产，每吨应交资源税5元。根据这项经济业务，企业应作会计处理如下：

　　　　　　自产自用煤炭应交的资源税＝1 000×5＝5 000(元)
　　借：生产成本　　　　　　　　　　　　　　　　5 000
　　　　贷：应交税费——应交资源税　　　　　　　　　　5 000

3) 收购未税矿产品相关的资源税的会计处理

按照资源税暂行条例的规定，收购未税矿产品的单位为资源税的扣缴义务人。企业应按收购未税矿产品实际支付的收购款以及代扣代缴的资源税，作为收购矿产品的成本，将代扣代缴的资源税，借记"材料采购"账户，贷记"应交税费——应交资源税"账户。

4) 外购液体盐加工固体盐相关的资源税的会计处理

按规定企业外购液体盐加工固体盐的，所购入液体盐缴纳的资源税可以抵扣。在会计核算中，购入液体盐时，按所允许抵扣的资源税，借记"应交税费——应交资源税"科目，按外购价款扣除允许抵扣资源税后的数额,借记"物资采购"等科目,按应支付的全部价款,贷记"银行存款""应付账款"等科目;企业加工成固体盐后,在销售时,按计算出的销售固体盐应交的资源税,借记"主营业务税费及附加"科目,贷记"应交税费——应交资源税"科目;将销售固体盐应纳资源税抵扣液体盐已纳资源税后的差额上缴时,借记"应交税费——应交资源税"科目,贷记"银行存款"科目。

5. 土地增值税

国家从1994年起开征了土地增值税,转让国有土地使用权、地上建筑物及其附着物并取得收入的单位和个人,均应缴纳土地增值税。土地增值税按照转让房地产所取得的增值额和规定的税率计算征收。这里的增值额是指转让房地产所取得的收入减除规定扣除项目金额后的余额。企业转让房地产所取得的收入,包括货币收入、实物收入和其他收入。计算土地增值额的主要扣除项目有:①取得土地使用权所支付的金额;②开发土地的成本、费用;③新建房屋及配套设施的成本、费用,或者旧房及建筑物的评估价格;④与转让房地产有关的税费。

在会计处理时,企业缴纳的土地增值税通过"应交税费——应交土地增值税"科目核算。兼营房地产业务的企业,按应由当期收入负担的土地增值税,借记"其他业务支出"科目,贷记"应交税费——应交土地增值税"科目。转让的国有土地使用权与地上建筑物及其附着物一并在"固定资产"或"在建工程"科目核算的,转让时按应缴纳的土地增值税,借记"固定资产清理""在建工程"科目,贷记"应交税费——应交土地增值税"科目。企业在项目全部竣工结算前转让房地产取得的收入,按税法规定预交的土地增值税,借记"应交税费——应交土地增值税"科目,贷记"银行存款"等科目;待该项房地产销售收入实现时,再按上述销售业务的会计处理方法进行处理。该项目全部竣工、办理结算后进行清算,收到退回多缴的土地增值税,借记"银行存款"等科目,贷记"应交税费——应交土地增值税"科目,补交的土地增值税作相反的会计分录。

6. 房产税、土地使用税、车船使用税和印花税

房产税是国家对在城市、县城、建制镇和工矿区征收的由产权所有人缴纳的一种税。房产税依照房产原值一次减除10%～30%后的余额计算缴纳。没有房产原值作为依据的,由房产所在地税务机关参考同类房产核定;房产出租的,以房产租金收入为房产税的计税依据。土地使用税是国家为了合理利用城镇土地,调节土地级差收入,提高土地使用效益,加强土地管理而开征的一种税,以纳税人实际占用的土地面积为计税依据,依照规定税额计算征收。车船使用税由拥有并且使用车船的单位和个人缴纳。车船使用税按照适用税额计算缴纳。

企业按规定计算应交的房产税、土地使用税、车船使用税时,借记"管理费用"科目,贷记"应交税费——应交房产税(或土地使用税、车船使用税)"科目;上缴时,借记"应交税费——应交房产税(或土地使用税、车船使用税)"科目,贷记"银行存款"科目。

印花税是对书立、领受购销合同等凭证行为征收的税款,实行由纳税人根据规定自行计算应纳税额,购买并一次贴足印花税票的缴纳方法。应纳税凭证包括:购销、加工承

揽、建设工程承包、财产租赁、货物运输、仓储保管、借款、财产保险、技术合同或者具有合同性质的凭证；产权转移书据；营业账簿；权利、许可证照等。纳税人根据应纳税凭证的性质，分别按比例税率或者按件定额计算应纳税额。

企业缴纳的印花税，是由纳税人根据规定自行计算应纳税额以购买并一次贴足印花税票的方法缴纳的税款。即一般情况下，企业需要预先购买印花税票，待发生应税行为时，再根据凭证的性质和规定的比例税率或者按件计算应纳税额，将已购买的印花税票粘贴在应纳税凭证上，并在每枚税票的骑缝处盖戳注销或者划销，办理完税手续。企业缴纳的印花税，不会发生应付未付税款的情况，不需要预计应纳税费额，同时也不存在与税务机关结算或清算的问题，因此，企业缴纳的印花税不需要通过"应交税费"科目进行核算，于购买印花税票时，直接借记"管理费用"或"待摊费用"科目，贷记"银行存款"科目。

7. 城市维护建设税

为了加强城市的维护建设，扩大和稳定城市维护建设资金的来源，国家开征了城市维护建设税。具体是指以实际缴纳的增值税、消费税、营业税为计税依据征收的一种附加税，其纳税人为缴纳增值税、消费税、营业税的单位和个人。在会计核算时，企业按规定计算出的城市维护建设税，借记"主营业务税费及附加""其他业务支出"等科目，贷记"应交税费——应交城市维护建设税"科目；实际上缴时，借记"应交税费——应交城市维护建设税"科目，贷记"银行存款"科目。

8. 所得税

所得税可分为企业所得税和个人所得税两种。

1）企业所得税

企业的生产、经营所得和其他所得，依照有关所得税暂行条例及其细则的规定需要缴纳所得税。企业应缴纳的所得税，在"应交税费"科目下设置"应交所得税"明细科目核算；当期应计入损益的所得税，作为一项费用，在净收益前扣除。企业按照一定方法计算，计入损益的所得税，借记："所得税"等科目，贷记"应交税费——应交所得税"科目。

值得说明的是，按照规定实行所得税先征后返的企业，应当在实际收到返还的所得税时，冲减当期的所得税费用。

2）个人所得税

企业职工按规定缴纳的个人所得税通常由单位代扣代缴。企业按规定计算应代扣代缴的职工个人所得税，借记"应付职工薪酬"账户，贷记"应交税费——应交个人所得税"账户；实际缴纳个人所得税时，借记"应交税费——应交个人所得税"账户，贷记"银行存款"账户。

9. 应交教育费附加

教育费附加是国家为了发展教育事业而向企业征收的附加费用。应交教育费附加的计算方法与应交城市维护建设税的计算方法相同。按规定计算出的应交教育费附加，借记"营业税费及附加""固定资产清理"等账户，贷记"应交税费——应交教育费附加"账户。

实际上交时,借记"应交税费——应交教育费附加"账户,贷记"银行存款"账户。

5.3 长期资金来源：非流动负债

5.3.1 长期借款

长期借款是指企业向银行或其他金融机构借入的期限在 1 年以上(不含 1 年)的各项借款。

为了总括反映长期借款的增减变动等情况,应设置"长期借款"账户进行会计核算。

企业取得借款时的合同利率与实际利率可能不同,所以企业实际取得的借款数额不一定等于本金的数额,如果合同利率低于实际利率,则实际取得的借款数额低于本金数额。企业借入长期借款时,应按实际收到的款项,借记"银行存款"账户,按借款的本金,贷记"长期借款——本金"账户,按借贷双方之间的借贷差额,借记"长期借款——利息调整"账户。

在资产负债表日,企业应按长期借款的摊余成本和实际利率计算确定的利息费用,借记"在建工程""财务费用"等账户,按借款本金和合同利率计算确定的应付未付利息,贷记"应付利息"账户,按应付借款费用和应付利息的差额,贷记"长期借款——利息调整"账户。当实际利率与合同利率差异较小时,也可以采用合同利率计算确定利息费用。

企业归还长期借款,按归还的长期借款本金,借记"长期借款——本金"账户,按转销的利息调整金额,贷记"长期借款——利息调整"账户,按实际归还的款项,贷记"银行存款"账户,按借贷双方之间的差额,借记"在建工程""财务费用"等账户。

【例 5-22】 A 企业为购置设备,2010 年 1 月 1 日向银行借款 10 000 000 元,款项已存入银行。借款合同规定借期 2 年,年利率 10%,按复利计算,到期一次还本付息。企业用该项借款于 1 月 5 日购买需要安装的设备一台,价款 9 500 000 元,以银行存款支付,另支付设备安装费 500 000 元,设备于 12 月 31 日投入使用。

① 收到借款时,会计分录为：

借：银行存款　　　　　　　　　　　　　　10 000 000
　　贷：长期借款——本金　　　　　　　　　　　　10 000 000

② 支付设备价款,设备运抵企业时,会计分录为：

借：在建工程　　　　　　　　　　　　　　9 500 000
　　贷：银行存款　　　　　　　　　　　　　　　9 500 000

③ 支付设备安装调试费时,会计分录为：

借：在建工程　　　　　　　　　　　　　　500 000
　　贷：银行存款　　　　　　　　　　　　　　　500 000

④ 2010 年年末计提应当资本化的利息时,会计分录为：

借：在建工程　　　　　　　　　　　　　　1 000 000
　　贷：应付利息　　　　　　　　　　　　　　　1 000 000

⑤ 2010 年年末设备安装完毕,验收合格交付使用时,会计分录为：

借：固定资产　　　　　　　　　　　　　　11 000 000

贷：在建工程 11 000 000

⑥ 2011年年末还本付息时，会计分录为：

借：长期借款 10 000 000
  应付利息 1 000 000
  财务费用 1 100 000
  贷：银行存款 12 100 000

5.3.2 应付债券

1. 长期债券

  长期债券是企业筹集长期使用资金而发行的一种书面凭证。通过凭证上所记载的利率、期限等，表明发行债券企业承诺在未来某一特定日期还本付息。企业发行的超过一年期以上的债券，构成了一项长期负债。

  企业发行的长期债券，设置"应付债券"科目，核算企业为筹集长期资金而实际发行的债券及应付的利息。该账户的贷方登记应付债券的本金和利息，借方登记归还的债券的本金和利息，在"应付债券"科目下设置了"面值""利息调整"和"应计利息"三个明细科目。其中"面值"账户核算债券发行和偿还的本金；"利息调整"核算发生和摊销的债券溢价折价，它是"面值"备抵加调整账户；"应计利息"账户核算发生和支付的利息。

  债券发行价格是指企业发行债券时的实际出售价格，它等于未来应偿付的本金（债券面值）和利息（按票面利率和债券面值计算的应付利息）按发行债券时的市场利率折算的现值之和。债券上注明的利率为票面年利率，而债券实际发行日资金市场的利率为市场利率。当票面利率与市场利率不一致时，应根据市场利率把将来应支付的面值与利息折算为现值，并以此作为债券的发行价格。因此，债券的面值与实际发行价格会由于市场利率与票面利率的不同而形成差异，即债券的溢价和折价。当市场利率小于票面利率时，债券将溢价发行；反之，债券将折价发行。只有市场利率和票面利率相等，且风险相当时，债券才能按面值发行，即平价发行。

  无论是按面值发行，还是溢价或折价发行，均按债券面值计入"应付债券"科目的"债券面值"明细科目，实际收到的价款与面值的差额，计入"利息调整"明细科目。债券的溢价或折价，在债券的存续期间内进行摊销，摊销方法可采用直线法，也可以采用实际利率法。债券上的应计利息，应按照权责发生制原则按期预提。

  企业发行债券筹集资金专项用于购建固定资产的，在所购建的固定资产达到预定可使用状态前，将发生金额较大的发行费用（减去发行期间冻结资金产生的利息收入），计入所购建固定资产的成本；将发生金额较小的发行费用（减去发行期间冻结资金产生的利息收入），直接计入当期财务费用。企业发行债券，如果发行费用小于发行期间冻结资金所产生的利息收入，按发行期间冻结资金所产生的利息收入减去发行费用后的差额，视同发行债券的溢价收入，在债券存续期间于计提利息时摊销，并按借款费用的处理原则予以资本化或费用化。

【例 5-23】 某企业 20×1 年 1 月 1 日发行 5 年期面值为 500 万元的债券,票面利率为年利率 10%,企业按 510 万元的价格出售(债券发行费用略)。根据上述经济业务,企业应作会计处理如下。

收到发行债券款时。

借:银行存款　　　　　　　　　　　　　　　5 100 000
　　贷:应付债券——债券面值　　　　　　　　　　5 000 000
　　　　　　　　——利息调整　　　　　　　　　　　100 000

20×1 年 12 月 31 日计提利息和摊销溢价时

　　　　　每年应计债券利息＝500×10%＝50(万元)
　　　　　每年应摊销溢价金额＝10÷5＝2(万元)
　　　　　每年的利息费用＝50－2＝48(万元)

借:在建工程(或财务费用)　　　　　　　　　480 000
　　应付债券——利息调整　　　　　　　　　　　20 000
　　贷:应付债券——应计利息　　　　　　　　　　500 000

后四年的分录同上。

【例 5-24】 某企业 20×1 年 1 月 1 日发行 5 年期面值为 400 万元的债券,票面利率为年利率 6%,企业按 380 万元的价格出售。根据上述经济业务,企业应作会计处理如下。

收到发行债券款时。

借:银行存款　　　　　　　　　　　　　　　3 800 000
　　应付债券——利息调整　　　　　　　　　　　200 000
　　贷:应付债券——债券面值　　　　　　　　　　4 000 000

年末计提利息并摊销折价时:

　　　　　每年应计债券利息＝400×6%＝24(万元)
　　　　　每年应摊销折价金额＝20÷5＝4(万元)
　　　　　每年应负担的利息费用＝24＋4＝28(万元)

借:在建工程(或财务费用)　　　　　　　　　280 000
　　贷:应付债券——利息调整　　　　　　　　　　40 000
　　　　　　　　——应计利息　　　　　　　　　　240 000

后四年的分录同上。

债券到期时,"应付债券"科目中的"债券面值"和"应计利息"两个明细科目,反映债券的票面价值与按票面价值同票面利率计算的应计利息。

2. 可转换公司债券

1) 可转换债券的性质

可转换债券是指可以在一定期间之后,按规定的转换比率或转换价格转换为发行企业股票的债券。在特定条件下,可转换债券持有者可以决定是否将持有的债券转换成发行公司的股份,这是一种具有债权和股权双重性质的金融票据。

可转换债券具有债权性证券和权益性证券的双重性质,因而可称为混合性证券。债券持有者在转换期间内行使转换权,将债券转换为股票,则债券持有者就成为企业的股东,可以享受股票增值带来的利益;债券持有者在转换期间内未行使转换权利,未将债券转换为股票的,则债券持有者作为债权人,可以定期获取利息收入,到期收回本金。

从发行企业考虑,企业通过发行可转换债券,可以较低的筹资成本取得可长期使用的资金。同时,如果企业直接增发股票有困难,可通过发行可转换债券,让投资者在无须增加投资的情况下成为股东,增加其利益,以吸引投资者,这将有利于债券的发售,从而保证企业达到增资的目的。

由于企业发行的可转换债券既具有一般债券的债务性质,又具有所有者权益的性质,因此其会计处理具有不同于一般债券的特殊性。

2) 可转换债券的发行

从理论上讲,可转换债券的发行价包括两个部分:一部分是可转换债券本身的价值,即债券面值及票面利息按市场利率折算的现值;另一部分是转换权的价值。转换权之所以有价值,是因为在发行企业效益较好的情况下,债券持有者将债券转换为股票,可以享受股利和资本增值的利益,或者在股票价格上涨时,将转换的股票出售,可得到股票增值的利益。转换权价值本身很难按股票市价确定,可按发行可转换债券所得的款项与同类非可转换债券发行可得款项的差额计算。

根据可转换债券发行价的确定,其发行时的会计处理有两种方法:

① 确认转换权价值,即在发行可转换债券时,将债券本身的价值和转换权价值分别确认入账。其理由是由于债券附有转换权,其票面利率可定得较低,或在同一票面利率下,可以以较高的价格出售,从而产生利益,这就是转换权的经济价值,这种转换权价值是由于债券能转换成普通股所引起的,故应列作资本公积。

采用这种方法的前提是,能够比较客观地确定转换权的价值。

② 不确认转换权价值,即在债券发行时,不单独确认转换权的价值,而将全部发行价格作为债券本身的发行价格。其理由是:首先,转换权本身无单独的市价可循,其入账价值很难确定;其次,企业无法预知债权人何时行使转换权,因而转换权的价值应与债券溢价或折价一样,在债券的存续期内摊销;最后,转换权与债权无法分割,持券人要行使转换权,就必须放弃债权。因此,可转换债券在发行时,其账务处理可如未附有转换权债券那样处理。我国会计准则要求采用前一种方法进行可转换债券发行的会计处理。核算中,在"应付债券"账户下设置"可转换公司债券"明细账户核算。

【例 5-25】 环宇公司于 2007 年 1 月 1 日发行 5 年期、面值为 300 000 元的可转换债券,利率为 9%,用于企业经营周转,规定每半年付息一次。发行 2 年后,可按每 1 000 元面值转换为该企业每股面值为 15 元的普通股 40 股。发行时市场利率为 10%,不附转换权时市场利率为 12%。该公司采用实际利率法摊销债券溢价或折价。

按上述两种方法,可分别作会计分录如下。

确认转换权价值:

2007 年 1 月 1 日发行债券时,

债券实际发行价 = 300 000 × 0.613 9 + 300 000 × 4.5% × 7.721 7 = 288 416(元)

不附转换权债券的发行价 = 300 000×0.558 4 + 300 000×4.5%×7.360 1
= 266 878(元)

转换权价值 = 288 416 − 266 878 = 21 538(元)

应付债券折价 = 300 000 − 266 878 = 33 122(元)

借：银行存款　　　　　　　　　　　　　　　　288 416
　　应付债券——可转换公司债券（利息调整）　　33 122
　　贷：应付债券——可转换公司债券（面值）　　　300 000
　　　　资本公积——其他资本公积　　　　　　　　21 538

2007年6月30日计算利息时，

借：财务费用　　　　　　　　　　　　　　　　16 013(266 878×6%)
　　贷：应付债券——可转换公司债券（利息调整）　2 513
　　　　银行存款　　　　　　　　　　　　　　　13 500(300 000×4.5%)

不确认转换权价值：

2007年1月1日发行债券时，

借：银行存款　　　　　　　　　　　　　　　　288 416
　　应付债券——可转换公司债券（利息调整）　　11 584
　　贷：应付债券——可转换公司债券（面值）　　　300 000

2007年6月30日计算利息时，

借：财务费用　　　　　　　　　　　　　　　　14 421(300 000×5%)
　　贷：应付债券——可转换公司债券（利息调整）　921
　　　　应付利息　　　　　　　　　　　　　　　13 500(300 000×4.5%)

需注意的是，在确认转换权价值的情况下，采用实际利率法摊销债券溢价或折价时，所用的实际利率应为不附转换权条件下债券的实际利率（【例5-25】中为6%）；而在不确认转换权价值的情况下，采用实际利率法摊销债券溢价或折价时，所用实际利率应为附转换权条件下的实际利率（【例5-25】中5%）。

3）可转换债券的转换

可转换债券发行后，在转换为股票之前的核算与其他公司债券基本相同。下面只就可转换债券转换为股票的会计核算作介绍。

可转换债券转换为普通股时，就发行企业而言，须将债券尚未摊销的溢价或折价以及发行成本，连同债券的面值一并转销，并要确定所转换成的股票的价值。问题的关键是，企业应否确认转换损益。对此，有账面价值法和市价法两种会计处理方法。

(1) 账面价值法

所谓账面价值法，是指以债券转换日债券账面价值作为所转换的股票的入账价值，不确认转换损益的方法。其理由是：①企业不能因为发行证券而产生损益，如有损益也应作为资本公积或冲减留存收益；②企业发行可转换债券时，就存有将债券转换成股票之意，现在发生的债券转换，是按照预订条款办理，应属同一笔业务，因而不能将其分离开来，因而无损益可言。

(2) 市价法

所谓市价法,是指以可转换债券转换日债券或股票的市价中较为可靠者作为所转换的股票的入账价值,该入账价值与债券账面价值的差额,确认为转换损益。其理由是:债券的转换是债券的收回与股票的发行两项交易的混合,股票的发行应以市价为入账依据。这符合原始成本原则下依据公允市价确认初始资产和权益的惯例。债券的转换是企业的一项重大经济业务,因为股票与债券的市价较容易取得,转换损益可以比较客观地确定,因此理应单独确认债券的转换损益。

【例5-26】 承【例5-25】,假定环宇公司可转换债券持有者于2009年1月1日行使转换权,将可转换债券全部转换为普通股股票。

账面价值法下:

假设发行可转换债券时采用确认转换权价值的方法。

确定转换日债券的账面价值与未摊销折价,计算结果见表5-1。

表5-1 环宇公司债券折价摊销表(实际利率法) 单位:元

期次(半年为一期)	实际支付利息 (1)=面值×4.5%	利息费用 (2)=上期(4)×6%	折价摊销 (3)=(2)-(1)	账面价值 (4)=上期(4)+(3)
发行时				266 878
1	13 500	16 013	2 513	269 391
2	13 500	16 163	2 663	272 054
3	13 500	16 323	2 823	274 877
4	13 500	16 493	2 993	277 870

因此,在转换日(2009年1月1日):

  已转换债券的账面价值=277 870(元)

  已转换债券的未摊销折价=300 000-277 870=22 130(元)

  应冲减原确认的资本公积=21 538(元)

  转换普通股的股数=300 000÷1 000×40=12 000(股)

  12 000股股票的面值=12 000×15=180 000(元)

  股本溢价金额=277 870+21 538-180 000=119 408(元)

转换日编制会计分录如下:

借:应付债券——可转换公司债券(面值)   300 000
  资本公积——其他资本公积   21 538
  贷:应付债券——可转换公司债券(利息调整)   22 130
    股本   180 000
    资本公积——股本溢价   119 408

假设发行可转换债券时采用不确认转换权价值的方法。

确定转换日债券的账面价值与未摊销折价,计算结果见表5-2。

表 5-2　环宇公司债券折价摊销表（实际利率法）　　　　　单位：元

期次（半年为一期）	实际支付利息 (1)=面值×4.5%	利息费用 (2)=上期(4)×5%	折价摊销 (3)=(2)-(1)	账面价值 (4)=上期(4)+(3)
发行时				288 416
1	13 500	14 421	921	289 337
2	13 500	14 467	967	290 304
3	13 500	14 515	1 015	291 319
4	13 500	14 566	1 066	292 385

因此，在转换日(2009年1月1日)：

　　已转换债券的账面价值=292 385(元)

　　已转换债券的未摊销折价=300 000-292 385=7 615(元)

　　股本溢价金额=292 385-180 000=112 385(元)

转换日编制会计分录如下：

借：应付债券——可转换债券(面值)　　　　　　300 000
　　贷：应付债券——可转换债券(利息调整)　　　　7 615
　　　　股本　　　　　　　　　　　　　　　　180 000
　　　　资本公积——股本溢价　　　　　　　　112 385

市价法下：

假定转换日环宇公司普通股股票市价为每股26元。

假设发行可转换公司债券时采用确认转换权价值的方法。

　　可转换债券的账面价值=277 870(元)

　　应冲减原确认的资本公积=21 538(元)

　　普通股股票的总市价=12 000×26=312 000(元)

　　股本溢价=312 000-180 000=132 000(元)

　　债券转换损失=312 000-277 870-21 538=12 592(元)

转换日编制会计分录如下：

借：应付债券——可转换公司债券(面值)　　　　300 000
　　资本公积——其他资本公积　　　　　　　　21 538
　　财务费用　　　　　　　　　　　　　　　　12 592
　　贷：应付债券——可转换公司债券(利息调整)　22 130
　　　　股本　　　　　　　　　　　　　　　　180 000
　　　　资本公积——股本溢价　　　　　　　　132 000

假设发行可转换公司债券时采用不确认转换权价值的方法。

　　可转换债券的账面价值=292 385(元)

　　已转换债券的未摊销折价=300 000-292 385=7 615(元)

　　债券转换损失=312 000-292 385=19 615(元)

　　股本溢价金额=312 000-180 000=132 000(元)

转换日编制会计分录如下:

借:应付债券——可转换公司债券(面值)　　　　300 000
　　财务费用　　　　　　　　　　　　　　　　　 19 615
　　贷:应付债券——可转换公司债券(利息调整)　　　　7 615
　　　　股本　　　　　　　　　　　　　　　　　　　180 000
　　　　资本公积——股本溢价　　　　　　　　　　　132 000

理论上而言,市价法与账面价值法均可使用,但相对而言,账面价值法下会计处理较为简单。会计准则中即要求采用这种方法,并且规定对于债券面额不足1股的部分,企业应以现金偿还。

4)可转换债券的偿付

(1)提前偿付

我国现行可转换债券提前偿付,是指由可转换债券的发行企业通知赎回或从证券市场上提前购回可转换债券。发行企业对此项提前偿付的损益,有两种处理方法。①确认为当期损益。其理由是可转换债券提前偿付属于债券的收回,因此债券收回价格与债券账面价值之间的差额应确认为当期损益。②调整资本公积。其理由是可转换债券具有股票的某些特征,其价值会受到该企业股票价值波动的影响,在这种情况下提前偿付债券,可视为股票的收回,而债券收回价格与债券账面价值之间的差额,应调整资本公积,而不应计入当期损益。

(2)诱导转换

可转换债券的发行企业按照比原来更为优惠的条件促使债券持有者提前转换,这种转换称为诱导转换。诱导转换常用的手段有:增加转换比例;发给额外的认股权;发给现金或其他资产。

与一般转换一样,诱导转换的会计处理方法也有账面价值法和市价法两种。所不同的是,在诱导转换情况下若采用账面价值法,则应按多付的证券及资产的公允市价确认债券转换费用。

【例5-27】 以【例5-25】资料为例,假定环宇公司于2008年1月1日诱导转换2007年发行的全部可转换债券,具体措施是:将转换比例提高为面值1 000元的债券可转换为普通股股票60股。转换日该公司普通股的每股市价为25元。该公司发行债券时采用确认转换权价值的会计处理方法。按原规定需换发12 000股,按新条件需换发18 000股。

从表5-1可知,转换日债券的账面价值为272 054元,未摊销折价为27 946元(300 000-272 054)。

账面价值法如下:

诱导转换的费用=(18 000-12 000)×25=150 000(元)

股票的入账价值=债券的账面价值+债券发行时确认的资本公积+多发行股票的市价
　　　　　　　=272 054+21 538+150 000=443 592(元)

应编制会计分录如下:

借:应付债券——可转换公司债券(面值)　　　　300 000
　　资本公积——其他资本公积　　　　　　　　　 21 538

财务费用	150 000
贷：应付债券——可转换债券（利息调整）	27 946
股本	270 000（180 000×15）
资本公积——股本溢价	173 592（443 592－270 000）

市价法如下：

应换发股票总市价＝180 000×25＝450 000（元）

债券转换损失＝450 000－272 054＝177 946（元）

应编制会计分录如下：

借：应付债券——可转换公司债券（面值）	300 000
资本公积——其他资本公积	21 538
财务费用	156 408
贷：应付债券——可转换债券（利息调整）	27 946
股本	270 000
资本公积——股本溢价	180 000

5.3.3 长期应付款

企业对发生的除了长期借款和应付债券以外的长期负债，应设置"长期应付款"科目进行核算。其贷方登记有关长期应付款项，借方登记归还的长期应付款项，贷方月末余额表示尚未归还的应付款项。长期应付款主要核算以下几个内容。

1. 具有融资性质的延期付款购买资产

企业购买资产有可能延期支付有关价款。如果延期支付的购买价款超过正常信用条件，实质上具有融资性质的，所购资产的成本应当以延期支付购买价款的现值为基础确定。实际支付的价款与购买价款的现值之间的差额，应当在信用期间内采用实际利率法进行摊销，计入相关资产成本或当期损益。具体来说，企业购入资产超过正常信用条件延期付款实质上具有融资性质时，应按购买价款的现值，借记"固定资产""在建工程"等科目，按应支付的价款总额，贷记"长期应付款"科目，按其差额，借记"未确认融资费用"科目。

2. 应付融资租赁款

应付融资租赁款是指融资租入固定资产而发生的应付款。租赁分为经营租赁和融资租赁，其中融资租赁是指实质上转移资产所有权有关的全部风险与报酬的租赁，它以融资为主要目的，具有明显的购置特征，因此，融资租入的固定资产，通常被视为承租人的资产，由承租人负责租入资产的核算，包括计提折旧，同时由承租人负责核算应付融资租赁款这一负债的产生和支付情况。融资租入固定资产的价值按租赁开始日租赁资产的公允价值与最低租赁付款额的现值两者中较低者为计价基础。

应付融资租赁款的计价，可采用以下两种方法。

1）净价法

应付融资租赁款的计价方法同融资租入固定资产的计价方法一样，也按租赁开始日租赁资产的公允价值与最低租赁付款额的现值两者中较低者作为入账价值。每期租金中多付的利息及其他租赁费用,在实际支付时计入支付当期的损益。

2) 总价法

按最低租赁付款额(未来值)对应付融资租赁款进行计价,并将其与融资租入的固定资产的价值(现值)之间的差额作为未确认融资费用。每期支付租金时,同时将未确认融资费用中应确认的部分予以分摊,计入当期损益。

《我国企业会计准则——租赁》要求采用第二种方法。

讨论案例1

TCL足陷淘宝泥潭案例分析

在"垃圾中淘宝"是中国企业海外收购的形象比喻,但能否"点石成金、变废为宝",激活一条条休克鱼,而不被休克鱼拖累得体无完肤,仍是中国企业海外并购中亟待破解的难题。

2005年4月底,TCL集团总裁李东生在北京首度公开表示:并购阿尔卡特手机业务过于草率,整合效应没有发挥。5月17日,阿尔卡特从与TCL的合资公司中撤出。一场曾经轰动一时的国际企业"婚姻",急切地走向了分裂。

青睐技术价值

2004年4月,TCL与阿尔卡特签订备忘录,组建手机合资公司(T&A):TCL通信投入5 500万欧元,拥有55%的股权;而阿尔卡特则付出现金及全部手机业务作价共4 500万欧元,占45%的股权。5个月后合资公司正式成立运行,总部设在中国香港。

2004年9月,合资公司如约正式投入运营。根据此前的谅解备忘录,阿尔卡特作价4 500万欧元的资产包括:客户网络、知识产权和固定资产以及几百名研发专业人才、经验丰富的销售与营销管理团队、数额不明的少量现金。合资公司的净资产将达到1亿欧元。

阿尔卡特手机业务连年不振,据安永会计师事务所出具的合并财务报告,2001年、2002年、2003年,阿尔卡特移动电话部门净亏损分别为4亿欧元、1 972万欧元和7 440万欧元;2004年一季度,其净亏损仍达1 482万欧元。TCL将连年亏损的阿尔卡特手机业务放在了自己国际化的购物车中,其目的何在?

TCL一直梦想进入世界500强行列,这其中一个基本的标准是销售额达到100亿美元,另一个标准则是知名度,这往往需要全球性的分销网络和具有美誉的品牌。数次大规模跨国并购使TCL成为全球第一大彩电生产企业和全球第七大手机制造商,TCL获得国际品牌的同时打入了海外市场。阿尔卡特则成功转嫁了入不敷出的手机业务部门。

TCL总裁李东生曾表示收购阿尔卡特手机业务的原因:"这个项目比较简单,对方没有工厂,只有两个研发中心,雇员也较少,整合的工作量没那么大——但最吸引我们的在于它的技术。"李东生认为,中国企业在海外拓展业务,最大的问题之一是缺乏知识产权和专利的积累,关键是要让阿尔卡特的专利在TCL的系统里体现出价值。阿尔卡特同意把GSM手机和协议站的技术、专利放到合资公司中,"这是阿尔卡特最大的价值"。

按照李东生的说法:由于欧美市场消费者对于本国品牌有较高的认同感,因此,通过收购当地企业获取成熟的产品品牌、销售渠道、研发基地,对于TCL在欧美市场的发展有很大的帮助。

在国际企业文化管理咨询公司（ICM）合伙人马克雷诺（Marc Raynaud）看来，长期从事 OEM（贴牌生产）和低价倾销的中国企业，试图去整合一个发达国家的知名企业，永远会存在各种各样的困难。

这种困难不幸降临在了 TCL 身上。

整合路径失效

这桩看似完美的"婚姻"实际上乏善可陈——TCL 并没有拿到 3G 技术，因为阿尔卡特的 3G 技术基本掌握在其另一家合资公司富士通阿尔卡特手里。

外界盛传整体盘过来的阿尔卡特手机，也只是 2G、2.5G 多项专利归合资公司拥有，3G 专利并不划归合资公司，而手机真正爆炸性的成长机会却在 3G。

合资公司正式运营 8 个月来，作为合资公司下属企业的 SAS 财务状况十分严峻。根据其财务报告，SAS 公司 2004 年及 2005 年一季度分别亏损约港币 2.89 亿元和 3.09 亿元，这笔巨额亏损导致了 TCL 手机业务从两年前的净利润 12 亿元大幅下滑至去年亏损 2.24 亿港元。

2004 年 6 月底与阿尔卡特合资前，TCL 手机业务毛利率为 22.5%，到 2005 年 3 月底，TCL 手机业务的毛利率已骤降至 5%。4 月 14 日，TCL 集团（000100，SZ）发布 2004 年业绩快报，公司称，由于为公司手机业务提取存货跌价准备金合计 2.18 亿元，造成 2004 年度净利润同比下降 56.9%，与此同时，公司利润总额、每股收益、净资产收益率分别下降了 78.63%、73.47% 与 120.71%，业绩发布后，TCL 集团股价一度跌停，收盘报跌 7.86%。另外，业绩显示，虽然主营业务收入上涨 44.68%，但其利润增长率仅为 37.62%。

放言 18 个月内结束阿尔卡特手机业务亏损局面的李东生，如今不得不面对合资公司亏损越来越大的困局。

TCL 也不得不坦气这场并购案的问题所在：T&A 自 2004 年 9 月成立后至 2005 年一季度的初期，处于磨合运营阶段，基本上仍然保持 TCL 移动公司与原阿尔卡特移动电话部门相对独立的运营模式——这是造成财务负担加重的根本。

据 TCL 移动公司内部人士透露，从去年合资公司成立以来，无论是海外市场还是国内市场都仍旧在延续原来阿尔卡特以及 TCL 移动公司两套人马、两套运行体系的模式，比如广州、深圳等地销售人员；TCL 手机和阿尔卡特手机销售各行其道，没有达到资源整合的预期；在欧洲市场，阿尔卡特的人员与 TCL 公司之间也难以融合，而基于法国当地劳工协议，这些人员的人力费用成本极高。

一位阿尔卡特人士计算，按原来的高水平工资和员工福利，T&A 公司至少需要为每个法方员工每月支付 1 万欧元；一个月下来就是 700 万欧元，TCL 的 5500 万欧元现金还不够支付过去 8 个月间这部分人力成本。

明基电通董事长李耀分析认为，收购欧美企业最难的就是人员的裁减，在欧洲不花上几年时间和通过法律诉讼是很难解决的。最早的时候，施耐德、汤姆逊、阿尔卡特手机都找过很多中国台湾厂商（包括明基），希望它们来收购，但是中国台湾企业都不敢要，因为人员的问题很难解决。中国台湾企业此前在收购欧美企业中吃过不少亏。

去年12月，迫于业绩压力，多年主管TCL手机业务的万明坚辞去了TCL通信行政总裁职务。今年4月份，20多位TCL移动中高层集体离开。因缺乏有效激励机制和文化冲突，包括阿尔卡特方面财务负责人在内的外籍高管亦有离职。

收购阿尔卡特后，使TCL元气大伤。DBS Vickers（中国香港）分析师Joseph Ho指出，最关键的问题是TCL手机在中国市场的表现不佳。考察TCL通信最重要的一点是早在2004年下半年它就亏损了。"在国内市场没有一个比较稳固的市场份额，就向国外市场进军，结果可能是两边都做不好。"

"并购中最大的成本是整合成本。"联合证券并购私募总部的分析师韩楚指出，并购成本包括交易成本和整合成本。交易成本是显而易见的，可以量化。令TCL没有预想到的是"整合成本如此巨大"，成立不过200天的T&A俨然像个"无底洞"，截至2005年一季度，亏损高达3.78亿元之巨。

失血现金流

联合证券并购私募总部董事总经理刘晓丹分析："TCL集团海外并购时，主要的支付手段是向合资公司注入相关业务以及少量现金，而交易现金以及整合过程的运营资金是通过银团贷款和企业上市融资获得的，财务压力相当大。"

显然，TCL对于交易成本和整合成本估计不足。企业自身经营的现金流和通过有限渠道筹集来的、不影响正常经营的现金流，能不能消化得了交易成本和代价？

根据公开信息统计，TCL多媒体（01070，HK）去年以来为筹集合资公司的运营资金已先后向国外金融机构借款超过10亿美元，资产负债率趋近70%，短贷长投、借旧还新，使得财务风险加大，并且降低了以后的筹资能力。

现金流紧张在TCL通信收购阿尔卡特后尤为明显。一向靠打"广告战"过日子的TCL移动，竟然在合资后暂停支付各地分公司3个月的广告费，总部直接发布的广告也少得可怜。而合资公司成立后的3个月内亏损了6 300万港币。

从财务报告上可以看出，截至2004年9月底，TCL通信的存货达到10.6亿港币，和2003年年底相比增加了3亿港币，应收款为14.5亿港币，比2003年年底增加了10.6亿元，存货和应收款占用公司大量资金，合计13.6亿元。与此相对应的是，公司短期负债大幅增加，与2003年年底相比，TCL通信9月份的短期负债总计增加了19亿元。

数据显示，TCL移动（TCL通信全资子公司，负责国内手机业务）2004年手机销量下降了23.3%，毛利同比下降了58.6%。从总收入和销量来看，TCL手机业务的下滑幅度都大于几个主要国内对手，如波导、中兴等。

李东生公开坦承，由于去年并购阿尔卡特手机业务时过于草率，整合效应并没有发挥出来，TCL对T&A基本处于失控状态。截至今年2月份，TCL手机销量为200 298台，而阿尔卡特销量为483 875台，两者合并与TCL单品牌的2004年同期销量855 414台相比，仍存在很大的差距。

目前中国企业海外并购时，对交易成本和整合成本的估计未必是很充分的，企业还不能在收购前对自身的现金流能否支撑和消化成本进行正确测算。TCL在这点上非常明显。

打乱T&A财务安排的一个意外因素是TCL集团在分拆手机业务香港上市时,未能如愿发行新股筹集资金。而TCL集团一直希望通过连环套似的资本运作,获得产业扩张的资金支持。

从整个集团财务结构来看,TCL集团近年来资本运作与产业运作脱节。德邦证券购并部副总经理邬健敏指出,李东生精力的重心已从产业经营转向偏重于资本运作,资本运作有过度之嫌。

证券分析师普遍预计,TCL未来的资金缺口仍偏大,企业仍然会不断寻求资金来源。由于市场规模小,在新加坡上市融资对于整个TCL集团来说也将是杯水车薪。

重觅转危之术

尽管TCL集团业务涉及多媒体、电子、通信、家电、信息、电工六大产业群,却只有手机业务一枝独秀,也就是说TCL移动通信有限公司(下称TCL移动)为TCL立下了汗马功劳,但在其收购阿尔卡特后,效益一直处在亏损的边缘。

行业权威咨询公司Gartner Dataquest上海分析师Sandy Shen表示:可能在合资前期双方欠缺准备,调研不足而期望值过高,同时低估了双方人员、文化的整合带来的难度和复杂性。这个收购当然是失败的。

上月末,李东生在北京参加一个论坛期间反思了国际化得失,曾后悔在与阿尔卡特合资之前,没有聘请专业咨询公司参与收购方案设计,以至"在经营过程中遇到了意料不到的问题"。李东生感慨:"事实证明,不要低估任何一个整合国外业务的难度。"

TCL移动公司的一位高管说:"我们当时最大的错误就是自以为抓住了关键问题,其他问题就迎刃而解了,所以很轻敌地只派了少数几个人过去进行谈判和整合,结果发现我们吃了大亏。"

在摩根大通(JPMorgan)亚太区兼并收购部董事总经理孟亮看来,跨国并购不但需要充足的海外管理经验,还要有国际管理经验的人才。否则,协同效应就无从谈起。"从战略意义上说,李东生的选择应该是对的。但是从操作层面上来说,是不是充分考虑到了各种风险,则值得商榷。"

这迫使李东生再度与阿尔卡特重新谈判。5月17日,谈判最终达成一致:原定3年后的合并提前进行,TCL阿尔卡特成为TCL通信的全资附属子公司。而阿尔卡特只得到了TCL通信的4.8%的股份。

此外,法方还将再度注资2 000万欧元现金并承诺安排重组后剩余的员工,而TCL则同意解除阿尔卡特此前对合资公司交叉知识产权的保护,但其原本获得的2G和2.5G的知识产权并未失去。TCL将担起该公司的整个运营责任。

业内人士认为,李东生总能在关键时刻转危为安。对于重新整合的TCL阿尔卡特来说,控制好成本和发挥协同效应是其化险为夷的一步"棋子"。

思考题

1. TCL失败的主要原因是什么?

2. 从短期债务管理的角度出发,你能提出什么可行的建议帮助TCL解决目前的困境?

资料来源:原松华.中国投资.2005(10).

讨论案例2

偿债能力分析——青岛海尔集团偿债能力分析

青岛海尔集团公司是我国家电行业的佼佼者,其前身是原青岛电冰箱总厂,经过十多年的兼并扩张,已经今非昔比。据2005年中报分析,公司的业绩增长非常稳定,主营业务收入和利润保持同步增长,这在竞争激烈、行业利润明显滑坡的家电行业是极为可贵的。公司2005年上半年收入增加部分主要来自于冰箱产品的出口,鉴于公司出口形式的看好,海尔的国际化战略取得了明显的经济效益。预计海尔将成为家电行业的受益者。

另据2005年8月26日青岛海尔拟增发A股董事会公告称,公司拟向社会公众增发不超过10 000万股的A股,该次募集资金将用于收购青岛海尔空调器有限公司74.45%的股权。此前海尔已持有该公司25.5%的股权,此举意味着收购完成后青岛海尔对海尔空调器公司的控制权将达到99.95%。据悉,作为海尔集团的主导企业之一,青岛海尔空调器公司主要生产空调器、家用电器及制冷设备,是我国技术水平较高、规模品种较多、生产规模较大的空调生产基地。该公司产销状况良好,今年上半年共生产空调器252万台,超过去年全年的产量,出口量分别是去年同期和全年出口的4.5倍、2.7倍,迄今海尔空调已有1/4的产量出口海外。目前,海尔空调来自海外的订单已排至2008年。鉴于海尔空调已是成熟的高盈利产品,收购后可以使青岛海尔拓展主营业务结构,实现产品多元化战略,为公司进一步扩张提供强有力的支撑,同时也成为青岛海尔新的经济增长点。

青岛海尔2005年中期财务状况见表5-3和表5-4。

表5-3 资产负债表(简表)

编制单位:青岛海尔集团公司　　　　　　　　　　　　　　　　　　　单位:元

项目	金额	项目	金额
货币资金	512 451 234.85	资产总计	3 792 590 880.96
应收账款	390 345 914.95	应付账款	125 187 391.88
预付账款	599 903 344.89	预收账款	72 559 642.42
其他应收款	371 235 313.62	流动负债合计	771 705 947.11
存货净额	499 934 290.49	长期负债合计	4 365 881.58
待摊费用	1 211 250.00	负债合计	776 071 828.69
流动资产合计	2 369 591 987.38	股本	56 470 690.00
长期股权投资	307 178 438.08	资本公积	1 513 174 748.87
长期债权投资	0.00	盈余公积	329 160 271.54
长期投资合计	307 178 438.08	未分配利润	354 620 919.79
固定资产合计	1 007 881 696.67	股东权益合计	2 761 662 842.2
无形资产	107 740 871.92	负债及股东权益总计	3 792 590 880.96

表 5-4 利润及利润分配表（简表）

编制单位：青岛海尔集团公司　　　　　　　　　　　　　　　　　　　　　　　单位：元

项　目	金　额	项　目	金　额
主营业务收入	2 706 766 895.09	利润总额	233 078 983.23
主营业务成本	2 252 753 488.10	所得税	26 832 576.00
营业税金及附加	7 030 314.68	净利润	181 900 337.65
主营业务利润	446 983 092.31	年初未分配利润	172 720 582.14
营业费用	31 115 574.99	盈余公积转入数	0.00
管理费用	219 583 432.98	可分配的利润	354 620 919.79
财务费用	6 515 967.38	提取法定公积金	0.00
营业利润	195 413 320.98	提取法定公益金	0.00
投资收益	3 806 648.25	可供股东分配的利润	354 620 919.79
补贴收入	0.00	提取任意公积金	0.00
营业外收入	589 117.10	已分配普通股股利	0.00
营业外支出	989 953.10	未分配利润	354 620 919.79

资料来源：http://wenku.baidu.com/view/6e17dff79e31433239689

思考题

1. 对海尔公司的短期偿债能力进行分析，主要侧重分析计算流动比率。

2. 结合流动资产和流动负债项目中的具体项目对海尔公司的短期偿债能力进行评价。

3. 在企业财务分析实践中评价短期偿债能力应注意哪些问题？你认为海尔公司的短期偿债能力如何？

本章小结

- 负债是指过去的交易或事项形成的，预期会导致经济利益流出企业的现时义务。负债是企业资产的来源之一，是债权人的权益。负债按偿还期限的长短可分为流动负债和长期负债。
- 流动负债是指将在1年或超过1年的一个营业周期内偿还的债务。由于流动负债偿还期限短，到期值(未来偿付金额)与现值往往相差不大，基于重要性原则并为了简化账务处理，我国会计实务中往往允许不考虑货币时间价值因素，对流动负债大多按其业务发生时的金额进行计价。
- 流动负债包含的内容较多，可分为应付金额肯定的流动负债、应付金额视经营情况而定的流动负债和应付金额需予以估计的流动负债。应付金额可以肯定的流动负债主要有：短期借款、应付账款、应付票据、预收账款、应付职工薪酬等；应付金额视经营情况而定的流动负债主要有：应交税费和应付股利等，其中应交税费内容包括增值税、营业税、消费税等。流动负债的账务处理不外乎两个内容：流动负债的发生与流动负债的清偿。本章详细介绍了各种主要流动负债的核算内容及账务处理方法。

- 长期负债主要有长期借款、应付债券与长期应付款等。长期负债偿还期限较长且金额较大，未来的现金流出量（未来支付的利息与本金）与其现值之间的差额较大，因此，长期负债计价应考虑资金的时间价值。
- 借款费用是指企业因借款而发生的利息及其他相关成本。企业发生的借款费用，可直接归属于符合资本化条件的资产的构建或者生产的，应予以资本化；其他借款费用应当在发生时根据其发生额确认为费用，计入当期损益。
- 应付债券是指企业发行的1年期以上的有价证券。一般而言，当市场利率等于票面利率时，债券可按平价发行；当市场利率小于票面利率时，债券可按溢价发行；当市场利率大于票面利率时，债券可按折价发行。债券溢、折价的摊销方法有直线法和实际利率法等方法。我国现行会计准则规定应采用实际利率法摊销债券溢、折价，并在此基础上确认债权的摊余价值。
- 企业可能还会发行可转换债券。可转换债券兼有负债和所有者权益的双重性质。其会计处理有确认转换权价值和不确认转换权价值两种方法，我国会计准则要求采用前一种方法。
- 长期借款是企业向银行或其他金融机构借入的期限在1年以上（不含1年）的各种借款。
- 长期应付款主要包括具有融资性质的延期付款购买资产和应付融资租赁款。

中英文关键词语

负债 liability
流动负债 current liability
应付票据 notes payable
应付账款 accounts payable
预收账款 unearned revenue
应付职工薪酬 payroll payable
应交税费 tax payable

1年内到期的非流动负债 long-term debt-current maturities
长期负债 long-term liability
应付债券 bonds payable
可转换债券 convertible bonds
长期应付款 long-term payables

思考练习题

一、简答题

1. 如何理解负债的特点？
2. 什么是流动负债？流动负债有何特征？

3. 会计实务中按现值还是按实际金额计量流动负债？为什么？
4. 应付账款与应付票据都是企业的负债，二者有何异同？
5. 职工薪酬包括哪些内容？
6. 什么是增值税？增值税如何计算？
7. 一般纳税人企业与小规模纳税人企业的增值税核算有何不同？
8. 应缴纳营业税的行业和业务有哪些？
9. 消费税的计算有哪两种方法？
10. 企业筹措长期资金时，举借长期债务与发行股票相比有何利弊？
11. 借款费用包括哪些内容？会计上应如何处理？
12. 短期借款与长期借款在核算上有什么区别？
13. 应付债券溢、折价产生的原因及性质分别是什么？会计上如何核算？
14. 债券投资与应付债券的会计处理有什么相同和相异之处？
15. 可转换债券有什么特点？会计上如何核算？
16. 企业发行债券的条件有哪些？

二、会计业务题

1. A 公司 2001 年 12 月 1 日购入一批价值为 60 000 元的商品，同时开出一张期限为 6 个月、年利率为 8% 的银行承兑汇票。2002 年 5 月 1 日，该汇票到期，A 公司无力偿付。要求：根据上述经济业务编制会计分录。

2. B 公司 2002 年 6 月 1 日购入一批商品，金额 90 000 元，增值税税率 17%，该商品于当日入库，付款条件为 3/10，1/30，n/60。要求：采用总价法核算上述经济业务，编写会计分录。

3. A 公司 2007 年 5 月份的"工资汇总表"上列示应付职工薪酬总额为 600 000 元，其中生产工人工资 350 000 元，车间管理人员工资 85 000 元，厂部管理人员工资 55 000 元，在建工程人员工资 110 000 元。该公司分别按照职工工资总额的 10%、12%、2% 和 10.5% 计提医疗保险费、养老保险费、失业保险费和住房公积金。公司预计 2007 年应承担的职工福利费金额为职工工资总额的 2%，职工福利的受益对象为上述所有人员。公司分别按职工工资总额的 2% 和 1.5% 计提工会经费和职工教育经费。要求：根据上述经济业务编制分配本月应付职工薪酬的会计分录。

4. A 公司为一般纳税人，原材料按实际成本计算，销售货物的增值税税率为 17%，应交消费税税率为 10%，营业税税率为 5%，公司销售商品的价格中均不含应向购买者收取的增值税销项税额。2007 年 5 月 A 公司发生了如下经济业务。

(1) 向 B 公司采购甲种材料，增值税专用发票上注明的增值税为 153 000 元，货款为 900 000 元，发票账单已经到达，货物已验收入库，货款已经支付。

(2) 销售乙产品 5 000 件，单位售价为 200 元，单位销售成本为 150 元。该产品需缴纳消费税，货款尚未收到。

(3) 转让一项专利的所有权，其转让收入为 15 000 元，无形资产的账面摊余价值为 300 元。转让收入已存入银行。

(4) 收购农副产品,实际支付价款 80 000 元,农副产品已验收入库。

(5) 委托 D 公司加工原材料,原材料成本 100 000 元,加工费用 25 000 元,增值税 4 250 元,由受托单位代收代交消费税 2 500 元。材料加工完毕并验收入库,准备直接对外销售。加工费用和增值税、消费税已用银行存款支付。

(6) 出售一台设备,原价 800 000 元,已提折旧 160 000 元,出售所得收入为 700 000 元,清理费用支出为 5 000 元。收支均通过银行存款收付。

(7) 月底对原材料进行盘点,发现乙产品盘亏,金额为 4 000 元,盘亏原因待查。

要求:根据上述经济业务编制会计分录。

5. A 公司 2002 年 3 月 1 日从银行借入短期借款 2 000 000 元,年利率为 6%,借款期限为 3 个月,到期一次还清本息。该企业短期借款利息费用采用预提的方法核算。要求:根据上述经济业务编制会计分录。

6. 通宇公司于 2007 年 1 月 1 日发行 5 年期、年利率 10%、面值 50 万元的公司债券,每年 6 月 30 日和 12 月 31 日各计息一次,到期一次还本付息。

(1) 如果市场利率为 10%,公司按面值发行债券,试进行债券存续期间的会计处理。

(2) 如果市场利率为 8%,公司按 51 万元的价格发行债券,试进行债券存续期间的会计处理(债券溢价按实际利率法摊销)。

(3) 如果市场利率为 12%,公司按 49 万元的价格发行债券,试进行债券存续期间的会计处理(债券折价按实际利率法摊销)。

7. 星海公司为建造一幢厂房,于 2007 年 1 月 1 日从银行借入款项 100 万元,借款期限 2 年,年利率 9%,款项已存入银行,每年付息一次,到期一次还本。2007 年年初,星海公司以银行存款支付工程款 60 万元,2008 年年初又以银行存款支付工程款 40 万元。该厂房于 2008 年 9 月底完工,达到预定可使用状态。假定不考虑闲置专门借款资金存款的利息收入或投资收益。

要求:根据上述资料编制相关的会计分录。

三、讨论分析题

1. 各项流动负债偿还的强制程度与紧迫性有什么区别?

2. 哈药集团(600664)2001 年年中报披露了高达 7.03 亿元的应付工资,较期初 5.49 亿元增长了 28.05%,由此引发了此"应付工资"究竟是"资产"还是"负债"的争论,有关媒体均指其有隐瞒利润之嫌疑。对此,哈药集团在公报中说明其主要原因是因为公司改制初期即实行"工效挂钩"政策,根据有关规定和政策,继续按照"两低于"(即工资总额增长幅度低于本企业经济效益增长幅度,职工平均实际收入增长幅度低于本企业劳动生产率增长幅度)的原则自主计提工资。公司在实现利润持续高速增长的前提下,截至 2001 年中期应付工资累计总额达到 7.03 亿元。此外,公司根据国家有关政策提取的应付工资是应该发给职工的工资费用,并非企业的经营利润,也就不能视为股东权益。公司本着长期可持续发展的稳健经营政策,为规避未来可能发生的经营风险,结合实际情况及发展的需要,虽然按照国家有关制度规定提取工资费用,但并没有将提取数额全部发放,因此形成应付工资余额。

（资料来源：于小镭，薛祖云. 新企业会计准则实务指南（上市公司类）[M]. 北京：机械工业出版社，2007.）

试回答：

（1）职工薪酬应包括哪些内容？

（2）哈药集团的该笔应付工资是否属于职工薪酬范围？

（3）该集团的处理是否恰当？

本章参考文献

[1] 孟全省，刘麦荣. 会计学基础[M]. 北京：中国农业出版社，2008.

[2] 中国注册会计师协会.2013年度注册会计师全国统一考试辅导教材《会计》[M]. 北京：中国财政经济出版社，2013.

第 6 章 所有者权益

学习目标

通过本章的学习,你应该能够:
1. 了解所有者权益的构成及其与负债的区别;
2. 掌握所有者权益的概念、实质和分类;
3. 掌握实收资本、资本公积和留存收益的内涵及相关业务核算;
4. 能够运用所有者权益理论及知识,进行相关财务决策,进行投资者自我保护;
5. 能够熟悉运用本章的理论知识,解析资本市场股权转让、重组兼并等实例。

引导案例

因筹划重大事项停牌整整三个月的合肥三洋(600983)2013 年 8 月 14 日起复牌。公司宣布,惠而浦中国将通过参与公司定增及股权受让方式,晋升为公司新任"掌门",日本三洋系则将全身而退。

以洗衣机起家的惠而浦成立于 1911 年,总部设在美国密歇根州,是全球五百强企业之一,也是目前全球领先的大型白色家电制造和销售企业,其业务范围遍及全球 170 多个国家和地区,主要产品涉及洗衣机、微波炉、冰箱等 9 大系列,2012 年年度销售额达 180 多亿美元。

8 月 12 日,惠而浦中国与公司股东三洋电机、三洋中国签订《股份转让协议》,惠而浦中国受让三洋电机、三洋中国合计持有的公司股份 1.57 亿股,占公司现有总股本的 29.51%,转让总价款 14.15 亿元。转让完成后,三洋电机和三洋中国不再持有公司股份。

同时,合肥三洋本次拟以每股 8.5 元的发行价格,向惠而浦中国定向增发 2.34 亿股,认购总价款为 19.86 亿元,将用于"年产 500 万台洗衣机变频技改项目""年产 1 000 万台变频电机及控制系统技改扩建项目""年产 400 万台节能环保高端冰箱扩建项目""市场营销体系建设项目"和补充流动资金。

值得一提的是,本次受让股权和增发完成后,惠而浦中国将合计持有合肥三洋 3.91 亿股股份,占本次发行后公司总股本的 51%,成为公司的实际控制人,现第一大股东国资公司将退居为第二大股东。

资料来源：王莉雯.收购股权定增扩建同步推进白电巨头惠而浦34亿元执掌合肥三洋[N/OL].上海证券报,2013-09-14:http://stock.hexun.com/2013-08-14/157059425.html.有删改。

所有者权益反映的是所有者对企业净资产的要求权,是企业最重要的资金来源。引导案例描述了惠而浦通过接盘三洋系"股权＋认购增发新股"的方式完成了对合肥三洋的控股,那么它促成的股权结构将怎样影响公司发展与利益分配呢?通过本章的学习,你将找到答案。

6.1 所有者权益与公司性质

6.1.1 所有者权益的性质

《企业会计准则——基本原则》第五章第二十六条规定:"所有者权益是指企业资产扣除负债后由所有者享有的剩余权益。"所有者权益的来源包括所有者投入的资产、直接计入所有者权益的利得和损失、留存收益等,通常由实收资本、资本公积、盈余公积和未分配利润构成,商业银行等金融企业按照规定在税后利润中提取的一般风险准备,也构成所有者权益。它可以通过对基本会计等式"资产＝负债＋所有者权益"的转换推导而得出公式,即:

所有者权益＝资产－负债

资产减负债后的余额,也被称为净资产。因此,所有者权益是体现在净资产中的权益,是所有者对净资产的索取权和要求权。

所有者权益的基本特征是剩余索取权。企业资产的来源主要有两个方面:负债和所有者权益。债权人和所有者都是企业资产的提供者,他们对企业的资产都有相应的索取权和要求权,但两者的索取权是有先后顺序的,为了保证债权人的利益不受侵害,法律规定债权人对企业资产的索取权是优于所有者对资产的索取权的。所以,所有者权益所代表的是一种对于企业剩余权益的索取权。

企业资产的来源有两个方面:负债和所有者权益。负债和所有者权益统称为权益,但是两者之间存在着明显的差异。

1. 性质不同

所有者权益是投资者享有的对投入资本及其运用所产生的盈余(或亏损)的权利;负债是在经营或其他活动中所发生的债务,是债权人要求企业清偿的权利。

2. 享受的权利不同

债权人享有到期收回本金及利息的权利,在企业清算时,有优先获取企业用于清偿债务的资产的要求权,但没有经营决策的参与权和收益分配权;所有者享有参与收益分配、参与经营管理等多项权利,但对企业资产的要求权在顺序上位于债权人之后,即拥有的是对剩余资产的要求权。

3. 偿还期限不同

在企业持续经营的情况下,所有者权益一般不存在抽回的问题,即不存在约定的偿还日期,因而是企业的一项可以长期使用的资金,只有在企业清算时才予以退还;而负债必须于一定时期偿还。为了保证债权人的利益不受侵害,法律规定债权人对企业资产的要求权优先于所有者,因此债权又称为第一要求权。所有者具有对剩余财产的要求权,故又称剩余权益。

4. 风险和收益不同

债权人获取的利息一般是按一定利率计算、预先可以确定的固定金额的收益,无论盈亏,企业都要按期付息,风险较小,相应地债权人所获得的收益也较小。所有者能够获得多少收益,需视企业的盈利水平及经营政策而定,风险较大,相应地收益也较高,当然,也很可能要承担更大的损失。

表 6-1　所有者权益与负债的区别

项　目	所有者权益	负　债
权益性质不同	盈余分配权利	要求清偿权利
权利内容不同	参与收益分配、参与经营管理等	到期收回本金及利息
偿还期限不同	一般不予归还	必须偿还
风险大小不同	风险较大	风险较小

6.1.2　所有者权益的来源和构成

企业所有者(在股份制企业中指企业的股东)拥有的权益最初表现为投资者的投入资本。随着企业生产经营活动的开展,从企业盈利中提取的盈余公积及未分配利润等形成的企业资本积累,最终也归企业所有者所有,与投入资本共同构成企业的所有者权益。

所有者权益的来源包括所有者投入的资本、直接计入所有者权益的利得和损失、留存收益等。

所有者投入的资本是指所有者投入企业的资本部分,它既包括构成企业注册资本或者股本部分的金额,也包括投入资本超过注册资本或者股本部分的金额,即资本溢价或者股本溢价,这部分投入资本在我国企业会计准则体系中被计入了资本公积,并在资产负债表中的资本公积项目下反映。

直接计入所有者权益的利得和损失,指不应计入当期损益的、会导致所有者权益发生增减变动的、与所有者投入资本或向所有者分配利润无关的利得或者损失。直接计入所有者权益的利得和损失主要包括可供出售金融资产的公允价值变动额、现金流量套期中套期工具公允价值变动额等。

留存收益是指企业历年实现的净利润留存于企业的部分,主要包括累计计提的盈余公积和未分配利润。

由此可见,所有者权益按其形成来源不同,主要有投入资本和留存收益两个部分。投入资本是投资者投入企业的资本金,包括实收资本和资本公积;留存收益是企业生产经营活动所产生的利润在向国家缴纳所得税后留存在公司的部分,包括盈余公积和未分配利润。

表 6-2 所有者权益的构成

所有者投入的资本	实收资本(或股本)或资本公积
直接计入所有者权益的利得和损失	是指不应计入当期损益的、会导致所有者权益发生增减变化的、与所有者投入资本或者向所有者分配利润无关的利得或者损失
留存收益	盈余公积和未分配利润

为了反映所有者权益的构成,便于投资者和其他报表阅读者了解所有者权益的来源及其变动情况,《企业会计准则第 30 号——财务的报表列报》第三章第二十三条规定:"资产负债表中的所有者权益类至少应当单独列示反映下列信息的项目:①实收资本(或股本);②资本公积;③盈余公积;④未分配利润。"

讨论案例1

新旧会计准则——规则转换下的股东权益差异

请认真阅读下面的案例,试分析在新旧会计准则转换过程中,对于所有者权益的结构和数额存在着什么样的风险?这一风险对于投资者,特别是公司大股东有着怎样的可能影响?

2007 年,上市公司开始采用新会计准则编制财务报表。由此,新旧会计准则差异造成的问题开始浮出水面。经财政部会计司统计,2006 年年末到 2007 年年初,上市公司较好地实现了准则的新旧转换。1 570 家公司中,1 557 家披露了《新旧会计准则股东权益差异调节表》,13 家未披露。其中,2006 年年末按旧准则反映的股东权益为 41 486.64 亿元,2007 年年初按新准则反映的股东权益为 45 625.29 亿元,2007 年年初比 2006 年年末增加了 1 002.67 亿元(不包括少数股东权益),增幅仅为 2.42%。

由于采用的会计政策或重要认定原则的不同,有可能出现前后披露的期初股东权益金额存在差异的情况,导致必要的会计调整行为,如名流置业和顺鑫农业两家公司 2007 年一季度季报资产负债表中的 2007 年期初股东权益与新旧会计准则股东权益差异调节表中的 2007 年期初股东权益,分别存在约 482 万元和 676 万元的差异。

名流置业季报资产负债表中的 2007 年期初股东权益为 116 263.60 万元,新旧会计准则股东权益差异调节表中的 2007 年期初股东权益为 115 781.88 万元,前者较后者增加了 481.72 万元。形成上述差异的原因有二:其一,公司补摊 2006 年长期股权投资差额摊销,增加股东权益 15.14 万元;其二,公司 2006 年利息资本化,增加股东权益 466.58 万元。

顺鑫农业季报资产负债表中的 2007 年期初股东权益为 161 828.82 万元,新旧会计准则股东权益差异调节表中的2007年期初股东权益为162 504.38万元,前者较后者减少了675.56万元。公司在季报中解释,2006年所得税汇算清缴后,经与税务部门进行沟通,原新旧准则差异调节表中所得税调整项目得到新的认定,因此季报中的2007年期初股东权益与调节表中的2007年期初股东权益存在差异。将顺鑫农业季报资产负债表和新旧准则差异调节表进行比较可以发现,其调节表中所得税调整项目金额为947.41万元,但其季报资产负债表中的递延所得税资产期初数为271.85万元,两者正好相差675.56万元。

由于新会计准则的施行,上市公司编制新旧准则差异调节表时所采用的会计政策或重要认定,完全有可能在今后作出调整。这就意味着,部分上市公司在新旧准则差异调节表中披露的2007年期初股东权益并非板上钉钉,其金额仍存在变数。如某上市公司在其2006年年报中表示,公司将深入研究新会计准则,进一步确定投资性房地产及其后续计量模式。而在这个问题上,用成本模式还是用公允价值模式,对该公司2007年期初股东权益的影响是截然不同的。

资料来源:新准则下季报首现期初股东权益差异[N/OL].上海证券报,2007-04-11:http://www.cnstock.com/paper_new/html/2007-04/11/content_52581619.htm.有删改。

6.2 资本的投入:实收资本

6.2.1 实收资本及其来源

我国有关法律规定,投资者设立企业首先必须投入资本。《企业法人登记管理条例》中明确规定,企业申请开业,必须具备符合国家规定并与其生产经营和服务规模相适应的资金数额。我国《公司法》也将"股东出资达到法定资本最低限额"作为有限责任公司设立的必备条件;将"发起人认购和募集的股本达到法定资本最低限额"作为股份有限公司设立的必备条件。

实收资本是投资者投入资本形成法定资本的价值,所有者向企业投入的资本,在一般情况下无须偿还,可以长期周转使用。实收资本的构成比例,即投资者的出资比例或股东的股份比例,通常是确定所有者在企业所有者权益中所占的份额和参与企业财务经营决策的基础,也是企业进行利润分配或股利分配的依据,同时还是企业清算时确定所有者对净资产的要求权的依据。企业在进行会计核算时,应分清投入资本和借入资本的界限,不得混淆。

在目前我国的经济环境下,按照投资主体的不同,可以将投入资本分为四类:国家资本、法人资本、个人资本和外商资本。

1. 国家资本

它是指国家一级各种形式对企业的实物投资、货币资金投资,以及所有权应该属于国家的发明创造和技术成果等无形资产投资。它包括各类国有企业的所有者权益及股份有限公司和有限责任公司的国有股。

2. 法人资本

它是企业接受其他单位投资形成的资本。法人资本一般包括实物资产投资、货币资产投资和无形资产投资三种形式。

3. 个人资本

它是企业内、外部个人以合法资产投入企业而形成的资本。个人资本大部分是以货币资产投入的。个人对股份有限公司进行投资时,通常以购买股票的方式进行。

4. 外商资本

它是外国和中国香港、中国澳门及中国台湾地区投资者以各种形式的财产进行的投资。其投资方式包括实物投资、货币资金投资和无形资产投资,其中货币资金投资包括外币资金的投资。

6.2.2 实收资本的计价方法

实收资本是由企业所有者投入的资产形成的,而由于所有者投入资产的形式不仅仅是货币,还可能是厂房、设备这样的固定资产,可能是专有技术、品牌这样的无形资产。即使投入的是货币,也可能是美元、澳元或英镑等外币,因此在所有者向企业投入资产的过程中,存在着实收资本的计价问题。

1. 以货币形式出资的计价方法

一般来说,以货币出资的方式向企业投资,存在着以人民币出资和以外币出资两种形式。国内投资者一般以人民币出资,而中外合资企业则需要在收到外方出资人汇入的外币时,采用一定的汇率将外汇折算为记账本位币,也就是人民币入账。具体来说,当企业收到投资者的外汇资金后,应按当时外汇牌价折合的人民币金额同时登记,增加资产,同时增加实收资本。按当时外汇牌价折算后的人民币金额超过约定出资额部分,则增加资产,同时增加资本公积。

2. 以非货币形式出资的计价方法

投资者如果采取货币以外的其他被认可的投资方式出资的,必须按照公平合理的原则进行计价,也就是说计价标准要同时征得企业与投资者双方认可。在什么情况下投资者之间彼此会认可各自非货币形式的出资呢?这就需要一个很重要的中介部门介入,也就是资产评估事务所。一般来说,资产评估师参考同类商品或资产的市场成交价格、成新率、技术先进程度等对专利权、专有技术、商标权、土地使用权、设备等作价,考虑到这些资产可能在未来给企业带来经济效益和现金流,故务求贯彻"公允价值"这一原则。

讨论案例2

透视2012年中国8大并购事件——股权交易后面的战略意图

对于企业来说,并购体现在会计账面上,表面为所有者权益的增减,股本、实收资本、盈余公积等会计科目的变动,通过透视这些会计账面上的数字,结合地域、行业、市场等客观因素,可以从这些股权交易中分析出更多的信息。这些信息反映着企业的未来发展战略——或者期待较快而有效地实现企业的产业布局;或者通过并购完善产业链,提升企业价值;或者改变竞争优势甚至影响一个行业的竞争格局;或者通过并购创新引领股权交易市场的一种新趋势……

请大家通过2012年中国上市公司的8大并购事件,搜集更多的相关信息,借助上市公司在并购前后的会计报表,炼就一双"慧眼",透视股权交易后面的战略意图。

- **中海油151亿美元收购尼克森**

2012年7月23日,中海油宣布以151亿美元现金收购加拿大全球性能源公司尼克森全部流通股及43亿美元债务,成为中国企业境外并购交易史上最大的一笔现金收购案。12月7日,这一交易获得加拿大政府的批准。

此次收购中海油分别以每股27.5美元和26加元的价格,现金收购了加拿大尼克森公司所有流通中的普通股和优先股,交易总价为151亿美元。由于收购之时尼克森的股价处在低位,此次中海油的并购价较尼克森的市值溢价60%以上,但相对于2011年年底中石化以14.59美元/桶当量的平均价格收购加拿大塔里斯曼英国子公司49%股份来说,此次中海油以9~10美元/桶当量收购尼克森,收购价格仍处于较低水平。溢价60%收购尼克森对于中海油来说是否划算?实际上,此次收购除花了151亿美元以外,中海油还需承担尼克森原有的43亿美元债务,这意味着它的并购成本已接近了200亿美元。

- **中石化联手新奥能源对中燃气发起敌意收购**

2011年12月13日,中石化(600028,SH)与国内市场规模居前的民资巨头城市管道燃气提供商新奥能源(002688,HK)联合发布公告,拟以3.5港元/股,总对价约167亿港元,对中国最大的跨区域城市燃气分销商中燃气(00384,HK)发起收购。两家公司在公告中称,收购的比例为新奥能源占55%,中国石化(4.470.02,0.45%)占45%。要约价格为每股3.5港元,较中国燃气停牌前12月6日的收盘价2.8港元有25%的溢价。此外,新奥能源和中石化有意在完成收购要约之后继续中国燃气的现有主要业务,并将维持中国燃气的上市地位。

次日,中燃气称以严重低估公司价值为由拒绝这起收购。为抵制这起敌意收购,2012年4月初开始,中燃气的实际控制者刘明辉与原有股东英国富地石油(FTO.LSE),专门成立合资公司在二级市场11次增持中燃气股票;与此同时,公司的第一大股东北京控股在二级市场先后4次增持,持股量增至20.30%,进一步巩固了地位。10月15日,中石化与新奥能源公告称因未获商务部批准及中燃气方面的抗拒,放弃对中燃气收购。

该笔交易成为国内为数不多的敌意收购案例之一,也是2012年唯一一起境内敌意收购,其交易规模之大、耗时之长、交易复杂程度之高都成为中国并购交易史上的经典案例。

- 国家电网购得葡萄牙电网25%的股权

2012年2月中国国家电网公司收购葡萄牙国家电网(简称REN)25%的股份,交易价格为每股2.9欧元,相对REN 2012年2月1日收盘价溢价40%,总收购价值达3.87亿欧元。成为中国企业收购欧洲国家级电力公司的首案。

- 海尔集团9.27亿新元出境收购新西兰斐雪派克

2012年9月11日,海尔集团发出全面收购要约,拟以每股1.2新西兰元,现金收购新西兰最大的家电制造商斐雪派克。这一要约起先因收购价低于第三方评估价1.28~1.57新西兰元/股而遭到斐雪派克的独立董事们的一致反对。之后,海尔集团调高收购价至1.28新西兰元/股,使交易总价值达到9.27亿新西兰元(7.61亿美元)。通过此次并购,海尔集团称将取得斐雪派克51.6%的股权,并获得该公司的控制权。

- 博盈投资收购斯太尔动力

2012年4月,武汉梧桐硅谷天堂以3 245万欧元收购奥地利领先柴油发动机制造商斯太尔动力100%的股权;11月5日,博盈投资公开15亿元定增预案,其中5亿元用于购买武汉梧桐硅谷天堂100%的股权,硅谷天堂账面获利2.2亿元实现退出;与此同时,硅谷天堂又参与博盈投资的定向增发,交易完成后,硅谷天堂仍持有博盈投资7.61%股权。

该笔交易因集合了PE全资海外收购、溢价出售上市公司实现并购退出、参与上市公司定向增发、间接持有上市公司股权,在短短7个月内便顺利完成了投资与退出,成为国内并购市场及私募股权界前所未有的交易。在国内IPO退出渠道收紧的大环境下,PE机构通过参与企业并购、寻求多元化退出方式的重要性越加凸显。

- 阿里巴巴集团私有化旗下B2B公司

2012年2月12日,阿里巴巴创始人之一马云及其一致行动人士宣布,以179.29亿港元收购阿里巴巴网络26.55%的股权,使其私有化退市,交易完成后阿里巴巴集团等合计持有阿里巴巴网络的股权比例由73.45%增至100%。6月20日,阿里巴巴网络撤销上市地位。

阿里巴巴网络的私有化使得其免于上市公司的公共监管能力,将为日后战略布局调整、集团整体上市发挥重大作用,阿里巴巴退市成为2012年互联网行业并购交易规模最大、最为吸引眼球的一起案例。

- 优酷土豆合并

2012年3月12日,网络视频领先企业优酷网宣布以换股方式收购其竞争对手土豆网100%的股权,合并后二者分别持有新公司优酷土豆71.5%和28.5%的股权,优酷的ADS将继续在纽交所交易,而土豆普通股与ADS则将在纳斯达克退市,并保留其品牌和平台的独立性,交易额约为 10.4 亿美元。8 月 20 日,交易获顺利完成。

- **苏宁易购收购红孩子**

2012 年 9 月 25 日,苏宁电器拟出资 6 600 万美元或等值人民币,收购母婴用品领域领先企业红孩子公司(以下简称"红孩子"),并承接"红孩子"及"缤购"两大品牌和"红孩子"的资产、业务。苏宁电器的电商平台苏宁易购以此为契机,全面升级母婴、化妆品产品的运营。

自 2004 年创立以来,"红孩子"在被苏宁收购之前共完成 6 轮融资,主要由北极光、NEA、凯旋创投等投资机构参与,融资总额达到 1.2 亿美元。"红孩子"2011 年的年销售规模超过了 10 亿元,员工数达 1 500 人,注册会员达 750 万人,2011 年的重复购买率超过了 50%。从 2008 年到 2011 年,"红孩子"的销售数据并未出现大的变动。

对于业绩不理想的"红孩子",苏宁电器的出资可谓"公道"。苏宁电器给出的 6 600 万美元收购"红孩子"的所有股份,意味着"红孩子"背后的投资机构总计 1.2 亿美元的投资折损超过了四成。

资料来源:中海油 151 亿美元收购尼克森完成. 新浪财经. 2012-02-26:http://finance.sina.com.cn/chanjing/gsnews/20130226/131814650321.shtml.

投中集团. 2012 年中国十大最受关注并购交易[N/OL]. 投资有道,2013-03-08:http://news.hexun.com/2013-03-08/151862295.html. 有删改。

6.2.3 实收资本的会计处理

由于企业的组织形式不同,所有者实收资本的会计核算方法也有所不同。下面分别介绍不同组织形式的企业实收资本的核算。

1. 非股份有限公司实收资本的会计处理

1) 以货币形式投入的资本

投资者以货币出资包括人民币出资和外币出资。企业收到投资者以人民币投入的资本时,应当以实际收到或存入企业开户银行的金额作为实收资本入账,借记"银行存款"或"库存现金"科目,贷记"实收资本"科目。对于实际收到或者存入企业开户银行的金额超过投资者在企业注册资本中所占份额的部分,应当计入"资本公积"科目。

对于投资者的外币投资,需采用一定的汇率将外币折合为记账本位币。企业收到投资者的外币投资款时,应当按照当日外汇牌价折合的人民币金额入账;同时按照投资合同或协议约定的汇率折算成记账本位币登记"实收资本"账户。由于交易当日的汇率与投资合同或协议约定的汇率不一致而产生的汇兑差额,计入"资本公积——资本溢价"账户。如果合同或协议没有约定汇率,则按收到出资款日的外汇牌价折算成人民币登记"实收资本"账户。

【例 6-1】 2012 年 7 月,A 公司收到投资者 B 投资的人民币 320 000 元,已收到银行收账的通知单。A 企业编制会计分录如下：

借：银行存款　　　　　　　　　　　　　　　　320 000
　　贷：实收资本——B　　　　　　　　　　　　　　320 000

2）以非货币形式投入的资本

企业收到投资者以存货、固定资产、无形资产等非现金资产投入的资本时，应按投资各方确认的价值（但投资合同或协议约定价值不公允的除外）作为实收资本入账，以固定资产、流动资产等资产投资的，应在办理实物产权转移手续时，借记有关资产科目；以无形资产投资的，应在按照合同、协议或公司章程规定移交有关凭证时，借记"无形资产"科目。对于投资方各方确认的资产价值超过其在注册资本中所占份额的部分，应当计入资本公积。

【例 6-2】 刘备、张飞、关羽三人共同出资设立西蜀有限责任公司，公司注册资本为 1 000 000 万元，三人的持股比例分别为 50%、30%、20%，其中刘备以现金出资，张飞以一批机器设备出资，而关羽完全以技术入股。2012 年 12 月 1 日，西蜀有限责任公司如期收到各投资者一次性缴足的投资，其中张飞提供的机器设备经资产评估事务所评估，评估价为 350 000 元。

根据上述资料，西蜀有限责任公司应作如下账务处理：

借：银行存款　　　　　　　　　　　　　　　　500 000
　　固定资产——设备　　　　　　　　　　　　　350 000
　　无形资产　　　　　　　　　　　　　　　　　200 000
　　贷：实收资本——刘备　　　　　　　　　　　　500 000
　　　　　　　　　　张飞　　　　　　　　　　　　300 000
　　　　　　　　　　关羽　　　　　　　　　　　　200 000
　　　　资本公积——股本溢价　　　　　　　　　　 50 000

2. 股份有限公司实收资本的会计处理

股份有限公司是指全部资本由等额股份构成，并通过发行股票筹集资本，股东以其所持股份对公司承担有限责任，公司以其全部资产对公司债务承担责任的企业法人（简称股份公司）。与其他企业相比，股份公司的显著特点在于将企业的资本划分为等额股份，并通过发行股票的方式来筹集资本。

股份有限公司一般可通过发起式和募集式两种形式筹集资金。值得一提的是，按照我国《公司法》的规定，"股票发行价格可以按票面金额，也可以超过票面金额，但不得低于票面金额"。也就是说，在我国仅允许平价或溢价发行。发起设立是指公司的全部股份只由发起人认购，不对外募集任何股份；募集式设立的特点是：公司股份除由发起人认购一部分外，还要向社会公众发行，因此需要聘请券商代理发行，由此发生的发行费用额度较高。在两种不同的设立方式下，所涉及的所有者权益的会计处理也不同。

1）发起设立方式下股本的会计处理

发起式设立公司的全部股份由发起人认购，一般只发生一些如股权证明印刷费等小额费用，无须聘请证券商（如证券公司）向社会广泛募集，所以这些费用可以直接计入"管理费用"科目。在收到现金等资产时,按实际收到的金额,借记"库存现金""银行存款"等账户,按股票面值和核定的股份总额的乘积计算的金额,贷记"股本"账户,按其差额,贷记"资本公积——股本溢价"账户。

【例6-3】 弘达股份有限公司2011年上市,按面值1元发行普通股8 000万股。该公司应作如下会计分录:

借:银行存款　　　　　　　　　　　　　　　80 000 000
　　贷:股本　　　　　　　　　　　　　　　　80 000 000

2) 募集设立方式下股本的会计处理

因为募集设立除了由发起人认购一部分股份外,还向其他法人和自然人进行募集,因此需要聘请证券商发行股票。募集过程中发行的股票数量大、印刷费用高,而且从广大投资者认购到实际出缴资金,需要进行大量的工作。所以支付给证券商的发行费用较高,不宜直接计入管理费用。如果该公司的股票是溢价发行,按股票面值计入"股本"科目,按发行价格超过面值的部分扣除发行手续费、佣金等发型费用后计入"资本公积——股本溢价"科目;如果是平价发行,支付给证券商的费用直接计入"财务费用"科目。股份公司采用募集方式设立,其发起人认购的股份不得少于公司股份总数的35%。值得一提的是,按照《公司法》的规定,"股票发行价格可以按面金额,也可以超过票面金额,但不得低于票面金额"。所以,我国不存在折价发行的情况。

【例6-4】 悟空股份有限公司发行普通股2 000 000股,每股面值为1元,发行价格为6元。股款12 000 000元已经全部收到,发行过程中发生相关税费6 000元。

根据上述资料,悟空股份有限公司应作如下账务处理:

计入股本的金额＝2 000 000×1＝2 000 000(元)
计入资本公积的金额＝(6－1)×2 000 000－6 000＝9 994 000(元)

借:银行存款　　　　　　　　　　　　　　　11 994 000
　　贷:股本　　　　　　　　　　　　　　　　2 000 000
　　　　资本公积——股本溢价　　　　　　　　9 994 000

【例6-5】 红星股份有限公司经中国证监会批准,发行普通股1 000万股,每股面值1元,按票面金额发行,发行手续费为3%,扣除手续费的款项已存入银行。

在平价发行下,总收入为1 000万元,手续费为30万元(1 000×3%),所以公司收到的款项为970(1 000－30)万元。会计处理如下:

借:银行存款　　　　　　　　　　　　　　　9 700 000
　　财务费用　　　　　　　　　　　　　　　　300 000
　　贷:股本　　　　　　　　　　　　　　　　10 000 000

3. 实收资本增减变动的会计处理

一般情况下,公司的实收资本(或股本)固定不变。但在某些特定情况下,实收资本(或股本)也有可能发生变化。根据我国有关法律的规定,企业资本(或股本)除下列情况外,不得随意变动:第一,符合增资条件,并经有关部门批准增资的;第二,企业按法定程序报经批准减少注册资本。当企业发生上述两种符合规定的实收资本(或股本)情况时,应进行相应的会计处理。

1) 实收资本（或股本）增加的会计处理

企业增加资本的途径一般有三种。一是将资本公积转为实收资本或股本。经股东大会或类似机构决议，用资本公积转增实收资本时，借记"资本公积——资本溢价"（或"股本溢价"）科目，贷记"实收资本"（或"股本"）科目。二是盈余公积转为实收资本。此时借记"盈余公积"科目，贷记"实收资本"（或"股本"）科目。这里需要注意的是，资本公积和盈余公积均属于所有者权益，转为实收资本或者股本时，企业如为独资企业的，核算比较简单，直接结转即可；如为股份有限公司或有限责任公司的，应按原投资者所持股份同比例增加各股东的股权。三是所有者（包括原企业的所有者和新投资者）投入，企业在收到投入资金时，借记"银行存款""固定资产""长期股权投资"等科目，贷记"实收资本"（或"股本"）科目。

股票股利是指公司用增发股票的方式支付股利。股票股利一般按普通股股东持有股份的比例增发普通股。股票股利的发放，并不影响公司的资产和负债，也不影响公司的所有者权益总额，而只是使公司所有者权益内部结构发生变化。

股东大会批准的利润分配方案中应分配的股票股利，应在办理增资手续后，借记"利润分配"科目，贷记"股本""资本公积"等科目。

【例6-6】 A公司现有普通股2 000万股，每股面值10元，现根据股东大会的股利分配方案，按现有股数的20%分派股票股利，股票市价为每股12元。编制会计分录如下：

借：利润分配　　　　　　　　　　　　　　　　48 000 000
　　贷：股本——普通股　　　　　　　　　　　　40 000 000
　　　　资本公积——股本溢价　　　　　　　　　 8 000 000

可转换公司债券持有人行使转换权利，将其持有的债权转换为股票，按可转换公司债券的余额，借记"应付债券——可转换公司债券（面值、利息调整）"科目，按其权益成分的金额，借记"资本公积——其他资本公积"，按股票面值和转换股数计算的股票面值总额，贷记"股本"科目，按其差额，贷记"资本公积——股本溢价"科目。如有现金支付不可转换股票，还应贷记"银行存款"等科目。

【例6-7】 A有限责任公司由甲、乙两人共同投资设立，原注册资本为20 000 000元，甲、乙出资分别为15 000 000元和5 000 000元，为了扩大经营规模，经批准，A公司按照原出资比例将资本公积5 000 000元转增资本。

根据上述资料，A公司的账务处理如下：

借：资本公积　　　　　　　　　　　　　　　　 5 000 000
　　贷：实收资本——甲　　　　　　　　　　　　 3 750 000
　　　　　　　　——乙　　　　　　　　　　　　 1 250 000

2) 实收资本（或股本）减少的会计处理

企业减少实收资本（或股本）要受到法律的严格约束。减少实收资本的原因一般有两种：一是资本过剩而减资；二是企业发生严重亏损而减资。但减资后的注册资本不得低于法定的最低限额，并按法定程序报经批准后办理变更登记。对于非股份有限公司，按发还投资的金额，借记"实收资本"科目，贷记"银行存款"科目。

股份有限公司由于采用的是发行股票的方式筹集股本,发还股款时,则要回购发行的股票,发行股票的价格与股票面值可能不同,回购股票的价格也可能与发行价格不同,会计处理比较困难。对于股份有限公司,股本减少的核算应设置"库存股"这一会计科目,核算企业收购、转让或注销公司股份的金额,其期末借方余额反映企业持有尚未转让或注销的公司股份金额。根据减少实收资本的目的不同,相应的会计处理也不同。

为减少注册资本而回购公司股份的,应按实际支付的金额,借记"库存股"科目,贷记"银行存款"等科目。减少注册资本后,可以注销库存股,也可以转让库存股。

为奖励本公司职工而回购本公司股份的,应按实际支付的金额,借记"库存股"科目,贷记"银行存款"等科目,同时做备查登记。

股东因对股东大会作出的公司合并、分离决议持有异议而要求企业收购本公司股份的,企业应按实际支付的金额,借记"库存股"科目,贷记"银行存款"科目。

【例 6-8】 远大股份有限公司截至 2008 年 12 月 31 日共发行股票 5 000 000 股,股票面值为 1 元。由于公司累积亏损引起注册资本的实际减少,报经批准减少注册资本 200 000 元,从市场上回购每股面值 10 元的该公司普通股 20 000 股后,将库存股予以注销。该公司账务处理如下:

回购股票时,

库存股的成本 = 20 000 × 10 = 200 000

借:库存股 　　　　　　　　　　　　　　200 000
　贷:银行存款 　　　　　　　　　　　　　　200 000

注销库存股时,

借:股本 　　　　　　　　　　　　　　　　200 000
　贷:库存股 　　　　　　　　　　　　　　　200 000

6.3 资本的累积:资本公积

6.3.1 资本公积的来源及其用途

1. 资本公积的概述

资本公积是指企业收到投资者的超出其在企业注册资本(或股本)中所占份额的投资,以及直接计入所有者权益的利得和损失等。它属于投入资本的范畴,是所有者权益的重要组成部分。

资本公积与实收资本虽然都属于投入资本的范畴,但二者又有一定的区别。实收资本是投资者为谋求价值增值而对公司的一种原始投入,从法律上讲属于公司的法定资本,其无论是在来源上还是在金额上,都有着比较严格的限制,加之投资者对公司的原始投入往往都是带有回报要求的,而且这种要求又带有确指性;而不同来源形成的资本公积却归所有投资者共同享有。

2. 资本公积的形成来源

资本公积包括资本溢价和直接计入所有者权益的利得和损失等。资本溢价是企业收到投资者超过其在注册资本中所占份额的投资,股份公司溢价发行股票时收到的超过面值的价值,即股本溢价也属于资本溢价。直接计入所有者权益的利得和损失,是指不应计入当期损益的、会导致所有者权益发生增减变动、与所有者投入资本或企业向投资者分配利润无关的利得或者损失。

资本公积的形成来源主要是资本溢价。当投资者缴付的出资额大于注册资本时,产生的差额就构成了资本公积最主要的项目。资本溢价形成的原因主要有溢价发行股票、投资者超额缴入资本等。前一种情况是指股份公司创办时发行股票,其发行价格超过股票面值的差额部分,与股本一起作为股东的资本投入公司,股票面值部分计入"股本"科目,超过股票面值的溢价收入计入"资本公积"科目,或者由于资产的不可分割性导致实际投入公司的资产加之超过按出资比例计算的出资额部分;后一种情况是指公司创办后有新股东加入,其出资额高于原股东出资额才能获得与原股东相同的投资比例,新股东投入资本中等于原股东投资比例的出资额部分,将其计入"股本"科目,大于原股东投资比例的出资额部分则计入"资本公积"科目。

3. 资本公积的主要用途

资本公积的主要用途就在于转增资本,即在办理增资手续后用资本公积转增资本,按股东原有股份比例发给新股或增加每股面值。虽然《中华人民共和国公司法》规定资本公积的用途主要是用来转增资本和股本。转增资本或股本时并不会改变企业投入资本总额,也不会改变企业所有者权益的总额。但这样处理仍然有其特定的积极意义。主要体现在以下几个方面。

① 资本公积转增资本可以改变投入资本的结构,体现了企业稳健、持续发展的潜力。按照法律规定,资本公积转增资本以后,不许可用于向投资者分配或者用于弥补亏损;即使是在企业破产的情况下,它也将被优先分配给债权人,从而保证企业的持续发展和稳健经营。

② 对于股份有限公司而言,这样做会增加投资者持有的股份,从而增加公司股票的流通量,进而可以激活股价,提高股票的交易量和资本的流动性。

6.3.2 资本公积的核算

企业应通过"资本公积"科目核算资本公积的增减变动情况,该科目属于所有者权益类科目,贷方登记企业资本公积增加的数额,借记登记企业资本公积减少的数额,期末贷方余额为企业资本公积的结余数额。"资本公积"科目应当分别以"资本溢价(股本溢价)""其他资本公积"进行明细核算。资本公积核算企业受到投资者出资额超出其资本(或股本)中所占份额的部分。

1. 资本(或股本)溢价的核算

1) 资本溢价

资本溢价(或股本溢价)是指企业收到投资者的超出其在企业注册资本(或股本)中所占份额的投资。"资本(或股本)溢价"明细账户是反映投资者实缴资本超过注册资本的金额,它是资本公积最常见的来源。其主要核算内容及其账务处理如下所述。

除股份有限公司外的其他类型的企业,在企业创立时,投资者认缴的出资额往往与注册资本一致,一般不会产生资本溢价。但在企业重组或有新的投资者加入时,为维护原投资者的权益,新加入的投资者的出资额,并不一定全部作为实收资本处理,这是因为企业正常经营过程中投入的资金即便与企业创立时投入的资金在数量上一致,其获利能力也不可能一致。企业创立时,要经过筹建、试生产经营、为产品寻找市场、开辟市场等过程,从投入资金到取得投资回报。这中间需要许多时间,并且这种投资具有风险性,在这个过程中资本利润率很低。但是企业进入正常的生产经营阶段后,初创阶段创立者们垫支的资本及其回报,使得企业的资本利润率远远高于初创阶段,所以必然会吸引新的投资者加入或者进行企业重组。对于新投资者的加入,因为资本在不同出资时间对企业影响的程度不同,所以要想取得和原始投资者同样比例的资本份额,就必须付出大于按照此比例计算的实收资本份额的出资额,超过部分就形成了资本公积。

企业发生资本溢价时,按照实际收到的出资额,借记"银行存款"等科目,按照投资者在新增注册资本中应占有的份额贷记"实收资本"科目,实际交付的出资额大于注册资本的差额,贷记"资本公积"科目。

【例6-9】 张良有限责任公司注册资本为1 500万元,2001年由甲、乙、丙三方各出资500万元设立,现已经营多年,未分配利润已达600万元。为扩大经营规模,2013年5月公司决定将公司的注册资本增加到2 000万元,并吸收丁投资者加盟,同意其以现金880万元出资,占增资后公司全部资本的25%。公司在收到丁投资者的出资时的账务处理如下。

丁投资者出资的880万现金中,属于股本的部分为(20 000 000×25%)5 000 000元,余者则作为资本溢价,计入资本公积。

借:银行存款 8 800 000
  贷:实收资本——丁投资者 5 000 000
    资本公积——资本溢价 3 800 000

2) 股本溢价

股份有限公司在按面值发行股票的情况下,企业发行股票取得的收入,应全部作为股本处理;在溢价发行股票的情况下,企业发行股票取得的收入,等于股票面值的部分作为股本处理,计入"股本"科目,超出股票面值的溢价收入应作为股本溢价处理,计入"资本公积——股本溢价"科目。发行股票相关的手续费、佣金等交易费用,是溢价发行股票的,应从溢价中抵扣,冲减资本公积(股本溢价);股票没有溢价或溢价金额不足支付发行费用的部分,应冲减盈余公积和未分配利润。

【例6-10】 诸葛股份有限公司委托证券公司代理发行普通股3 000 000股,每股面值

1元,按每股1.1元的价格发行。公司与受托单位约定,按发行收入的2%收取手续费,从发行收入中扣除。假如收到的股款已存入银行。

根据上述资料,诸葛公司的会计处理如下。

公司收到证券公司单位交来的现金 = 3 000 000 × 1.1 × (1 − 2%) = 3 234 000(元)

应计入"资本公积"科目的金额 = 溢价收入 − 发行手续费

$$= 3\,000\,000 \times (1.1 - 1) - 3\,000\,000 \times 1.1 \times 2\%$$
$$= 234\,000(元)$$

借:银行存款	3 234 000
贷:股本	3 000 000
资本公积——股本溢价	234 000

2. 资本公积转增资本的会计处理

经股东大会或类似机构决议,用资本公积转增实收资本时,借记"资本公积——资本溢价"科目,贷记"实收资本"或"股本"科目。但是依据《公司法》规定,资本公积须满足法定公积金(资本公积和盈余公积)所留存的该项公积金不得少于转增前公司注册资本的25%时,才能够用于转增资本。

【例6-11】 续【例6-9】,假设张良公司2013年6月末经股东大会批准,将资金公积240万元转增资本,账务处理如下。

借:资本公积——资本溢价	2 400 000
贷:实收资本——甲	600 000
——乙	600 000
——丙	600 000
——丁	600 000

3. 其他资本公积的会计处理

其他资本公积是指除资本或股本溢价项目以外,其他项目所形成的资本公积,其中主要包括直接计入所有者权益的利得和损失。计入"其他资本公积"科目的金额是已经实现的资本公积,可以按规定转增资本(或股本)。其主要核算内容及账务处理如下。

① 长期股权投资采用权益法核算的,在持股比例不变的情况下,被投资单位除净损益以外所有者权益的其他变动,企业按持股比例计算应享有的份额,借记或贷记"长期股权投资——其他权益变动"科目,贷记或借记"资本公积——其他资本公积"科目。处置采用权益法核算的长期股权投资,还应结转原计入资本公积的相关金额,借记或贷记"资本公积——其他资本公积"科目,贷记或借记"投资收益"科目。

【例6-12】 甲企业对乙企业的投资占乙企业注册资本的70%。2009年10月乙企业接受其他单位捐赠的设备一台,价值为100 000元,预计使用4年,预计净残值为零。假设所得税税率为25%。则甲企业的会计处理如下。

借:长期股权投资——乙企业(其他权益变动)	52 500(75 000×70%)
贷:资本公积——其他资本公积	52 500

② 以权益结算的股份支付。以权益结算的股份支付换取职工或其他方提供服务的，应按照确定的金额，计入"管理费用"等科目，同时贷记"资本公积——其他资本公积"科目。在行权日，应按实际行权的权益工具数量计算确定的金额，借记"资本公积——其他资本公积"科目，按计入实收资本或股本的金额，贷记"实收资本"科目，按其差额，贷记"资本公积——资本溢价"科目。

【例6-13】 宏大公司为一上市公司。2007年1月1日，公司向其300名管理人员每人授予200股股票期权，这些员工从2007年1月1日起在该公司连续服务5年，即可以每股5元购买2 000股股票，从而获得一定的收益。公司估计该期权在授予日的价值为20元。假设5年内，没有一名管理人员离职。此外，假设全部员工都于2012年1月5日行权，宏大公司股份面值为1元。宏大公司的会计处理如下。

2007至2011年每年12月31日的会计处理如下：

借：管理费用　　　　　　　　　　　　　　2 400 000（300×2 000×20×1/5）
　贷：资本公积——其他资本公积　　　　　2 400 000

2012年1月5日的会计处理如下：

借：银行存款　　　　　　　　　　　　　　3 000 000（300×2 000×5）
　　资本公积——其他资本公积　　　　　　12 000 000（2 400 000×5）
　贷：股本　　　　　　　　　　　　　　　　600 000
　　　资本公积——股本溢价　　　　　　　1 440 000

③ 存货或自用房地产转换为投资性房地产。对于企业将作为存货的房地产转换为采用公允价值模式计量的投资性房地产，按照"投资性房地产"科目的相关规定进行处理，相应调整资本公积。转换日的公允价值小于账面价值的，按其差额，借记"公允价值变动损益"科目；转换日的公允价值大于账面价值的，按其差额，贷记"资本公积——其他资本公积"科目。

【例6-14】 2012年7月，红旗公司打算搬迁至新办公楼，并将其原办公楼对外出租，以赚取租金收入。2012年12月，红旗公司与甲公司签订了租赁协议，将其原办公楼租赁给甲公司使用，租赁期开始日为2013年1月1日，租赁期限为5年。2013年1月1日，该办公楼的公允价值为7 000万元，其原值为8 000万元，已提折旧1 200万元；假设红旗公司对投资性房地产采用公允价值模式计量。则红旗公司的会计处理如下。

2013年1月1日：

借：投资性房地产——成本　　　　　　　　70 000 000
　　累计折旧　　　　　　　　　　　　　　12 000 000
　贷：固定资产　　　　　　　　　　　　　80 000 000
　　　资本公积——其他资本公积　　　　　2 000 000

④ 可供出售金融资产公允价值的变动。可供出售金融资产公允价值变动形成的利得，除减值损失和外币货币性金融资产形成的汇兑差额外，借记"可供出售金融资产——公允价值变动"科目，贷记"资本公积——其他资本公积"科目，公允价值变动形成的损失，编制相反的会计分录。

⑤ 接受捐赠的资产。接受捐赠资产，是指企业接受政府、社会团体、其他企业或个人赠予的财产。捐赠人捐赠财产并不是为了谋求利益和企业剩余资产的求偿权，所以不构

成企业的所有者权益,因此,在会计上不能将接受的捐赠资产作为实收资本来处理,而应通过"资本公积"账户来核算。如果接受捐赠的是货币资产,应按其实际收到金额入账;如果是实物,可按捐赠人提供的发票账单入账,也可按同类实物的市价入账。

企业接受现金捐赠,在收到捐赠款项时,借记"库存现金""银行存款"账户,贷记"营业外收入——捐赠利得"账户;企业接受实物捐赠,应借记"固定资产""原材料"等账户,贷记"营业外收入——捐赠利得"和"累计折旧"等账户。

讨论案例3

大股东与小股东的利益之争

美国是法与金融学派的兴起之地,从20世纪80年代开始,以LLSV为代表的一批学者将投资者法律保护是市场存在与发展的基石这一观念不断普及,并使各国金融市场管理者与研究者广泛认可。

我们介绍给大家的一则事关投资者保护的案例则发生在20世纪60年代,涉及大、小股东的利益之争。这要从一则美国法院的著名法庭判例说起。

原告:小股东 Chadwick 先生。

被告:大股东 Cross,Abbott 公司。

案件的起因是,原告与被告双方在1959年11月23日共同出资成立新公司 RandolphRed & White Inc.,公司成立时共发行了 1 000 股普通股,其中原告(小股东)持股比例为49%,被告(大股东)持有其余的51%比例股权。在公司成立的股东大会上,原告 Chadwick 先生被选举进入董事会并担任董事长职务,而被告担任总经理职务,负责公司的日常经营管理和财务。

1962年1月2日,原告 Chadwick 先生根据议事程序第18款之规定提出撤资请求,并以书面形式通告了大股东。此时公司股权结构与创立时相同,没有发生变动。鉴于原、被告双方签定的议事程序中,大多数条款都是原则性的,尤其是针对股东权益账面价值的确定与折旧会计处理方法的选择。

为讨论方便,现将议事程序中第18款的内容规定(部分节略)叙述如下:

"如果小股东决定提出从公司 Randolph Red & White 撤资的请求,第一,需以书面的形式通知大股东,并计算确认至提出请求时止的股东权益的账面价值;第二,股东权益的账面价值要遵从美国公认会计原则(U.S. GAAP)以合理、公允的方式来确定;第三,确定股东权益账面价值的报告要由注册会计师出具审计意见;第四,大股东应在30天之内履行契约,将所确定的少数股东权益价值以现金或银行支票的方式支付给小股东;……"

股东权益确认与折旧计算方法的选择。原告 Chadwick 先生在确认其所持权益的账面价值时,采用了平均年限法来计提折旧的方法,计算出每股账面价值为 114.674 56 美元每股,总账面价值为 56 190.53 美元(114.674 56 美元每股×490 股),而且该金额经聘请的注册会计师审计并出具了审计报告。而被告认为,计算确定少数股东权益价值时,应该按照公司一直采用的双倍余额递减法来计提折旧,由此确认的每股账面价值应为 106.433 07 美元每股,总账面价值为 52 150.70 美元(106.433 07 美元每股×490 股)。

也就是说,案件诉讼的焦点在于在计算确定少数股东权益价值时的折旧方法。对于不同的折旧计算方法,采用平均年限法将有利于小股东,而采用双倍余额递减法则有利于大股东,两者确认的股东权益差额为 4 039.83 美元。

鉴于双方不能够对所采用的会计处理方法达成一致,原告遂将被告诉至当地佛蒙特州高等法院,要求法庭支持自己的诉讼主张,以保护小股东的利益。

资料来源:贺建刚,刘峰.司法体系、会计准则导向与投资者保护:一项案例分析[J].会计研究, 2006(11):8~15.有删改。

案例的基本情况就是如此,请大家深入思考一下如下问题:

1. 原告小股东和被告大股东各自坚持的分别是什么原则?他们各自的要求有没有道理?
2. 小股东与大股东之间存在的矛盾的根源是什么?
3. 如果你是法官,你会如何判决?

6.4 经营成果的累积:留存收益

6.4.1 留存收益的概述

投资者对企业进行投资,一方面是为了企业的生产经营;另一方面也是为了通过企业的经营活动实现投入资本的增值。而作为被投资企业,也应该根据董事会的建议和股东大会的决议,把企业实现的净利润在企业和投资者之间进行合理的分配,即弥补以前年度亏损、提取法定盈余公积金和向投资者分配利润。

留存收益是指企业从历年实现的净利润中提取或形成的留存于企业内部的积累,是由企业内部盈利所形成的资本。它来源于公司的生产经营活动所实现的净利润,在性质上,留存收益与投入资本一样,也属于所有者权益,具体包括盈余公积和未分配利润。

我国从 2006 年 1 月 1 日起取消了公益金制度,根据《公司法》规定,企业当年实现的净利润,一般应当按以下顺序进行分配:

1. 弥补以前年度亏损;
2. 提取法定公积金;
3. 提取任意公积金;
4. 向投资者分配利润或股利。

6.4.2 留存收益的核算

留存收益主要包括盈余公积和未分配利润两个部分。

1. 盈余公积及其核算

盈余公积是指公司每年按照规定从税后净利润中提取的积累资金。按照计提的依据不同,公司制企业(包括股份有限公司和有限责任公司)的盈余公积分为法定盈余公积和任意盈余公积,前者以国家的法律或行政规章为依据提取,后者则由企业自行决定提取。盈余公积是企业按照规定从税后利润中提取的各种积累资金。提取盈余公积的主要目的是限制股利的过度分派,以满足将来扩大企业生产规模、弥补日后发生的亏损等需要。

1) 盈余公积概述

盈余公积根据其用途的不同可分为法定盈余公积和任意盈余公积两类。

我国《公司法》规定,股份公司应按照税后利润的10%提取法定盈余公积,提取的法定盈余公积累积达到注册资本的50%时,可以不再提取;任意盈余公积是指公司从税后利润提取法定公积金后,经股东会或股东大会决议,还可以从税后利润中提取的公积金。

盈余公积的计提实际上是对企业所实现净利润的一种限制或冻结,使得公司不能将其以股利的形式把资产分配给股东。因此,提取盈余公积是一项与资产毫不相干的事项,它既没有限制企业资产的用途,也没有将企业任何资产作特别的封存,仅仅是限制股利分配。提取盈余公积只表现为企业所有者权益内部结构上的调整,从未分配利润转化为盈余公积,并不引起企业所有者权益总额的变动。

盈余公积的提取实际上是对企业当期实现的净利润向投资者分配的一种限制。提取盈余公积本身就属于利润分配的一部分,这部分资金一经提取形成盈余公积后,一般情况下不得用于向投资者分配利润或股利。企业提取盈余公积的主要用途为:弥补亏损、转增资本、扩大企业生产经营。

2) 盈余公积的核算

为了反映盈余公积的增减变动情况,企业应设置"盈余公积"账户。该账户属于所有者权益类账户,贷方登记企业按照规定从净利润中提取而形成的盈余公积,借方登记企业将盈余公积用于弥补亏损、转增资本,以及分配现金股利或利润而减少的数额,期末余额在贷方,反映企业提取的尚未使用的盈余公积结余额。本账户应下设"法定盈余公积"和"任意盈余公积"明细账户,外商投资企业还应分别"储备基金""企业发展基金"进行明细核算。

(1) 盈余公积的提取

企业按照净利润的一定比例提取盈余公积时,应借记"利润分配"账户,贷记"盈余公积——法定盈余公积""盈余公积——任意盈余公积"账户。

【例6-15】 刘备公司2011年实现的税后利润为1 000万元,按规定提取10%的法定盈余公积、5%的任意盈余公积。账务处理如下:

借:利润分配——提取法定盈余公积　　　　　1 000 000
　　　　　　——提取任意盈余公积　　　　　　500 000
　　贷:盈余公积——法定盈余公积　　　　　　1 000 000
　　　　　　　——任意盈余公积　　　　　　　500 000

(2) 盈余公积的使用

盈余公积主要有以下三种用途。

第一,企业按规定用盈余公积弥补亏损,此时应借记"盈余公积"账户,贷记"利润分配——盈余公积补亏"账户。

【例6-16】 2012年年末刘备公司经股东大会批准,用盈余公积金30万元弥补当期亏损。账务处理如下:

借:盈余公积　　　　　　　　　　　　　　　　300 000
　　贷:利润分配——盈余公积补亏　　　　　　　　　　300 000

第二,用盈余公积转增资本,此时应按实际弥补的亏损额,借记"盈余公积"科目,贷记"实收资本"或"股本"科目。

【例6-17】 胜利公司经股东会批准同意,将本期盈余公积85 000元转增资本。该企业应作如下会计分录:

借:盈余公积　　　　　　　　　　　　　　　　85 000
　　贷:实收资本　　　　　　　　　　　　　　　　　85 000

第三,用盈余公积派送新股,此时应借记"盈余公积"科目,并按股票面值和派送新股总数计算的股票面值总额,贷记"股本"科目。

2. 未分配利润及其核算

未分配利润是企业留待以后年度进行分配的结存利润,也是企业所有者权益的组成部分。从数量上来说,未分配利润是期初未分配利润加上本期实现的净利润,减去提取的盈余公积和分出利润后的余额。未分配利润有两层含义:一是留待以后年度处理的利润;二是未指定特定用途的利润。因此,相对于所有者权益的其他部分来讲,企业对未分配利润的使用分配有较大的自主权。

未分配利润的计算公式为

未分配利润＝期初未分配利润＋本期税后利润－本期提取的盈余公积－已分配利润

在会计处理上,未分配利润是通过"利润分配"账户下的"未分配利润"明细账户进行核算的。

经股东大会或类似机构决议,按分配给股东或投资者的现金股利或利润,借记"利润分配——应付现金股利或利润"科目,贷记"应付股利"科目。经股东大会或类似机构决议,分配给股东的股票股利,在办理增资手续后,借记"利润分配——转作股本的股利"科目,贷记"股本"科目。

企业期末结转利润时,应通过"本年利润"科目进行汇集,得出本年税后利润,然后转入"利润分配——未分配利润"科目进行分配,"本年利润"科目的结存与"利润分配——未分配利润"科目的余额,如为贷方余额,则为未分配利润;如为借方余额,则为未弥补亏损。最后将"利润分配"科目下的其他明细科目的余额转入"未分配利润"明细科目。结转后,"未分配利润"明细科目的贷方余额就是年末未分配利润的数额;如出现借方余额,则为未弥补亏损的数额。

经股东大会或类似机构决议,分配给股东或投资者的现金股利或利润,借记"利润分配——应付现金股利或利润"科目,贷记"应付股利"科目。

【例6-18】 长远股份有限公司的股本为100万元,每股面值1元。2010年年初未分配利润为贷方70万元,2010年实现净利润50万元。

假定公司经批准的2010年度利润分配方案为:按照当年实现净利润的10%提取法

定盈余公积,5%提取任意盈余公积,同时向股东按每股 0.1 元派发现金股利,按每 10 股送 2 股的比例派发股票股利。2011 年 3 月 15 日,公司以银行存款支付了全部现金股利,新增股本也已经办理完股权登记和相关增资手续。长远公司的会计处理如下。

① 2010 年度终了时,企业结转本年实现的净利润:

借:本年利润　　　　　　　　　　　　　　　500 000
　　贷:利润分配——未分配利润　　　　　　　　　　500 000

② 提取法定盈余公积和任意盈余公积:

借:利润分配——提取法定盈余公积　　　　　50 000
　　　　　　——提取任意盈余公积　　　　　25 000
　　贷:盈余公积——法定盈余公积　　　　　　　　　50 000
　　　　　　　——任意盈余公积　　　　　　　　　25 000

③ 结转"利润分配"的明细科目:

借:利润分配——未分配利润　　　　　　　　75 000
　　贷:利润分配——提取法定盈余公积　　　　　　　50 000
　　　　　　　——提取任意盈余公积　　　　　　　25 000

长远公司 2010 年年底"利润分配——未分配利润"科目的余额为
$$700\ 000+500\ 000-75\ 000=1\ 125\ 000(元)$$

即贷方余额 1 125 000 元,反映企业的累积未分配利润为 1 125 000 元。

④ 批准发放的现金股利为
$$1\ 000\ 000\times0.1=100\ 000(元)$$

其会计分录为:

借:利润分配——应付现金股利　　　　　　100 000
　　贷:应付股利　　　　　　　　　　　　　　　　100 000

⑤ 2011 年 3 月 15 日,实际发放现金股利时,进行账务处理:

借:应付股利　　　　　　　　　　　　　　　100 000
　　贷:银行存款　　　　　　　　　　　　　　　　100 000

⑥ 2011 年 3 月 15 日,发放的股票股利为
$$1\ 000\ 000\times1\times20\%=200\ 000(元)$$

其会计分录为:

借:利润分配——转作股本的股利　　　　　　200 000
　　贷:股本　　　　　　　　　　　　　　　　　　200 000

讨论案例4

经理人与股东的目标冲突——投资报酬率法 VS 经济增加值法

企业的经理人与股东由于存在着委托代理关系,两者存在着利益目标不一致的情况。股东的目的是股东收益最大化,经理人的目标是经营企业拿到绩效奖励以及赢得较好的职业声誉,因此在股东考察经理人绩效时使用什么方法来监督和有效地激励经理人就显

得尤其重要。请分析下面的案例,指出投资报酬率法与经济增加值法,哪一种方法更适用于本企业的情况?哪一种方法更能缓解经理人与股东的目标冲突?

绿色农庄食物超市是中国北方最大的有机食品连锁超市,2003年该公司因运用自己强大的采购力量努力影响供货商在家禽、家畜养殖过程中更多地采取"人道饲养法"而声名鹊起。该公司的营业额也由2000年的6 000多万元成长至2008年的4亿多元,获利由2000年的1 000万元成长至15 000万元。绿色农庄食物超市的管理方式是根据各类食品进行团队化作业,如生鲜团队,调理食品团队等。这些团队和经理人充分沟通后,可以自由进行进货、聘用员工等重大决策,而且财务高度透明化。

公司负责考核各分店业绩的部门是企划部,一直以来,企划部都采取投资报酬率法对各分店的运营水平和经营业绩进行考核。但是企划部的孟部长这两年越来越头疼了,下面各分店的店长常常在年末的考核会上提意见,嚷嚷说目前的考核不合理,真的是这样吗?孟部长决定好好考察一下,到底这种方法哪里不合理了?孟部长这天找到了财务部部长费天浩,两个人一边喝着功夫茶,一边聊起了各分店业绩考核的事。

孟部长先对费部长倒起了苦水:"你说,比较公司绩效管理水平与创造价值能力,在管理会计中经常采取的指标就是投资报酬率法啊,这有什么不合理的?"

费天浩说:"这种方法用起来很普及,但是可能过于简单吧。"

"我觉得与其说简单,不如说简便吧。只要适用,我觉得越简便越好。"孟部长反驳道,顺手拿过最近一期的分店业绩表。"就拿沈阳、天津、北京这最大的三个分店来说吧,你看,运用投资报酬率法,营业利润可视为三个独立项目的投资报酬,而账面总资产包括现金、存货、应收账款和卖场设备等,可视为投入资本。因此,三家分店的投资报酬率(ROI)即分别为12.5%、20%和14.44%。"

费天浩对财务数字很敏感,这三家店的财务信息又是财务部提供的,只扫了一眼便心中有数了:"也就是说,用投资报酬率法计算,天津分店的业绩最好喽?"

绿色农庄食物公司在沈阳、天津和北京三间分店的财务信息见表6-3:

表6-3 各分店财务虚拟情况　　　　　　　　　　　　　　　　单位:万元

项　目	沈阳店	天津店	北京店
营业利润	250	360	650
单店账面总资产	2 000	1 800	4 500
销售收入	6 000	4 000	13 500

投资报酬率,即公司获利除以原始投资金额所得数,用于衡量原始资本创造利润的能力。用公式表示为

$$投资报酬率(ROI)=投资收益 \div 投入资本$$

孟部长点点头:"就是啊,这有什么不公平的?按收益与投入资本的比率来衡量,正好消除了投资规模和店大店小的限制。可是,上次开业务会时,沈阳和北京两家店都在抱怨,说它们的走货量比天津分店高得多,怎么天津店就跑到它们前头去了。你说说,北京店要是有点不满也情有可原,人家销售收入确实比天津分店高,可沈阳店跟着搅和什么

呀？销售收入不如人家天津店，利润也不如人家，有啥资格对着人家说三道四的？净跟我这儿添乱！"

费天浩闻听此言，却付之一笑。

"哎，老费，你笑啥？难道我错了？"孟部长看着多年的老搭档这脸上的表情，不禁急了。

"错倒不至于，不过人家沈阳分店也不是乱说话的。你看，由于你前面计算中以账面总资产作为分母，因此以总资产为分母的投资报酬率又可称为总资产报酬率。总资产报酬率又可以写成乘积的形式，嗯，就像这样——"费天浩边说边拿了张纸，写写算算起来。

孟部长伸长脖子，看到上面写着"总资产报酬率＝销售利润率×资产周转率"，点点头，"这不是杜邦分析法的基本公式吗？这个我晓得。"

"所以呀，我们就可以把投资报酬率分解成两个指标，三家店的情况就可以这样表示了"——费部长继续画了张表（见表6-4）。

表6-4　各分店的财务数据分解

项　目	销售利润率×资产周转率＝ 投资报酬率(ROI)
沈阳店	$\frac{2\,500\,000}{60\,000\,000}(=4.17\%)\times\frac{60\,000\,000}{20\,000\,000}(=3)=12.5\%$
天津店	$\frac{3\,600\,000}{40\,000\,000}(=9\%)\times\frac{40\,000\,000}{18\,000\,000}(=2.22)=20\%$
北京店	$\frac{6\,500\,000}{135\,000\,000}(=4.81\%)\times\frac{135\,000\,000}{45\,000\,000}(=3)=14.44\%$

"你看，我们可以进一步分析各个分店绩效差别的原因。天津店较高的经营绩效是因为它通过销售高利润的商品组合拥有9%的高销售利润率，而其资产周转率2.22倍却不如其他两个分店，也就是创造营业收入的能力稍逊。这也难怪沈阳店的店长老是抱怨他们也不差啦。"费天浩耐心地解释道。

"对对，那么沈阳店店绩效较差主要是由于其销售利润率较低喽。看来，你这样一分解，以后的人员奖励、经营管理改善计划、分店资源配置等相关决策就可以有根有据了。"孟部长眼前一亮。

费天浩又是一笑："你真是个急脾气。这种方法仍然是投资报酬率法的延续，其实它最大的问题就是可能会造成分店与我们经营目标的不一致。"

"有这么严重？我觉得只是各分店的店长有点抱怨而已，只要我们注意在考核他们的业绩时注意点方式方法就行了。"

"不信，我给你举个小例子吧。看看即使是天津店经理，也有可能作出的与股东利益相反的决策吧。比如以800万元引进一种新的生鲜食品可带来15%的投资报酬率，如接受此案，该店的投资报酬率会由20%下降到18.46%，如果投资报酬率是评价分店经理绩效的唯一指标，那么在自利动机下，该店经理会拒绝这一方案。你知道我们公司总的资本成本率只有10%，本来引入这种食品可以给我们总公司带来至少5%的利润，但是由于绩效考核方法的问题，我们总公司这边就会产生5%的机会成本损失。"

"真的呀?天呵,这么说,暗地里我们公司大概已经错过了不少好项目呢,这该如何是好?有更好的绩效考核方法吗?"

费天浩此时却不着急,先是喝了一口茶水,觉得水已不太热了,又起身加了一些热水,对孟部长说:"孟子呵,我觉得你这铁观音味道有点淡啊。"

孟部长不禁站了起来,"老费,你可别跟我在这儿卖关子了,我都被这些个分店经理围攻得快火烧眉毛了,求求你,有啥妙方赶紧给老弟我开一个。别说铁观音,就是金观音我也给你弄来。"

"呵呵,不敢不敢,你先坐下。"费天浩接着有条不紊地说道:"这两年有一种绩效评价方法叫经济增加值法,也叫 EVA 法,你听说过没有?"

"EVA 法?倒是有所耳闻,不过据说是美国人搞的吧?这外国的洋方能治得了咱中国的地方病?再说,这方法别又是针对大机构的吧?肯定挺难的,别再弄得不偿失。"孟部长有点担心。

"不会的,我给你算一下你就知道了,思想简单,用起来也不难。"费部长扯过旁边的纸笔,写起一个公式来。孟部长一看,上面写着:

"剩余所得=营业利润－资本机会成本=营业利润－(预期资本报酬率×投入资本)"

费天浩边说边讲:"经济增加值方法的核心概念在于剩余所得,即扣除资金成本的机会成本后,企业所赚得的利润。就这么简单!"

"那,这预期资本报酬率是啥?是分店经理定的,还是我们定的?"孟部长问。

"这个应当是我们定,比如,三家分店的预期资本报酬率一样,就是我们的资本成本率的话,我们可以算一下三家店的 EVA 了。"费天浩边说边"嚓嚓"地画了另一个表(见表6-5)。

运用 EVA 方法,则三家分店的经营剩余所得如下(见表6-5)。

表6-5 各分店的剩余所得比较

项 目	营业利润－(预期资本报酬率×投入资本)=剩余所得
沈阳店	2 500 000－(10%×20 000 000)=500 000
天津店	3 600 000－(10%×18 000 000)=1 800 000
北京店	6 500 000－(10%×45 000 000)=2 000 000

"这样算来,北京店的 EVA 值最高呵,难怪北京分店的王经理天天跟我吵着说不合理。"孟部长睁大了眼睛。

"不仅如此,如果运用 EVA 法来评估各分店的绩效,则同样面临着生鲜食品投资决策时,天津店经理的投资行为就会发生相应的改变。你看——

新的投资报酬率下的 EVA =(3 600 000+1 200 000)－(18 000 000+8 000 000)×10%
=2 200 000(万元)

220万元的营业利润高于原利润额180万元,天津店经理会欣然接受这个投资方案的。"

"这样一来,我们总公司的目标与分店经理的利益目标就达到一致了。这真是一个好方法!"孟部长兴奋地嚷道:"老费,你这人,有好东西老是揣着,早告诉我多好!"

嗬,你这家伙,过了河就拆桥呵?我这不是一有主意就跟你商量了嘛,毕竟这也是我们两个部门必须通力合作的事啊。"费天浩故意打趣着,两个老朋友相视一笑,心有灵犀。

资料来源:上海国资:http://www.sina.com.cn.2009-01-16.14:32.有删改。

本章小结

- 所有者权益的特征,其中特别要区分企业负债的两种形式,即对股东的负债(所有者权益)与对债权人的负债(企业负债)的区别。
- 所有者权益的构成可分为四个部分,即实收资本、资本公积、盈余公积和未分配利润,它实质上关系到盈余分配与盈余累积,应根据其不同的性质牢记相应的会计账户及其核算范围。
- 实收资本(或股本)是指投资者投入资本形成法定资本的价值,所有者向企业投入的资本,在一般情况下无须偿还,可以长期周转使用。根据其来源的不同可将其分为国家资本、法人资本、个人资本和外商资本四类。
- 非股份有限公司使用"实收资本"账户对股东投入资本进行核算,而股份有限公司使用"股本"账户对资本金进行核算。
- 我国在股份有限公司募集资金时不允许折价发行,如果该公司的股票是溢价发行,则按股票面值计入"股本"科目,按发行价格超过面值的部分计入"资本公积——股本溢价"科目;如果是平价发行,则支付给证券商的费用直接计入财务费用。
- 资本公积是指企业收到投资者的超出其在企业注册资本(或股本)中所占份额的投资,以及直接计入所有者权益的利得和损失等,其形成来源于资本溢价,主要用途在于转增资本。
- 留存收益是指企业从历年实现的净利润中提取或形成的留存于企业内部的积累,是由企业内部盈利所形成的资本,主要由盈余公积和未分配利润两部分构成。留存收益主要源于净利润,其中盈余公积主要用于弥补亏损、转增资本或扩大企业生产经营。
- 本章包含着财务经营管理决策的两个重要部分:一是股权交易对所有者权益的影响,包括股权交易的方式、对价的确定等,且涉及投资者保护程度;二是内部融资决策,高层管理者要考虑到内部融资需要留存多少利润,要将多少利润用于发放当年的股东红利。

中英文关键词语

所有者权益 owners' equity　　　　　　股本 capital stock
注册资本 registered capital　　　　　　实收资本 paid-in capital

资本公积 capital surplus
留存收益 retained earnings
盈余公积 surplus reserve
未分配利润 undistributed profit

兼并与收购 mergers and acquisitions
资本溢价 additional paid-in capital
应交税费 taxes and fees payable
所得税 income tax

思考练习题

一、选择题(包括单项选择与多项选择)

1. 盈余公积与( )均属于留存收益。
   A. 资本公积　　　B. 未分配利润　　　C. 实收资本　　　D. 注册资本

2. 有限责任公司在增资扩股时,新的投资者缴纳的出资额大于其在注册资本中所占份额的部分,应计入( )。
   A. 实收资本　　　B. 股本　　　C. 资本公积　　　D. 盈余公积

3. 股份公司采用募集方式设立,其发起人认购的股份不得少于公司股份总数的( )。
   A. 20%　　　B. 25%　　　C. 30%　　　D. 35%

4. 企业收到的外币资产投资入账时采用的折合率与实收资本入账时采用的折合率不一致产生的资本折算差额,应作为( )。
   A. 实收资本　　　B. 盈余公积　　　C. 资本公积　　　D. 未分配利润

5. 溢价发行股票的发行费用应( )。
   A. 减少股本
   B. 计入开办费
   C. 计入递延费用
   D. 在溢价中扣除

6. 某企业年初未分配利润借方余额为100万元,当年净利润为200万元,按10%和15%分别提取法定盈余公积和任意盈余公积,则该企业可供投资者分配的利润为( )万元。
   A. 75　　　B. 50　　　C. 85　　　D. 70

7. 企业实收资本增加的途径有( )。
   A. 所有者投入
   B. 盈余公积转入
   C. 资本公积转入
   D. 未分配利润转入

8. ( )一般按净利润的10%提取,但如果数额已达注册资本的50%时可不再提取。
   A. 法定盈余公积
   B. 任意盈余公积
   C. 法定公益金
   D. 一般盈余公积

9. 下列项目中,能引起盈余公积发生增减变动的有( )。
   A. 出售捐赠的资产
   B. 收到捐赠的固定资产
   C. 用任意盈余公积弥补亏损
   D. 用任意盈余公积派发现金股利

10. 下列仅影响所有者权益这一要素结构变动的项目是( )。
    A. 分配现金股利
    B. 分配股票股利
    C. 用盈余公积弥补亏损
    D. 用盈余公积转增资本

11. 资本公积包括（   ）。
    A. 股本溢价   B. 资产评估增值
    C. 资本利得   D. 接受捐赠
12. 所有者权益与负债有显著区别，主要表现在（   ）。
    A. 债权人对企业资产的要求权优先于投资人的要求权
    B. 企业的投资者可以凭借对企业的所有权，参与该企业的经营管理，而债权人往往无权参与企业的经营管理
    C. 对于所有者（亦即投资者）来说，在企业持续经营的情况下，除按法律程序减资外，一般不能提前撤回投资。而负债一般都有规定的偿还期限，必须于一定时期偿还
    D. 投资者以股利形式参与企业的利润分配。而债权人也可以通过"债转股"参与企业的利润分配
13. 下列各项中，应计入资本公积的有（   ）。
    A. 溢价发行股票的溢价收入
    B. 接受的现金捐赠
    C. 以非现金资产对外投资公允价值大于投出资产账面价值的差额
    D. 公益性捐赠支出

二、判断题

1. 所有者权益，是指企业投资者对企业总资产的所有权。（   ）
2. 企业用当年实现的利润弥补以前年度亏损时，不需进行专门的账务处理。（   ）
3. 在我国，企业的注册资本不一定与实收资本相等。（   ）
4. 有限责任公司与股份有限公司的投入资本，应设置"股本"科目进行核算。（   ）
5. 按规定纳税人接受捐赠的实物资产，应计入企业的应纳税所得额。（   ）

三、计算题及业务处理题

1. 曹操公司年初所有者权益为 4 000 000 元，年内接受投资者投入资本 320 000 元，本年实现利润总额 2 000 000 元（无纳税调整事项），所得税税率为 25%，分别按 10% 和 5% 的比例提取法定盈余公积和任意盈余公积，并决定向投资者分配利润 250 000 元。

要求：根据上述材料计算该公司本年提取的法定盈余公积和任意盈余公积，以及年末所有者权益的数额。

2. 龙达股份公司期初负债总额为 400 000 元，实收资本为 320 000 元，资本公积为 32 00 元，盈余公积金为 24 000 元，未分配利润为 24 000 元，本期发生的亏损为 80 000 元，用盈余公积金弥补亏损 16 000 元，企业期末资产总额为 792 000 元，本期内实收资本和资本公积没有发生变化。

要求：
（1）计算公司年末未分配利润数额。
（2）计算公司年末负债总额。

（3）分析说明本期发生的亏损对公司期末资产和负债的影响。

3. 刘备公司 2012 年年末发生了如下经济业务：

（1）经股东大会同意，该企业用以前年度提取的盈余公积弥补当期亏损，当期弥补亏损的数额为 250 000 元；

（2）经股东大会批准，企业在本期将盈余公积 230 000 元用于转增资本；

（3）经股东大会批准，企业在本期将盈余公积 30 000 元用于分配现金股利；

（4）支付现金股利 60 000 元。

要求：计算公司年末的未分配利润的金额并根据上述业务编制会计分录。

4. 奋飞公司是一家 2011 年 1 月 1 日新建成的企业，成立之初由两个所有者投资，每人各占 50% 的股份。该公司 2011 年发生了如下经济业务：

（1）2011 年 1 月 1 日，公司成立，两人共投入资本金 85 万元，其中 A 投资者以银行存款投资 450 000 元，直接存入企业的开户银行，B 投资者以机器设备投资，经资产评估公司确认机器设备的市场价值为 430 000 元；

（2）2012 年 10 月 1 日，C 投资者加入该企业，经三方协商，企业将注册资本增加到 1 200 000 元，C 投资者投入现金 430 000 元，直接存入本企业的开户银行，拥有该企业 25% 的股份。

要求：根据上述业务编制会计分录。

本章参考文献

[1] 中国注册会计师协会.2009 年度注册会计师全国统一考试辅导教材——会计[M].北京：中国财政经济出版社,2009.

[2] 中华人民共和国财政部.企业会计准则——应用指南(2006)[M].北京：中国财经出版社,2006.

[3] 侯艳蕾,张宏禄.财务报表分析[M].北京：中国金融出版社,2008.

[4] 刘永泽.会计学[M].大连：东北财经大学出版社,2007.

[5] 杜兴强.会计学[M].北京：中国人民大学出版社,2008.

[6] 刘顺仁.管理要像一部好电影[M].太原：山西人民出版社,2008.

[7] 李毅斌.所有者权益核算技能与案例[M].北京：中国财政经济出版社,2003.

[8] 贺建刚,刘峰.司法体系、会计准则导向与投资者保护：一项案例分析[J].会计研究,2006(11)：8-15.

[9] 孙汝洋.点击 2009 国贸 8 大关键词.(2009-01-16)[2013-10-16] http://www.sina.com.cn.

[10] 王莉雯,吴正懿.收购股权定增扩建同步推进白电巨头惠而浦 34 亿元执掌合肥三洋.(2013-08-14)[2013-10-19]http://stock.hexun.com/2013-08-14/157059425.html.

[11] 佚名.中海油 151 亿美元收购尼克森完成 称价格合理.(2012-02-26)[2013-10-21]http://finance.sina.com.cn/chanjing/gsnews/20130226/131814650321.shtml.

[12] 投中集团.2012 年中国十大最受关注并购交易.(2013-03-08)[2013-10-23]http://news.hexun.com/2013-03-08/151862295.html.

[13] 周晓苏.会计学[M].北京：清华大学出版社,2007.

第 7 章 利润及其构成

学习目标

通过本章的学习,你应该能够:
1. 了解收入、费用、利润的概念、特征与分类;
2. 理解费用、成本、生产费用、生产成本和期间费用的基本概念、核算方法;
3. 掌握费用与成本的基本内容,理解费用与成本的联系与区别,掌握利润的构成及其主要内容;
4. 掌握销售商品收入的确认条件及账务处理,掌握利润结转与分配的会计处理;
5. 通过学习基本理论,能够进行利润分配、股利分配的相关决策,并了解不同决策对上市公司股价的影响。

引导案例

万福生科财务造假案为近年来较重大的财务造假案,因其是首例创业板欺诈,造假数额巨大,上市公司与保荐机构协同作案而被喻为"创业板造假第一案"。证监会于2012年9月开始对万福生科涉嫌欺诈发行及相关中介机构违法违规案进行调查,2013年5月对万福生科以及平安证券等中介机构开出相应罚单:万福生科被罚款30万元;暂停平安证券3个月保荐资格,没收其业务收入2 555万元,并处两倍罚款。平安证券同时宣布设3亿补偿基金对投资者进行补偿。

万福生科的上市过程与被稽查的过程时间表如下。

2011年9月27日,万福生科上市成功,保荐机构为平安证券。

2012年9月14日、18日,万福生科先后被湖南证监局、中国证监会稽查总队立案调查,拉开了财务造假黑幕。

2012年11月23日,深交所对公司及包括公司董事长在内的相关人员给予公开谴责的处分,并对平安证券通报批评。

2013年3月2日,万福生科公告称其2008年至2011年财务数据均存在"虚假记载",累计虚增收入7.4亿元左右。

2013年3月6日万福生科发布重大风险提示公告,称可能会再次被深交所公开谴责,存在被终止上市的风险。

2013年3月15日,深交所对万福生科及全体董事、监事和高级管理人员予以第二次公开谴责。

万福生科为了达到公开发行股票并上市条件,根据董事长兼总经理龚永福的决策并经财务总监覃学军安排人员执行,万福生科2008—2010年累计虚增收入7.4亿元左右,虚增营业利润1.8亿元左右,虚增净利润1.6亿元左右。据万福生科招股说明书及2011年年报,2008—2011年,该公司净利润分别是2 565.82万元、3 956.39万元、5 555.4万元和6 026.86万元,四年内净利润总数为1.81亿元。可是其中有1.6亿元净利润是虚构的,实际上四年合计净利润数只有2 000万元左右,近九成为"造假"所得。万福生科通过采购、销售到现金流等方面的一系列造假活动而获得上市资格,保荐机构平安证券的诚信勤勉程度再次遭受公众质疑。

对此,证监会对万福生科董事长龚永福作出终身证券市场禁入的禁令;保荐机构平安证券则被罚暂停3个月保荐机构资格并处以7 665万元的罚金、设立3亿元专项基金赔偿投资者损失。一系列处罚把这家上市不到两年、深居湖南桃源县的农业企业以及平安证券推上了风口浪尖。与此同时,薛荣年等时任平安证券高管也未能脱罪幸免。吴文浩、何涛被撤销保荐代表人资格,撤销证券从业资格,终身证券市场禁入。如此大范围的处罚成为中国证券市场上有史以来最贵的罚单,也被外界普遍视为新一任证监会主席肖钢走马上任后的铁腕表现。

资料来源:万福生科造假案始末[N/OL]. 新商务周刊, 2013-06-20: http://stock.hexun.com/2013-06-20/155338675.html. 有删改。

万福生科为达上市目的,追求光鲜的财务报表而虚构营业收入,虚增营业利润。那么收入与利润有何关系?相关部门应如何采取有力措施予以监管呢?利润构成如何?不同来源的收入构成的收入结构对利润有何影响?在学习了收入、费用和利润的相关内容之后,大家会加深对利润的形成与确认的理解,本章我们同时还要学习利润分配决策的思路与技巧。

7.1 利润的形成:收入与费用

7.1.1 形成和影响利润的要素

1. 利润的形成过程

利润的形成是货币资金循环过程(如图7-1所示)中重要的一环,企业通过销售商品,并结转相关成本,得到高于初始投入资金的部分,形成了企业的利润。

货币从最初形态的"资金投入"到最终"资金分配与退出",虽然都是货币资金的形态呈现,但实现了货币的增值过程,也就是企业利润的形成过程。

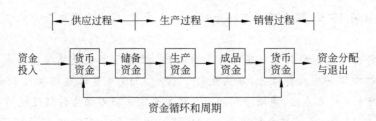

图 7-1 资金循环和周期图

2. 影响利润的主要因素

由于利润表(见表 7-1)所依据的是会计恒等式"收入＝费用－利润"。因此利润的影响因素来自于两方面,一方面是营业收入;另一方面是营业成本与费用。除此以外,投资收益与营业外收支的净额也是影响利润的重要因素。

表 7-1 利润表图示

利润表　　　　　　　　　　　　会企 02 表

编制单位：　　　　　　　年　月　　　　　　　　　　单位：元

项　目	本期金额	上期金额
一、营业收入		
减：营业成本		
营业税金及附加		
销售费用		
管理费用		
财务费用		
资产减值损失		
加：公允价值变动收益(损失以"－"号填列)		
投资收益(损失以"－"号填列)		
其中：对联营企业和合营企业的投资收益		
二、营业利润(亏损以"－"号填列)		
加：营业外收入		
减：营业外支出		
其中：非流动资产处置损失		
三、利润总额(亏损总额以"－"号填列)		
减：所得税费用		
四、净利润(净亏损以"－"号填列)		
五、每股收益：		
(一)基本每股收益		
(二)稀释每股收益		

影响利润水平的主要因素有以下五个。

① 营业收入,是利润形成的源泉,好的销售收入来自于正确的企业战略,来自于对市场深入的了解,对目标客户准确的定位,来自于对定价策略的精准把握。影响营业收入的可能因素是折扣与折让政策、应收账款政策等。

② 营业成本,反映了企业对生产成本的控制水平。影响营业成本的因素有原材料价格、生产工艺及水平、资产(包括存货、应收账款、总资产等)周转速度、劳务成本等。

③ 期间费用,包括销售费用、管理费用和财务费用。费用与当期利润的形成具有重要关系,无论是在销售商品过程中发生的包装费、广告费等费用和为销售本企业商品而专设的销售机构的职工薪酬、业务费等经营费用,还是企业为组织和管理企业生产经营所发生的各种管理费用以及筹集生产经营所需资金而发生的财务费用,都形成了对本期利润形成的抵减项。

④ 对利润的形成既可能是贡献,也可能是抵减的项目,包括"资产减值损失"项目、"公允价值变动收益"项目和"投资收益"项目。三者均有可能出现"正"或"负"两种结果,因此这三类项目既可能是贡献也可能是损失。其影响因素是市场环境,包括货币市场、证券市场等的稳定性以及企业进行资本投资和股权投资的安全性。

⑤ 营业外收支净额,包括"营业外收入"项目和"营业外支出"项目之差,直接影响企业利润总额的形成。由于营业外收支净额反映的是企业发生的与其经营无直接关系的各项收支之差,因此营业外收支净额占利润总额的比重反映企业的利润构成状况。

7.1.2　收入及其计量

1. 收入的概念与特征

收入是指企业在日常活动中形成的、会导致所有者权益增加的、与所有者投入资本无关的经济利益的总流入。其特点主要有以下几点。

① 收入是指企业在日常活动中产生的,而不是从偶发的交易或事项中获得的。例如,一家生产服装的企业对外销售服装所带来的资金流入就是收入,而如果该企业对外转让闲置的生产设备,虽然也为企业带来了经济利益,但这不属于企业的日常活动,其流入的经济利益应作为其他业务收入予以确认。

② 收入必然导致所有者权益的增加。收入无论表现为资产的增加还是负债的减少,根据"资产＝负债＋所有者权益"的会计恒等式,必然导致所有者权益的增加。

③ 收入不包括所有者向企业投入资本导致的经济利益流入,即所有者对企业的投资、捐赠等不属于收入,只包括企业依赖自身资源所获得的经济利益流入。

④ 企业代第三方收取的款项,应当作为负债处理,不应当确认为收入。

2. 收入的分类

1) 按收入在经营业务中的重要性进行分类

按收入在经营业务中的重要性,可将收入分为主营业务收入和其他业务收入等。

主营业务收入是指企业为完成其经营目标所从事的主要经营活动实现的收入。例如，工业企业以制造并销售产成品、半成品和提供工业性劳务作业为主，商品业企业以销售商品为主，保险公司以签发保单为主，旅游服务企业以门票收入、客房收入、餐饮收入为主等。主营业务收入经常发生，并在收入中占有较大的比重。

其他业务收入，是指企业除主要经营业务以外的其他经营活动实现的收入，如企业出租固定资产、出租包装物和商品、销售材料、用材料作为非同一控制下企业合并支付的对价等实现的收入。其他业务收入不经常发生，金额一般较小，在收入中所占比重较低。

2）按企业从事日常活动的性质进行分类

按企业从事日常活动的性质，可将收入分为销售商品收入、提供劳务收入、让渡资产使用权收入、建造合同收入等。

销售商品收入，是指企业通过销售商品实现的收入，如工业企业制造并销售产品、商品业企业销售商品等实现的收入。

提供劳务收入，是指企业通过提供劳务实现的收入，如咨询公司提供咨询服务、软件开发企业为客户开发软件、安装公司提供安装服务等实现的收入。

让渡资产使用权收入，是指企业通过让渡资产使用权实现的收入，如商品业银行对外贷款、租赁公司出租资产等实现的收入。

建造合同收入，是指企业承担建造合同所形成的收入。

3. 收入的确认与计量

收入的确认，是指收入应于何时入账并列示于利润表之中；收入的计量，是指收入应按多大金额入账并列示于利润表之中。不同性质的收入，其交易过程和实现方式各具特点，因此，收入的确认和计量应根据不同性质的收入分别进行。

1）销售商品收入的确认与核算

（1）销售收入的确认

商品包括企业为销售而生产的产品和为转售而购进的商品，如工业企业生产的产品、商品业企业购进的商品等，企业销售的其他存货，如原材料、包装物等，也视同企业的商品。

销售商品收入同时满足下列条件的，才能予以确认。

① 企业已将商品所有权上的主要风险和报酬转移给购货方，即指与商品所有权有关的主要风险和报酬同时转移。

此条件是指与商品所有权有关的主要风险和报酬同时转移给了购货方。其中，与商品所有权有关的风险，是指商品可能发生减值或毁损等形成的损失；与商品所有权有关的报酬，是指商品价值增值或通过使用商品等形成的经济利益。

判断企业是否已将商品所有权上的主要风险和报酬转移给购货方，应当关注交易的实质，而不是形式，并结合所有权凭证的转移或实物的交付进行判断，如果与商品所有权有关的任何损失均不需要销货方承担，与商品所有权有关的任何经济利益也不归销货方所有，就意味着商品所有权上的主要风险和报酬转移给了购货方。

通常情况下，转移商品所有权凭证并交付实物后，商品所有权上的所有风险和报酬也随之转移，如大多数零售商品。某些情况下，转移商品所有权凭证或交付实物后，商品所有权上的主要风险和报酬随之转移,企业只保留商品所有权上的次要风险和报酬,如交款提货方式销售商品。在这种情形下,应当视同商品所有权上的所有风险和报酬已经转移给购货方。

但某些情况下,转移商品所有权凭证或交付实物后,商品所有权上的主要风险和报酬并未随之转移。例如,企业销售的商品在质量、品种、规格等方面不符合合同或协议要求,又未根据正常的保证条款予以弥补,因而仍负有责任;企业销售商品的收入是否能够取得,取决于购买方是否已将商品销售出去,如采用支付手续费方式委托代销商品等;企业尚未完成售出商品的安装或检验工作,且安装或检验工作是销售合同或协议的重要组成部分;销售合同或协议中规定了买方由于特定原因有权退货的条款,且企业又不能确定退货的可能性。

【例 7-1】 甲公司出售一批商品给乙公司,为保证到期收回货款,甲公司暂时保留售出商品的法定所有权。

分析:本例中,甲公司仅仅为了到期收回货款而暂时保留商品的法定所有权,这表明销售商品过程中的重大不确定因素已不存在,货款的收回也由于保留了商品的法定所有权而得到相当程度的保障;购买方为了取得商品的法定所有权,通常情况下会按照约定支付货款,因此可以认为商品所有权上的主要风险和报酬已经转移给购货方,可以确认收入。

【例 7-2】 甲公司销售一批液晶电视机给丁宾馆。合同约定,甲公司应将该电视机送抵丁宾馆并负责调试。甲公司已将电视机发出并收到 90% 的货款,但调试工作尚未开始。

分析:本例中,虽然甲公司尚未完成调试工作,但就电视机销售而言,调试工作并不是影响销售实现的重要因素。电视机运抵丁宾馆,通常表明与电视机所有权有关的主要风险和报酬已转移给丁宾馆,可以确认收入。

【例 7-3】 甲公司向乙公司销售一部电梯,电梯已经运抵乙公司,发票账单已经交付,同时收到部分货款。合同约定,甲公司应负责该电梯的安装工作,在安装工作结束并经乙公司验收合格后,乙公司应立即支付剩余货款。

分析:本例中,电梯安装调试工作通常是电梯销售合同的重要组成部分,在安装过程中可能会发生一些不确定因素,影响电梯销售收入的实现,因此,电梯实物的交付并不表明商品所有权上的主要风险和报酬随之转移,不能确认收入。

② 企业既没有保留通常与所有权相联系的继续管理权,也没有对已售出的商品实施有效控制。

通常情况下,企业售出商品后不再保留与商品所有权相联系的继续管理权,也不再对售出商品实施有效控制,商品所有权上的主要风险和报酬已经转移给购货方,通常应在发出商品时确认收入。

【例 7-4】 甲公司属于房地产开发商。甲公司将住宅小区销售给客户后,接受客户委托代售住宅小区商品房并管理住宅小区物业,问题:甲公司是否能够确认房地产销售收入?

分析:本例中,甲公司接受客户委托代售住宅小区商品房并管理住宅小区物业,是与住宅小区销售无关的另一项提供劳务的交易。甲公司虽然仍对住宅小区进行管理,但这种管理与住宅小区的所有权无关,因为住宅小区的所有权通过销售已转移给客户,所以应当确认房地产销售收入。

③ 收入的金额能够可靠地计量。

通常情况下,企业在销售商品时,商品销售价格已经确定,企业应当按照从购货方已收或应收的合同或协议价款确定收入金额。如果销售商品涉及现金折扣、商品业折扣、销售折让等因素,还应当在考虑这些因素后确定销售商品收入金额。如果企业从购货方应收的合同或协议价款延期收取具有融资性质,企业应按应收的合同或协议价款的公允价位确定销售商品收入金额。

有时,由于销售商品过程中某些不确定因素的影响,也有可能存在商品销售价格发生变动的情况,如附有销售退回条件的商品销售。如果企业不能合理估计退货的可能性,就不能够合理地估计收入的金额,不应在发出商品时确认收入,而应当在售出商品退货期满、销售商品收入能够可靠计量时确认收入。

④ 相关的经济利益很可能流入企业。

该条件是指销售商品价款收回的可能性大于不能收回的可能性,即销售商品价款收回的可能性超过 50%。企业在确定销售商品价款收回的可能性时,应当结合以前和买方交往的直接经验、政府有关政策、其他方面取得的信息等因素进行综合分析。

⑤ 相关的已发生或将发生的成本能够可靠地计量。

通常情况下,销售商品相关的已发生或将发生的成本能够合理地估计,如库存商品的成本等。如果库存商品是本企业生产的,其生产成本能够可靠计量;如果是外购的,购买成本能够可靠计量。有时,销售商品相关的已发生或将发生的成本不能够合理地估计,此时企业不应确认为收入,已收到的价款应确认为负债。

【例 7-5】 甲公司与乙公司签订协议,约定甲公司生产并向乙公司销售一台门式起重机。限于自身生产能力不足,甲公司委托丙公司生产该设备的一个主要部件。甲公司与丙公司签订的协议约定,丙公司生产该主要部件发生的成本经甲公司认定后,其金额的 108% 即为甲公司应支付给丙公司的款项。假定甲公司可本身负责的部件生产任务和丙公司负责的部件生产任务均已完成,并由甲公司组装后运抵乙公司,乙公司验收合格后及时支付了货款。但是,丙公司尚未将与由其负责的部件相关的成本资料交付甲公司认定。

分析:本例中,虽然甲公司已将大型设备交付乙公司,且已收到货款;但是,甲公司为该大型设备发生的相关成本,由于丙公司相关资料未送达而不能可靠地计量;因此,甲公司收到货款时不应确认收入。

(2) 销售收入的核算

对销售收入进行核算时,要区别不同的销售方式。

① 通常情况下销售商品收入的核算

确认收入时,借记"银行存款""应收账款""应收票据"等科目,贷记"主营业务收入""其他业务收入",同时贷记"应交税费——应交增值税(销项税额)"科目。

【例 7-6】 刘备公司 7 月 9 日销售设备 2 000 件,每件售价 15 元,产品销项税率按 17% 计。购货单位以支票付款,同时提货。则刘备公司的账务处理如下:

借：银行存款　　　　　　　　　　　　　　　　　35 100
　　贷：主营业务收入　　　　　　　　　　　　　　30 000
　　　　应交税费——应交增值税（销项税额）　　　5 100

② 托收承付方式销售商品的核算

托收承付是指企业根据合同发货后，委托银行向异地付款单位收取款项，由购货方银行承诺付款的销售方式。在此方式下，企业通常应在发出商品且办妥托收承付时确认收入。

【例 7-7】 2013 年 1 月 18 日，张飞公司向曹操公司以托收承付方式销售一批设备 2 000 元，增值税税额 340 元，成本为 1 200 元。货物已发，销项税率按 17% 计。则刘备公司的账务处理如下。

发出货品时：
借：发出商品　　　　　　　　　　　　　　　　　1 200
　　贷：库存商品　　　　　　　　　　　　　　　　1 200

办理托收承付后：
借：应收账款　　　　　　　　　　　　　　　　　2 340
　　贷：主营业务收入　　　　　　　　　　　　　　2 000
　　　　应交税费——应交增值税（销款税额）　　　 340

2013 年 1 月 28 日收到货款后：
借：银行存款　　　　　　　　　　　　　　　　　2 340
　　贷：应收账款　　　　　　　　　　　　　　　　2 340

③ 销售商品时涉及现金折扣、商品业折扣、销售折让的核算

在销售时出现现金折扣、商品业折扣、销售折让时，应分别不同的情况进行处理。

现金折扣，是企业为了鼓励客户在规定期限内付款而向客户提供的销售扣除。企业销售商品涉及现金折扣的，应按扣除现金折扣前的金额确定销售商品收入，现金折扣则在实际发生时计入财务费用。

商品业折扣，是指企业为促销而在商品标价上给予的价格扣除。企业销售商品涉及商品业折扣的，应按扣除商品业折扣后的金额确定销售商品收入金额。

销售折让，是指企业因售出商品的质量不合格等原因而在售价上给予的减让。对于销售折让，企业应分别不同情况处理：如已确认的售出商品发生销售折让，通常应在发生时冲减当期销售收入；已确认收入的销售折让属于资产负债日后事项的，应按有关资产负债日后事项的相关规定处理。

【例 7-8】 关羽公司在 2013 年 7 月 1 日向孙权公司出售一批商品，开出的增值税专用发票上标明的销售价款为 20 000 元，增值税为 3 400 元。为及早收回货款，关羽公司和孙权公司约定现金折扣条件为 2/10，1/20，n/30。假定计算现金折扣时不考虑增值税因素，则关羽公司的账务处理如下。

7 月 1 日，按销售总价确认收入：
借：应收账款　　　　　　　　　　　　　　　　　23 400
　　贷：主营业务收入　　　　　　　　　　　　　　20 000

　　　　应交税费——应交增值税(销款税额)　　　　　　　　　　3 400

　　如孙权公司在7月8日付清货款,则按2%享受现金折扣400元(20 000×2%),则孙权公司实际付款23 000元。会计分录为:

　　　借:银行存款　　　　　　　　　　　　　　　　　23 000
　　　　　财务费用　　　　　　　　　　　　　　　　　　　400
　　　　　　贷:应收账款　　　　　　　　　　　　　　　　　　23 400

　　如孙权公司在7月29日付款,则按全额付款,会计分录为:

　　　借:银行存款　　　　　　　　　　　　　　　　　23 400
　　　　　　贷:应收账款　　　　　　　　　　　　　　　　　　23 400

　　④ 销售退回的处理

　　销售退回,是指企业售出的商品由于质量、品种不符合要求等原因而发生的退货。对于销售退回,企业应分别不同情况进行会计处理:对于未确认收入的售出商品发生销售退回的,企业应按已记入"发出商品"科目的商品成本金额,借记"库存商品"科目,贷记"发出商品"科目;对于已确认收入的售出商品发生退回的,企业应在发生时冲减当期销售商品收入,同时冲减当期销售商品成本,若该项销售退回已发生现金折扣,则应同时调整相关财务费用的金额,若该项销售退回允许扣减增值税额,则应同时调整"应交税费——应交增值税(销项税额)"科目的相应金额;已确认收入的售出商品发生的销售退回属于资产负债表日后事项的,应当按照有关资产负债表日后事项的相关规定进行会计处理。

　　2) 提供劳务收入的确认与计量

　　(1) 提供劳务交易结果能够可靠估计

　　企业在资产负债表日提供劳务交易的结果能够可靠估计的,应当采用完工百分比法确认提供劳务收入。与销售商品收入确认的条件类似,提供劳务交易的结果能够可靠估计,是指能够同时满足下列条件时。

　　① 收入的金额能够可靠地计量,是指提供劳务收入的总额能够合理的估计。通常情况下,企业应当按照接受劳务方已收或应收的合同或协议价款确定提供劳务收入总额。随着劳务的不断提供,可能会根据实际情况增加或减少已收或应收的合同或协议价款,此时,企业应及时调整提供劳务收入总额。

　　② 相关的经济利益很可能流入企业,是指提供劳务收入总额收回的可能性大于不能收回的可能性。企业在确定提供劳务收入总额能否收回时,应当结合接受劳务方的信誉、以前的经验以及双方就结算方式和期限达成的合同或协议条款等因素,综合进行判断。

　　③ 交易的完工进度能够可靠地确定,是指交易的完工进度能够合理地估计。企业确定提供劳务交易的完工进度,可以选用下列几种方法。

　　第一种,已完工作的测量。这是一种比较专业的测量方法,由专业测量师对已经提供的劳务进行测量,并按一定方法计算确定提供劳务交易的完工程度。

　　第二种,已经提供的劳务占应提供劳务总量的比例。这种方法主要以劳务量为标准确定提供劳务交易的完工程度。

　　第三种,已经发生的成本占估计总成本的比例。这种方法主要以成本为标准确定提供劳务交易的完工程度。只有反映已提供劳务的成本才能包括在已经发生的成本中,只有反映已提供或将提供劳务的成本才能包括在估计总成本中。

在实务中,如果特定时期内提供劳务交易的数量不能确定,则该期间的收入应当采用直线法确认,除非有证据表明采用其他方法能更好地反映完工进度。当某项作业相比其他作业都重要得多时,应当在该重要作业完成之后确认收入。

④ 交易中已发生和将发生的成本能够可靠地计量,是指交易中已经发生和将要发生的成本能够合理地估计。企业应当建立完善的内部成本核算制度和有效的内部财务预算及报告制度,准确地提供每期发生的成本,并对完成剩余劳务将要发生的成本作出科学、合理的估计,同时应随着劳务的不断提供或外部情况的不断变化,随时对将要发生的成本进行修订。

【例 7-9】 甲公司于 2013 年 8 月 1 日接受一项设备安装任务,安装期为 3 个月,合同总收入 36 000 元,至 8 月底已预收安装费 32 000 元,实际发生安装费用 21 000 元(假定均为安装人员薪酬),估计还会发生 7 000 元。假定甲公司按实际发生的成本占估计总成本的比例确定劳务的完工进度,不考虑其他因素。甲公司 8 月份的账务处理如下。

实际发生的成本占估计总成本的比例 = 21 000 ÷ (21 000 + 7 000) = 75%

2013 年 8 月 31 日确认的提供劳务收入 = 36 000 × 75% - 0 = 27 000(元)

2013 年 8 月 31 日结转的提供劳务成本 = (21 000 + 7 000) × 75% - 0 = 21 000(元)

根据上述计算,进行账务处理。

实际发生劳务成本时:

借:劳务成本	21 000
贷:应付职工薪酬	21 000

预收劳务款时:

借:银行存款	32 000
贷:预收账款	32 000

2013 年 8 月 31 日确认提供劳务收入并结转劳务成本时:

借:预收账款	27 000
贷:主营业务收入	27 000
借:主营业务成本	21 000
贷:劳务成本	21 000

(2) 特殊的劳务收入的确认与核算

特殊的劳务收入,在按照完工百分比法确认收入的情况下,还应分别按具体标准进行账务处理。

① 安装费收入。如果安装工作是与商品销售分开的,则应在报表日根据安装的完工进度确认收入;如果安装工作是商品销售附带的条件,则应在确认商品销售实现时确认收入。

② 宣传媒介的收费收入。这种收入应在相关的广告或商品业行为开始出现于公众面前时确认收入。其制作费用应在报表日根据广告的完工进度确认收入。

③ 为特定客户开发软件的收费,应根据开发的完工进度确认收入。

④ 包括在商品售价内可区分的服务费,在提供服务的期间内分期确认收入。

⑤ 艺术表演、招待宴会和其他特殊活动的收费收入,应在相关活动发生时确认收入。收费涉及几项活动的,预收的款项应合理分配给每项活动,分别确认收入。

⑥ 申请人会费和会员费只允许取得会籍,所有其他服务或商品都要另行收费的,通常应在款项收回不存在重大不确定性时确认为收入;申请人会费和会员费能使会员在会员期内得到各种服务或出版物,或者以低于非会员的价格销售商品或提供服务的,通常应在整个受益期内分期确认收入。

⑦ 属于提供设备和其他有形资产特许权费的,通常应在交付资产或转移资产所有权时确认收入。

⑧ 长期为客户提供重复劳务收取的劳务费,通常应在相关劳务活动发生时确认收入。

【例 7-10】 甲公司与乙公司签订协议,甲公司允许乙公司经营其连锁店。协议约定,甲公司共向乙公司收取特许权费 600 000 元,其中提供家具、柜台等收费 20 0000 元,这些家具、柜台成本为 180 000 元;提供初始服务,如帮助选址、培训人员、融资、广告等收费 300 000 元,共发生成本 200 000 元(其中,140 000 元为人员薪酬,60 000 元用于支付广告费用);提供后续服务收费 100 000 元,发生成本 50 000 元(均为人员薪酬)。协议签订当日,乙公司一次性付清所有款项。假定不考虑其他因素,甲公司的账务处理如下。

收到款项时:
借:银行存款　　　　　　　　　　　　　600 000
　　贷:预收账款　　　　　　　　　　　　　600 000
确认家具、柜台的特许权费收入并结转成本时:
借:预收账款　　　　　　　　　　　　　200 000
　　贷:主营业务收入　　　　　　　　　　　200 000
借:主营业务成本　　　　　　　　　　　180 000
　　贷:库存商品　　　　　　　　　　　　　180 000
提供初始服务时:
借:劳务成本　　　　　　　　　　　　　200 000
　　贷:应付职工薪酬　　　　　　　　　　　140 000
　　　　银行存款　　　　　　　　　　　　　60 000
借:预收账款　　　　　　　　　　　　　300 000
　　贷:主营业务收入　　　　　　　　　　　300 000
借:主营业务成本　　　　　　　　　　　200 000
　　贷:劳务成本　　　　　　　　　　　　　200 000
提供后续服务时:
借:劳务成本　　　　　　　　　　　　　50 000
　　贷:应付职工薪酬　　　　　　　　　　　50 000
借:预收账款　　　　　　　　　　　　　100 000
　　贷:主营业务收入　　　　　　　　　　　100 000
借:主营业务成本　　　　　　　　　　　50 000

贷：劳务成本　　　　　　　　　　　　　　　　　　　50 000

（3）让渡资产使用权收入的确认与计量

　　让渡资产使用权收入包括因他人使用本企业现金而取得的利息收入和因他人使用本企业的无形资产（如商品标权、专利权、专营权、软件、版权）等而形成的使用费收入等。

　　让渡资产使用权收入需要同时满足下列条件才能予以确认。

　　① 相关的经济利益很可能流入企业，是指让渡资产使用权收入金额收回的可能性大于不能收回的可能性，企业在确定让渡资产使用权收入金额能否收回时，应当根据对方企业的信誉和生产经营情况、双方就结算方式和期限等达成的合同或协议条款等因素，综合进行判断。如果企业估计让渡资产使用权收入金额收回的可能性不大，就不应确认收入。

　　② 收入的金额能够可靠地计量，是指让渡资产使用权收入的金额能够合理地估计。如果让渡资产使用权收入的金额不能够合理地估计，则不应确认收入。

　　让渡资产使用权收入的核算，一般主要指使用费收入。金融企业因让渡货币使用权而形成的利息收入是一种特殊的收入形式。对于利息收入，企业应在资产负债表日，按照他人使用本企业货币资金的时间和实际利率计算确定利息收入金额。按计算确定的利息收入金额，借记"应收利息""银行存款"等科目，贷记"利息收入""其他业务收入"等科目。使用费收入应当按照有关合同或协议约定的收费时间和方法计算确定。不同的使用费收入，收费时间和方法各不相同。有一次性收取一笔固定金额的，如一次收取10年的场地使用费；有在合同或协议规定的有效期内分期等额收取的，如合同或协议规定在使用期内每期收取一笔固定的金额；也有分期不等额收取的，如合同或协议规定按资产使用方每期销售额的百分比收取使用费等。如果合同或协议规定一次性收取使用费，且不提供后续服务的，企业应当视同销售该项资产一次性确认收入；提供后续服务的，应在合同或协议规定的有效期内分期确认收入。合同或协议规定分期收取使用费的，通常应按合同或协议规定的收款时间和金额或规定的收费方法计算确定的金额分期确认收入。

【例 7-11】 甲公司向丙公司转让某专利权的使用权，转让期5年，每年年末收取使用费60 000元。当年年末该款项尚未收到。假定不考虑其他因素。当年甲公司的账务处理如下：

借：应收账款　　　　　　　　　　　　　　　　　　　60 000
　　贷：主营业务收入　　　　　　　　　　　　　　　　　60 000

【例 7-12】 甲公司向丁公司转让其商品的商标使用权，约定丁公司每年年末按年销售收入的12%，支付使用费，使用期5年。第一年，丁公司实现销售收入200 000元；第二年，丁公司实现销售收入250 000元。假定甲公司均于每年年末收到使用费，不考虑其他因素。甲公司的账务处理如下：

第一年年末确认使用费收入时：

$$使用费收入 = 200\,000 \times 12\% = 24\,000$$

借：银行存款　　　　　　　　　　　　　　　　　　　24 000
　　贷：主营业务收入　　　　　　　　　　　　　　　　　24 000

第二年年末确认使用费收入时：

$$使用费收入 = 250\,000 \times 12\% = 30\,000（元）$$

借：银行存款   30 000
　　贷：主营业务收入   30 000

7.1.3 费用与成本

费用，是指企业在日常活动中发生的、会导致所有者权益减少的、与向所有者分配利润无关的经济利益的总流出。成本，是指在发生的费用中最终要计入一定的成本计算对象的那部分费用。

企业发生的费用尽管多种多样，但在发生以后，有些费用按照规定应计入一定的核算对象，构成一定资产的成本。在发生的所有费用中，只有那些能够按照规定计入一定成本核算对象的部分，才称为成本。如果不能计入一定的成本核算对象，则只能作为费用来处理。即生产费用与一定的期间相联系，而与生产的产品无关；产品成本与一定品种和数量的产品相联系，而不论发生在哪一期。

1. 费用

1) 费用的分类

为了能够合理地确认和计量费用，正确计算产品成本，应恰当地对费用进行分类。对费用分类可采用不同的标准。

（1）按照费用的经济用途进行分类

按照费用的经济用途，费用可以分为生产成本和期间费用两大类。

生产成本指的是与一定品种和数量的产品相联系的费用。生产成本可以进一步划分为直接材料、直接人工和制造费用；期间费用是指本期发生的、不能直接或间接归入某种产品成本的、直接计入损益的各种费用，具体包括管理费用、销售费用和财务费用。

（2）按照费用的经济内容进行分类

按照费用的经济内容，可将费用分为以下费用要素：外购材料费用、外购燃料费用、外购动力、工资、奖金、津贴和补贴、提取的职工福利费、社会保险费、折旧费、利息支出、税金、其他费用等。

2) 费用的特征

按照我国会计准则对费用的定义，费用具有以下两种基本特征：

（1）费用是指企业在日常活动中发生的经济利益的流出

费用本质上是企业的一种资产流出，它与资产流入企业所形成的收入相反。但企业资金的支出并不都构成费用，企业在生产经营过程中，有两类支出不应列入费用，一是偿债性支出，如用银行存款归还所欠债务等；二是企业向所有者分配的利润或股利，属于收益的分配，也不作为费用。

（2）费用是会导致所有者权益减少的经济利益的流出

费用的本质就是一种过去的、现实的或预期的现金流出。由于企业费用的发生会导致企业的经济利益流出企业，而企业经济利益的所有权又归属于企业的所有者，因此，费用的发生最终会使企业的所有者权益减少。

2. 费用的确认与计量

1) 费用的确认

费用的确认是指在什么时间或哪一个会计期间将发生的费用登记入账。在确认费用时,首先,应当划分生产费用与非生产费用的界限。生产费用是指与企业日常生产经营活动相关的费用,如生产产品所发生的原材料费用、人工费用等;非生产费用是指不应由生产费用负担的费用,如构建固定资产所发生的费用等,就不属于生产费用。其次,应当分清生产费用与期间费用的界限。生产费用应当计入产品成本;而期间费用直接计入当期损益。

2) 费用与成本的核算

进行生产成本核算,首先应明确划分各种费用支出的界限:产品制造成本与期间费用的界限;本期产品与下期产品应负担的费用界限等,在划分这些界限时,应遵循受益原则,及谁受益谁负担费用;负担费用的多少,应与受益程度大小成正比。费用经过归集汇总后,就要计算产品成本。

为核算生产所发生的各项直接费用,企业应当设置"生产成本"科目。该科目的借方反映所发生的各项生产费用;贷方反映完工转出的各种产品的成本;期末借方余额,反映尚未加工完成的各项在产品的成本。

生产产品和提供劳务而发生的各项间接费用,应当设置"制造费用"科目。间接费用先在"制造费用"科目中归集,待月度终了时,再按一定的分配标准计入有关的产品成本。

3. 生产成本

生产成本是指企业在一定会计期间生产某种产品所发生的直接费用和间接费用的总和。生产费用的发生过程同时也是产品成本的形成过程,成本就是由生产费用转化而来的。生产成本一般包括直接材料、直接人工和制造费用三个组成部分。

1) 构成生产成本的各种费用的核算

构成产品生产成本的各种费用主要包括直接材料、直接人工和制造费用,进行这些费用的核算,主要应设置"生产成本"和"制造费用"两个账户。

(1) "生产成本"账户

"生产成本"账户核算企业进行工业性生产发生的各项生产费用,包括生产各种产品(包括产成品、自制半成品等)、自制材料、自制工具和自制设备等发生的费用。企业发生生产成本时,借记本账户,贷记"原材料""库存现金""银行存款"和"应付职工薪酬"等账户;按各种产品归集制造费用时,借记本账户,贷记"制造费用"账户;企业已经生产完成并已验收入库的产成品以及入库的自制半成品,月末应借记"库存商品"等账户,贷记本账户。本账户期末借方余额,反映企业尚未加工完成的在产品成本。

(2) "制造费用"账户

"制造费用"账户核算企业生产车间、部门为生产产品和提供劳务而发生的各项间接费用。本账户应当按照不同的生产车间、部门和费用项目进行明细核算。生产车间发生相关费用时,借记本账户,贷记"原材料""应付职工薪酬""累计折旧""银行存款"等账户;将制造费用分配计入有关的成本核算对象,借记"生产成本""劳务成本"账户,贷记本账户。在一般情况下,该账户贷方的分配数与其借方的实际发生数相等。分配后该账户在期末一般应无余额。

【例7-13】 诸葛鞋业有限责任公司2013年8月份为生产甲、乙两种产品支付生产工人工资24 600元,基本生产车间管理人员工资为4 500元,公司行政部门管理人员工资为10 800元。生产工人的工资规定按甲、乙两种产品的生产工时比例进行分配,其工时分别为4 100小时和2 050小时。采用产品生产工时比例分配直接工资。

$$工资费用分配率 = \frac{24\ 600}{4\ 100 + 2\ 050} = 4(元/时)$$

甲产品应负担的工资费用 = 4 100×4 = 16 400(元)

乙产品应负担的工资费用 = 2 050×4 = 8 200(元)

会计分录如下:

借:生产成本——甲产品　　　　　　　　　　　　16 400
　　　　　——乙产品　　　　　　　　　　　　　 8 200
　　制造费用　　　　　　　　　　　　　　　　　 4 500
　　管理费用　　　　　　　　　　　　　　　　　10 800
　　贷:应付职工薪酬　　　　　　　　　　　　　51 400

4. 期间费用

期间费用是指企业本期日常活动所发生的、不能归属于特定核算对象的成本的、直接计入当期损益的费用,包括管理费用、销售费用和财务费用。期间费用是企业当期发生的费用的重要组成部分。

1) 管理费用及其核算

管理费用是指企业为组织和管理企业生产经营所发生的管理费用,包括企业在筹建期间内发生的开办费、董事会和行政管理部门在企业的经营管理中发生的或者应由企业统一负担的公司经费、工会经费、董事会费、聘请中介机构费、咨询费、诉讼费、业务招待费、房产税、车船税、土地使用税、印花税、技术转让费、矿产资源补偿费、研究费用、排污费以及企业生产车间和行政部门等发生的固定资产修理费用等。

进行管理费用的核算,需要设置"管理费用"账户。发生管理费用时,借记本账户,贷记"银行存款""应付职工薪酬""累计折旧""研发支出""应交税费"等账户;期末,应将本账户的余额转入"本年利润"账户,结转后本账户无余额。

【例7-14】 曹植公司某月发生的有关经济业务及编制的会计分录如下。

① 公司本月经计算应由本期管理费用负担的折旧费为300元,行政部门人员的工资为3 000元,福利费为420元。

借:管理费用　　　　　　　　　　　　　　　　 3 720
　　贷:累计折旧　　　　　　　　　　　　　　　　 300
　　　　应付职工薪酬　　　　　　　　　　　　　 3 420

② 公司本月以银行存款支付招待费400元。

借:管理费用　　　　　　　　　　　　　　　　　 400

贷：银行存款　　　　　　　　　　　　　　　　400

③ 公司本月份报销职工差旅费200元。
　　借：管理费用　　　　　　　　　　　　　　　　200
　　贷：银行存款　　　　　　　　　　　　　　　　200

④ 公司本月经计算应缴纳房产税100元，车船使用税200元，土地使用税300元，以银行存款支付印花税200元。
　　借：管理费用　　　　　　　　　　　　　　　　800
　　贷：应交税费——应交房产税　　　　　　　　　100
　　　　　　　　——应交车船使用税　　　　　　　200
　　　　　　　　——应交土地使用税　　　　　　　300
　　　　银行存款　　　　　　　　　　　　　　　　200

⑤ 公司本月结转发生的管理费用5 120元。
　　借：本年利润　　　　　　　　　　　　　　　　5 120
　　贷：管理费用　　　　　　　　　　　　　　　　5 120

2) 销售费用及其核算

销售费用是指企业销售商品和材料、提供劳务的过程中发生的各种费用，包括企业在销售商品过程中发生的保险费、包装费、展览费和广告费、商品维修费、预计产品质量保证损失、运输费、装卸费等，以及为销售本企业商品而专设的销售机构（含销售网点、售后服务网点等）的职工薪酬、业务费和折旧费等经营费用。

进行销售费用的核算，应设置"销售费用"账户。本账户核算企业销售商品和材料、提供劳务的过程中发生的各种费用。发生销售费用时，借记本账户，贷记"库存现金""银行存款""应付职工薪酬""累计折旧"等账户。期末，将本账户余额转入"本年利润"账户，结转后本账户应无余额。

【例7-15】 曹丕公司某月份发生的有关经济业务及编制的会计分录如下。

① 以银行存款支付产品广告费5 000元，展览费5 000元。
　　借：销售费用　　　　　　　　　　　　　　　　10 000
　　贷：银行存款　　　　　　　　　　　　　　　　10 000

② 本月公司为销售产品以银行存款支付运输费1 200元，运输途中保险费350元，装卸费650元。
　　借：销售费用　　　　　　　　　　　　　　　　2 200
　　贷：银行存款　　　　　　　　　　　　　　　　2 200

③ 公司本月专设销售机构发生下列费用：销售机构人员的工资为1 000元，提取职工福利费140元，固定资产的折旧560元，以银行存款支付办公费100元。
　　借：销售费用　　　　　　　　　　　　　　　　1 800
　　贷：应付职工薪酬　　　　　　　　　　　　　　1 140
　　　　累计折旧　　　　　　　　　　　　　　　　560
　　　　银行存款　　　　　　　　　　　　　　　　100

④ 公司按规定将本月发生的销售费用 14 000 元予以结转。

借：本年利润　　　　　　　　　　　　　　14 000
　　贷：销售费用　　　　　　　　　　　　　　　14 000

3) 财务费用及核算

财务费用是指企业为筹集生产经营所需资金等而发生的筹资费用，包括利息支出（减利息收入）、汇兑差额，以及相关的手续费、企业发生的现金折扣或收到的现金折扣等。

进行财务费用的核算，应设置"财务费用"账户。发生财务费用的增加时，借记本账户，贷记"银行存款""未确认融资费用"等账户；发生的应冲减财务费用的利息收入、汇兑差额、现金折扣，借记"银行存款""应付账款"等账户，贷记本账户。期末，应将本账户余额转入"本年利润"账户，结转后本账户应无余额。

【例 7-16】 孙权公司某月份发生的有关经济业务及编制的会计分录如下。

① 公司以银行存款支付银行承兑汇票手续费 200 元。

借：财务费用　　　　　　　　　　　　　　200
　　贷：银行存款　　　　　　　　　　　　　　　200

② 公司本月发生银行存款利息收入 100 元。

借：银行存款　　　　　　　　　　　　　　100
　　贷：财务费用　　　　　　　　　　　　　　　100

③ 公司本月结转发生的财务费用 300 元。

借：本年利润　　　　　　　　　　　　　　300
　　贷：财务费用　　　　　　　　　　　　　　　300

讨论案例1

戴尔电脑——独特的经营模式创造行业利润优势！

请大家仔细阅读下面的这个案例，并上网查阅戴尔电脑公司的财务报告数据，归纳该公司的经营特点与财务模式，解析戴尔电脑公司取得利润优势的秘密。请深入分析戴尔的经营模式主要是通过影响哪些会计项目来影响利润的？同时，请扩展思维，讨论该模式是否能推广到其他行业，即该模式是否是一种各行业普遍适用的盈利模式？

戴尔公司于 1984 年由迈克尔·戴尔创立，总部设在得克萨斯州奥斯汀（Austin），在全球共有 47 800 个雇员，目前已成为全球领先的 IT 产品及服务提供商，其业务包括帮助客户建立自己的信息技术及互联网基础架构。促使戴尔电脑公司在短短二十年的时间内成为行业领导者的因素就是其经营理念，这一理念非常简单：按照客户要求制造计算机，并向客户直接发货。该理念使戴尔公司能够最有效和明确地了解客户需求，继而迅速作出回应。这个直接的商品业模式消除了中间商品，这样就减少了不必要的成本和时间，让戴尔公司更好地理解客户的需要。这种直销模式允许戴尔公司能以富有竞争性的价位，为每一位消费者定制并提供具有丰富配置的强大系统。通过平均三天一次的库存更新，戴尔公司能够把最新相关技术带给消费者，而且远远快于那些运转缓慢、采取分销模式的公司。2001 年戴尔公司首次成为全球市场占有率最高的计算机厂商。

苹果电脑的首席执行官乔布斯(Steve Jobs)曾说:"苹果和戴尔是个人电脑产业中少数能赚钱的公司。戴尔能赚钱是向沃尔马看齐,苹果能赚钱则是靠创新。"乔布斯的评论极有见地,虽然戴尔电脑公司属于IT行业,但它采用了类似商品业、流通业的运营模式,通过严格控制其库存,运用"快快收钱,慢慢付款"的模式获得了超低的流动比率和较低的营运资金,从而降低了运营成本。让我们比较一下戴尔电脑与另一世界知名的电脑公司惠普科技的流动比率吧。

对比之下,自1990—2006年,惠普公司的流动比率一直维持在1.38~1.60之间,非常符合传统财务分析认定的合理范围,而戴尔公司的这一比率是逐年下降的,2000—2006年间其流动比率维持在0.98~1.4之间。维持这么低的流动比率是不是戴尔公司出现了财务危机呢?恰恰相反,戴尔的秘诀是严格控制存货数量与付款时间,对于上游的供货商,它的平均付款时间由2000年的58天,延长至2005年的73天,越来越"慢"地付款;而对于下游的消费者和商家,则一般采取现金或信用卡付款的形式,销售资金回收一般不超过7天,也就是说越来越"快"地收款。戴尔电脑凭借其品牌优势、直销模式获得了对上下游企业卓越的议价能力,从而能够凭借较低的营运资金有效率地推动庞大的企业体运行,从而以比同行竞争对手低得多的成本获取更广泛的IT市场份额和较高的行业利润。

资料来源:戴尔计算机(中国)有限公司主页[OL]. http://www.myprice.com.cn/manu/front/home_21_0.html. 有删改。

7.2 利润的构成:利润表

企业作为独立的经济实体,其最根本的目的就是创造价值,获取利润。利润是通过经营收入抵补其成本费用而实现的,它包括净利润以及直接计入当期利润的利得和损失等。其中直接计入当期利润的利得和损失,是指应当计入当期损益、会导致所有者权益发生增减变动的、与所有者投入资本或者向所有者分配利润无关的利得或者损失。企业盈利的大小在很大程度上反映了企业生产经营的经济效益。

与利润息息相关的概念有营业利润、利润总额和净利润,我们可以用下面的公式清晰地表示它们之间的关系:

营业利润= 营业收入－营业成本－营业税金及附加－销售费用－管理费用
　　　　－财务费用－资产减值损失＋公允价值变动收益＋投资收益

其中,营业收入是指企业经营业务所实现的收入总额,包括主营业务收入和其他业务收入。营业成本是指企业经营业务所发生的实际成本总额,包括主营业务成本和其他业务成本。资产减值损失是指企业计提各项资产减值准备所形成的损失。公允价值变动收益(或损失)是指企业交易性金融资产等公允价值变动所形成的应计入当期损益的利得(或损失)。投资收益(或损失)是指企业以各种方式对外投资所取得的收益(或发生的损失)。

$$利润总额＝营业利润＋营业外收入－营业外支出$$

其中,营业外收入(或支出)是指企业发生的与日常活动无直接关系的各项利得(或损失)。

$$净利润＝利润总额－所得税费用$$

其中,所得税费用是指企业确认的应从当期利润总额中扣除的所得税费用。

7.2.1 营业利润

营业利润(见表 7-2)是指企业在一定期间由经营活动取得的利润,它等于营业总收入扣除营业总成本的净余额。

表 7-2 利润表(部分)

编制单位:中粮生物化学(安徽)股份有限公司　　2012 年 12 月 31 日　　单位:元

项　目	本期金额	上期金额
一、营业总收入	7 730 371 836.57	7 401 292 582.55
其中:营业收入	7 730 371 836.57	7 401 292 582.55
二、营业总成本	7 829 864 243.18	7 549 659 266.59
其中:营业成本	6 955 516 500.90	6 695 078 083.56
营业税金及附加	105 470 542.88	51 985 411.08
销售费用	240 868 373.40	223 445 170.86
管理费用	321 757 555.22	322 299 231.77
财务费用	196 753 076.65	203 323 510.93
资产减值损失	9 498 194.13	53 527 858.39
加:公允价值变动收益(损失以"－"号填列)	－929 355.45	476 590.00
投资收益(损失以"－"号填列)	3 664 500.00	3 664 500.00
三、营业利润(亏损以"－"号填列)	－96 757 262.06	－144 225 594.04

营业利润＝营业总收入－营业总成本＋投资类收益

营业总收入＝营业收入＋利息收入

营业总成本＝营业成本＋利息支出＋营业税金及附加＋期间费用＋资产减值损失

投资类收益＝公允价值变动收益＋投资收益＋汇兑收益

从上述算式中,我们可以发现,营业利润包括两部分,一部分是企业经营主营业务所获得的主营业务利润,也就是营业总收入减去营业总成本形成的利润;另一部分则是由投资形成的利润,表现在企业资产公允价值变动、投资和汇兑三方面形成的利润。

一般所说的毛利,则是指营业收入扣除营业成本、营业税金及附加和管理费用、销售费用、财务费用三项期间费用后的利润。

$$毛利率=\frac{营业收入-营业成本-营业税金及附加-管理费用-销售费用-财务费用}{营业收入}\times 100\%$$

7.2.2 利润总额

利润总额（见表7-3）是指企业一定期间的营业利润与营业外收支净额的合计总额，即所得税前利润总额。即

$$利润总额＝营业利润＋营业外收入－营业外支出$$

表7-3 利润表（部分）

编制单位：中粮生物化学（安徽）股份有限公司　　2012年12月31日　　单位：元

项　目	本期金额	上期金额
三、营业利润（亏损以"－"号填列）	－96 757 262.06	－144 225 594.04
加：营业外收入	370 756 027.11	668 300 724.69
减：营业外支出	8 957 546.33	25 838 865.06
四、利润总额（亏损总额以"－"号填列）	265 041 218.72	498 236 265.59

营业外收入是指企业取得的与生产经营活动没有直接关系的各种收入，主要包括处置非流动资产利得、非货币性资产交换利得、债务重组利得、罚没利得、政府补助利得、确实无法支付而按规定程序经批准后转作营业外收入的应付款项、捐赠利得、盘盈利得等。

营业外支出是指企业发生的与生产经营活动没有直接关系的各种支出，主要包括处置非流动资产损失、非货币性资产交换损失、债务重组损失、罚款支出、捐赠支出、非常损失、盘亏损失等。

7.2.3 净利润

净利润（见表7-4）是指企业一定期间的利润总额减去所得税费用后的净额，即

$$净利润＝利润总额－所得税费用$$

表7-4 利润表（部分）

编制单位：中粮生物化学（安徽）股份有限公司　　2012年12月31日　　单位：元

项　目	本期金额	上期金额
四、利润总额（亏损总额以"－"号填列）	265 041 218.72	498 236 265.59
减：所得税费用	63 578 384.88	136 892 522.16
五、净利润（净亏损以"－"号填列）	201 462 833.84	361 343 743.43
归属于母公司所有者的净利润	182 987 631.40	355 074 338.82
少数股东损益	18 475 202.44	6 269 404.61

所得税费用是指根据企业会计准则的要求确认的应从当期利润总额中扣除的所得税

费用。企业所得税是指对企业的生产、经营所得和其他所得课征的一种税。所得税是企业取得可供分配的净收益(即税后利润)所必须花费的代价。企业所得税具有强制性和无偿性,只要企业获得收益,都要依法缴纳所得税。

讨论案例2

从利润构成分析看竞争优势——国美电器与苏宁电器的案例

国美电器与苏宁电器是我国家电行业的重要连锁式销售商,凭借独特的经营模式,两家年龄均不超过20岁的年轻企业依托家电行业迅速成长,一度形成"北国美,南苏宁"的对峙格局,却又彼此高度渗透,各自成长为全国性的家电连锁经营的"巨无霸"。

为分析它们的核心竞争力,让我们先从一张国美与苏宁的简约财务报表开始。

表7-5是国美、苏宁这两家民营电器连锁经销商近年来的财务报表数据,表7-6和表7-7分别为国美与苏宁的主要财务数据比较与现金周转期比较。资料摘自国美电器和苏宁电器2004—2011年的年度财务报告。

表7-5 国美与苏宁的财务净收益状况　　　　　　　　　单位:亿元

年份	国美电器			苏宁电器		
	财务收入	财务成本	财务净收益	财务收入	财务成本	财务净收益
2005	0.70	0.00	0.79	0.09	0.03	0.06
2006	1.26	0.65	0.61	0.24	0.13	0.11
2007	4.24	1.93	2.31	2.18	0.15	2.03
2008	4.41	2.12	2.29	4.05	0.17	3.88
2009	3.41	3.49	−0.08	3.71	0.02	3.69
2010	3.39	4.42	−1.03	6.24	0.01	6.23
2011	4.00	2.42	1.58	7.67	0.02	7.55

注:根据国美电器和苏宁电器披露的上市公司年报整理。

表7-6 国美与苏宁的主要财务数据比较

年份	国美电器					苏宁电器				
	主营业务收入/亿元	毛利率/%	其他业务收入占利润总额/%	净利润/亿元	资产负债率/%	主营业务收入/亿元	毛利率/%	其他业务收入占利润总额/%	净利润/亿元	资产负债率/%
2004	97.16	9.81	61.74	5.81	73.19	91.07	9.75	132.40	1.81	57.80
2005	179.59	9.20	85.24	7.77	80.02	159.36	9.68	176.09	3.51	71.39
2006	247.20	9.55	83.16	9.43	75.25	249.27	10.68	88.59	7.20	63.71
2007	424.79	9.64	120.59	11.68	65.17	386.77	11.25	65.85	15.23	70.25
2008	458.89	9.82	164.23	10.99	68.36	483.11	14.53	53.74	22.60	57.85

续表

年份	国美电器					苏宁电器				
	主营业务收入/亿元	毛利率/%	其他业务收入占利润总额/%	净利润/亿元	资产负债率/%	主营业务收入/亿元	毛利率/%	其他业务收入占利润总额/%	净利润/亿元	资产负债率/%
2009	426.68	9.28	121.23	14.26	52.55	570.37	15.66	32.17	29.88	58.36
2010	509.10	11.63	86.33	19.62	59.31	742.27	16.59	23.64	41.06	57.08
2011	598.21	12.63	133.44	18.01	57.24	924.65	17.96	21.99	48.86	61.48

表7-7 国美与苏宁的现金周转期比较　　　　　　　　单位：天

年份	国美电器				苏宁电器			
	应收账款周转期	存货周转期	应付账款周转期	现金周转期	应收账款周转期	存货周转期	应付账款周转期	现金周转期
2005	0.72	42.32	110.36	−67.32	3.05	34.84	46.02	−8.12
2006	0.55	61.22	156.27	−94.50	2.05	43.85	61.73	−15.83
2007	0.73	48.14	122.73	−73.86	1.01	41.71	76.50	−33.78
2008	0.56	47.22	115.16	−67.37	0.87	41.20	89.09	−47.02
2009	0.42	56.27	134.66	−77.97	1.43	41.97	111.07	−67.66
2010	0.92	58.48	130.88	−71.48	3.48	45.85	116.40	−67.07
2011	1.22	60.99	117.24	−55.02	5.67	54.17	118.87	−59.04

上述两家民营上市企业的报表数据是趋势的、动态的，我们很容易从中归纳出相对固化的"五高五低"并存的奇异现象，即流动比率高、净现金需求低；应付款应付票据高、银行借款低；资产负债率高、有息负债率低；利息收入高、利息支出低；其他业务收入高、毛利率较低。

两家企业占领行业制高点的秘密，就藏在上述的财务数字和我们分析得到的"五高五低"的现象中。

这种数据特征来源于典型的"类金融模式"，通过推迟支付供应商的应付款项获得无息资金，故银行借款低；长期沉淀的资金形成企业稳定的正利息收入；通过收取供应商进场费、广告费、促销费、租赁费等形成"其他业务收入"，占利润总额比重较高，甚至造成主业不"主"，也使供应商以"预收款"等方式为公司提供了免费的现金来源。

资料来源：姚宏，魏海玥. 类金融模式研究——以国美和苏宁为例[J]. 中国工业经济，2012(9)：148-160. 有删改。

请自行登录互联网，寻找更多的国美电器和苏宁电器的相关新闻和数据，找到国美、苏宁这两家民营电器连锁经销商获得巨额利润的秘诀，同时请分组讨论上述两个企业可能因此面临的财务风险及相关的分散风险的对策。

7.3 利润的核算

7.3.1 利润的结转及其主要账户

会计期末,企业应将收入类账户的贷方余额转入"本年利润"账户的贷方,将费用类账户的借方余额转入"本年利润"账户的借方,从而计算本年净利润,同时使得收入类与费用类的账户在年末借贷方的余额为零的做法,称为利润的结转。

企业应设置"本年利润"科目核算企业本年度实现的净利润(或发生的净亏损)。该账户的"T"形账户的结构如图7-2所示。

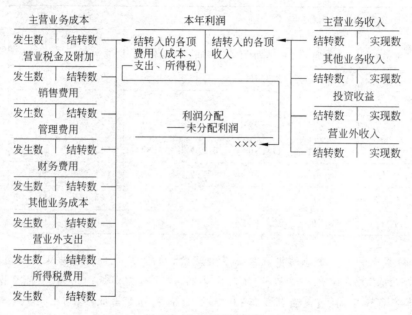

图7-2 本年利润的结转

会计期末,企业应将各收益类科目的余额转入"本年利润"科目的贷方,即借记"主营业务收入""其他业务收入""营业外收入"等;将各成本费用或支出类科目的余额转入"本年利润"科目的借方,即贷记"主营业务成本""其他业务成本""营业外支出""管理费用""销售费用""财务费用"等。如果有关收益类科目为借方余额或有关成本费用类科目为贷方余额,则作相反的结转分录。

结转后,"本年利润"科目如为贷方余额,则表示当年实现的净利润;如为借方余额,则表示当年发生的净亏损。年度终了,企业还应将"本年利润"科目的本年累计余额转入"利润分配——未分配利润"科目。结转后"本年利润"科目应无余额。

7.3.2 净利润结转的业务处理

期末结转的方法有表结法和账结法两类方法。

1. 表结法

在这种结转方法下,各损益类科目每月月末只需结计出本月发生额和月末累计余额,不结转到"本年利润"科目,只有在年末时才将全年累计余额结转入"本年利润"科目。但每月月末要将损益类科目的本月发生额合计数填入利润表的本月数栏,同时将本月末累计余额填入利润表的本年累计数栏,通过利润表计算反映各期的利润(或亏损)。表结法下年中损益类科目无须结转入"本年利润"科目,从而减少了转账环节和工作量,同时不影响利润表的编制及有关损益指标的利用。

2. 账结法

在这种结转方法下,每月月末均需编制转账凭证,将在账上结计出的各损益类科目的余额结转入"本年利润"科目。结转后"本年利润"科目的本月合计数反映当月实现的利润或发生的亏损,"本年利润"科目的本年累计数反映本年累计实现的利润或发生的亏损。账结法在各月均可通过"本年利润"科目提供当月及本年累计的利润(或亏损)额,但增加了转账环节和工作量。

【例7-17】 飞扬柴油机厂2012年实现产品销售收入为3 500万元,发生销售成本为2 700万元,本期应承担的销售费用为78万元,管理费用为82万元,财务费用为121万元,产品销售税金及附加为173万元;实现其他业务收入为330万元,发生其他业务支出为106万元,投资收益为130万元,营业外收入为32万元,营业外支出为24万元,企业所得税率为25%。则2012年12月31日,企业的经营成果如下。

营业利润 = 3 500 − 2 700 − 78 − 82 − 121 − 173 + 330 − 106 + 130 = 700(万元)

利润总额 = 700 + 32 − 24 = 708(万元)

净利润 = 708 × (1 − 25%) = 531(万元)

2012年12月31日,企业的账务处理如下。

① 结转各项收入:

借:主营业务收入	35 000 000
其他业务收入	3 300 000
投资收益	1 300 000
营业外收入	320 000
贷:本年利润	39 920 000

② 结转各项成本和费用:

借:本年利润	34 610 000
贷:主营业务成本	27 000 000
主营业务税金及附加	1 730 000
其他业务支出	1 060 000
销售费用	780 000
管理费用	820 000
财务费用	1 210 000

                  营业外支出   240 000
                  所得税费用   1 770 000

③ 结转净利润。"本年利润"账户贷方余额 6 892 500 元,是该公司 2012 年年末实现的净利润,年末转入"利润分配——未分配利润"账户,"本年利润"账户期末无余额。

$$39\ 920\ 000 - 34\ 610\ 000 = 5\ 310\ 000$$

     借:本年利润   5 310 000
         贷:利润分配——未分配利润   5 310 000

7.4 利润分配的核算

7.4.1 利润分配的概述

企业年度决算后实现的利润总额,要在国家、企业的所有者和企业之间进行分配。利润分配关系着国家、企业、职工及所有者各方面的利益,是一项政策性较强的工作,必须严格按照国家的法规和制度执行。利润分配的结果,形成了国家的所得税收入、投资者的投资报酬和企业的留用利润等不同的项目,其中企业的留用利润是指盈余公积金、公益金和未分配利润。利润分配,主要指企业的净利润分配,利润分配的实质就是确定给投资者分红与企业留用利润的比例。

1. 利润分配基本原则

1) 依法分配原则

为规范企业的利润分配行为,国家制定和颁布了若干法规,这些法规规定了企业利润分配的基本要求、一般程序和重大比例。企业的利润分配必须依法进行,这是正确处理企业各项财务关系的关键。

2) 分配与积累并重原则

企业的利润分配,要正确处理长期利益和近期利益这两者的关系,坚持分配与积累并重。企业除按规定提取法定盈余公积金以外,可适当留存一部分利润作为积累,这部分未分配利润仍归企业所有者所有。这部分积累的净利润不仅可以为企业扩大生产筹措资金,增强企业发展能力和抵抗风险的能力,同时,还可以供未来年度进行分配,起到以丰补歉、平抑利润分配数额波动、稳定投资报酬率的作用。

3) 兼顾职工利益原则

企业的净利润归投资者所有,是企业的基本制度。但企业职工不一定是企业的投资者,净利润就不一定归他们所有,而企业的利润是由全体职工的劳动创造的,他们除了获得工资和奖金等劳动报酬以外,还应该以适当的方式参与净利润的分配,如在净利润中提取公益金,用于企业职工的集体福利设施支出。公益金是所有者权益的一部分,职工对这些福利设施具有使用权并负有保管责任,但没有所有权。

4) 投资与收益对等原则

企业利润分配应当体现"谁投资谁收益"、收益大小与投资比例相适应,即投资与收益对等原则,这是正确处理企业与投资者利益关系的立足点。投资者因投资行为,以出资额依法享有利润分配权,就要求企业在向投资者分配利润时,要遵守公开、公平、公正的"三公"原则,不搞幕后交易,不帮助大股东侵蚀小股东利益,一视同仁地对待所有投资者,任何人不得以在企业中的其他特殊地位谋取私利,这样才能从根本上保护投资者的利益。

7.4.2 利润分配的形式

1. 利润分配的顺序

按我国财务和税务制度的规定,企业的年度亏损,可以由下一年度的税前利润弥补,下一年度税前利润尚不足以弥补的,可以由以后年度的利润继续弥补,但用税前利润弥补以前年度亏损的连续期限不超过5年。5年内弥补不足的,用本年税后利润弥补。企业当期实现的净利润加上年年初未分配利润(或减去年年初未弥补亏损)后的余额,为可供分配的利润。只有可供分配的利润大于零时,企业才能进行后续分配。可供分配的利润一般按下列顺序进行分配。

① 提取法定盈余公积。可供分配的利润大于零是计提法定盈余公积金的必要条件。法定盈余公积金以净利润扣除以前年度亏损为基数,按10%提取。即企业年初未分配利润为借方余额时,法定盈余公积金计提基数为"本年净利润-年初未分配利润(借方)余额",若企业年初未分配利润为贷方余额,法定盈余公积金计提基数为本年净利润,未分配利润贷方余额在计算可供投资者分配的净利润时计入。当企业法定盈余公积金达到注册资本的50%时,可不再提取。法定盈余公积金主要用于弥补企业亏损和按规定转增资本金,但转增资本金后的法定盈余公积金一般不低于注册资本的25%。

② 提取任意盈余公积,是指企业按股东大会决议提取的任意盈余公积。

③ 应付现金股利或利润。企业本年净利润扣除弥补以前年度亏损、提取法定盈余公积金和任意盈余公积金后的余额,加上年初未分配利润贷方余额,即为企业本年可供投资者分配的利润,按照分配与积累并重原则,确定应向投资者分配的利润数额。

④ 转作股本的股利,是指企业按照利润分配方案以分派股票股利的形式转作股本的股利,也包括非股份有限公司以利润转增的资本。

分配给投资者的利润,是投资者从企业获得的投资回报。向投资者分配利润应遵循纳税在先、企业积累在先、无盈余不分利的原则,其分配顺序在利润分配的最后阶段,这体现了投资者对企业的权利、义务以及投资者所承担的风险。股份公司当年无利润或出现亏损,原则上不得分配股利。但为维护公司股票的信誉,经股东大会特别决议,可按股票面值较低比率用盈余公积金支付股利,支付股利后的留存的法定盈余公积金不得低于注册资本的25%。

2. 利润分配的具体形式

对股东的利润分配形式有四种:现金股利、股票股利、负债股利和财产股利,其中最为常见的是现金股利和股票股利。在现实生活中,我国上市公司的股利分配广泛采用一部分股票股利和一部分现金股利的做法。其效果是股票股利和现金股利的综合。

1) 现金股利

现金股利是指企业以现金的方式向股东支付股利,也称红利。现金股利是企业最常见的、也是最易被投资者接受的股利支付方式。企业支付现金股利,除了要有累计的未分配利润外,还要有足够的现金。因此,企业在支付现金前,必须做好财务上的安排,以便有充足的现金支付股利。因为,企业一旦向股东宣告发放股利,就对股东承担了支付的责任,必须如期履约,否则,不仅会丧失企业信誉,而且还会带来不必要的麻烦。

2) 股票股利

股票股利是指应分给股东的股利以额外增发股票形式来发放。以股票作为股利,一般都是按在册股东持有股份的一定比例来发放的,对于不满一股的股利仍采用现金发放的。股票股利最大的优点就是节约现金支出,因而常被现金短缺的企业所采用。

发放股票股利时,在企业账面上,只需在减少未分配利润项目金额的同时,增加股本和资本公积等项目金额,并通过中央清算登记系统增加股东持股数量即可。显然,发放股票股利是一种增资行为,需经股东大会同意,并按法定程序办理增资手续。但发放股票股利与其他的增资行为不同的是,它不增加股东财富,企业的财产价值和股东的股权结构也不会改变,改变的只是股东权益内部各项目的金额。

讨论案例3

与公司一道共享成长的微软股东

2004年7月,微软发布声明:微软董事会通过每股0.08美元的单季现金股利,并计划在4年时间内回购300亿美元的股票,以及发放每股3美元的一次性特别现金股利。这项计划预计花费750亿美元,是世界公司史上回馈股东的破纪录壮举!

微软股东和投资者对微软公司充满感激之情,微软在飞速发展中不忘回馈股东和投资者,让他们一同分享公司的成长和壮大。对此,微软董事长比尔·盖茨充满信心地回答:"对微软成长造成限制的,从来就不是财务资源,而是创新能力与实践创新的执行力。"比尔的话深刻揭示了微软成功傲立于行业领军地位的奥秘——创新能力是企业成长之"魂",优秀的执行力是企业成长之"魄",而创新能力在优秀的执行力下会变成一项项迷人的高科技产品及其延伸服务,给公司带来滚滚不竭的营业收入,财务资源则由于公司善于运筹帷幄,将优势资源合理分布而显得游刃有余。

对于股东和投资者,无论其贡献大小,微软公司一向的原则是:在保障公司财务健康的前提下,让投资者分享公司的利润!让我们看看一个普通的微软投资者是如何随着公司一同成长的吧!

——1986年微软公司在美国上市,上市价格每股28美元。

——由于爆炸性成长,微软不得不数次分拆股票,以免每股价格过高,影响股票的流通性。1987—2006年的20年间,微软一共进行了7次"1股变2股"的股票分割以及2次"2股变3股的"股票分割。

——如果一个投资者在1986年微软上市之初,仅持有1股微软公司的股票,那么2006年年末,这个投资者会惊喜地发现,这1股股票已经变成了288股。换句话说,如果这个投资者在1986年投入28美元,那么20年后的2006年年末,这28美元变成了8 352美元!

——同期,微软的股票总市值大约成长了658倍!

2010年,微软计划发行债券,通过债券出售筹集的资金来支付股利并为回购公司股票融资。之所以有此举措是因为微软目前大部分现金都在海外。受到这一消息的影响,微软股价在当周周一的尾盘交易中大涨5.28%,收于每股25.11美元。

微软CEO史蒂夫·鲍尔默(Steve Ballmer)当前正面临着极大的筹资压力。因为微软必须确保能够支付分红和以股票回购的形式给予投资者回报。就目前而言,微软共有现金368亿美元,但其中很大一部分在海外,如果直接转移至美国需要承担纳税带来的成本。由于当前借贷利率处于历史低位,若通过借贷方式筹资那么微软的筹资成本较低。因此在权衡再三后,微软计划发行债券。Thornburg投资公司执行总监杰森·布拉迪(Jason Brady)表示,"毫无疑问,微软认为当前公司股价较为便宜,借贷成本处于可以承受的范围,所以他们选择发行债券。"

资料来源:传微软欲发行债务筹资支付股利及股票回购[N/OL].腾讯财经,2010-09-14:http://finance.qq.com/a/20100914/006285.htm. 有删改。

阅读上述案例材料,讨论我国上市公司股利分配的现状,回答以下两个问题:

(1) 我国股东能否像微软股东一样,以股息为投资证券的主要回报方式?为什么?

(2) 为何中国上市公司均偏好以股票股利的方式,而非现金股利的方式?

7.4.3 利润分配的会计处理

企业应当设置"利润分配"科目,核算利润的分配(或亏损的弥补)情况,以及历年积存的未分配利润(或未弥补亏损)。该科目还应当分别"提取法定盈余公积""提取任意盈余公积""应付现金股利或利润""转作股本的股利""盈余公积补亏"和"未分配利润"等进行明细核算。

年度终了,企业应将"利润分配"科目所属其他明细科目余额转入"未分配利润"明细科目。结转后,除"未分配利润"明细科目外,其他明细科目应无余额。

【例7-18】 续【例7-17】,飞扬柴油机厂期末按10%计提法定盈余公积,按5%计提任意盈余公积,同时经股东大会通过,向股东派发现金股利130万元。

① 提取法定盈余公积和任意盈余公积:

借:利润分配——提取法定盈余公积　　　　531 000
　　　　　　——提取任意盈余公积　　　　265 500
　　贷:盈余公积——法定盈余公积　　　　　531 000
　　　　　　　　——任意盈余公积　　　　　265 500

② 提取股利:

借:利润分配——应付现金股利　　　　　1 300 000
　　贷:应付股利　　　　　　　　　　　　1 300 000

③ 期末结转"利润分配——各子科目"账户余额：

借：利润分配——未分配利润　　　　　　　　2 096 500
　　贷：利润分配——提取法定盈余公积　　　　531 000
　　　　　　　　——提取任意盈余公积　　　　265 500
　　　　　　　　——应付现金股利　　　　　1 300 000

结转的结果是"利润分配——未分配利润"账户中有贷方余额 3 213 500 元，为本年度未分配利润，应留至下一年，与下一年的净利润一起分配。

7.4.4　股利分配决策

支付给股东的盈余与留在企业的保留盈余，存在此消彼长的关系。所以，股利分配既决定给股东分配多少红利，也决定有多少净利留在企业。股利分配政策影响着企业股利分配的数量、形式及股价，公司可采取以下几类股利分配政策。

1. 剩余股利政策

剩余股利政策是指将股利的分配与公司的资金结构联系起来，即根据公司的最佳资本结构测算出公司投资所需要的权益资本数额，先从盈余中预留然后将剩余的盈余作为股利给所有者进行分配。这种政策可以使公司保持理想的资本结构，并使得资金供求相等，使加权平均资本成本最低，提高企业价值，但缺点是由此可能造成股利政策不稳定，不利于股价稳定——如企业每年的盈利变化、投资机会变化。

【例 7-19】　西施公司 2013 年提取了公积金、公益金后的税后净利为 600 万元，第二年的投资计划所需资金为 800 万元。公司的最佳资本结构为权益资本占 60%、债务资本占 40%，那么，按照最佳资本结构的要求，公司投资方案所需的权益资本数额为

$$800 \times 60\% = 480(万元)$$

公司当年全部可用于分配股利的盈余为 600 万元，可以满足上述投资方案所需的权益资本数额并有剩余，剩余部分再作为股利发放。当年发放的股利额即为

$$600 - 480 = 120(万元)$$

2. 固定股利额政策

在这种股利政策下，公司定期支付固定的股利额。这样可使公司树立良好的市场形象，有利于公司股票价格的稳定，同时有利于提高投资者的信心，投资者可以预先根据公司的股利水平安排支出，从而降低了投资风险，而当公司股利较丰厚时，股票价格会大幅提高。其不足之处在于"固定"的股利增加了企业的财务风险，同时股利的支付与公司盈余相脱节，使得当公司盈余较低时仍需支付固定的股利额，导致资金紧张，压力加大。

3. 固定股利支付率政策

该政策指公司预先确定一个股利占净利润的比率，并且长期按此比率支付股利的政策。股东所获股利与企业经营效益紧密结合，股东与企业共担风险、共享收益。但股利会

随其净利润额的多少而波动,从而导致股利不稳定,进而使股价波动较大,造成公司经营不稳定的印象。

4. 低正常股利加额外股利政策

该政策下,公司一般情况下每年支付固定的、数额较低的股利,在盈利多的年份,再根据实际情况向股东支付额外股利。但额外股利并不固定,不意味着公司永久地提高了规定的股利率。这种股利支付政策是介于固定股利支付政策与变动股利政策之间的一种折中政策,具有较大的灵活性,可以使投资者接受正常的较低股利。

7.4.5 股利支付程序

企业通常在年度末,计算出当期盈利之后,才决定向股东发放股利。但是,在资本市场中,股票可以自由交换,公司的股东也经常变换。那么,哪些人应该领取股利呢?对此,公司必须事先确定与股利支付相关的时间界限。

1. 股利宣告日

股利一般是按每年度或每半年进行分配。一般来说,分配股利首先要由公司董事会向公众发布分红预案,在发布分红预案的同时或之后,公司董事会将公告召开公司股东大会的日期。股利宣告日是指董事会将股东大会决议通过的分红方案(或发放股利情况)予以公告的日期。在公告中将宣布每股股利、股权登记日、除息日和股利支付日等事项。

2. 股权登记日

股权登记日是指有权领取股利的股东资格登记截止日期。只有在股权登记日前在公司股东名册上有名的股东,才有权分享当期股利,在股权登记日以后列入名单的股东无权领取股利。

3. 除息日

除息日是指领取股利的权利与股票相互分离的日期。在除息日前,股利权从属于股票,持有股票者即享有领取股利的权利;从除息日开始,股利权与股票相分离,新购入股票的人不能享有股利。除息日的确定是由证券市场交割方式决定的。因为股票的买卖的交接、过户需要一定的时间。在美国,当股票交割方式采用例行日交割时,股票在成交后的第五个营业日才办理交割,也即在股票登记日的四个营业日以前购入股票的新股东,才有资格领取股利。在我国,由于采用次日交割方式,则除息日与登记日只差一个工作日。

4. 股利发放日

股利发放日即向股东发放股利的日期。

讨论案例4

因财务造假向公众股东回购股份的里程碑式事件

2012年6月20日,因IPO招股书造假被香港证监会勒令停牌已经超过两年的洪良国际(00946,HK)宣布,最终与香港证监会达成庭外和解协议,同意以回购股份的方式向股东赔偿10.3亿港元。这是香港市场第一起上市公司因财务造假向公众股东回购股份的里程碑式事件。

利润造假

洪良国际由中国台湾人萧登波于1993年在福建创立,此前主要生产运动及休闲服的布料,其客户包括迪卡侬、美津浓、李宁和安踏等多个服装品牌。洪良国际希望通过上市融资后"转型",大力拓展零售品牌业务。萧登波本人在台湾有"鞋材大王"之称,其控制的台湾南良集团,在纺织品产业也拥有完整的供应链体系。

资料显示,洪良国际近年来已经逐步将其业务重心转向品牌休闲服装。公司旗下的MXN品牌休闲服装在中国共拥有420家特许经营店,其业务覆盖至22个省份。根据招股说明书显示,洪良国际计划把上市融资所得中的35%用作扩展MXN品牌旗舰店、26%将用作拓展MXN的品牌业务、22.5%用作购买设备、超过10%将用作收购扩张、其余款项用作营运资金。

洪良国际于2009年12月24日于香港主板挂牌交易,以每股2.15港元的价格发行5亿股,筹资净额约10亿港元。上市首日公司股价就跌破发行价,此后虽有所反弹,但整体表现低迷。

2010年年初,毕马威会计师事务所在审计洪良国际2009年度财务报表时,发现其存在财务虚假问题,因此将此事报告监管机构,香港证监会随即对洪良国际展开调查,同时中国证监会应邀协助调查此案。2010年3月29日香港证监会诉至法院要求冻结洪良国际价值9.97亿港元资产,洪良国际于3月30日停牌。香港证监会的起诉材料显示,洪良国际上市前三年的业绩被严重虚增。洪良国际招股书中称2008年税前利润超过3亿港元,但根据公司的报税材料计算,其实际利润仅1 090万港元。为了粉饰业绩保证上市,洪良国际将原本很低的毛利润做高,从而导致利润上升。

2012年4月,南良集团主席萧登波在台湾对媒体表示,洪良国际"本质非常好",财务资料也公开透明。他认为,这次停牌事件纯属两地对会计资料不同解读所造成的误会。洪良国际承认,它容许在要项上属虚假及具误导性的资料载入其招股章程是罔顾实情,结果诱使投资者认购及买入洪良国际股份,并承认违反了《证券及期货条例》第298条:"凡任何资料在要项上属虚假或具误导性,并相当可能会诱使他人认购或购买证券,则任何人如知道该资料属虚假或具误导性,或罔顾该资料是否属虚假或具误导性,均不得分发该资料。"

6月20日,洪良国际最终与香港证监会达成庭外和解。根据协议,洪良国际将按被香港证监会勒令停牌时以每股报价2.06港元,回购公司股份,估计涉及7 700名小股东,最多涉及10.3亿港元。

司法突破

此次香港证监会直接向法院起诉洪良国际，是采用民事诉讼手段要求法院判处上市公司赔偿投资者损失，以求降低启动刑事诉讼程序的举证标准，并最终达成和解。

此案件在中国内地没有可复制性。首先，在内地的行政诉讼案中，只有个人或公司起诉行政机关，还没有开放行政机关起诉个人或公司的口子。并且，在中国香港适用的英美法系中，和解程序可以在多种情况下运用。而我国内地的行政诉讼案件中，不允许启动和解程序。因为行政诉讼没有调解余地，要么对要么错，只有在行政赔偿方面可以进行调解。

目前，内地中小股东追究上市公司财务造假问题而要求赔偿的通常路径是，中小股东首先去证监会举报，证监会稽查局按照程序进行调查。在调查结束后，如果该案件触及刑法构成犯罪的，证监会将案件移送公安机关，进入刑事诉讼程序，由公安机关进行正式立案侦查，然后移交给检察院，由检察院代表国家向法院起诉，由法院代表国家审判。

从理论上讲，中小股东可以利用"刑事诉讼附带民事诉讼"的方法，要求法院判处上市公司赔偿个人的经济损失。但在实际操作中，检察院方面在准备起诉前，并无特别途径与利益受到侵害的中小股东进行沟通，而普通股民对这些法律流程更是无从知晓。常见的中小股东状告上市公司财务造假要求赔偿，还是走民事诉讼程序。而法院在受理中小股东状告上市公司财务造假案的前提条件是，需要证监会对这类案件出具对上市公司的定性结论，证明上市公司确实存在财务造假问题。中小股东需要带着证监会出具的结论去法院起诉。在举证方面，中国的民事诉讼以"谁主张，谁举证"为原则，小股东要想取得上市公司的内幕信息和一手资料非常困难。举证难、周期长、赔偿金额少等多方面实际原因，使得中小股东在漫长的诉讼前望而却步，只能吃哑巴亏。

在美国和中国香港，中小股东一般都通过集体诉讼来状告涉嫌财务造假的上市公司，并追究经济赔偿。小股东力量有限，需要集体诉讼制度，才能降低小股东诉讼中各种各样的障碍，降低诉讼成本。目前中国逐渐开始出现集体诉讼案例，代理律师会通过自己的网站或新闻媒体发出"召集令"，如果能够得到证监会出具的造假定性结论，法院会受理。但总的来说，中国小股东集体诉讼制度和形式都需要完善，同时还需要重视保护私人权利。

在美国，上市公司如有欺诈行为，绝大多数会面临集体诉讼，上市公司以及公司所有的高管，公司的实际控制人，上市时的律师、会计师、审计师、投资银行一起成为被告。一旦证明是欺诈行为，对小股东的赔偿不仅包含实际损失，还包含预期利益损失及间接性损失，造假方还面临惩罚性罚款。而我国在具体审理和赔偿方面，是由法院成立的审判委员会集体讨论，甚至需要政法委出面协调各方利益，包括地方利益、其他股民的赔偿问题等，所以中小股东很难获得较高的赔偿金额。同时对预期利益存在争议的，法院只赔偿直接损失。

资料来源：洪良国际造假被重罚　回购股份赔偿股东[N/OL].腾讯财经,2013-07-02:http://finance.qq.com/a/20120702/003516.htm.有删改。

请阅读上面的案例资料,并结合你学习过的利润形成过程和法律知识,考虑:当公司造假使股东受到损失时,谁来保障股东的权益?如何保障股东权益?

本章小结

- 收入是指企业在日常活动中形成的、会导致所有者权益增加的、与所有者投入资本无关的经济利益的总流入。一般来说,收入包括销售商品收入、提供劳务收入、让渡资产使用权收入和建造合同收入等。
- 销售商品收入,按销售方式的不同,借记不同科目,如现款交易,借记"银行存款"科目;如信用交易,借记"应收票据"或"应收账款"科目;如预收货款,借记"预收账款"科目,贷记"主营业务收入""应交税费——应交增值税(销项税额)"科目;涉及现金折扣的,还要贷记"财务费用"科目。
- 费用是与收入相对应的概念,具体指企业在日常活动中发生的、会导致所有者权益减少的、与向所有者分配利润无关的经济利益的总流出。只有那些能够按照规定计入一定成本核算对象的部分,才称为成本。
- 生产成本包括直接材料、直接人工和制造费用。前两者属于直接成本,制造费用属于间接费用,核算企业生产车间、部门为生产产品和提供劳务而发生的各项间接费用,期末要按照一定的标准将制造费用分摊到生产成本中去,分配后该账户期末无余额。
- 期间费用是指企业本期日常活动所发生的、不能归属于特定核算对象的成本的、直接计入当期损益的费用,包括管理费用、销售费用和财务费用。发生期间费用时,分别借记"销售费用""财务费用""管理费用"账户,贷记相应账户;期末,应将期间费用账户的余额转入"本年利润"账户的借方,结转后期间费用账户无余额。
- 利润构成中营业利润、利润总额与净利润三个概念很重要,它们存在着层层递进的关系。

    营业利润＝营业收入－营业成本－营业税金及附加－销售费用－管理费用
    　　　　－财务费用－资产减值损失＋公允价值变动收益＋投资收益
    利润总额＝营业利润＋营业外收入－营业外支出
    净利润＝利润总额－所得税费用

- 结转本年利润的会计处理包括将各收益类科目的余额转入"本年利润"科目的贷方,将各成本费用或支出类科目的余额转入"本年利润"科目的借方,"本年利润"科目如为贷方余额,表示当年实现的净利润;如为借方余额,表示当年的净亏损。年度终了,应将"本年利润"科目的余额转入"利润分配——未分配利润"科目。
- 能够根据企业的不同财务状况,进行利润分配决策。利润分配的顺序为首先提取法定盈余公积;其次提取任意盈余公积;最后支付现金股利或股票股利。
- 股利分配决策涉及企业的内部融资问题,具体的种类有剩余股利政策、固定股利额政策、固定股利支付率政策、低正常股利加额外股利政策。

中英文关键词语

收入 revenue
主营业务收入 main operating revenue
主营业务成本 main operating cost
主营业务税金及附加 main operating taxes and plus.
直接材料 direct material
直接人工 direct labor
制造费用 manufacturing overhead
期间费用 periodic expenses
营业费用 operating expenses
管理费用 general and administrative expenses
财务费用 financial expenses
利润表 income statement
营业利润 income from operation
利润总额 income before taxes
净利润 net income

思考练习题

一、单项选择题

1. 下列各项应全额计入产品成本的是( )。
   A. 企业按工资总额的一定比例计提的工会经费
   B. 生产车间所使用的机器设备的折旧费
   C. 生产车间所使用的机器设备的日常修理费
   D. 生产车间所使用无形资产的摊销费
2. 企业销售商品应缴纳的各项税金中,通过"营业税金及附加"账户核算的有( )。
   A. 所得税费用   B. 增值税   C. 消费税   D. 印花税
3. 年度终了利润结转后,"利润分配"科目的借方余额表示( )。
   A. 利润分配总额   B. 未分配利润
   C. 未弥补亏损   D. 已弥补亏损额
4. ( )是指企业售出的商品由于质量、品种不符合要求等原因而发生的退货。
   A. 现金折扣   B. 商业折扣   C. 销售折让   D. 销售退回
5. 企业给予买方的现金折扣应计入( )。
   A. 销售费用   B. 管理费用   C. 财务费用   D. 营业外支出
6. 营业外支出是指( )的各项支出。
   A. 为取得其他业务收入而发生   B. 与企业生产经营无直接关系
   C. 与产品制造无直接关系   D. 为实现营业外收入而发生
7. 甲企业本期主营业务收入为800万元,主营业务成本为300万元,其他业务收入为200万元,其他业务成本为100万元,销售费用为15万元,资产减值损失为45万元,公允价值变动收益为60万元,投资收益为20万元,假定不考虑其他因素,该企业本期营业利润为( )万元。
   A. 365   B. 380   C. 600   D. 620
8. 某企业本年实现税前利润400万元,所得税税率为25%,提取两项盈余公积

20%,以前年度未分配利润 80 万元,如果公司拟以当年净利润的 5‰发放现金股利,则当年未分配利润的余额应为( )万元。

  A. 295   B. 245   C. 273   D. 260

  9. 甲企业于 2008 年 9 月接受一项机器设备安装任务,安装期 6 个月,合同总收入 50 万元,年度预收款项 20 万元,余款在安装完成时收回,当年实际发生成本 25 万元,预计还将发生成本 15 万元。该项劳务 2006 年度应确认的劳务收入为( )万元。

  A. 25   B. 20   C. 50   D. 31.25

  10. 某企业每月月末将各损益类科目的余额转入"本年利润"科目,该企业 12 月 31 日各损益类科目转账后,"本年利润"科目贷方余额为 55 000 元,该余额反映( )。

  A. 本年度 12 月份实现的净利润   B. 本年度全年实现的净利润
  C. 本年度 12 月份实现的利润总额   D. 本年度全年实现的利润总额

二、简述题

  1. 收入确认的原则是什么?如何进行收入的确认与计量?
  2. 费用与成本有何区别与联系?
  3. 期间费用包括哪些内容?如何进行账务处理?
  4. 利润总额、净利润、营业利润之间存在着什么关系?利润表明确列示这三个层次的利润构成,其目的是什么?对公司管理有什么意义?
  5. 利润分配的核算过程可分为几个步骤?

三、业务处理及计算题

  1. 南湖会计师事务所在审查刘备公司账目时发现该公司存在以下的会计处理,请评述刘备公司的账务处理是否妥当,并说明下述业务如处理不当可能对利润造成怎样的影响。

  (1) 年底的存货不予盘点,作为"生产成本"处理,以示稳健;
  (2) 将电视广告费列为商誉,分 5 年摊销;
  (3) 购入台灯一个,成本为 30 元,估计使用寿命为 5 年,无残值,已借记"办公设备"账户,并分 5 年计提折旧;
  (4) 该公司发行的公司债设有偿债基金,所以在资产负债表中,将该基金在"应付公司债"下减除,以显示其实欠的债务;
  (5) 预付购货款时,为简化账务工作,一律借记"短期借款"账户;
  (6) 该公司已开发完成某项新产品,预计明年可上市,于是在本年开始登广告,所付广告费借记"预付费用"账户;
  (7) 该公司于多年前购入一幢房产,因其市价增长了 200 000 元,于是将增值额借记"固定资产——房屋"账户,贷记"营业外收入"账户。

  2. 大山公司 2012 年 12 月 31 日有关损益表资料见表 7-8。
  假设公司适用的所得税税率为 25%,不考虑税收调整因素。要求:
  (1) 编制大山公司利润表,计算营业利润、利润总额及净利润,并计算每股盈余。
  (2) 根据各会计科目余额进行当年利润结转和利润分配(如果净利润大于零,则按 10%提取法定盈余公积金,按 5%提取任意盈余公积金,按当年未分配利润的 15%派发

表 7-8 大山公司 2012 年 12 月 31 日有关损益表资料   单位：元

项　　目	金　额	项　　目	金　额
主营业务收入	120 000	利息费用	4 000
劳务收入	34 000	投资收益	1 500
主营业务成本	87 000	公允价值变动损失	300
主营业务税金及附加	3 000	营业外收入	7 000
销售费用	11 000	营业外支出	13 000
管理费用	15 000	利润分配——未分配利润	29 800

流通在外普通股(面值 1 元)有 20 000 股。

现金股利)。则年末全部结转后,未分配利润为多少？每股现金股利为多少？

四、案例分析

1. 夏新电子股份有限公司 2012 年发生广告费 41 767 471 元,2013 年 1 月到 6 月发生广告费 61 474 834.40 元。2012 年和 2013 年公司对大额广告费均列入"长期待摊费用"科目,采用分 3 年摊销的会计处理方法,其中 2012 年度广告费摊销额为 3 480 622.58 元,2012 年度每股收益为 0.366 元;2013 年度广告费摊销额为 28 760 459 元,2013 年度每股收益高达 1.02 元。

2013 年 8 月 27 日夏新电子股份有限公司董事会公告中明确指出:2013 年中报对广告费采取分期摊销的做法,可能使本公司在未来经营期内承担一定的压力,给未来的生产经营提出了更高的要求。

背景:夏新电子是我国在 VCD、手机制造领域的著名企业。1996 年,由厦门市电子工业局和香港新利有限公司共同组建夏新电子有限公司。2011 年 3 月,夏新电子有限公司在对其主要经营性资产进行改组的基础上,与中国电子租赁有限公司、厦门电子仪器厂、厦门电子器材公司、成都广播电视设备公司、中国电子国际经济贸易公司五家企业共同发起,筹建股份有限公司。2012 年 2 月,设立厦门夏新电子股份有限公司。2012 年 5 月 13 日,经中国证券监督管理委员会批准,向社会公开发行 4 000 万股新股,并于 2012 年 6 月 4 日在上海证券交易所挂牌交易。

公司经营范围:声像电子产品及其他机械电子产品开发、制造;房地产开发与经营;旅馆;餐饮;批发零售建筑材料、百货、五金交电、包装材料、电子元器件、运输等。

2012 年夏新电子在上海证券交易所挂牌上市,2013 年每股净利润高达 1.02 元。

试分析：

(1) 大额广告费支出列入"长期待摊费用"核算,是否符合现行会计制度？

(2) 夏新电子 2012 年、2013 年的高收益是否与费用资本化、递延处理有关？这样的处理对公司以后年度收益是否会产生影响？

2. 宁东特殊钢铁股份有限公司(简称宁东特钢)是经营特殊钢冶炼及压延加工、机械设备制造和来料加工的 A 股上市公司。2013 年 2 月 18 日,该公司公布 2012 年年报,其中的股利分配方案(每 10 股派现 5.2 元)作为重大利好迅速推动宁东特钢股价上涨。但是这一超常派现额度大大超过了该公司当年的每股收益,因此也引起了较多的猜测和质疑。

1. 公司近3年的主要财务指标见表7-9。

表7-9 公司近3年的主要财务指标

项　　目	单位	2012年	2011年	2010年
加权平均每股收益	元	0.195 3	0.153 4	0.143 5
扣除非经常性损益的每股收益	元	0.188 1	0.136 8	0.103 5
加权平均净资产收益率	%	7.80	6.59	6.88
扣除非经常性损益的加权平均净资产收益率	%	7.52	5.88	5.13

2. 报告期内公司财务状况及经营成果见表7-10。

表7-10 报告期内公司财务状况及经营成果　　　　　　　　　单位:元

名　称	2012年度	2011年度	名称	2012年度	2011年度
总资产	2 952 283 129.79	2 724 555 950.97	股东权益	1 210 822 317.53	1 399 886 334.77
长期负债	30 000 000.00	200 000 000.00	净利润	113 690 382.76	89 332 106.54

说明:(1) 本期末总资产较上期末增长8.36%,主要原因:一是本期负债增加;二是本期实现的净利润增加。

(2) 本期末长期负债较上期末减少85%,主要原因为本期归还到期债券以及部分长期借款将于一年内到期。

(3) 本期末股东权益较上期末减少13.51%,主要原因为本期拟向股东分配现金红利所致。

3. 利润分配事项及说明。

(1) 公司本年度利润分配预案。

经审计,公司2012年度共实现净利润11 369.04万元,按10%提取法定公积1 136.90万元,按5%提取法定公益金568.45万元,未分配利润为9 663.68万元。加上以前年度未分配利润21 184.81万元,总计可供分配的利润为30 848.49万元。公司董事会决定以2012年12月31日公司股本总数58 222万股为基数,向全体股东每10股派送现金红利5.2元(含税),共分配302 754 400.00元,剩余5 730 485.31元结转2013年度。

(2) 利润分配政策差异的说明。

公司在2011年年度报告中预计本年度不进行利润分配,但同时董事会保留调整利润分配政策的权利,主要是考虑公司2012年度在连续式轧机工程上有资金投入的要求,资金来源不能完全确定。本年度进行利润分配,主要是因为市场供需及价格发生较大变化,公司的经营业绩取得了较大幅度增长,并且公司连续式轧机工程的前期资金投入问题得到了解决。同时,进行利润分配,既是对广大股东的回报,也有利于增强广大股东对本公司的信心。

宁东特钢2012年年度现金流量表(见表7-11)。

表7-11 宁东特钢2012年年度现金流量表(摘要)　　　　　　单位:元

一、经营活动产生的现金流量:	
经营活动产生的现金流量净额	121 623 834.10
二、投资活动产生的现金流量:	
投资活动产生的现金流量净额	(219 312 204.28)

续表

三、筹资活动产生的现金流量:	
借款所收到的现金	551 850 000.00
偿还债务所支付的现金	374 850 000.00
分配股利、利润或偿付利息所支付的现金	43 515 708.85
筹资活动产生的现金流量净额	133 484 291.15
四、汇率变动对现金的影响额	—
五、现金及现金等价物净增加额	35 795 920.97

5. 宁东特钢 2013 年年度现金流量表见表 7-12。

表 7-12　宁东特钢 2013 年年度现金流量表（摘要）　　　　单位：元

一、经营活动产生的现金流量:	
经营活动产生的现金流量净额	164 902 419.88
二、投资活动产生的现金流量:	
投资活动产生的现金流量净额	(307 348 988.60)
三、筹资活动产生的现金流量:	
发行债券所收到的现金	490 000 000.00
借款所收到的现金	871 800 000.00
偿还股利、利润或偿付利息所支付的现金	751 850 000.00
分配股利、利润或偿付利息所支付的现金	346 971 318.27
支付的其他与筹资活动有关的现金	20 187 017.97
筹资活动产生的现金流量净额	242 791 663.76
四、汇率变动对现金的影响额	—
五、现金及现金等价物净增加额	100 345 095.04

6. 2013 年宁东特钢发行可转换公司债券公告。

经中国证监会批准,本公司于 2013 年 8 月 11 日发行了 4.9 亿元可转换公司债券,并于 2013 年 8 月 26 日在上海证券交易所上市。证券简称:钢西转债,钢西转债每张面值 100 元,共 490 万张,期限为 5 年,即 2013 年 8 月 11 日至 2018 年 8 月 10 日,其中 2014 年 2 月 11 日至 2018 年 8 月 10 日为转股期。

中国证监会于 2001 年年初发布了《上市公司新股发行管理办法》,其中的规定使得现金分红成为上市公司获得再融资资格的一个前提条件。证监会《关于做好上市公司可转换公司债券发行工作的通知》中明确规定,"公司最近三个会计年度加权平均净资产利润率平均在 10% 以上;属于能源、原材料、基础设施类的公司可以略低,但是不得低于 7%"。另外"公司扣除非经常性损益后,最近三个会计年度的净资产利润率平均值原则上不得低于 6%"。

试回答：

（1）宁东特钢的现金流是否能够支撑 2012 年年度股利分配方案？请从遵守法律规范、兼顾股东利益与企业未来发展等方面评价该分配方案。

（2）该分配预案会影响宁东特钢哪些主要财务指标？请结合宁东特钢 2013 年的经营情况，分析管理层提出该方案的深层次动机。并进一步分析我国上市公司股利分配存在的问题。

本章参考文献

[1] 刘顺仁. 财报就像一本故事书. 太原：山西人民出版社，2008：75～76.

[2] 中华人民共和国财政部. 企业会计准则第 14 号——收入（2006）.（2008-06-18）[2013-10-27] http://kjs.mof.gov.cn/zhuantilanmu/kuaijizhuanzeshishi/200805/t20080618_46234.html.

[3] 中华人民共和国财政部. 企业会计准则——应用指南（2006）. 北京：中国财经出版社，2006.

[4] 马红漫. 房地产企业为何大胆欠税 质疑收入确认.（2009-05-07）[2013-10-29] http://shuiwu.fabao365.com/info/16762/.

[5] 信和会计师事务所. http://www.bokee.net/company/weblog_viewEntry/54523.html.

[6] 汤谷良，王露宁. 华天酒店：财务创新还是利润操纵?. 财务与会计，2008(6).

[7] 汤谷良. 资金运营战略——基于国美、苏宁的流动性分析. 投资与证券，2008(10).

[8] 戴尔计算机（中国）有限公司主页. http://www.myprice.com.cn/manu/front/home_21_0.html.

[9] 苏州市网上教师学校. http://www.pboedu.com/news-1272.aspx.

[10] 腾讯财经. http://finance.qq.com/a/20120702/003516.htm；http://finance.qq.com/a/20100914/006285.htm.

[11] 中粮生物化学（安徽）股份有限公司. 中粮生物化学（安徽）股份有限公司 2012 年度报告全文.（2013-06-22）[2013-10-31] http://www.cninfo.com.cn/finclpage/2013-06-22/62602877.PDF.

[12] 牛克洪. 企业资金循环的规律及其管理[J]. 经济管理，1996 年(9).

[13] 中国注册会计师协会. 2013 年度注册会计师全国统一考试辅导教材：会计. 北京：中国财政经济出版社，2013.

[14] 中国新闻网：证券频道. http://finance.chinanews.com/stock/2013/05-13/4809573.shtml.

[15] 姚宏，魏海玥. 国美 PK 苏宁：类金融模式的风险与创新. 中国管理案例共享中心案例库，2011.

[16] 姚宏，魏海玥. 类金融模式研究——以国美和苏宁为例. 中国工业经济，2012(9).

第 8 章 公司财务报告体系

学习目标

通过本章的学习,你应该能够:
1. 了解财务会计报告的目标和完整体系;
2. 熟悉资产负债表、利润表、现金流量表和所有者权益变动表的基本结构和内容;
3. 掌握资产负债表、利润表的编制方法;
4. 了解现金流量表和所有者权益变动表的编制方法;
5. 了解财务报表之间的勾稽关系;
6. 了解财务报告附注的意义和内容。

引导案例

近年来无论是国内还是国外,影响较大的舞弊案绝大多数都与财务报表的造假有关。美国法尔莫公司就是典型的例子。该公司先后收购了299家药店,从而组建了全美连锁的法尔莫公司。不幸的是,这一切辉煌都是建立在财务报表造假——未审计出来的存货高估和虚假利润的基础上的。该公司把实际上并不盈利且未经审计的药店报表拿来,用自己的笔为其加上并不存在的存货和利润,然后凭一套夸大了的报表,在一年之内骗得了足够的投资用于收购其他药店。这种骗局持续了十年之久。这项审计失败使负责该公司的会计师事务所在民事诉讼中损失了3亿美元,该公司财务总监被判33个月的监禁,公司总裁莫纳斯本人则被判入狱5年。

资料来源:王永九.从法尔莫公司舞弊案谈审计风险及其控制[J].北方经贸,2004(8):54~52.

作为企业会计人员,学会财务报表的编制与阅读是非常重要的;而作为企业管理人员,学会财务报告的阅读更是至关重要。

8.1 财务报告体系概述

8.1.1 财务会计报告的目标

财务会计报告是指企业对外提供的反映企业某一特定日期的财务状况和某一会计期间的经营成果、现金流量等会计信息的文件。

财务会计的基本目标是向企业外部有关方面提供有用的会计信息,以有助于它们作出各种相关的经济决策。而财务会计信息的主要载体是财务报告,它既是企业生产经营活动过程及结果的综合反映,也是社会公众了解企业有关情况的窗口。投资人等信息使用者主要通过财务报告获得企业当前财务状况、经营成果和现金流量等信息,从而预测企业未来的发展趋势。可见,财务报告是向投资人等使用者提供决策有用信息的媒介和渠道,是投资人、债权人等使用者与企业管理层之间进行信息沟通的桥梁和纽带。

8.1.2 完整的财务会计报告体系

完整的财务会计报告体系应包括财务报表和其他应当在财务报告中披露的相关信息和资料。

1. 财务报表

财务报表是对企业财务状况、经营成果和现金流量的结构性表述。财务报表至少应当包括下列组成部分:①资产负债表;②利润表;③现金流量表;④所有者权益(或股东权益,下同)变动表;⑤附注。其中,资产负债表、利润表、现金流量表和所有者权益变动表称为通用财务报表。其"通用"包含两层含义:一是各行业的企业均可使用;而是各类报表使用者均需要。不同报表使用者有不同的信息需要,而通用财务报表则可以提供他们共同需要的信息。

附注是财务报表的有机组成部分,是对在资产负债表、利润表、现金流量表和所有者权益变动表等报表中列示项目的文字描述或明细资料,以及对未能在这些报表中列示项目的说明等。其目的是帮助更加全面、系统地反映企业的财务状况、经营成果和现金流量的全貌,以有助于使用者作出更加科学、合理的决策。

财务报表可以按照不同的标准进行分类。①按财务报表编报期间的不同,财务报表可以分为中期财务报表和年度财务报表。中期财务报表是以短于一个完整会计年度的报告期间为基础编制的财务报表,包括月报、季报和半年报等。②按财务报表编报主体的不同,财务报表可以分为个别财务报表和合并财务报表。个别财务报表是由企业在自身会计核算基础上对账簿记录进行加工而编制的财务报表,它主要用以反映企业自身的财务状况、经营成果和现金流量情况。合并财务报表是以母公司和子公司组成的企业集团为会计主体,根据母公司和所属子公司的财务报表,由母公司编制的综合反映企业集团财务状况、经营成果及现金流量的财务报表。

2. 其他相关信息

完整的财务报告还应当包括除财务报表之外的其他相关信息,具体可以根据有关法律、法规的规定和外部使用者的信息需求而定。比如企业可以在财务报告中披露其承担的社会责任、对社区的贡献、可持续发展能力等信息,这些信息对于使用者的决策也是有益的,尽管属于非财务信息,无法包括在财务报表中,但是如果有规定或者使用者有需求的,企业便应当在财务报告中予以披露,有时企业也可以自愿选择是否在财务报告中披露这些相关信息。

8.2 资产负债表

资产负债表是指反映企业在某一特定日期财务状况的会计报表。它反映了企业在某一特定日期所拥有或控制的经济资源、所承担的现时义务和所有者对净资产的要求权。

资产负债表,可以提供某一日期资产的总额及其结构,表明企业拥有或控制的资源及其分布情况,使用者可以一目了然地从资产负债表上了解企业在某一特定日期所拥有的资产总量及其结构;可以提供某一日期的负债总额及其结构,表明企业未来需要用多少资产或劳务清偿债务以及清偿的时间;可以反映所有者所拥有的权益,进而据以判断资本保值、增值的情况以及对负债的保障程度。此外,资产负债表还可以提供进行财务分析的基本资料,如将流动资产与流动负债进行比较,计算出流动比率;将速动资产与流动负债进行比较,计算出速动比率等,可以表明企业的变现能力、偿债能力和资金周转能力,从而有助于报表使用者作出经济决策。

8.2.1 资产负债表的结构和内容

资产负债表的结构由表头和基本内容组成。其中表头包括报表名称、编制单位、货币种类和金额单位等内容。基本内容是资产负债表的核心,它以"报告式"(见表 8-1)或"账户式"(见表 8-3)分项列示企业的资产、负债和所有者权益。

在我国,资产负债表采用账户式结构,报表分为左右两方,左方列示资产各项目,反映资产的分布及存在形态;右方列示负债和所有者权益各项目,反映全部负债和所有者权益的内容及构成情况。资产负债表左右双方平衡,资产总计等于负债和所有者权益总计,即"资产=负债+所有者权益"。

表 8-1 报告式资产负债表

项　　目	金　　额
资产:	×××
流动资产	×××
非流动资产	×××
资产合计	×××
负债:	×××
流动负债	×××
非流动负债	×××
负债合计	×××
资产—负债	×××
所有者权益:	×××
股本	×××
未分配利润	×××
所有者权益合计	×××

8.2.2 资产负债表的编制方法

1. 资产负债表"期末余额"栏的填列方法

资产负债表"期末余额"栏一般应根据资产、负债和所有者权益科目的期末余额填列。

1) 根据总账科目余额填列

"交易性金融资产""工程物资""固定资产清理""递延所得税资产""短期借款""交易性金融负债""应付票据""应付职工薪酬""应交税费""应付利息""应付股利""其他应付款""专项应付款""预计负债""递延所得税负债""实收资本（或股本）""资本公积""库存股""盈余公积"等项目，应根据有关总账科目的余额进行填列。

有些项目则需要根据几个总账科目的期末余额计算填列："货币资金"项目，需根据"库存现金""银行存款""其他货币资金"三个总账科目的期末余额的合计数填列；"其他非流动资产""其他流动负债"项目，应根据有关科目的期末余额分析填列。

2) 根据明细账科目余额计算填列

"开发支出"项目，应根据"研发支出"科目中所属的"资本化支出"明细科目期末余额填列；"应付账款"项目，需要根据"应付账款"和"预付款项"两个科目所属的相关明细科目的期末贷方余额合计数填列；"预收账款"项目，应根据"预收账款"和"应收账款"科目所属各明细科目的期末贷方余额合计数填列；"一年内到期的非流动资产""一年内到期的非流动负债"项目，应根据有关非流动资产或负债项目的明细科目余额分析填列；"长期借款""应付债券"项目，应分别根据"长期借款""应付债券"科目的明细科目余额分析填列；"未分配利润"项目，应根据"利润分配"科目中所属的"未分配利润"明细科目期末余额填列。

3) 根据总账科目和明细账科目余额分析计算填列

"长期借款"项目，应根据"长期借款"总账科目余额扣除"长期借款"科目所属的明细科目中将在资产负债表日起一年内到期，且企业不能自主地将清偿义务展期的长期借款后的金额计算填列。"长期待摊费用"项目，应根据"长期待摊费用"科目的期末余额减去将于一年内(含一年)摊销的数额后的金额填列。"其他非流动负债"项目，应根据有关科目的期末余额减去将于一年内(含一年)到期偿还数后的金额填列。

4) 根据有关科目余额减去其备抵科目余额后的净额填列

"可供出售金融资产""持有至到期投资""长期股权投资""在建工程""商誉"项目，应根据相关科目的期末余额填列，已计提减值准备的，还应扣减相应的减值准备；"固定资产""无形资产""投资性房地产""生产性生物资产""油气资产"项目，应根据相关科目的期末余额扣减相关的累计折旧(或摊销、折耗)填列，已计提减值准备的，还应扣除相应的减值准备，采用公允价值计量的上述资产，应根据相关科目的期末余额填列；"长期应收款"项目，应根据"长期应收款"科目的期末余额，减去相应的"未实现融资收益"科目和"坏账准备"科目所属相关明细科目期末余额后的金额填列；"长期应付款"项目，应根据"长期应付款"科目的期末余额，减去相应的"未确认融资费用"科目期末余额后的金额填列。

5) 综合运用上述填列方法分析填列

"应收票据""应收利息""应收股利""其他应收款"项目，应根据相关科目的期末余额,减去"坏账准备"科目中有关坏账准备期末余额后的金额填列;"应收账款"项目,应根据"应收账款"和"预收账款"科目所属各明细科目的期末借方余额合计数,减去"坏账准备"科目中有关应收账款计提的坏账准备期末余额后的金额填列;"预付账款"项目,应根据"预付账款"和"应收账款"科目所属各明细科目的期末借方余额合计数,减去"坏账和准备"科目中有关预付款项计提的坏账准备期末余额后的金额填列;"存货"项目,应根据"材料采购""原材料""发出商品""库存商品""周转材料""委托加工物资""生产成本""受托代销商品"等科目的期末余额合计数,减去"受托代销商品款""存货跌价准备"科目期末余额后的金额填列,材料采用计划成本核算,以及库存商品采用计划成本核算或售价核算的企业,还应按加或减材料成本差异、商品进销差价后的金额填列。

2. 资产负债表"期初余额"栏的填列方法

"年初余额"栏通常根据上年末有关项目的期末余额填列,且与上年末资产负债表"期末余额"栏一致。企业在首次执行新准则时,应当按照《企业会计准则第38号——首次执行企业会计准则》对首次执行新准则当年的"年初余额"栏及相关项目进行调整;以后期间,如果企业发生了会计政策变更、前期差错更正,则应当对"年初余额"栏中的有关项目进行相应调整。此外,如果企业上年度资产负债表规定的项目的名称和内容同本年度不一致,应对上年年末资产负债表相关项目的名称和数字按照本年度的规定进行调整,填入"年初余额"栏。

【**例 8-1**】 长江公司2012年12月31日全部总账和有关明细账余额见表8-2。根据上述资料,编制2012年12月31日的资产负债表,见表8-3。

表 8-2 长江公司总账和有关明细账余额
2012 年 12 月 31 日　　　　　　　　　　　　　　　　　　　　　　单位:元

科目名称	借方余额	贷方余额	科目名称	借方余额	贷方余额
库存现金	2 000		工程物资	300 000	
银行存款	805 831		在建工程	428 000	
其他货币资金	7 300		无形资产	600 000	
交易性金融资产	0		累计摊销	−60 000	
应收票据	66 000		递延所得税资产	7 500	
应收账款	600 000		其他长期资产	200 000	
坏账准备	−1 800		短期借款		50 000
预付账款	100 000		应付票据		100 000
其他应收款	5 000		应付账款		953 800
材料采购	275 000		其他应付款		50 000
原材料	45 000		应付职工薪酬		180 000

续表

科目名称	借方余额	贷方余额	科目名称	借方余额	贷方余额
周转材料	38 050		应交税费		226 731
库存商品	2 122 400		应付利息		0
材料成本差异	4 250		应付股利		32 215.85
其他流动资产	100 000		一年内到期的长期负债		0
长期股权投资	250 000		长期借款		1 160 000
固定资产	2 401 000		股本		5 000 000
累计折旧	−170 000		盈余公积		124 770.4
固定资产减值准备	−30 000		利润分配(未分配利润)		218 013.75

表 8-3 资产负债表

编制单位：长江公司　　　　　2012 年 12 月 31 日　　　　　单位：元

资产	期末余额	期初余额(略)	资产	期末余额	期初余额(略)
流动资产：			投资性房地产	0	
货币资金	815 131		固定资产	2 201 000	
交易性金融资产	0		在建工程	428 000	
应收票据	66 000		工程物资	300 000	
应收账款	598 200		固定资产清理	0	
预付款项	100 000		生产性生物资产	0	
应收利息	0		油气资产	0	
应收股利	0		无形资产	540 000	
其他应收款	5 000		开发支出	0	
存货	2 484 700		商誉	0	
一年内到期的非流动资产	0		长期待摊费用	0	
其他流动资产	100 000		递延所得税资产	7 500	
流动资产合计	4 169 031		其他非流动资产	200 000	
非流动资产：			非流动资产合计	3 926 500	
可供出售金融资产	0		资产总计	8 095 531	
持有至到期投资	0		流动负债：		
长期应收款	0		短期借款	50 000	
长期股权投资	250 000		交易性金融负债	0	

续表

资　产	期末余额	期初余额（略）	资　产	期末余额	期初余额（略）
应付票据	100 000		专项应付款	0	
应付账款	953 800		预计负债	0	
预收款项	0		递延所得税负债	0	
应付职工薪酬	180 000		其他非流动负债	0	
应交税费	226 731		非流动负债合计	1 160 000	
应付利息	0		负债合计	2 752 746.85	
应付股利	32 215.85		所有者权益		
其他应付款	50 000		实收资本（或股本）	5 000 000	
一年内到期的非流动负债	0		资本公积	0	
其他流动负债	0		减：库存股	0	
流动负债合计	1 592 746.85		盈余公积	124 770.4	
非流动负债：			未分配利润	218 013.75	
长期借款	1 160 000		所有者权益合计	5 342 784.15	
应付债券	0		负债和所有者权益（或股东权益）总计	8 095 531	
长期应付款	0				

8.3 利润表

利润表是反映企业在一定会计期间的经营成果的会计报表。利润表的列报必须充分反映企业经营业绩的主要来源和构成，有助于使用者判断净利润的质量及其风险，有助于使用者预测净利润的持续性，从而有助于其作出正确的决策。利润表，可以反映企业一定会计期间的收入实现情况、成本费用耗费情况及净利润的实现情况，反映企业生产经营活动的成果。同时，将净利润与资产总额进行比较，还可以计算出资产收益率等，可以表现企业资金周转情况以及企业的盈利能力和水平，便于报表使用者判断企业未来的发展趋势，作出经济决策。

8.3.1 利润表的结构和内容

常见的利润表结构主要有单步式和多步式两种。单步式利润表（其一般格式见表8-4）是指以收入总额减去一切费用总额而计算出的净利润。多步式利润表（其一般格式见表8-6）是指按照净利润形成的主要环节，将营业利润、利润总额和净利润等分步进行计算，从而得出最终成果。在我国，企业利润表采用的基本上是多步式结构。

表 8-4 利润表(单步式)

编制单位： 2012 年 12 月 31 日 单位：元

项 目	本 月 数	本年累计数
一、收入		
营业收入	×××	
公允价值变动损益	×××	
投资收益	×××	
营业外收入	×××	
收入小计	×××	×××
二、费用		
营业成本	×××	
营业税金及附加	×××	
销售费用	×××	
管理费用	×××	
财务费用	×××	
资产减值损失	×××	
营业外支出	×××	
所得税费用	×××	
费用合计	×××	×××
三、净利润		×××

利润表主要反映以下几方面的内容：①营业收入，由主营业务收入和其他业务收入组成；②营业利润，营业收入减去营业成本(主营业务成本、其他业务成本)、营业税金及附加、销售费用、管理费用、财务费用、资产减值损失，加上公允价值变动收益、投资收益，即为营业利润；③利润总额，营业利润加上营业外收入，减去营业外支出，即为利润总额；④净利润，利润总额减去所得税费用，即为净利润；⑤每股收益，普通股或潜在普通股已公开交易的企业，以及正处于公开发行普通股或潜在普通股过程中的企业，还应当在利润表中列示每股收益信息，包括基本每股收益和稀释每股收益两项指标。

8.3.2 利润表的编制方法

利润表中"本期金额"栏内各个项目的填列方法如下。

①"营业收入"项目，反映企业经营业务所取得的收入总额。本项目应根据"主营业务收入"账户和"其他业务收入"账户的发生额合计填列。

②"营业成本"项目，反映企业经营业务发生的实际成本。本项目应根据"主营业务成本"账户和"其他业务成本"账户的发生额合计填列。

③"营业税金及附加"项目，反映企业经营业务应负担的营业税、消费税、城市维护建设税、资源税、土地增值税和教育费附加等。本项目应根据"营业税金及附加"账户的发生额分析填列。

④"销售费用"项目，反映企业在销售商品和商品流通企业在购入商品等过程中发生的费用。本项目应根据"销售费用"账户的发生额分析填列。

⑤"管理费用"项目,反映企业发生的管理费用。本项目应根据"管理费用"账户的发生额分析填列。

⑥"财务费用"项目,反映企业发生的财务费用。本项目应根据"财务费用"账户的发生额分析填列。

⑦"资产减值损失"项目,反映企业因资产减值而发生的损失。本项目应根据"资产减值损失"账户的发生额分析填列。

⑧"公允价值变动收益"项目,反映企业资产因公允减值变动而发生的损益。本项目应根据"公允价值变动损益"账户的发生额分析填列。

⑨"投资收益"项目,反映企业以各种方式对外投资所取得的收益。本项目应根据"投资收益"账户的发生额分析填列;如为投资损失,则以"-"号填列。

⑩"营业外收入"项目,反映企业发生的与其经营活动无直接关系的各项收入。本项目应根据"营业外收入"账户的发生额分析填列。

⑪"营业外支出"项目,反映企业发生的与其经营活动无直接关系的各项支出。本项目应根据"营业外支出"账户的发生额分析填列。

⑫"所得税费用"项目,反映企业按规定从本期损益中减去的所得税。本项目应根据"所得税费用"账户的发生额分析填列。

⑬"净利润"项目,反映企业实现的净利润。如为净亏损,则以"-"号填列。

⑭"基本每股收益"和"稀释每股收益"项目,反映企业根据每股收益准则计算的两种每股收益指标的金额。"基本每股收益和稀释每股收益项目,应当根据《企业会计准则第34号——每股收益》的规定计算的金额填列。《企业会计准则第34号——每股收益》及其应用指南规定:企业应当按照归属于普通股股东的当期净利润,除以发行在外普通股的加权平均数计算基本每股收益。"

【例8-2】 长江公司2012年度有关损益类科目本年累计发生净额见表8-5。

表8-5 长江公司损益类科目2012年度累计发生净额   单位:元

科目名称	借方发生额	贷方发生额
主营业务收入		1 250 000
主营业务成本	750 000	
营业税金及附加	2 000	
销售费用	20 000	
管理费用	157 100	
财务费用	41 500	
资产减值损失	30 900	
投资收益		31 500
营业外收入		50 000
营业外支出	19 700	
所得税费用	85 300	

根据上述资料,编制长江公司 2012 年度利润表,见表 8-6。

表 8-6 利润表(多步式)

会企 02 表

编制单位:天华股份有限公司　　　　　2012 年　　　　　　　　　　　单位:元

项　　目	本年金额	上年金额(略)
一、营业收入	1 250 000	
减:营业成本	750 000	
营业税金及附加	2 000	
销售费用	20 000	
管理费用	157 100	
财务费用	41 500	
资产减值损失	30 900	
加:公允价值变动收益(损失以"－"号填列)	0	
投资收益(损失以"－"填列)	31 500	
二、营业利润(亏损以"－"号填列)	280 000	
加:营业外收入	50 000	
减:营业外支出	19 700	
三、利润总额(亏损总额以"－"号填列)	310 300	
减:所得税费用	85 300	
四、净利润(净亏损以"－"填列)	225 000	
五、每股收益:	(略)	
(一)基本每股收益		
(二)稀释每股收益		

8.4 现金流量表

现金流量表,是指反映企业在一定会计期间现金和现金等价物流入和流出的报表。从编制原则上看,现金流量表按照收付实现制原则编制,将权责发生制下的盈利信息调整为收付实现制下的现金流量信息,便于信息使用者了解企业净利润的质量。通过现金流量表,报表使用者能够了解现金流量的影响因素,评价企业的支付能力、偿债能力和周转能力,预测企业未来现金流量,为其决策提供有力依据。

8.4.1 现金的概念

1. 库存现金

库存现金,是指企业持有的可随时用于支付的现金限额。

2. 银行存款

银行存款,是指企业存在银行或其他金融机构的可随时用于支付的存款。

3. 其他货币资金

其他货币资金是指企业存在金融企业的有特定用途的资金或在途尚未收到的资金，如外埠存款、银行汇票存款、银行本票存款、信用证保证金存款、信用卡存款、存出投资款等。

4. 现金等价物

现金等价物则是指企业持有的期限短、流动性强、易于转换成已知金额现金、价值变动风险较小的投资。这里所说的期限较短，一般是指从购买之日起，3个月内到期。因此，典型的现金等价物包括自购买之日起3个月到期的短期债券。

8.4.2 现金流量及其分类

现金流量是指某一时期内企业现金流入和现金流出的数量。企业销售商品、提供劳务、出售固定资产、向银行借款等取得现金，形成现金流入。企业购买原材料、接受劳务、购建固定资产、偿还债务等支付形成现金流出。现金流入量减去现金流出量的差额，叫做净现金流量。

根据企业经营业务活动的性质和现金流量的来源，现金流量表在结构上将企业一定期间产生的现金流量分为三类：经营活动产生的现金流量、投资活动产生的现金流量和筹资活动产生的现金流量。

8.4.3 现金流量表的基本格式

现金流量表包括正表和附注两个部分。现金流量表的正表包括表头和基本内容。表头主要标明报表的名称、编制单位的名称、编制时间和金额单位四个要素。基本内容部分是现金流量表的核心，按照经济活动的性质可分为经营活动产生的现金流量、投资活动产生的现金流量和筹资活动产生的现金流量三部分。每一类现金流量，分别以现金流入和现金流出总额反映。

除现金流量表反映的信息外，企业还应在附注中披露将净利润调节为经营活动现金流量、不涉及现金收支的重大投资和筹资活动、现金及现金等价物净变动等信息。

1. 将净利润调节为经营活动现金流量

现金流量表采用直接法反映经营活动产生的现金流量，同时，企业还应采用间接法反映经营活动产生的现金流量。间接法，是指以本期净利润为起点，通过调整不涉及现金的收入、费用、营业外收支以及经营性应收应付等项目的增减变动，调整不属于经营活动的现金收支项目，据此计算并列报经营活动产生的现金流量的方法。在我国，现金流量表补充资料应采用间接法反映经营活动产生的现金流量情况，以对现金流量表中采用直接法反映的经营活动现金流量进行核对和补充说明。

采用间接法列报经营活动产生的现金流量时,需要对四大类项目进行调整:①实际没有支付现金的费用;②实际没有收到现金的收益;③不属于经营活动的损益;④经营性应收应付项目的增减变动。

2. 不涉及现金收支的重大投资和筹资活动

不涉及现金收支的重大投资和筹资活动,反映企业一定期间内影响资产或负债但不形成该期现金收支的所有投资和筹资活动的信息。这些投资和筹资活动虽然不涉及现金收支,但对以后各期的现金流量有重大影响,例如,企业融资租入设备,将形成的负债计入"长期应付款"账户,当期并不支付设备款及租金,但以后各期必须为此支付现金,从而在一定期间内形成了一项固定的现金支出。

企业应当在附注中披露不涉及当期现金收支、但影响企业财务状况或在未来可能影响企业现金流量的重大投资和筹资活动,主要包括:①债务转为资本,反映企业本期转为资本的债务金额;②一年内到期的可转换公司债券,反映企业一年内到期的可转换公司债券的本息;③融资租入固定资产,反映企业本期融资租入的固定资产。

3. 现金和现金等价物的构成

企业应当在附注中披露与现金和现金等价物有关的下列信息:①现金和现金等价物的构成及其在资产负债表中的相应金额;②企业持有但不能由母公司或集团内其他子公司使用的大额现金和现金等价物金额。企业持有现金和现金等价物金额但不能被集团使用的情形多种多样,例如,国外经营的子公司,由于受当地外汇管制或其他立法的限制,其持有的现金和现金等价物,不能由母公司或其他子公司正常使用。

现金流量表的基本格式见表 8-7。

表 8-7 现金流量表

会企 03 表

编制单位:长江公司　　　　　2012 年　　　　　单位:元

项目	本期金额	上期金额(略)
一、经营活动产生的现金流量:		
销售商品、提供劳务收到的现金	1 312 500	
收到的税费返还	0	
收到的其他与经营活动有关的现金	0	
经营活动现金流入小计	1 312 500	
购买商品、接受劳务支付的现金	392 266	
支付给职工以及为职工支付的现金	300 000	
支付的各项税费	174 703	
支付其他与经营活动有关的现金	80 000	
经营活动现金流出小计	1 006 361	
经营活动产生的现金流量净额	365 531	

续表

项　　　目	本期金额	上期金额（略）
二、投资活动产生的现金流量：		
收回投资收到的现金	16 500	
取得投资收益收到的现金	30 000	
处置固定资产、无形资产和其他长期资产收回的现金净额	300 300	
处置子公司及其他营业单位收到的现金净额	0	
收到其他与投资活动有关的现金	0	
投资活动现金流入小计	346 800	
购建固定资产、无形资产和其他长期资产支付的现金	601 000	
投资支付的现金	0	
取得子公司及其他营业单位支付的现金净额	0	
支付其他与投资活动有关的现金	0	
投资活动现金流出小计	601 000	
投资活动产生的现金流量净额	－254 200	
三、筹资活动产生的现金流量：		
吸收投资收到的现金	0	
取得借款收到的现金	560 000	
收到其他与筹资活动有关的现金	0	
筹资活动现金流入小计	560 000	
偿还债务支付的现金	1 250 000	
分配股利、利润或偿付利息所支付的现金	12 500	
支付其他与筹资活动有关的现金	0	
筹资活动现金流出小计	1 262 500	
筹资活动产生的现金流量净额	－702 500	
四、汇率变动对现金及现金等价物的影响	0	
五、现金及现金等价物净增加额	－591 169	
加：期初现金及现金等价物余额	（略）	
六、期末现金及现金等价物余额	（略）	

8.4.4 现金流量表的编制方法

1. 直接法和间接法

编制现金流量表时，列报经营活动现金流量的方法有两种，一是直接法；一是间接法。在直接法下，一般是以利润表中的营业收入为起算点，调节与经营活动有关的项目的增减变动，然后计算出经营活动产生的现金流量。在间接法下，则须将净利润调节为经营活动现金流量，实际上就是将按权责发生制原则确定的净利润调整为现金净流入，并剔除投资活动和筹资活动对现金流量的影响。

采用直接法编报的现金流量表，便于分析企业经营活动产生的现金流量的来源和用途,预测企业现金流量的未来前景;采用间接法编报现金流量表,便于将净利润与经营活动产生的现金流量净额进行比较,了解净利润与经营活动产生的现金流量差异的原因,从现金流量的角度分析净利润的质量。所以,我国企业会计准则规定企业应当采用直接法编报现金流量表,同时要求在附注中提供以净利润为基础调节到经营活动现金流量的信息。

2. 工作底稿法、"T"形账户法和分析填列法

在具体编制现金流量表时,可以采用工作底稿法或"T"形账户法,也可以根据有关科目记录分析填列。

1) 工作底稿法

采用工作底稿法编制现金流量表,即以工作底稿为手段,以资产负债表和利润表数据为基础,对每一项目进行分析并编制调整分录,从而编制现金流量表。工作底稿法的程序是:

第一步:将利润表的本期发生数和资产负债表的期初、期末数过入工作底稿的有关栏目;第二步:对当期业务进行分析并编制调整分录。编制调整分录时,要以利润表项目为基础,从"产品销售收入"开始,结合有关的账簿资料,对利润表和资产负债表项目逐一进行调整。其中,对资产负债表项目的调整主要是调整期初、期末余额的差额。

2) "T"形账户法

采用"T"形账户法编制现金流量表,即以"T"形账户为手段,以资产负债表和利润表数据为基础,对每一项目进行分析并编制调整分录,从而编制现金流量表。

3) 分析填列法

分析填列法是直接根据资产负债表、利润表和有关会计科目明细账的记录,分析计算出现金流量表各项目的金额,并据以编制现金流量表的一种方法。

8.5 所有者权益变动表

8.5.1 所有者权益变动表的基本内容

所有者权益变动表是指反映构成所有者权益各组成部分当期增减变动情况的报表。所有者权益变动表应当全面反映一定时期所有者权益变动的情况,不仅包括所有者权益总量的增减变动,还包括所有者权益增减变动的重要结构性信息,特别是要反映直接计入所有者权益的利得和损失,让报表使用者准确理解所有者权益增减变动的根源。

在所有者权益变动表中,企业至少应当单独列示反映下列信息的项目:①净利润;②直接计入所有者权益的利得和损失项目及其总额;③会计政策变更和差错更正的累积影响金额;④所有者投入资本和对所有者分配利润等;⑤提取的盈余公积;⑥实收资本或股本、资本公积、盈余公积、未分配利润的期初和期末余额及其调节情况。

8.5.2 所有者权益变动表的格式

所有者权益变动表的具体格式见表8-8。

表 8-8　所有者权益变动表

编制单位：天华股份有限公司　　　　　2012年度　　　　　　　　　会企04表　单位：元

项　　目	本年金额					上年金额				
	实收资本（或股本）	资本公积	减：库存股	盈余公积	未分配利润	所有者权益合计	实收资本（或股本）	资本公积	减：库存股	盈余公积	未分配利润	所有者权益合计
一、上年年末余额 　加：会计政策变更 　　　前期差错更正												
二、本年年初余额												
三、本年增减变动金额（减少以"－"号填列） 　（一）净利润 　（二）直接计入所有者权益的利得和损失 　　1. 可供出售金融资产公允价值变动净额 　　2. 权益法下被投资单位其他所有者权益变动的影响 　　3. 与计入所有者权益项目相关的所得税影响 　　4. 其他 　上述（一）和（二）小计 　（三）所有者投入和减少资本 　　1. 所有者投入资本 　　2. 股份支付计入所有者权益的金额 　　3. 其他 　（四）利润分配 　　1. 提取盈余公积 　　2. 对所有者（或股东）的分配 　　3. 其他 　（五）所有者权益内部结转 　　1. 资本公积转增资本（或股本） 　　2. 盈余公积转增资本（或股本） 　　3. 盈余公积弥补亏损 　　4. 其他												
四、本年年末余额												

8.6 财务报表之间的勾稽关系

企业的各种财务报表是一个有机联系的整体,各种财务报表之间以及每张财务报表内部各指标之间,相互联系,彼此制约,形成一种在数量上可据以相互备查、核对的平衡相等关系,即"勾稽关系"。它们从不同的角度说明企业的财务状况、经营成果和现金流量情况。财务报表的勾稽关系主要包括主表与主表之间、主表与附表之间的勾稽关系。

8.6.1 资产负债表与利润表的勾稽关系

资产负债表与利润表是反映企业财务状况和经营成果的两张重要的财务报表。资产负债表反映的是某一个时点上的财务状况,属于静态报表;而利润表反映的是某一时期的经营成果,属于动态报表。利润表中的净利润是所有者权益的一个组成部分,在资产负债表中以留存收益的形式出现,作为资产负债表的一个投入量。相应地,资产负债表将各个会计期间的经营成果联结在一起,它是两个会计期间利润表之间的桥梁。

8.6.2 资产负债表、利润表与现金流量表之间的关系

现金流量表是企业的第三张重要的财务报表,它是在收付实现制下反映企业"血液(资金)"流通状况的报表。企业的利润表反映了企业收入的获得与成本费用的耗费情况,但从企业实际现金流动看,企业获得收入,并不意味着实际收到现金。比如企业年底应收款比年初增加较多,说明企业有一部分收入没有实现现金流入。同样地,企业年底应付账款比年初增加较多,说明企业有一部分采购材料没有支付现金。可见,按权责发生制编制的企业的利润表,并不能准确反映企业现金的流入流出的情况。一般而言,企业的净利润与经营活动的现金流量净额都是不一致的。为了反映企业净利润与经营活动现金流量净额之间的差额及具体原因,现金流量表的补充资料列示了企业净利润调整为企业经营活动现金流量净额的过程与项目。这也是利润表与现金流量表之间最明显的勾稽关系。

现金流量表是资产负债表和利润表的补充,通过对计入现金流量表中数据的分解和调整,能够提供更新、更有用的信息。从某种意义上来说,现金流量表与资产负债表、利润表的勾稽关系体现在现金流量表的编制方法之中。现金流量表的编制即以利润表和资产负债表的数据为基础,通过对这两种报表的收入、费用等一些项目进行调整,把权责发生制核算原则转换成收付实现制下的现金流入、现金流出和现金流量净增加额的,主要体现在以下两点。

① 现金流量表主表和补充资料的"现金及现金等价物净增加额"的数额与年末资产负债表中"货币资金"的期末、期初余额的差额相等。

② 现金流量表中的"投资活动产生的现金流量"主要依据资产负债表中的"固定资产""无形资产"等长期资产项目及相关账户资料来反映;"筹资活动产生的现金流量"主要依据资产负债表中的"银行借款""应付账款"等负债项目来反映。

8.7 财务报告附注

8.7.1 财务报告附注的意义

附注是对资产负债表、利润表、现金流量表和所有者权益变动表等报表中列示项目的文字描述或明细资料,以及对未能在这些报表中列示项目的说明等。

财务报告附注是财务报表的重要组成部分。其意义在于:①能够说明企业采用的会计政策;②能够说明影响企业财务状况和经营成果的特殊事项;③能够突出企业重大事项的信息;④能够补充说明财务报表本身无法表达的情况。

8.7.2 财务报告附注的内容

附注应当按照如下顺序披露有关内容。

① 企业的基本情况,包括企业注册地、组织形式和总部地址,企业的业务性质和主要经营活动,母公司以及集团最终母公司的名称,财务报告的批准报出者和财务报告批准报出日。

② 财务报表的编制基础。

③ 遵循企业会计准则的声明,企业应当明确说明编制的财务报表符合企业会计准则的要求,真实、公允地反映了企业的财务状况、经营成果和现金流量等有关信息,以此明确企业编制财务报表所依据的制度基础。如果企业编制的财务报表只是部分地遵循了企业会计准则,则附注中不得作出这种表述。

④ 重要会计政策和会计估计,包括下一期间内很可能导致资产、负债账面价值重大调整的会计估计的确定依据,企业应当披露采用的重要会计政策和会计估计,不重要的会计政策和会计估计可以不披露。

⑤ 会计政策和会计估计变更以及差错更正的说明。

⑥ 重要报表项目的说明。企业应当以文字和数字描述相结合、尽可能以列表形式披露重要报表项目的构成或当期增减变动情况,并且报表重要项目的明细金额合计,应当与报表项目金额相衔接。在披露顺序上,一般应当按照资产负债表、利润表、现金流量表、所有者权益变动表的顺序及其报表项目列示的顺序。

⑦ 其他需要说明的重要事项。这主要包括或有和承诺事项、资产负债表日后非调整事项、关联方关系及其交易等。

讨论案例

从财务报表透视银广夏"骄人"业绩

广夏(银川)实业股份有限公司(以下简称"银广夏")是一家以中药材的种植加工和葡萄种植、酿酒为主的企业。20世纪90年代末,银广夏开发了利用超临界二氧化碳萃取技术对农副产品进行精深加工业务,使经营业绩迅速得到了提升,一时间公司被笼罩在炫目的"高科技生物技术"的光环下。该公司在2000年再创"奇迹",年度财务报告披露,公司全年实现净利润4.18亿元,比上年增加2.9亿元,增长226.56%。在总股本扩张1倍的情况下,每股收益达到0.827元,比上年增长了60%多。银广夏这一令人咋舌的飞跃,即刻在证券市场上引起了极大的震动并被高度关注。以下是从该公司年度财务报告和相关信息中摘取的有关资料。

"骄人"的业绩

银广夏2000年度利润表的部分数据及相关财务指标见表8-9。

表8-9 银广夏2000年度利润表的部分数据及相关财务指标

项目	2000年	1999年	2000年比1999年增加或减少	
主营业务收入/亿元	9.09	3.84	5.25	136.72%
主营业务利润/亿元	5.78	1.79	3.99	223%
净利润/亿元	4.18	1.28	2.9	226.56%
每股收益/元	0.827	0.51	0.317	62.12%
净资产收益率/%	34.56	13.56		154.87%

银广夏2000年年末资产负债表部分数据见表8-10。

表8-10 银广厦2000年年末资产负债表部分数据

项目	2000年	比1999年同期增加或减少	
应收账款/亿元	5.44	2.79	105.28%
货币资金/亿元	5.55	2.27	69.39%
短期借款/亿元	9.31	5.86	169.86%

"有趣"的同步增长

① 公司2000年年末应收账款的金额占当年主营业务收入的59.85%,且应收账款与主营业务收入保持了大体一致的快速增长幅度。

② 公司2000年年末应收账款和货币资金的合计比上年同期增加了5.06亿元,而短期借款也比上年增加了5.86亿元。

难圆其说的解释

公司在会计报表附注中对公司2000年年末货币资金比上年同期增加2.27亿元、增加69.39%的原因,解释为"公司本年度的销售增加,且回笼现金较多所致"。而公司的现金流量表中显示2000年现金流量净增加额为2.27亿元,其构成为:来自于经营活动的现金净流量额为1.24亿元(经营活动产生的现金净流量与营业利润的比值为0.277),来自于筹资活动的现金净流量额为-2.56亿元,因汇率变动对现金影响的增加额为0.14亿元。特别引人注目的是,现金流入中借款高达7.85亿元。

令人生疑的税金

公司 2000 年年末应交增值税余额为负数,而在公司的现金流量表中可以看到 2000 年度实际缴纳的增值税额仅为 52 602.31 元,与公司当年高达 8.27 亿元的工业企业性销售收入极不匹配。如果是因产品外销退税,实际退税情况也应得到重点的特别披露,但在年报中未见有令人信服的详细的披露。

案例背景:

银广夏于 1993 年 8 月成立,1994 年 6 月 17 日在深圳证券交易所上市,曾一度被誉为蓝筹股的代表。2001 年 8 月,该公司财务造假被揭露,该事件被称为 2001 年中国证券市场最大的报表欺诈案。2002 年 4 月 22 日,中国证监会对银广夏作出了行政处罚决定。同年 5 月 29 日,银广夏被暂停上市,在暂停上市近 4 个月后,于 2002 年 9 月 14 日复牌。

资料来源:银广夏 2000 年财务报表:www.thsec.com/content/229yi/qszk/kk/sefx-toz。"四大问题公司财务造假发现路径之借鉴"。

思考题

1. 你认为该公司应收账款与收入同比例增长的现象,可能隐含的事实是什么?
2. 该公司 2000 年大幅度增长的货币资金主要来自哪些方面?对以后期间的现金流量会产生什么影响?
3. 该公司 2000 年年度的现金流量状况对以后期间的现金流量会产生什么影响?试说明理由。
4. 为核实该公司收入的可信度,你认为审计人员应加强哪些方面的审查验证工作?特别是对于有出口业务的企业。

本章小结

- 财务会计报告的目标是向财务报告使用者提供与企业财务状况、经营成果和现金流量等会计信息,反映企业管理层受托责任履行情况,以有助于它们作出各种相关的经济决策。
- 财务报告应包括财务报表和其他应当在财务报告中披露的相关信息和资料。财务报表是对企业财务状况、经营成果和现金流量的结构性表述。财务报表至少应当包括资产负债表、利润表、现金流量表、所有者权益变动表和附注。其中,资产负债表、利润表、现金流量表和所有者权益变动表称为通用财务报表。
- 资产负债表是根据"资产=负债+所有者权益"的会计恒等式编制的,其项目按照一定的分类标准和一定的顺序排列。资产负债表的"期末数"一般应根据资产、负债和所有者权益科目的期末余额填列。
- 在我国,企业利润表采用的基本上是多步式结构,利润表的"本期金额"栏各项目应根据各相同或相应名称的损益类账户的总账本期发生额分析填列。
- 现金流量表是反映企业在一定会计期间现金和现金等价物流入和流出的报表。现金流量表包括正表和附注两个部分。现金流量表的正表包括表头和基本内容。表头主要标明报表的名称、编制单位的名称、编制时间和金额单位四个要素。基本内容部分是现金流量表的核心,按照经济活动的性质可分为经营活动产生的现金流量、投资活动产生的现金流量和筹资活动产生的现金流量三部分。每一类现金流量,分别以现金流入和现金流出总额反映。除现金流量表反映的信息外,企业还应在附注中披露将净利润调节为经营活动现金流量、不涉及现金收支的重大投资和筹资活动、现金及现金等价物净变动等信息。
- 所有者权益变动表是指反映构成所有者权益各组成部分当期增减变动情况的报表。
- 企业的各种财务报表是一个有机联系的整体,各种财务报表之间以及每张财务报表内部各指标之间,相互联系,彼此制约,形成了一种在数量上可据以相互备查、核对的平衡相等关系,即"勾稽关系"。
- 财务报表附注是对资产负债表、利润表、现金流量表和所有者权益变动表等报表中列示项目的文字描述或其明细资料,以及对未能在这些报表中列示的项目的说明。

中英文关键词语

财务会计报告 financial report
财务报表 financial statements
资产负债表 balance sheet
利润表 income statement
单步式利润表 single-step format income statement
多步式利润表 multiple-step format income statement
净利润 net income
现金流量表 statement of cash flows
收付实现制 cash basis
权责发生制 accrual basis

经营活动产生的现金流量 cash flow from operating activities
投资活动产生的现金流量 cash flows from investing activities
筹资活动产生的现金流量 cash flows from financing activities
现金等价物 cash equivalents
所有者权益变动表 statements of changes in owner's equity
财务报表的勾稽关系 articulation of financial statement

思考练习题

一、简答题

1. 什么是财务会计报告?完整的财务报告体系包括哪些内容?
2. 我国企业资产负债表是账户式的还是报告式的?资产和负债分别应当如何列示?

3. 我国企业利润表是多步式的还是单步式的？应如何编制利润表？
4. 现金流量可分为哪几类？现金流量表的编制方法有哪几种？
5. 所有者权益变动表包括哪些内容？格式是怎样的？
6. 试说明财务报表之间的勾稽关系。
7. 财务报告附注主要包括哪些内容？

二、综合练习题

1. A公司账户余额见表8-11。

表8-11 A公司全部账户期末余额表

2012年12月31日　　　　　　　　　　　　　　　　　　　单位：元

账户名称	余额方向（借方）	账户名称	余额方向（贷方）
库存现金	1 000	短期借款	20 000
银行存款	30 740	应付账款	64 800
应收账款	53 200	应交税费	16 000
原材料	56 000	长期借款	233 400
产成品	60 000	实收资本	374 200
待摊费用	12 460	利润分配	18 000
生产成本	13 000	累计折旧	150 000
固定资产	650 000	坏账准备	200

要求，根据上述资料编制A公司2008年年度期末资产负债表。

2. 已知B企业2012年8月发生了下列经济业务，该企业为一般纳税人企业，其适用的增值税税率为17%。

(1) 企业销售甲产品1 000件，每件销售价80元，价税款已通过银行收讫。
(2) 企业销售给红星公司乙产品900件，每件50元，但价税款尚未收到。
(3) 结转已售甲、乙产品成本。其中甲产品生产成本65 400元，乙产品生产成本36 000元。
(4) 以银行存款支付本月销售甲、乙两种产品的销售费1 520元。
(5) 根据规定计算应缴纳城市维护建设税8 750元。
(6) 王×外出归来报销因公务出差的差旅费350元（原已预支400元）。
(7) 以现金1 000元支付厂部办公费。
(8) 企业收到红星厂前欠货款45 000元并存入银行。
(9) 没收某单位逾期未退回包装物的包装物押金6 020元（作为营业外收入）。
(10) 年初，用银行存款支付厂部全年材料仓库的租赁费2 400元。
(11) 摊销应由本月负担的预付材料仓库租赁费170元。
(12) 根据上述有关经济业务，结转本期营业收入。
(13) 根据上述有关经济业务结转本月营业成本、销售费用、管理费用、主营业务税金以及附加。

(14) 根据本期实现的利润总额,按 25% 的税率计算应交所得税。

(15) 以银行存款上交城建税 8 750 元、所得税 5 940 元。

要求:根据上述经济业务编制会计分录并编制该企业当月的利润表(凡能确定二级或明细账户名称的,应同时列明二级或明细账户)。

3. 甲公司截至 2012 年 12 月 31 日的有关科目发生额见表 8-12。

表 8-12 甲公司有关科目发生额

科目余额	借方发生额/万元	贷方发生额/万元	科目余额	借方发生额/万元	贷方发生额/万元
主营业务收入	100	3 000	财务费用	20	
主营业务成本	1 600	80	资产减值损失	160	10
其他业务收入		200	公允价值变动损益	40	70
其他业务成本	150		投资收益	60	100
营业税金及附加	100		营业外收入		90
销售费用	50		营业外支出	40	
管理费用	180		所得税费用	300	

要求:根据上述资料,编制甲公司 2012 年度的利润表。

4. 某商业企业为增值税一般纳税企业,适用的增值税率为 17%。2012 年该企业的有关资料如下。

(1) 资产负债表有关账户年初、年末余额和部分账户发生额(见表 8-13)。

表 8-13 某企业资产负债表有关账户余额和部分账户发生额统计表 单位:万元

账户	年初余额	本年增加	本年减少	年末余额
应收账款	2 340			4 680
应收票据	585			351
交易性金融资产	300		50(出售)	250
应收股利	20	10		5
坏账准备	200	200(计提)		400
存货	2 500			2 400
长期股权投资	500	100(以无形资产投资)		600
应付账款	1 755			2 340
应交税费				
应交增值税	250		308(已交) 272(进项税额)	180
应交所得税	30	100		40
长期借款	600	300	200(偿还本金)	700

(2) 利润表有关账户本年发生额见表 8-14。

表 8-14　某企业利润表有关账户本年发生额统计表　　　　单位：万元

账户名称	借方发生额	贷方发生额
主营业务收入		3 000
主营业务成本	1 700	
投资收益：		
—现金股利		10
—出售交易性金融资产收益		20

(3) 其他有关资料如下：①交易性金融资产均为非现金等价物；②出售交易性金融资产已收到现金；③应收、应付款项均以现金结算；④不考虑该企业本年度发生的其他交易和事项。

要求：计算以下现金流入和流出（要求列出计算过程，答案中的金额单位用万元表示）：

(1) 销售商品、提供劳务收到的现金；
(2) 购买商品、接受劳务支付的现金；
(3) 支付的各项税费；
(4) 收回投资所收到的现金；
(5) 取得投资收益所收到的现金；
(6) 取得借款所收到的现金；
(7) 偿还债务所支付的现金。

本章参考文献

[1] 中华人民共和国财政部.企业会计准则——基本准则.(2006-02-15)[2013-07-21]http:///www.jhcs.gov.cn/module/law/displaylaw.aspx? lawid＝1413.(2006 年 2 月 15 日财政部发布，自 2007 年 1 月 1 日起实施。)

[2] 中华人民共和国财政部.企业会计准则——具体准则.(2006-02-15)[2013-07-26]http://www.rsozj.gov-cn/show.asp? id＝141.(2006 年 2 月 15 日财政部发布，自 2007 年 1 月 1 日起实施。)

[3] 中华人民共和国财政部.企业会计准则——应用指南(2006).北京：中国财政出版社,2006.(2006 年 2 月 15 日财政部发布，自 2007 年 1 月 1 日起实施。)

[4] 中华人民共和国财政部.企业会计准则解释第 1 号.(2007-11-28)[2013-11-08]http://www.mot.gov.cn/zizhan/siju/caiwusj/kuaijixuehui/xueshuyuandj/200711/po20071128360523635142.pdf.(2007 年 11 月 16 日财政部发布。)

[5] 中华人民共和国财政部.企业会计准则解释第 2 号.(2008-09-12)[(2013-11-13]http://kjs.maf.gov.cn/zhengwuxinxi/zhengcefabn/200809/9020080912540661805201.doc.(2008 年 8 月 7 日财政部发布。)

附　　录

一、重要提示

本公司董事会、监事会及其董事、监事、高级管理人员保证本报告所载资料不存在任何虚假记载、误导性陈述或者重大遗漏，并对其内容的真实性、准确性和完整性负个别及连带责任。本公司全体董事出席董事会会议。普华永道中天会计师事务所有限公司为本公司出具了标准无保留意见的审计报告。

二、公司基本情况（略）

三、会计数据和业务数据摘要

（一）主要会计数据

项　　目	金额/千元
营业利润	4 654 376
利润总额	5 664 041
归属于上市公司股东的净利润	1 412 246
归属于上市公司股东的扣除非经常性损益后的净利润	1 156 726
经营活动产生的现金流量净额	69 452 863

（二）非经常性损益项目和金额

非经常性损益项目	金额/千元
非流动资产处置损益	433 465
计入当期损益的政府补助	118 004
同一控制下企业合并产生的子公司期初至合并日的当期净损益	8 941
除上述各项之外的其他营业外收入和支出	458 013
本集团持有的联通红筹公司对西班牙电信投资合约衍生工具产生的公允价值变动收益	—
少数股东损益影响额	(498 498)
所得税影响额	(264 409)
所得税影响额	255 516

(三) 报告期末公司前三年主要会计数据和财务指标

主要会计数据	2011年(注)	2007年(注) 调整后	同比增减/%	2009年(注) 调整后	调整前
营业总收入	215 518 511 458	176 243 422 124	22.3	158 452 598 108	158 368 819 533
营业利润	4 654 375 869	3 941 777 726	18.1	11 385 306 062	11 355 525 837
利润总额	5 664 040 816	4 671 754 013	21.2	12 211 508 646	12 180 976 314
归属于上市公司股东的净利润	1 412 245 739	1 234 506 831	14.4	3 145 338 087	3 137 024 492
归属于上市公司股东的扣除非经常性损益的净利润	1 156 726 060	1 048 143 849	10.4	2 582 711 950	2 582 711 950
经营活动产生的现金流量净额	69 452 862 906	68 241 006 456	1.8	59 308 678 193	59 308 819 463

	2011年年末	2010年年末(注)	本年年末比上年年末增减(%)	2009年年末(注) 调整后	调整前
资产总额	458 523 843 879	443 607 667 855	3.4	419 360 994 738	419 232 296 909
负债总额	249 913 147 826	235 283 852 964	6.2	210 392 509 758	210 386 824 377
归属于上市公司股东的所有者权益	71 023 802 206	70 884 609 445	0.2	71 025 562 842	70 983 885 838
总股本	21 196 596 395	21 196 596 395		21 196 596 395	21 196 596 395

注：于2011年12月1日，宽带在线完成了同一控制下收购联通新时讯的交易。因此，比较年度即2010年度及2009年度的合并财务数据被重新列报以包括被合并方联通新时讯的财务状况、经营成果和现金流量。

(四) 采用公允价值计量的项目

项目名称	2010年12月31日	2011年12月31日	2011年变动
子公司持有的西班牙电信股票(注)	6 087 078 479	6 837 384 523	750 306 044
子公司持有的交通银行股票	126 460 124	113 721 803	(12 738 321)
合计	6 213 538 603	6 951 106 326	737 567 723

注：子公司持有的西班牙电信股票是本公司的子公司中国联合网络通信(香港)股份有限公司("联通红筹公司")对西班牙电信的权益性投资，投资总金额为15亿美元，分别于2009年10月21日和2011年1月25日完成认购并被视为可供出售金融资产入账。

四、股本变动及股东情况(略)

五、公司治理结构

报告期内，本公司严格按照《公司法》《证券法》《上市公司治理准则》、中国证监会等监管部门的有关规定以及上海证券交易所《股票上市规则》等法律、法规要求开展公司治理工作,不断完善公司法人治理结构和公司各项内部管理制度,建立严格有效的内部控制和风险控制体系,加强信息披露工作,规范公司运作。本公司已经先后制定了规范公司运作的《公司章程》《董事会议事规则》《股东大会议事规则》《监事会议事规则》《投资者关系管理办法》《董事会专门委员会工作细则》《独立董事工作细则》《公司信息披露事务管理实施办法》《董事会秘书工作细则》《公司内幕信息知情人登记制度》等。报告期内本公司严格按照《公司章程》及本公司"三会议事规则"的规定程序召集、召开股东大会、董事会和监事会,同时公司还依据《董事会专门委员会工作细则》及《独立董事工作细则》的要求,召开独立董事会、审计委员会会议以及薪酬与考核委员会会议,审议公司重大事项等。截至2011年12月31日,本公司治理情况与中国证监会发布的《上市公司治理准则》的要求基本符合。

六、股东大会情况简介

公司2010年度股东大会于2011年5月24日上午9时在深圳市香格里拉宾馆召开。出席会议的人数为:27人,代表股份13 453 489 359股,占公司总股本的63.4700%,符合《中华人民共和国公司法》及公司章程的规定。

公司2010年度股东大会审议并表决通过了《公司2010年度财务决算报告》《关于公司2010年度利润分配的议案》《关于聘请会计师事务所的议案》《公司2010年度董事会报告》《公司2010年度监事会报告》《公司2010年年度报告》《关于更换董事的议案》《关于更换监事的议案》《关于联通红筹公司2010年度利润分配的议案》《关于联通红筹公司修改公司章程的议案》《关于联通红筹公司股东大会授权其董事会在一定期间内重选董事并授权董事会决定其截至2011年12月31日的袍金事项》《关于联通红筹公司股东大会授权其董事会在规定的期间内,在香港联合交易所及指定的其他证券交易所,按适用的法律购买公司股份事项》《关于联通红筹公司股东大会按惯例授权其董事会在规定的范围内决定股份发行计划事项》。

七、董事会报告

2011年,本公司以3G和固网宽带为引领,加快建立差异化优势,整体发展呈现持续、加速向好态势,收入快速增长,市场份额稳步提升,业务结构更趋合理,效益水平逐步改善,本公司综合实力和可持续发展能力进一步增强。

八、监事会报告

(一)监事会的工作情况

公司监事会在报告期内,按照《公司法》和《公司章程》所赋予的职权,重点从公司依法运作、董事、高级管理人员执行公司职务、公司财务检查等方面进行监督。公司监事会列席了2011年度所有董事会现场会议,听取了《关于公司2010年年度报告》《关于公司2010年度利润分配的议案》《公司内控自我评估报告》《公司社会责任报告》《关于会计政策调整的议案》《公司2011年半年度报告》等,通过列席董事会会议,了解公司的经营情况、发展状况以及重大事项的决策等。

(二)监事会对公司依法运作情况的独立意见

公司决策程序合法、合规;已经初步建立了一套较为有效的内部控制制度。公司董事、总裁执行公司职务时未有发生违反法律、法规、公司章程或损害公司利益的行为。

(三)监事会对检查公司财务情况的独立意见

监事会认为,公司聘请的普华永道中天会计师事务所有限公司为公司2011年度报告出具的审计报告及所涉及事项的意见,是客观、公允的。公司的财务报告真实、完整地反映了公司的财务状况和经营成果。

(四)监事会对公司最近一次募集资金实际投入情况的独立意见

报告期内,本公司无募集资金,亦无前期募集资金使用至本期的情况。

(五)监事会对公司收购、出售资产情况的独立意见

报告期内,公司未有收购、出售资产的情况。

(六)监事会对公司关联交易情况的独立意见

公司的关联交易公开公平,未有损害公司利益。

(七)监事会对内部控制自我评价报告的审阅情况及意见

2012年3月22日召开的公司第三届监事会第十次会议对《公司内部控制自我评价报告》进行了审阅,监事会同意董事会关于本公司财务报告内部控制有效性的评价,认为通过持续的内控审计及自我评价,公司与财务报告相关的内部控制在2011年非财务报告相关内部控制不存在重大缺陷。

九、财务会计报告

(一)审计报告

中国联合网络通信股份有限公司全体股东:

我们审计了后附的中国联合网络通信股份有限公司(以下简称"贵公司")的财务报表,包括2011年12月31日的合并及公司资产负债表,2011年度的合并及公司利润表、合并及公司股东权益变动表和合并及公司现金流量表以及财务报表附注。

1. 管理层对财务报表的责任

编制和公允列报财务报表是贵公司管理层的责任。这种责任包括:

(1)按照企业会计准则的规定编制财务报表,并使其实现公允反映;

(2)设计、执行和维护必要的内部控制,以使财务报表不存在由于舞弊或错误导致的重大错报。

2. 注册会计师的责任

我们的责任是在执行审计工作的基础上对财务报表发表审计意见。我们按照中国注册会计师审计准则的规定执行了审计工作。中国注册会计师审计准则要求我们遵守中国注册会计师职业道德守则,计划和执行审计工作以对财务报表是否存在重大错报获取合理保证。

审计工作涉及实施审计程序,以获取有关财务报表金额和披露的审计证据。选择的审计程序取决于注册会计师的判断,包括对由于舞弊或错误导致的财务报表重大错报风险的评估。在进行风险评估时,注册会计师考虑与财务报表编制和公允列报相关的内部控制,以设计恰当的审计程序。审计工作还包括评价管理层选用会计政策的恰当性和作出会计估计的合理性,以及评价财务报表的总体列报。

我们相信,我们获取的审计证据是充分、适当的,为发表审计意见提供了基础。

3. 审计意见

我们认为,上述贵公司的财务报表在所有重大方面按照企业会计准则的规定编制,公允反映了贵公司 2011 年 12 月 31 日的合并及公司财务状况以及 2011 年度的合并及公司经营成果和现金流量。

某会计师事务所有限公司注册会计师胡某

中国·上海市

2012 年 3 月 22 日

(二)财务报表

2011 年 12 月 31 日合并及公司资产负债表

(除特别注明外,金额单位为人民币元)

资产	2011年12月31日 合并	2010年12月31日 合并	2011年12月31日 公司	2010年12月31日 公司
流动资产:				
货币资金	15 439 016 285	22 892 569 517	28 383 556	22 094 474
应收票据	31 490 161	61 453 402		
应收账款	12 439 244 269	10 425 387 072		
预付款项	3 689 114 396	3 067 243 483		
应收利息	1 583 338	1 654 138		
应收股利			479 119 262	423 498 119
其他应收款	1 924 610 778	1 616 633 144	1 835 991	1 840 968
存货	4 651 374 730	3 728 424 300		
其他流动资产	696 047 622	619 616 472		
流动资产合计	38 872 481 579	42 412 981 528	509 338 809	447 433 561
非流动资产:				
可供出售金融资产	6 951 106 326	6 213 538 603		
长期股权投资	47 465 488	47 713 824	38 538 133 791	38 538 133 791
固定资产	325 436 125 614	304 440 266 558	5 960 958	6 352 817
在建工程	52 328 892 232	55 861 735 600		
工程物资	2 337 301 169	3 366 791 778		
无形资产	20 739 627 902	19 871 863 623	10 751 448	10 999 555
长期待摊费用	8 100 299 374	7 724 362 908		
递延所得税资产	3 710 544 195	3 668 413 433		
非流动资产合计	419 651 362 300	401 194 686 327	38 554 846 197	38 555 486 163
资产总计	458 523 843 879	443 607 667 855	39 064 185 006	39 002 919 724

2011年12月31日合并及公司资产负债表(续)

(除特别注明外,金额单位为人民币元)

负债和股东权益	2011年12月31日 合并	2010年12月31日 合并	2011年12月31日 公司	2010年12月31日 公司
流动负债:				
短期借款	32 321 530 000	36 726 520 000		
应付短期债券	38 000 000 000	23 000 000 000		
应付票据	1 046 319 417	585 181 600		
应付账款	91 138 684 831	93 688 780 320		
预收款项	36 620 704 885	29 972 285 104		
应付职工薪酬	3 550 320 691	3 404 906 636		
应交税费	1 233 433 789	1 483 483 552	71 267	28 281
应付利息	834 595 861	743 909 825		
应付股利	8 940 742	24 118 117		61 049
其他应付款	8 607 473 651	8 078 377 564	2 816 515	5 823 876
一年内到期的非流动负债	127 919 616	184 035 033		
流动负债合计	213 489 923 483	197 891 597 751	2 887 782	5 913 206
非流动负债:				
长期借款	1 383 679 474	1 462 239 790		
应付债券	33 118 105 681	33 557 754 642		
长期应付款	88 460 997	161 603 695		
其他非流动负债(递延收益)	1 801 330 590	2 170 526 901		
递延所得税负债	31 647 601	40 130 185		
非流动负债合计	36 423 224 343	37 392 255 213		
负债合计	249 913 147 826	235 283 852 964	2 887 782	5 913 206
股东权益				
股本	21 196 596 395	21 196 596 395	21 196 596 395	21 196 596 395
资本公积	27 159 443 685	27 859 867 254	17 111 103 108	17 111 103 108
盈余公积	746 495 256	684 955 035	746 495 256	684 955 035
未分配利润	21 944 910 470	21 160 924 580	7 102 465	4 351 980
外币报表折算差额	(23 643 600)	(17 733 819)	—	—
归属母公司股东权益合计	71 023 802 206	70 884 609 445	39 061 297 224	38 997 006 518
少数股东权益	137 586 893 847	137 439 205 446	—	—
股东权益合计	208 610 696 053	208 323 814 891	39 061 297 224	38 997 006 518
负债和股东权益总计	458 523 843 879	443 607 667 855	39 064 185 006	39 002 919 724

2011年度合并及公司利润表

（除特别注明外，金额单位为人民币元）

项　　目	2011年度合并	2010年度合并	2011年度公司	2010年度公司
一、营业收入	215 518 561 570	176 243 422 124		
减：营业成本	(154 414 023 686)	(123 763 218 376)		
营业税金及附加	(6 351 628 168)	(4 873 381 391)		
销售费用	(28 750 690 843)	(23 734 742 786)		
管理费用	(18 199 737 712)	(16 123 273 282)	(10 676 612)	(10 442 402)
财务费用（加：收入）	(1 243 082 687)	(1 624 003 124)	473 714	(2 422 076)
资产减值损失	(2 771 213 069)	(2 667 652 270)		
加：公允价值变动收益				
投资收益	866 240 576	484 626 759	625 590 662	1 227 413 763
二、营业利润	4 654 375 869	3 941 777 726	615 387 764	1 264 549 285
加：营业外收入	1 874 449 694	1 060 169 149	23 449	
减：营业外支出	(864 784 747)	(330 192 862)	(9 001)	
三、利润总额	5 664 040 816	4 671 754 013	615 402 212	1 264 549 285
减：所得税费用	(1 476 075 431)	(980 121 278)		
四、净利润	4 187 965 385	3 691 632 735	615 402 212	1 264 549 285
归属于母公司普通股股东净利润	1 412 245 739	1 234 506 831	615 402 212	1 264 549 285
少数股东损益	2 775 719 646	2 457 125 904		
五、同一控制下企业合并中被合并方在合并前实现的净利润	8 940 742	-20 356 428	不适用	不适用
六、每股收益（归属于母公司普通股股东）				
基本每股收益	0.066 6	0.058 2	不适用	不适用
稀释每股收益	0.066 0	0.057 9	不适用	不适用
七、其他综合收益	(1 990 478 831)	(1 334 815 631)		
八、综合收益总额	2 197 486 554	2 356 817 104	615 402 212	1 264 549 285
归属于母公司普通股股东综合收益总额	737 787 260	782 214 796	615 402 212	1 264 549 285
归属于少数股东的综合收益总额	1 459 699 294	1 574 602 308		

2011年度合并及公司现金流量表

(除特别注明外,金额单位为人民币元)

项　目	2011年度合并	2010年度合并	2011年度公司	2010年度公司
一、经营活动产生的现金流量——持续经营业务				
销售商品、提供劳务收到的现金	205 738 561 772	170 248 492 218		
收到的税款返还	27 664 445	97 762 455		
收到其他与经营活动有关的现金	547 931 509	1 887 813 551		
经营活动现金流入小计	206 314 157 726	172 234 068 224		
购买商品、接受劳务支付的现金	(100 918 902 794)	(73 721 453 945)	(10 149 436)	(8 549 309)
支付给职工以及为职工支付的现金	(26 443 414 889)	(23 504 105 093)	(2 876 826)	(2 898 004)
支付的各项税费	(9 498 977 137)	(6 767 502 730)		
经营活动现金流出小计	(136 861 294 820)	(103 993 061 768)	(13 026 262)	(11 447 313)
经营活动产生的现金流量净额(减:支付)	69 452 862 906	68 241 006 456	(13 026 262)	(11 447 313)
二、投资活动产生的现金流量				
处置固定资产、无形资产和其他长期资产所收回的现金	1 431 320 599	374 602 080	41 000	
取得投资收益所收到的现金	1 047 765 284	561 683 784	570 446 899	1 158 858 348
收到其他与投资活动有关的现金	181 172 648	1 200 945 107		
持续经营业务投资活动现金流入小计	2 660 258 531	2 137 230 971	570 487 899	1 158 858 348
购建固定资产、无形资产和其他长期资产所支付的现金	(81 817 902 431)	(79 086 433 622)		(696 878)
投资所支付的现金	(3 367 586 262)	(46 275 271)		
支付的其他与投资活动有关的现金	(212 436 455)	(477 672 520)		
持续经营业务投资活动现金流出小计	(85 397 925 148)	(78 610 381 413)		(696 878)

续表

项　目	2011年度合并	2010年度合并	2011年度公司	2010年度公司
持续经营业务投资活动产生的现金流量净额（减：支付）	(82 737 666 617)	(76 473 150 442)	570 487 899	1 158 161 470
终止经营业务投资活动产生的现金流量净额（减：支付）		5 121 123 007		
投资活动产生的现金流量净额（减：支付）	(82 737 666 617)	(71 352 027 435)	570 487 899	1 158 161 470
三、筹资活动产生的现金流量——持续经营业务				
子公司吸收少数股东投资所收到的现金	33 422 359	405 515		
发行可转换债券所收到的现金		12 143 781 219		
发行债券收到的现金	61 866 594 907	37 881 800 000		
取得借款所收到的现金	55 460 955 472	114 981 978 200		
筹资活动现金流入小计	117 360 972 738	165 007 964 934		
偿还债务所支付的现金	(106 305 374 182)	(141 451 449 465)		
分配股利、利润或偿付利息所支付的现金	(5 255 611 884)	(5 732 243 210)	(551 172 555)	(1 136 153 057)
筹资活动现金流出小计	(111 560 986 066)	(147 183 692 675)	(551 172 555)	(1 136 153 057)
筹资活动产生的现金流量净额（减：支付）	5 799 986 672	17 824 272 259	(551 172 555)	(1 136 153 057)
四、汇率变动对现金的影响				
五、现金及现金等价物净增加（减少）额	(7 484 817 039)	14 713 251 280	6 289 082	10 561 100
持续经营业务期末现金及现金等价物净增加额	(7 484 817 039)	9 592 128 273	6 289 082	10 561 100
终止经营业务期末现金及现金等价物净增加（减少）额		5 121 123 007		
加：年初现金及现金等价物余额	22 619 788 582	7 906 537 302	22 094 474	11 533 374
六、年末现金及现金等价物余额	15 134 971 543	22 619 788 582	28 383 556	22 094 474

所有者权益增减变动及结构分析表

项 目	2011	2010	增(减)/%	结构/% 2011	结构/% 2010
股本	21 196 596 395	21 196 596 395	0.00	10.16	10.17
资本公积	27 159 443 685	27 159 443 685	0.00	13.02	13.04
盈余公积	746 495 256	684 955 035	8.98	0.36	0.33
未分配利润	21 944 910 470	21 160 924 580	3.70	10.52	10.16
外币报表折算差额	−23 643 600	−17 733 819	33.32	−0.01	−0.01
少数股东权益	137 586 893 847	137 439 205 446	0.11	65.95	65.97
所有者权益合计	208 610 696 050	207 623 391 320	0.48	100.00	100.00

十、备查文件目录

1. 载有法定代表人、主管会计工作负责人、会计机构负责人签名并盖章的会计报表。
2. 载有会计师事务所盖章、注册会计师签名并盖章的审计报告原件。
3. 报告期内在中国证监会指定报纸上公开披露的所有公司文件的正本及公告的原稿。
4. 联通红筹公司2011年度业绩公告。

中国联合网络通信股份有限公司
2012年3月22日

资料来源：中国联通2012年度报告。

第 9 章 财务报表分析

学习目标

通过本章的学习,你应该能够:

1. 了解财务报告分析的一般方法,掌握比较分析法、因素分析法、财务比率分析法和趋势分析法的步骤及特点;

2. 理解并掌握评价企业偿债能力、营运能力和获利能力的财务指标的内涵及其计算方法,了解财务比率分析的局限性;

3. 掌握财务比率分析法的内涵及其运用,掌握杜邦分析体系主要包括的指标以及分析方法,了解雷达图法和区域图法的应用。

引导案例

蓝田股份(600709)于1996年发行上市,从公布的财务报告来看,该公司上市后一直保持着优异的经营业绩:总资产规模从上市前的2.66亿元发展到2000年年末的28.38亿元,增长了近10倍;上市后净资产收益率始终维持在极高的水平。1998—2000年更是分别高达28.9%、29.3%、19.8%,每股收益分别为0.82元、1.15元和0.97元,位于上市公司的最前列。资产回报率指标不仅远高于农业类公司平均水平,而且远高于其他各行业优秀公司,如通信设备行业的中兴通讯(5.42%),房地产行业的深万科(5.59%),高科技行业的清华同方(5.27%)。

作为一家传统的农业和食品加工企业,能够取得如此骄人的业绩确实出乎一般人的想象。分析蓝田股份上市后历年的财务报告(截至2000年报)以及相关公开信息对该企业的财务进行客观分析,会发现一些问题,需要公司方面作出进一步的说明。

2000年12月,流动比率计算结果:33 106 703.98(流动资产合计)÷560 713 384.09(流动负债合计)=0.77(流动比率),蓝田股份的流动比率小于1,意味着其短期可转换成现金的流动资产不足以偿还到期流动负债,偿还短期债务能力弱。速动比率=[433 106 703.98(流动资产合计)−236 384 086.72(存货净额)]÷560 713 384.09(流动负债合计)=0.35(速动比率)。蓝田股份的速动比率只有0.35,这意味着,扣除存货后,蓝田股份的流动资产只能偿还35%的到期流动负债。净营运资金=433 106 703.98(流动资产合计)−560 713 384.09(流动负债合计)=−127 606 680.11(净营运资金),蓝田股份2000年净营运资金是负数,有1.3亿元的净营运资金缺口。这意味着蓝田股份将不能按时偿还12.7亿元的到期流动负债。

研究蓝田股份会计报表,查找能够证明其财务状况及经营成果和现金流量情况真实程度的重要线索如下。蓝田股份1998年至2000年流动资产逐年下降,其中,应收账款和"其他流动资产"项目逐年下降,而存货1997和1998年大幅度上升后,保持稳定增长趋势。到2000年流动资产主要由存货和货币资金构成。蓝田股份1997年至2000年主营业务收入、经营活动产生的现金流量净额和固定资产逐年同步上升,其中,固定资产增长超过主营业务收入,这说明蓝田股份将绝大部分"经营活动产生的现金流量净额"转变为固定资产。应收账款逐年下降。这说明蓝田股份的"钱货两清"的交易越来越多,赊销越来越少。根据趋势分析进一步查找线索,我们可以发现蓝田股份的主营业务收入中可以证实销售收入的应收账款越来越少,无法查询交易凭证的现金收入越来越多。蓝田股份的主营业务收入越来越多地通过"经营活动产生的现金流量净额"转化为如"鱼塘升级改造"等固定资产。

该公司2000年报的补充公告披露其母公司账下其他应收款高达16.44亿元,占其净资产21.78亿元的比重达75.48%,16.44亿元其他应收款中,全资子公司蓝田水产开发公司一家高达16.275亿元。巧的是蓝天股份自1996年以来累计"创利"正好也是16亿多元。

蓝田股份上市以来始终以绩优示人,而且现金流也相当不错。例如,2000年和2001年中期净利润为4.31亿元和1.68亿元,经营活动产生的现金净流入为7.86亿元和1.34亿元。可是,现金流这么好的一家公司,上市以来仅2000年派过一次息,为10派2,4.46亿股共需流出现金近9000万元,然而,中报显示,在应付股利栏下仍有5400余万元,也就是说仅仅是流通股东的红利付出去了,非流通股大股东都还欠着;另外,公司还欠税9200多万元,其他应付款3.57亿元。现金流那么好却到处欠款,这一现金流到底是否真实?

财务报表是公司的一面镜子,假账做得再好,通过仔细地研究财务资料还是能看出蛛丝马迹的,可见财务分析的重要性。

9.1 财务会计报告基本分析方法

9.1.1 比较分析法

比较分析法就是将同类财务指标在不同时期或不同情况下进行比较,借以确定差异、分析原因和寻求潜力的一种方法。使用比较分析法,可以分别从绝对额、相对额进行比较。在比较中,应特别注意指标口径的可比性。为了便于报表用户进行比较分析,会计报表一般都制作成比较报表。例如,五九重工[①]的利润及利润分配表(见本章附录,下同),

---

① 本章为举例说明财务分析方法,特虚拟企业——五九重工,该企业类属机械制造业。

该公司 2012 年的净利润为 1 269.54 百万元,而上年同期实际数为 1 208.18 百万元,增加了 61.37 百万元,上升了 5.08%;再看其营业收入,2012 年为 29 754.43 百万元,比上年同期数 17 600.45 百万元增加了 12 153.99 百万元,上升了 69.05%。其次,从现金流量表中,可看出 2012 年该公司经营活动的现金净流量为 1 024.79 百万元,同口径相比增加了 25.35 百万元,增幅为 2.54%。最后,该公司的 2012 年资产负债表显示,总资产的增长率为 18.58%。该公司保持了稳定的经济增长,但是净利润的增长明显落后于营业收入的增长幅度,需要严格控制成本。相关数据可参见表 9-1。

表 9-1 会计数据和业务数据摘要   单位:百万元

	2012 年	2011 年	本年比上年增减/%	净增减额
净利润	1 269.54	1 208.18	5.08	61.37
营业收入	29 754.43	17 600.45	69.05	12 153.99
经营活动的现金流量	1 024.79	999.44	2.54	25.35
总资产	16 768.70	14 141.24	18.58	2 627.46

9.1.2 因素分析法

因素分析法是通过分析影响财务指标的各项因素并计算其对指标的影响程度,来说明本期实际数和计划或基期相比财务指标变化或差异的主要原因的一种方法。其步骤是:首先确定某个指标的影响因素及各因素的相互关系,然后依次把其中一个当作可变因素进行替换,最后再分别找出每个因素对差异的影响程度。用数学式可表示为:

设 A_0 为比较基数,A_1 为实际数,某指标由 a、b 两因素影响,则

比较基数(如计划数): $A_0 \times B_0$ (1)
第一次替换: $A_1 \times B_0$ (2)
第二次替换(即实际数): $A_1 \times B_1$ (3)
分析对象: $(3)-(1)=A_1 \times B_1 - A_0 \times B_0$

其中:

A 的影响 $=(2)-(1)=(A_1 - A_0) \times B_0$
B 的影响 $=(3)-(2)=A_1 \times (B_1 - B_0)$

运用连环替代法时应遵循以下原则。

应根据各个因素对某项指标影响的内在联系来确定替代顺序,依次进行替代计算。一般把数量指标列在前面,价值指标列在后面。

在测定某一因素对该指标的影响时,必须假定只有这一因素发生变动而其他因素不变。

例如,我们要分析某种产品的销售额。

本年计划:3 000 万公斤 × 5 元/公斤 = 15 000 万元   (1)
第一次替换:2 800 万公斤 × 5 元/公斤 = 14 000 万元   (2)
第二次替换(本年实际):2 800 万公斤 × 6 公斤/元 = 16 800 万元   (3)

分析对象： (3)-(1)=16 800-15 000=+1 800(万元)

其中，

销售量的影响=(2)-(1)=(2 800-3 000)×5=-1 000(万元)

单价的影响=(3)-(2)=2 800×(6-5)=+2 800(万元)

合计：-1 000+2 800=+1 800(万元)

可见，该产品销售额之所以增加了1 800万元，是销售量和单价两个因素共同作用的结果。其中，按每公斤5元的计划价格计算，企业销售量的降低导致销售额下降1 000万元，这是不利差异；按企业实际销售量2 800万公斤计算，材料单价的上涨使销售额上涨了2 800万元，这是有利差异。至于为什么销售量会降低，材料价格又是出于什么原因涨价的，还应深入到生产车间和销售部作调查分析，进一步分析其原因，找出成绩或存在的问题。

9.1.3 财务比率分析

财务比率分析法是指根据会计报表中的两个项目或多个项目之间的关系，计算其比率，以评价企业的财务状况和经营成果的一种方法。常用的比率有关系比率和结构比率两种。

1. 关系比率

关系比率分析就是指将两个性质不同但又相互联系的财务指标的数额相除后得出比率，并据此对企业财务状况和经营成果进行分析。例如上述的每股收益就是关系比率。财务分析常用的财务比率的应用，将在第二节中具体介绍。

2. 结构比率

结构比率分析是指把财务报表项目与某一共同对比基础进行对比，从而将财务报表上所有项目的数字关系转换为百分比关系。

结构比率分析经常被称为纵向分析。它以百分比的形式表述公司在一个特定期间内，财务报表项目与某一共同项目之间的关系。纵向分析可用于资产负债表、损益表和现金流量表的分析。在损益表中，通常以"销售收入"为其他项目的对比基数，其余项目与之相比计算相应的百分比。在资产负债表和现金流量表中，分别以"资产总额"为基数来进行纵向分析。以百分比表述的报表称为共同比报表。

结构比率分析法通常与趋势分析法结合在一起，用于财务报表的多期比较分析。这样报表项目间的变化趋势会表现得更为清晰。以五九重工为例，其简化的结构比率报表见表9-2。

从结构比率资产负债表的计算结果可以看到：五九重工的流动资产占总资产的比重由2011年的68.51%上升到2012年的69.51%。固定资产、无形资产及其他资产占总资产的比重由2011年的31.49%下降到2012年的30.49%，说明公司的资产流动性得到了很小程度的改善。在负债和所有者权益方面，负债占权益总额的比重由2011年的62.73%下降到2012年的59.94%，负债水平小幅度下降。

表 9-2　结构比率资产负债表　　　　　　　　单位：百万元

项目	2012年		2011年	
	金额/百万元	比例/%	金额/百万元	比例/%
流动资产	11 656.25	69.51	9 688.46	68.51
长期股权投资	3 006.96	17.93	2 791.85	19.74
固定资产	1 372.65	8.19	1 098.98	7.77
无形及其他资产	148.43	0.89	141.78	1.00
资产总计	16 768.70	100.00	14 141.24	100.00
流动负债	5 924.99	35.33	5 983.44	42.31
长期负债	4 125.93	24.60	2 886.93	20.41
负债合计	10 050.87	59.94	8 870.37	62.73
股东权益	6 717.86	40.06	5 270.91	37.27
负债和股东权益合计	16 768.73	100.00	14 141.28	100.00

应该说明的是，上述结构分析法并不仅仅局限于一个企业的财务数据比较分析。对于不同的企业之间的比较，如企业与竞争对手比较、与整个行业比较或与相关的企业比较，在比较分析时，可以比较一期，也可以与过去多期相比较。比较的基础可以是绝对额、增长百分比、结构比例，也可以是发展趋势。

9.1.4　趋势分析法

趋势分析是指根据一个企业连续数个会计期间的财务报表，通过比较各期报表间相同项目的数据，确定其增减变动方向、变动数据和变动幅度，以反映企业财务状况和经营成果的变动趋势，并对企业发展前景做出合理判断。

趋势分析法又称横向比较法，一般采用编制比较财务报表的方法，将两期或两期以上的财务报表所提供的信息行列式，相互比较，了解增减变动情况，揭示发展趋势。趋势分析具体包括绝对数趋势分析和百分比趋势分析。若从比较的时期基准看，可分为环比法和定比法。环比法是逐年数字比较，定比法则以某一年为固定基准。

1. 绝对数趋势分析

绝对数趋势分析是将企业现在与过去的历史资料相比较，以评价企业现在财务业绩和状况的一种方法。在这种比较过程中，可以发现企业的长期业绩状况是稳定的，发展的或是恶化的。

2. 百分比趋势分析

百分比趋势分析以百分比的形式表述企业跨期经营成果和财务状况的变动情况。绝对数变化受企业规模的影响，因而常常带有隐蔽性，百分比趋势分析法能够克服这种不

表 9-3 五九重工有关财务资料(实际数)　　　　　　　　单位：万元

	2009	2010	2011	2012
营业收入	6 623.45	9 754.43	17 600.45	29 754.43
营业成本	4 920.12	6 626.12	15 120.12	26 626.12
营业税金及附加	5.26	6.22	8.26	19.22
销售费用	408.85	552.83	908.85	1 627.06
营业利润	693.06	993.47	1 773.06	1 893.47

足,因此这种方法特别适合用于评价企业的发展趋势。常用的方法是定比法,即以第一年作为基年,以后各年与基年比较确定累积百分比变化。在使用这种方法时要特别注意初始年的选择,如果基数较小,很小的金额变化可能会产生非常高的百分比;如果基数是零或负数,虽然存在数量的变化,但这种百分比是没有意义的。

表 9-4 是以 2005 为基期计算五九重工产品销售收入等项目的趋势百分数的。该表用百分比反映的变化趋势,较之用绝对数(表 9-3)反映的变化趋势更能明显地说明五九重工最近四年来销售收入得到了较大的增长,但是销售利润的增长较为缓慢,低于销售收入的增长,这是由于成本费用的增长速度大于销售收入的增长速度造成的,故企业应当加强成本控制。

表 9-4 五九重工有关财务资料(定比)　　　　　　　　单位：%

	2009	2010	2011	2012
营业收入	100	147*	266	549
营业成本	100	135	307	641
营业税金及附加	100	118	157	465
销售费用	100	135	222	498
营业利润	100	143	256	374

注：* $147=1+(9\,754.43-6\,623.45)\div 6\,623.45$

9.2　财务比率分析

财务比率分析是财务报告分析中最常用的分析方法,它通过各种财务比率,来分析公司的偿债能力、资金周转能力和获利能力。所谓财务比率,就是指相互联系的两个指标之间的对比关系,以分子分母的形式计算。采用这种方法将分析对比的数值变成相对数,可将某些不同条件下不可比指标变成可比指标。在作出投资选择的时候,股票投资者不仅需要借助财务比率分析,而且还要结合基本面分析和技术分析,这样才能作出明智的投资决策。

9.2.1 偿债能力比率分析

1. 短期偿债能力比率分析

所有会计报表的用户都会关心企业的短期偿债能力,如果一个企业短期偿债能力都有困难,长期偿债能力就更有问题。短期偿债能力反映企业产生现金的能力,它取决于可以在近期变现的流动资产的数量。反映短期偿债能力的比率主要有四个:流动比率、速动比率、营运资金比率和现金比率。

1) 流动比率

流动比率是衡量企业流动资产在短期债务到期前可变为现金,用于偿还流动负债的能力。其计算公式为"流动比率=流动资产÷流动负债"。

一般情况下,流动比率越高,反映企业拥有越多的流动资产可以抵偿短期债务,企业短期偿债能力就越强。但是,过高的流动比率也并不是好现象。因为流动比率过高,表明企业流动资产上占用的资金过多,或许是变现能力较差的存货资金过多,或许是应收账款过多,这些都反映了企业资产使用效率较低。所以,在分析流动比率时,还须注意流动资产的结构、流动资金的周转情况、流动负债的数量与结构,以及现金流量的情况。

从理论上讲,流动比率维持在 2 是比较合理的,因为流动资产中变现能力较差的存货金额,占流动资产总额的一半左右,扣除该部分剩下的变现能力较强的流动资产至少要等于流动负债,流动负债的清偿才会有保证,企业的短期偿债能力也才有保障。但是,由于行业性质不同,流动比率的实际标准也不同。一般而言,商品流通业的流动比率会高一些,而制造业的流动比率会低一些。所以,在分析具体公司流动比率时,应将其与同行业平均流动比率、本公司历史的流动比率进行比较,才能得出合理的结论。五九重工的 2012 年年初的流动资产是 9 688.46 百万元,2012 年年初的流动负债是 5 983.44 百万元;2012 年年末的流动资产是 11 656.25 百万元,流动负债是 5 924.94 百万元。

2011 年流动比率=9 688.46 百万元÷5 983.44 百万元=1.62

2012 年流动比率=11 656.25 百万元÷5 924.94 百万元=1.97

作为机械制造业的企业,由于生产周期长,五九重工的流动比率偏低(都小于 2),这是可以理解的;对比最近两年的流动比率,该公司 2012 年的短期偿债能力好于 2011 年的情况,流动比率得到小幅度的上升。流动比率有一定的局限性。例如,比率较大,可能是由于存货积压和滞销,也可能归因于应收账款长期收不回来,这些情况的存在恰好反映了企业短期偿债能力的不足。

2) 速动比率

速动比率也叫酸性测试比率,是用速动资产除以流动负债而得到的。即速动比率=速动资产÷流动负债。式中的速动资产是指将流动资产中变现能力相对差的项目,如存货和一年内到期的非流动资产剔除后剩下的资产,如货币资金、短期投资、应收账款等。速动比率反映所有的短期债权人都来要求企业还债时,企业的即刻偿债能力。

通常认为,速动比率维持在 1 较为正常,它表明企业的每1元流动负债就有 1 元易于变现的流动资产来抵偿,短期偿债能力有可靠的保证。低于 1 的速动比率被认为企业的短期偿债能力偏低。当然,速动比率过高,也可能存在问题,因为企业在速动资产上占用资金过多,会增加企业投资的机会成本。速动资产的计算公式为"速动资产＝流动资产－存货净额－一年内到期的非流动资产"。

五九重工 2012 年年初的流动资产是 9 688.46 百万元,存货净额是 1 501.28 百万元,一年内到期的非流动资产是 0 元,流动负债是 5 983.44 百万元;2012 年年末的流动资产是 11 656.25 百万元,存货净额是 1 537.17 百万元,一年内到期的非流动资产是 0 元,流动负债是 5 924.94 百万元。

2011 年速动比率＝(9 688.46－1 501.28－0)百万元÷5 983.44 百万元＝1.37

2012 年速运比率＝(11 656.25－1 537.17)百万元÷5 924.94 百万元＝1.71

2012 年的速动比率大于 2011 年,短期偿债能力增强了,这和上面计算的流动比率的结果是一致的。不容忽视的是,速动比率也存在一定的局限性,速动资产中的应收账款的变现能力是影响速动比率可信性的重要因素。账面上的应收账款不一定都能变成现金,实际坏账可能比计提的要多;季节性的变化,可能使报表上的应收账款额不能反映平均水平。

3) 营运资金比率

营运资金比率＝营运资金÷流动负债,其中营运资金也叫流动资金,是流动资产减去流动负债的差额。计算营运资金比率也可以用流动比率减去 1。该比率与流动比率不同,一般在 1∶1 左右为好,若太高,表明营运资金闲置过多,企业还应在理财方面多下功夫,进行适当的长期投资。

五九重工 2012 年年初的流动资产是 9 680.46 百万元,流动负债是 5 983.44 百万元;2012 年年末的流动资产是 11 656.25 百万元,流动负债是 5 924.24 百万元。

2011 年营运资金比率＝(9 680.46 百万元－5 983.44 百万元)÷5 983.44 百万元
$\qquad$＝0.62

2012 年营运资金比率＝(11 656.25 百万元－5 924.24 百万元)÷5 924.24 百万元
$\qquad$＝0.97

对比该公司 2011 年和 2012 年的营运资金比率,可以发现该公司短期偿债能力在去年一年中得到了提升。参考表 9-2 资产负债表的结构比率,流动资产占总资产百分比显著高于流动负债占总资产的百分比,一部分流动资产由筹集长期资本来解决,可见该公司实行比较稳健的筹资政策,短期偿债风险较小。

4) 现金比率

现金比率是指企业现金类资产与流动负债的比率,其计算公式为

现金比率＝(货币资金＋交易性金融资产)÷流动负债

现金类资产包括企业拥有的货币资金和持有的有价证券。由于企业真正直接用于偿还债务的是现金类资产,所以现金比率是衡量企业短期偿债能力的最佳指标。现金比率越高,表明企业直接偿付债务的能力越强。但是,在正常情况下,企业不可能也没必要始终保持过多的现金类资产,否则将会失去某些获利机会和投资机会。现金比率越高,说明短期还债能力越强。五九重工 2012 年年初的货币资金是 2 615.33 百万元,交易性金融资产是 92.36 百万元,流动负债是 5 983.44 百万元;2012 年年末的货币资金是 3 884.45 百万元,

交易性金融资产是 9.02 百万元,流动负债是 5 924.24 百万元。

2011 年现金比率=(2 615.33 百万元+92.36 百万元)÷5 983.44 百万元=0.45

2012 年现金比率=(3 884.45 百万元+9.02 百万元)÷5 924.24 百万元=0.66

该公司 2012 年的现金比率较 2011 年数据增长了 0.21,这和上面分析的结果是一致的,综合以上几个比率的计算结果,我们可以判断该公司的短期偿债能力在 2012 年确实得到了提升。

上述指标是反映企业短期偿债能力的一些基本指标。在分析一个企业短期偿债能力时,应将它们结合起来,这样才能比较客观地评价出企业的偿债能力。

2. 长期偿债能力比率分析

企业的长期债权人和投资者更为关心的是企业的长期偿债能力。长期偿债能力是指企业偿还一年以上到期债务的能力,它是反映企业财务状况稳定和安全程度的重要标志。评价长期偿债能力的常用指标包括:资产负债率、产权比率和权益乘数、负债与有形净资产比率、利息保障倍数。

1)资产负债率

资产负债率,简称负债比率,反映企业的举债经营情况和债权人的安全保障程度,计算公式为"资产负债率=负债总额÷资产总额"。

资产负债率高低对企业的债权人和所有者具有不同的意义。对债权人而言,最关心的是提供给企业的贷款本金和利息能否按期收回。如果负债比率高,说明企业总资产中仅有小部分是由股东提供的,而大部分是由债权人提供的,这样,企业的风险将主要由债权人承担,这对债权人来讲是不利的。所以,债权人希望负债比率越低越好,负债比率越低其债权的保障程度就越高。对所有者而言,最关心的是投入资本的收益率。由于企业的债权人投入的资金与企业所有者投入的资金发挥着同样的作用,所以,只要企业的总资产收益率高于借款的利息率,举债越多,即负债比率越大,所有者的投资收益就越大。

一般情况下,企业负债经营规模应控制在一个合理的水平,负债比重应掌握在一定的标准内。如果负债比率过高,企业的财务风险将越来越大,对债权人和所有者都会产生不利的影响。该指标介于 40%~60%之间时较为正常,若超过 70%,企业的经营风险较大,西方国家以 70%为警戒线。若该指标小于 30%,则表明企业未充分利用财务杠杆的作用来举债经营。五九重工 2012 年年初的负债总额是 8 870.37 百万元,资产总额是 14 141.24 百万元;2012 年年末的负债总额是 10 050.87 百万元,资产总额是 16 768.70 百万元。

2011 年资产负债率=8 870.37÷14 141.24×100%=62.73%

2012 年资产负债率=10 050.87÷16 768.70×100%=59.94%

该公司近两年的资产负债比率保持在 60%左右,并未超过警戒线,但是进一步举债的能力已经受到了限制。

2)产权比率和权益乘数

产权比率是指负债总额和所有者权益总额之间的比例关系,它表明了股东投资对债权人投资的保障程度,是企业财务结构稳健与否的重要标志。其计算公式为

产权比率＝负债总额÷股东权益

该比率越低表明企业的长期偿债能力就越强。但如果过低，尽管长期偿还长期债务的能力很强，但是企业没有有效利用财务杠杆的作用。五九重工2012年年初的负债总额是8 870.37百万元，股东权益是5 270.91百万元；2012年年末的负债总额是10 050.87百万元，股东权益是6 717.86百万元。

2011年产权比率＝8 870.37百万元÷5 270.91百万元＝1.68

2012年产权比率＝10 050.87百万元÷6 717.86百万元＝1.50

由此可见，尽管该公司的产权比率在2012年小幅度下降，但是该公司的负债总额和所有者权益比率仍然偏高，企业的长期偿债能力比较弱。

权益乘数是和产权比率性质相似的一个比率，计算公式为"权益乘数＝资产总额÷股东权益"，其数值也等于产权比率加1。权益乘数越大，说明股东投入的一定量资本在生产经营中所运营的资产倍数越多，也间接地反映了资本的保值增值情况。五九重工2012年年初的资产总额是14 141.24百万元，股东权益是5 270.91百万元；2012年年末的资产总额是16 768.70百万元，股东权益是6 717.86百万元。

2011年权益乘数＝14 141.24百万元÷5 270.91百万元＝2.68

2012年权益乘数＝16 768.70百万元÷6 717.86百万元＝2.50

3) 负债与有形净资产比率

负债与有形净资产比率是负债总额占有形净资产的比例，表示企业有形净资产对债权人权益的保障程度。其计算公式为

负债与有形净资产比率＝(负债总额÷有形净资产)×100%

有形净资产＝所有者权益－无形资产－长期待摊费用

五九重工2012年年初的负债总额为8 870.37百万元，所有者权益为5 270.91百万元，无形资产为141.78百万元，长期待摊费用为0元；年末的负债总额为10 050.87百万元，所有者权益为6 717.86百万元，无形资产为148.43百万元，长期待摊费用为0元。则负债与有形净资产比率为：

2011年负债与有形资产比率＝8 870.37÷(5 270.91－141.78－0)×100%
＝172.94%

2012年负债与有形资产比率＝10 050.87÷(6 717.86－148.43－0)×100%
＝152.99%

企业的无形资产、长期待摊费用等一般难以作为偿债的保证，从净资产中将其剔除，可以更合理地衡量企业清算时对债权人权益的保障程度。五九重工的负债与有形净资产比率超过了100%，表明企业长期偿债能力较弱，企业的有形净资产无法偿还企业的长期负债。

4) 利息保障倍数

利息保障倍数又称为已获利息倍数，是企业息税前利润与利息费用的比率，用以衡量企业偿付借款利息的能力。其计算公式为

利息保障倍数＝息税前利润÷利息费用＝(利润总额＋财务费用)÷财务费用

公式中的分子"息税前利润"是指未扣除利息费用和所得税的利润。它可以用"税前利润总额加利息费用"来计算。由于我国现行利润表中对利息费用没有单列，而是混在财

务费用之中,所以,只好用"税前利润总额加财务费用"来代替。公式中的分母"利息费用"是指本期发生的全部应付利息,不仅包括财务费用中的利息费用,还应包括计入固定资产成本的资本化利息。

若要合理地确定企业的利息保障倍数,须将该指标与其他企业,特别是与同行业平均水平进行比较。从稳健的角度出发,最好比较本企业连续几年的该项指标,并选择指标最低年份的数据作为参照标准。一般情况下,利息保障倍数不能低于1,因为低于1,表明企业连借款利息的偿还都无法保证,更不用说偿还本金了。西方认为应大于3才较安全,且越大越好;否则,说明企业的利息负担过重,收益不足以偿付利息。

五九重工2012年年初利润总额是1 803.25百万元,财务费用是141.37百万元;2012年年末利润总额是1 894.84百万元,财务费用是102.80百万元。

2011年利息保障倍数=(1 803.25百万元+141.37百万元)÷141.37百万元
=13.76(倍)

2012年利息保障倍数=(1 894.84百万元+102.80百万元)÷102.80百万元
=19.43(倍)

计算结果表明该公司所获利润支付利息的能力较强。综合分析以上几个财务比率,可以推断出,虽然该公司的长期偿债能力较差,但是其短期偿债能力较强,不存在无法偿还到期利息的现象。

9.2.2 资金周转能力比率分析

企业资金周转能力比率分析,是指以各种资产周转率或周转期为计算主体,来分析企业使用其经济资源的效率及有效性,以此反映企业的营运能力和经营管理水平。常用的财务比率包括:存货周转率、应收账款周转率、资产周转率等。

1. 存货周转率

存货周转率是用来衡量企业销售能力及存货管理水平的指标。存货周转率有两种计算方式:一种是以成本为基础的存货周转率,是指企业销售成本与平均存货之比;另一种是以收入为基础的存货周转率,是指销售收入净额与平均存货之比。注意,当主要为评估存货管理的业绩时,应当使用"销售成本"计算存货周转率。其计算公式为

存货周转率(次/年)=商品销售成本(收入)÷平均存货

存货周转期(天/次)=360÷存货周转率

式中,平均存货一般用期初存货和期末存货的算术平均数表示;商品销售成本也可用主营业务成本计算。

存货周转率应与行业数比较。周转率越高,表示企业存货管理效率越高,存货从资金投入到销售收回的时间越短,在销售净利率相同的情况下,获取的利润就越多;反之,存货周转率过低,表示企业的存货管理效率欠佳,产销配合不好,存货积压过多,致使资金冻结在存货上,仓储费用及利息负担过重。

五九重工2012年的销售成本是26 626.12百万元,2012年年初的存货金额是1 501.28百万元,2012年年末的存货金额是1 537.17百万元。

存货周转率(以销售成本为基础)＝26 626.12÷[(1 537.17＋1 501.28)÷2]
＝17.53(次/年)

存货周转期＝360÷17.53＝21(天/次)

2. 应收账款周转率

应收账款周转率是企业赊销收入净额与应收账款平均余额之比,反映企业资金被占用的程度。由于应收账款存在收不回来的可能性,过高的应收账款会加大未来损失的可能性,而过低的应收账款会对企业的销售造成影响。周转率可用周转次数和平均收账期表示,计算公式分别为

应收账款周转率(次数)＝赊销收入净额÷平均应收账款

平均收账期(天数)＝360÷应收账款周转率

在具体计算时,应注意:①赊销收入净额为赊销收入扣除销售折扣与销售退还及折扣后的差额,不包括现销收入,在资料不足时,可把主营业务收入总额视同赊销净额;②平均应收账款是用年初和年末的应收账款减去坏账准备后的净额再加上销货应收票据后除以2求得的。

西方国家大多采用2/10,n/30(即10天内付款,可给2％的折扣,30天内付清,无折扣)的信用政策,平均收账期在40天左右。

五九重工2012年年初的应收账款是2 943.65百万元,应收票据是478.14百万元;2012年年末的应收账款是4 060.16百万元,应收票据是227.13百万元;2012年的销售收入是29 754.43百万元。

2012年平均应收账款(票据)＝$\frac{期初(2\,943.65+478.14)+期末(4\,060.16+227.13)}{2}$
＝3 854.54(百万元)

2012年应收账款周转率＝29 754.43÷3 854.54＝7.72(次)

平均收账期＝360÷7.72＝47(天)

如果应收账款周转天数长于企业通常的放款期或信用期,表明企业信用管理欠佳,收账不力,以致资金沉淀于应收账款中;反之应收账款周转天数越短,销货之后能迅速收回现金,则可加速资金周转。如果应收账款周转天数低于同行业太多,可能是该企业的信用政策偏紧,从而影响销售。

根据同样的道理,还可以计算平均应付账款还账期,用赊购金除以平均应付账款,求出周转率,然后再用360天除以周转率,算出平均付账期。但赊购金额很少会出现在财务报表中,所以通常用主营业务成本来近似替代。

五九重工2012年的有关数据计算如下:

平均应付款(票据)＝[期初(1 117.76＋608.97)＋期末(966.18＋280.34)]÷2
＝1 486.63(百万元)

应付账款(票据)周转率＝26 626.12÷1 486.63＝17.91(次)

平均付款期＝360÷17.91＝20(天)

3. 总资产周转率

总资产周转率是企业销售收入净额与平均资产总额的比率。其计算公式为

$$总资产周转率 = 销售收入净额 \div 平均资产总额$$

其中,

$$平均资产总额 = (年初资产总额 + 年末资产总额) \div 2$$

五九重工 2012 年度销售收入净额为 29 754.43 百万元,年初资产总额为 14 141.24 百万元,年末资产总额为 16 768.70 百万元。

2012 年总资产周转率 $= 29\ 754.43 \div [(16\ 768.70 + 14\ 141.24) \div 2] = 1.93$(次)

总资产周转率反映了企业全部资产的使用效率和周转速度。该周转率高,说明全部资产经营效率高,周转速度快,取得的收入多;该周转率低,说明全部资产经营效率低,周转速度慢,取得的收入少,最终会影响企业的盈利能力。

4. 固定资产周转率

固定资产周转率是企业销售收入净额与平均固定资产净值的比率,是衡量固定资产利用效率高低的指标。其计算公式为

$$固定资产周转率 = 销售收入净额 \div 平均固定资产净值$$

其中,

$$平均固定资产净值 = (年初固定资产净值 + 年末固定资产净值) \div 2$$

五九重工 2012 年度销售收入净额为 29 754.43 百万元,年初固定资产净值为 1 098.98 百万元,年末固定资产净值为 1 372.65 百万元。

2012 年固定资产周转率 $= 29\ 754.43 \div [(1\ 372.65 + 1\ 098.98) \div 2] = 24.08$(次)

固定资产周转率高,不仅表明企业充分利用了固定资产,同时也表明企业固定资产投资得当,效率得到了充分发挥;固定资产周转率低,表明企业固定资产使用效率不高,企业的营运能力欠佳。

5. 流动资产周转率

流动资产周转率是销售收入净额与平均流动资产总额的比率。其计算公式为

$$流动资产周转率 = 销售收入净额 \div 平均流动资产总额$$

其中,

$$平均流动资产总额 = (年初流动资产总额 + 年末流动资产总额) \div 2$$

五九重工 2012 年度销售收入净额为 29 754.43 百万元,年初流动资产总额为 9 680.46 百万元,年末流动资产总额为 11 656.25 百万元。

2012 年流动资产周转率 $= 29\ 754.43 \div [(11\ 656.25 + 9\ 680.46) \div 2] = 2.8$(次)

流动资产周转率反映流动资产的周转速度。流动资产周转率高,说明流动资产周转速度快,会相对节约流动资产,等于相对扩大资产投入,增强企业盈利能力;而周转率低,说明流动资产周转速度慢,需要补充流动资产参加周转,这会形成资金浪费。降低企业的盈利能力。

9.2.3 获利能力比率分析

获利能力是企业获取利润的能力,它是一个相对的概念,即利润是相对于一定的资源投入、一定的收入而言的。企业经营业绩的好坏最终通过企业的获利能力来反映。获利能力分析就是通过一定的方法,判断企业能获取多大的利润数的能力。在企业的财务分析中,获利能力分析是分析的重点,前面讲到的偿债能力和营运能力分析的根本目的就是通过分析及时找到问题,解决问题,进而提高企业的获利能力,维持企业的持续发展。常用的评估获利能力的比率有如下几个。

1. 与收入有关的获利能力分析——毛利率、营业利润率与净利润率

这三个指标的共同点为都是以销售收入净额为分母。分子依次为毛利(销售收入－销售成本)、营业利润、净利润。以销售毛利率评价企业的获利能力的高低,能较好地反映企业在销售价格与销售成本之间的控制是否卓有成效。营业利润率不仅考察了与产品经营或其他经营业务直接相关的成本费用,而且也将期间费用纳入支出项目进行获利扣减,这就使得对企业经营业务的获利能力的考察更加全面。净利润率在营业利润率的基础上把营业外利润也考虑进去了,这是因为尽管通过营业利润可以揭示营业业务的获利水平以及企业获利能力的稳定性和持久性,但是要揭示企业在一定时期内总的获利水平就必须通过能包含企业所有收支因素在内的净利润率来反映。五九重工 2011 年的销售收入是 17 600.45 百万元,销售成本是 15 120.12 百万元,营业利润是 1 773.06 百万元,净利润是 1 208.13 百万元。2012 年的销售收入是 29 754.43 百万元,销售成本是 26 626.12 百万元,营业利润是 1 893.47 百万元,净利润是 1 269.54 百万元。则五九重工 2011 年与 2012 年的盈利情况的比较见表 9-5。

表 9-5 五九重工 2011 年与 2012 年盈利情况比较 单位:百万元

2011 年毛利率	(17 600.45－15 120.12)÷17 600.45×100%＝14.09%
2012 年毛利率	(29 754.43－26 626.12)÷29 754.43×100%＝10.51%
2011 年营业利润率	1 773.06÷17 600.45×100%＝10.07%
2012 年营业利润率	1 893.47÷29 754.43×100%＝6.36%
2011 年净利润率	1 208.13÷17 600.45×100%＝6.86%
2012 年净利润率	1 269.54÷29 754.43×100%＝4.27%

企业 2012 年的毛利率、营业利润率和净利润率都较 2011 年同期有所下降,可能是相关费用的增加引起的。

2. 成本费用利润率

成本费用利润率是企业的营业利润与成本费用总额的比率。即,成本费用利润率＝营业利润÷成本费用总额。式中,成本费用包括主营业务成本、主营业务税金及附加、销售费用、管理费用、财务费用等。成本费用是企业取得收入和赚取利润所付出的代价,因此,成本费用利润率越高,说明企业取得收益的代价越小,盈利能力越强,企业在控制成本费用工作方面成效也越大。具体应和行业水平进行比较。

五九重工2011年的营业利润是1 773.06百万元,主营业务成本是15 120.12百万元,主营业务税金及附加是8.26百万元,销售费用是908.85百万元,管理费用是399.51百万元,财务费用是141.37百万元。2012年的营业利润是1 893.47百万元,主营业务成本是26 626.12百万元,主营业务税金及附加是19.22百万元,销售费用是1 627.06百万元,管理费用是755.14百万元,财务费用是102.80百万元。

2011年度成本费用利润率
$= 1\,773.06 \div (15\,120.12 + 8.26 + 908.85 + 399.51 + 141.37) \times 100\%$
$= 10.69\%$

2012年度成本费用利润率
$= 1\,893.47 \div (26\,626.12 + 19.22 + 1\,627.06 + 755.14 + 102.80) \times 100\%$
$= 6.45\%$

该企业2012年的成本费用利润率较2011年下降了4.24%,说明企业的获利能力下降了,经营效益变低了。

3. 总资产报酬率

总资产报酬率,也叫资产收益率,是企业的息税前利润除以全部融资之和所得的比率,是用来衡量所有融资获利能力的指标。其计算公式为

总资产报酬率=息税前利润÷融资总额

该指标用于评价企业利用资产获取利润的能力,反映了企业利用总资产的效果。从等量资本获取等量报酬这一规律看,各行业的资产报酬率将趋于一致。如果一个企业的总资产报酬率过低,甚至低于银行存款利率,说明企业的经营管理水平较低,应进一步调整经营方针,以提高资产利用效率。

五九重工2012年年初利润总额是1 803.25百万元,财务费用是141.37百万元,融资总额是14 141.24百万元;2012年年末利润总额是1 894.84百万元,财务费用是102.80百万元,融资总额是16 768.70百万元。

2011年度的总资产报酬率=(1 803.25+141.37)÷14 141.24×100%=13.75%

2012年度的总资产报酬率=(1 894.84+102.80)÷16 768.70×100%=11.91%

2012年度较2011年度下降了1.84%,业绩出现了滑坡。

总资产报酬率是由销售利润率与总资产周转率构成的综合指标,即总资产报酬率=销售利润率×总资产周转率=(息税前利润÷营业收入)×(营业收入÷资产总额)

五九重工2011年的息税前利润是1 944.62百万元,营业收入是17 600.45百万元,资产总额是14 141.24百万元;2012年的息税前利润是1 997.64百万元,营业收入是29 754.43百万元,资产总额是16 768.70百万元。

2011年总资产报酬率 $= (1\,944.62 \div 17\,600.45) \times (17\,600.45 \div 14\,141.24) \times 100\%$
$\qquad\qquad\qquad = 11.05\% \times 1.24$

$$= 13.75\%$$
$$2012年总资产报酬率 = (1\,997.64 \div 29\,754.43) \times (29\,754.43 \div 16\,768.70) \times 100\%$$
$$= 6.71\% \times 1.77$$
$$= 11.91\%$$

对比可以看出,由于销售利润率的下降幅度超过资产周转率的上升幅度,从而2012年总资产报酬率低于2011年的数据,反映出企业生产经营的盈利能力出现了下降。

4. 权益净利率

权益净利率也叫净资产收益率,反映净利润与所有者权益的比率,计算公式为

$$所有者权益报酬率 = 净利润 \div 所有者权益$$

因为所有者权益报酬率实质上是从投资者角度来分析企业盈利水平的高低的,故该指标越高,说明应由企业所有者享受的净利润就越高,投资盈利水平就越高。通常来说该指标至少要等于无风险投资的国库券利率,否则投资者宁愿买国债。该比率在20%以上时,说明收益率高,小于10%,则说明收益一般。

五九重工的2011年的净利润是1 208.13百万元,所有者权益是5 270.91百万元;2012年的净利润是1 269.54百万元,所有者权益是6 717.86百万元。

$$2011年度权益净利率 = 1\,208.13百万元 \div 5\,270.91百万元 \times 100\% = 22.92\%$$
$$2012年度权益净利率 = 1\,269.54百万元 \div 6\,717.86百万元 \times 100\% = 18.9\%$$

式子的分母中,不应包括少数股东权益,因为在计算净利润前已扣除了少数股东损益。

9.2.4 财务比率分析的局限性

财务比率分析是信息使用者运用企业公开披露的财务报表数据,结合财务报表中其他有关信息,对同一报表内或不同报表间的相关项目以比率的形式反映它们的相关关系,据以评价该企业财务状况和经营成果的一种分析方法。由于报表本身、分析方法和财务指标三方面都存在局限性,所以财务比率分析不可避免地也存在一定的局限性。

1. 财务报表本身的局限性

财务比率分析主要是根据财务报表数据进行的,财务报表数据计量上的缺陷直接影响着财务比率分析的效果。其一,财务报表是按照历史成本法编制的,不能够很好地反映现在的市场价值;其二,财务报表采用货币币值稳定假设,在通货膨胀或通货紧缩的情况下,财务成果和经营业绩就会受到扭曲;其三,会计处理方法的不同和变更所产生的数据差别会直接影响比率分析的结果。例如,在进行时间序列分析时,在不同时期可能采纳不同的会计政策,在不同企业间的横向对比中,不同企业在处理相同的会计事项时也可能会采用不同的方法。

2. 财务比率分析方法的局限性

财务比率分析同其他分析方法一样,在衡量企业财务状况时并不是万能的。这主要

体现在以下几个方面。首先,在使用损益表中的某一数值与资产负债表中的某一数值计算比率时,存在数据口径是否一致的问题,资产负债表反映的是会计期末的时点指标,而损益表反映的是整个会计期间的时期指标,如果资产负债表的数值在该会计期间不具有代表性,那么计算出来的结果将不可避免地会与实际情况产生偏差。其次,比率分析假设前提存在缺陷。比如,流动比率、速动比率和资产负债比率等反映偿债能力的指标,是以企业清算为前提的,只着眼于企业价值而忽略了企业的融资能力及企业因经营而增加的偿债能力。最后,现行分析比率的参照指标和比较标准有待完善。目前常用的比较标准主要是按照国际惯例,如流动比率为2,速动比率为1,其他没有标准的指标即冠以"越大越好"或"越小越好"的描述。现实中,由于企业存在行业、生产周期、经营复杂程度等诸多差别,如果都使用统一的"2"或"1"标准显然不合理。

3. 财务分析比率固有的局限性

评价企业经营业绩的财务分析比率主要由偿债能力、营运能力和盈利能力三类比率构成,但这三类比率都存在着一定的局限性,从而直接影响了比率分析的效果。

企业偿债能力指标只能在一定程度上反映企业对各类债权人的清偿能力。反映偿债能力的财务比率主要有流动比率、速动比率和资产负债率,它们的资料来源于资产负债表。企业可以通过瞬时增加资产或减少负债等方法来粉饰比率,人为操纵其大小,达到自己"理想"的财务报表数据,从而误导信息使用者。

营运能力比率是反映企业资产运营情况和管理效率的指标。各种资产周转率计算公式中的分母为该项资产期初与期末的平均数,并非真正的期间平均值。企业只需调节资产期初、期末两个报表值,就可以改变该项比率的计算结果。如应收账款周转率,并不能准确反映年度内收回账款的进程及均衡情况;当销售具有季节性,尤其是当各年赊销业务量相差悬殊时,该指标不能对跨年度的应收账款回收情况进行连续反映。

盈利能力比率是用(净)利润与投资额相比计算得到的比值,反映企业盈利能力的强弱。由于利润的计算过程除了受折旧方法选择、间接费用分配方法、成本计算方法和会计估计等大量人为因素的影响外,还要受筹资方式甚至股利分配政策的影响,而该类指标极易被操纵、虚报或瞒报。

9.3 财务综合分析

财务综合分析是指将负债能力、经营能力和获利能力等诸指标的分析纳入一个有机的整体中,运用适当的标准,系统、全面地进行相互关联的综合分析,以全面的评价企业的财务状况和经营成果。

9.3.1 分数法

1. F 分数模式

F 分数模式,可以用于财务危机的预警分析。F 值的计算公式如下:

$$F = -0.1774 + 1.1091x_1 + 0.1074x_2 + 1.9271x_3 + 0.0302x_4 + 0.4961x_5$$

式中：x_1——（期末流动资产－期末流动负债）÷期末总资产＝期末营运资金÷期末总资产（用于反映流动性）；

x_2——（盈余公积＋未分配利润）÷期末总资产（反映企业的积累能力和全部资产中来自于留存盈利的比重）；

x_3——（税后净利＋折旧）÷平均总负债（反映现金流量的还债能力）；

x_4——期末股东权益的市场价值÷期末总负债（反映财务结构，此处假设股东权益市场价值等于账面价值）；

x_5——（税后净利＋折旧＋利息）÷平均总资产（反映企业总资产创造现金流量的能力）。

$F > 0.0274$，企业可继续生存，否则将被预测为破产公司，美国据此对 4 160 家上市公司进行了检查，准确率为 70%。

依据五九重工 2012 年度报告的资料，可分别算得五个变量的值见表 9-6。

表 9-6　五九重工 F 分数模型计算过程　　　　　　　　　　单位：百万元

变量	计算过程
x_1	$(11\,656.25 - 5\,924.24) \div 16\,768.70 = 0.3418$
x_2	$(492.74 + 2\,926.11) \div 16\,768.70 = 0.2039$
x_3	$(1\,269.54 + 253.26) \div [(10\,050.87 + 8\,870.37) \div 2] = 0.161$
x_4	$15.83 \times 2\,232 \div 10\,050.87 = 3.515$
x_5	$(1\,269.54 + 253.26 + 102.80) \div [(16\,768.70 + 14\,141.24) \div 2] = 0.105$
F	$-0.1774 + 1.1091 \times 0.3418 + 0.1074 \times 0.2039 + 1.9271 \times 0.161 + 0.0302 \times 3.515 + 0.4961 \times 0.105 = 0.692$

注：五九重工 2012 年折旧费为 253.26 百万元；2012 年 12 月 31 日收盘价为 15.83 元。

F 值远远大于 0.0274，说明该公司离破产还很远。

2. 奥特曼函数预测模式

该模式通过以下的 Z 值来判断公司破产的概率。

$$Z = 0.012x_1 + 0.014x_2 + 0.033x_3 + 0.006x_4 + 0.999x_5$$

式中：x_1——营运资金÷资产总额＝（流动资产－流动负债）÷资产总额；

x_2——累计留存盈利÷资产总额；

x_3——息税前利润÷资产总额；

x_4——股票市价÷负债账面价值（五九重工 2012 年 12 月 31 号收盘价为 15.83 元）；

x_5——销售收入÷资产总额。

若 $Z > 2.99$，破产概率偏低；$Z < 1.81$，破产概率偏高；若 Z 值介于 1.81～2.99 之间，则属于未知区域，较难估计破产的可能性，应结合其他方法具体分析。

五九重工 2012 年度的 Z 值见表 9-7。

表 9-7　五九重工奥特曼函数计算过程　　　　　　　　单位：百万元

变量	计算过程
x_1	$(11\ 656.25-5\ 924.24)\div 16\ 768.70=0.341\ 8$
x_2	$(492.74+2\ 926.11)\div 16\ 768.70=0.203\ 9$
x_3	$(1\ 269.54+102.80+625.30)\div 16\ 768.70=0.119\ 1$
x_4	$15.83\times 2\ 232\div 10\ 050.87=3.515$
x_5	$29\ 754.43\div 16\ 768.70=1.774\ 4$
Z	$0.012\times 0.341\ 8+0.014\times 0.203\ 9+0.033\times 0.119\ 1+0.006\times 3.515+0.999\times 1.774\ 4$ $=1.804\ 6$

由于不同的分数法存在一定程度的误差,所以按照奥特曼函数预测模式计算出五九重工的破产概率较高,这与上面用 F 分数模式预测的结果相矛盾,说明在利用财务分析方法的时候需要综合使用各种不同的方法,而不能只使用一种方法,否则不易把握公司的真实情况。

3. 评分法

评分法,也叫财务比率综合分析法,适合于同行业、同类型企业之间的评比。这种方法即在各类财务指标中选择若干个,每个指标确定一个标准分数,满分为 100 分;各指标要适当规定一个标准值,可根据同行业的标准或分析者的要求而定;然后,根据各指标的实际值与标准值的关系比率求出该指标的实得分数,最后再求出实得总分数。若实得总分在 90 分以上则为优,表明企业的财务状况居佳,80～89 分为良,60～79 分为中,60 分以下为差。

例如,五九重工(所属行业为机械制造业)的各项指标的评分方法见表 9-8。

表 9-8　五九重工财务指标评分表(2012 年)

项　目	标准分数 (1)	标准值 (2)	实际值 (3)	比例关系 (4)=(3)÷(2)	实得分数 (5)=(1)×(4)
流动比率	15	2	1.97	0.99	14.78
速动比率	10	1	1.71	1.71	17.10
资产负债比率	10	63.28%	59.94%	0.95	9.47
存货周转率	10	13.59	17.53	1.29	12.90
应收账款周转率	5	6.06	7.72	1.27	6.37
总资产周转率	10	1.13	1.93	1.71	17.08
资产报酬率	10	10.09%	11.91%	1.18	11.80
净资产收益率	10	20.82%	18.90%	0.91	9.08
每股收益	10	0.67	0.57	0.85	8.51
每股账面价值	10	4.04	3.01	0.75	7.45
合计	100	—	—	—	114.54

注：* 资产负债率是反比率,其比例关系为(4)=(2)÷(3)。

表 9-8 中部分行业标准值采用中国经济网统计数据库中的值,有些为目标值。可见,五九重工整体财务状况处于优秀水平。

9.3.2 杜邦分析法

杜邦分析法又称杜邦分析体系,它是利用各种主要财务比率之间的内在联系,把损益表和资产负债表结合,对公司的财务状况及经营成果进行综合、系统的分析评价的方法。这种方法是由美国杜邦公司的会计师最先采用的,并由此得名,它从企业绩效最综合的指标——净资产收益率出发,将偿债能力、营运能力、盈利能力有机结合起来,层层分解企业财务报告中的单个项目,并在分解过程中体现各指标间的关系,最终形成完整的杜邦财务分析体系,全面、系统、直观地反映企业的财务状况。

① 股东权益报酬率与资产报酬率及权益乘数之间的关系为

$$股东权益报酬率 = 资产报酬率 \times 权益乘数$$

其中,

$$权益乘数 = \frac{资产总额}{股东权益总额}$$

② 资产报酬率与销售净利率及总资产周转率之间的关系为

$$资产报酬率 = 销售净利率 \times 总资产周转率$$

③ 销售净利率与净利润及销售收入之间的关系为

$$销售净利率 = \frac{净利润}{销售收入}$$

④ 总资产周转率与销售收入及资产平均总额之间的关系为

$$总资产周转率 = \frac{销售收入}{资产平均总额}$$

在上述公式中,"资产报酬率=销售净利率×总资产周转率"这一等式称为杜邦等式。杜邦分析系统在揭示上述几种关系之后,又将净利润、总资产进行层层分解,这样就可以全面、系统地揭示出企业的财务状况以及财务状况与这个系统内部各个因素之间的相互关系。

五九重工 2012 年度的杜邦分析图如图 9-1 所示(会有小数点误差)。

从图 9-1 所示的杜邦分析系统图中可以了解到下面所述的财务信息。

① 净资产权益报酬率是一个综合性极强、最有代表性的财务比率,它是杜邦系统的核心。企业财务管理的重要目标之一就是实现股东财富的最大化,净资产权益报酬率反映了股东投入资金的获利能力,这一比率反映了企业筹资、投资和生产运营等各方面经营活动的效率。净资产权益报酬率取决于企业资产报酬率和权益乘数。资产报酬率主要反映企业运用资产进行生产经营活动的效率如何,而权益乘数则主要反映了企业的筹资情况,即企业资金来源结构如何。

② 资产报酬率是反映企业获利能力的一个重要财务比率,它揭示了企业生产经营活动的效率,综合性也极强。企业的销售收入、成本费用、资产结构、资产周转速度以及资金占用量等各种因素,都直接影响资产报酬率的高低。资产报酬率是销售净利率与总资产

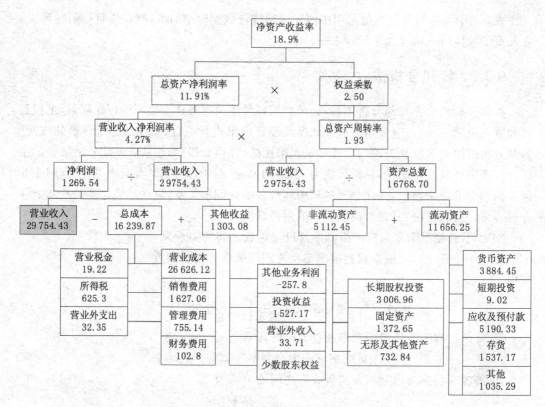

图 9-1　五九重工杜邦分析图

周转率的乘积。因此,可以从企业的销售活动与资产管理两个方面来对其进行分析。

③ 从企业的销售方面看,销售净利率反映了企业净利润与销售收入之间的关系。一般来说,销售收入增加,企业的净利也会随之增加。但是,要想提高销售净利率,则必须一方面提高销售收入;另一方面降低各种成本费用,这样才能使净利润的增长高于销售收入的增长,从而使销售净利率得到提高。

④ 在企业资产方面,主要应该分析以下两个方面。

其一,分析企业的资产结构是否合理,即流动资产与非流动资产的比例是否合理。资产结构实际上反映了企业资产的流动性,它不仅关系到企业的偿债能力,也会影响企业的获利能力。

其二,结合销售收入,分析企业的资产周转情况。资产周转速度直接影响企业的获利能力,如果企业资产周转较慢,就会占用大量资金,增加资金成本,减少企业的利润。资产周转情况的分析,不仅要分析企业总资产周转率,更要分析企业的存货周转率与应收账款周转率,并将其周转情况与资金占用情况相结合进行分析。

结合五九重工的财务数据分析可以得出以下结论。第一,净资产收益率为18.9%,反映企业所有者的资产获利能力较强,该指标的大小主要取决于总资产净利润率和权益乘数,该公司的总资产净利润率为11.91%,略低于同行业平均值10.09%(见表9-8),说明企业的获利能力良好。第二,总资产净利润率是营业收入净利润率和总资产周转率的乘积,要提高总资产净利润率必须提高营业收入净利润率及总资产周转率。提高营业收入净利润率的途径是增加销售收入与降低各项成本;提高总资产周转率可以调整流动资产与长期资产的比率关系。该公司的营业收入净利润率为4.27%,通过与前期比较表明其获利能力有所下降,应该找出原因,通过有效的途径提高销售收入,降低销售成本,从而提高获利能力。该公司本年的总资产周转率为1.93,通过比较表明总资产的周转率速度有所提高,但也要注意比较分析流动资产周转率、存货周转率、应收账款周转率水平,应当在增加销售收入的同时,加快存货销售及应收账款的回收,从而提高流动资产周转率,进而提高总资产周转率。

总之,从杜邦分析系统可以看出,企业的获利能力涉及生产经营活动的方方面面。股东权益报酬率与企业的筹资结构、销售规模、成本水平、资产管理等因素密切相关,这些因素构成一个完整的系统,而系统内部各因素之间又相互作用。只有协调好系统内部各个因素之间的关系,才能使净资产权益报酬率得到提高,从而实现股东财富最大化的理财目标。

讨论案例

财务比率分析

ABC公司2012年财务报表有关数据如下。

利润表有关数据:销售收入净额750万元(其中:现销收入180万元),财务费用22.86万元,产品销售成本640万元,利润总额57.14万元,净利润40万元。

简易资产负债表见表9-9(单位:万元)。

表9-9 简易资产负债表

资　产	年初数	年末数	负债及所有者权益	年初数	年末数
流动资产			流动负债		
货币资金	10	7	短期借款	30	14
应收账款净额	100	72	应付账款	24	57
存货	40	85	流动负债合计	54	71
流动资产合计	150	164	长期负债	166	80
固定资产净值	270	187	负债合计	220	151
			所有者权益合计	200	200
资产总计	420	351	负债及所有者权益合计	420	351

某商业银行在对客户授信时,须分析客户的偿债能力、周转能力和获利能力。

① 偿债能力分析可以从一下几个角度分析:流动比率、速动比率、现金比率、资产负债率。

② 周转比率可以从以下几个角度分析：应收账款周转率、存货周转率、总资产周转率、流动资产周转率。

③ 获利能力指标可以从以下几个角度分析：毛利率、营业利润率、净利润率、成本费用利润率、总资产报酬率和权益净利率。

④ 商业银行在对客户授信时，分析客户营运能力的目的是什么？

⑤ 流动比率指标存在哪些不足？

本章小结

- 财务报表是反映企业一定时期的经营成果、财务收支状况和理财过程的一组书面报告。财务报表分析的基本任务是评价企业过去的经营业绩，评价企业目前的财务状况，预测企业未来的发展趋势。企业的一切利害关系人出于自身利益的需要都会关心这组书面报告，并作特定的分析评估。

- 财务报表分析方法有多种。比较分析法将同类财务指标在不同时期或不同情况下进行比较。因素分析法通过分析影响财务指标的各项因素并计算其对指标的影响程度，来说明本期实际数和计划或基期相比财务指标变化或差异的主要原因的一种方法。财务比率分析法根据会计报表中的两个项目或多个项目之间的关系，计算其比率，以评价企业的财务状况和经营成果。趋势分析法是通过观察连续数年的会计报表，比较、分析某些项目或指标的增减变化情况，从而判断其发展趋势，并对未来的结果做出预测的一种财务分析方法。

- 财务比率分析可以从偿债能力、营运能力、获利能力、成长能力四个方面对企业财务状况的各种比率分析方法进行详细的分析介绍，但是现在应用较为普遍的财务比率分析方法仍然存在一定的局限性。

- 财务综合分析与评价的方法，包括分数法和杜邦分析法。财务综合分析在企业经营管理和经济决策方面有着十分重要的作用，但任何财务分析方法都是有局限性的，需要同时使用多种财务分析方法来综合判断。

中英文关键词语

财务会计报告 financial report
比较分析法 method of comparative analysis
因素分析法 factor analysis
财务比率分析法 financial ratio analysis
趋势分析法 trend analysis approach
偿债能力分析 solvency analysis
资金周转能力比率分析 capital turnover ability ratio analysis
获利能力比率分析 profitability ratio analysis
财务综合分析 financial comprehensive analysis
杜邦分析法 dupont analysis
分数法 fraction method
雷达图法 radar chart method
区域图法 regional chart method

思考练习题

1. 应用比较分析法应注意哪些问题?
2. 因素分析法的特征是什么?
3. 趋势分析法可分为哪两类,它们的特点是什么?
4. 反映资金周转能力的财务比率有哪些?应如何计算?
5. 评价公司偿债能力的指标有哪些?速动比率和流动比率相比其优点和不足是什么?
6. 为什么总资产报酬率的分子是息税前利润?是否可以用其他指标作分子?
7. 财务比率分析的局限性有哪些?
8. 简述杜邦分析法的原理,以及该方法与普通指标分析的不同之处。
9. 请访问中国证监会网址,http://www.csrc.gov.cn/csrcsite/defaut.htm,挑选一家你感兴趣的上市公司定期报告,利用所学的财务分析方法,进行财务分析评价。

本章参考文献

[1] 杜晓光,董占林.企业财务分析[M].大连:东北财经大学出版社,2006.
[2] 刘威.会计学[M].上海:同济大学出版社,2004.
[3] 中国注册会计师协会.2012年度注册会计师全国统一考试教材——会计[M].北京:中国财政经济出版社,2012.

附　录

资产负债表

编制单位：五九重工股份有限公司　　2012 年 12 月 31 日　　　　单位：百万元　币种：人民币

资　　产	2012 年 12 月 31 日	2011 年 12 月 31 日
流动资产：		
货币资金	3 884.45	2 615.33
交易性金融资产	9.02	92.36
应收票据	227.13	478.14
应收账款	4 060.16	2 943.65
预付账款	903.05	563.76
应收利息	0.00	0.00
应收股利	0.00	0.00
其他应收款	1 035.29	1 493.96
存货	1 537.17	1 501.28
一年内到期的非流动资产	0.00	0.00
其他流动资产	0.00	0.00
流动资产合计	11 656.25	9 688.46
非流动资产：		
可供出售金融资产	0.00	0.00
持有至到期投资	0.00	0.00
长期股权投资	3 006.96	2 791.85
投资性房地产	0.00	0.00
固定资产	1 372.65	1 098.98
在建工程	249.33	166.04
工程物资	122.21	87.56
固定资产清理	0.00	0.00
生产性生物物产	0.00	0.00
油气资产	0.00	0.00
无形资产	148.43	141.78
开发支出	0.00	0.00
商誉	0.00	0.00

续表

资　　产	2012年12月31日	2011年12月31日
长期待摊费用	0.00	0.00
递延所得税资产	212.88	166.59
其他非流动资产	0.00	0.00
非流动资产合计	5 112.45	4 452.78
资产总计	16 768.70	14 141.24
负债及股东权益		
流动负债：		
短期借款	332.07	1 721.33
交易性金融负债	84.54	0.00
应付票据	280.34	608.97
应付账款	966.18	1 117.76
预收账款	1 562.33	599.51
应付职工薪酬	10.05	5.91
应交税费	157.58	104.07
应付利息	19.50	17.88
应付股利	0.00	0.00
其他应付款	2 409.84	1 720.37
一年内到期的非流动负债	102.53	87.66
其他流动负债	0.00	0.00
流动负债合计	5 924.94	5 983.44
非流动负债：		
长期借款	3 209.75	1 994.16
应付债券	728.63	726.63
长期应付款	0.00	0.00
专项应付款	0.00	0.00
预计负债	26.13	16.71
递延所得税负债	156.93	149.43
其他非流动负债	4.50	0.00
非流动负债合计	4 125.93	2 886.93
负债合计	10 050.87	8 870.37
股东权益：		
股本	2 232.00	1 488.00

续表

资　产	2012 年 12 月 31 日	2011 年 12 月 31 日
资本公积	1 067.13	1 513.53
减：库存股	0.00	0.00
盈余公积	492.74	340.59
未分配利润	2 926.11	1 928.79
外币报表折算差额	−0.12	0.00
归属于母公司股东权益合计	0.00	0.00
少数股东权益	0.00	0.00
股东权益合计	6 717.86	5 270.91
负债和股东权益合计	16 768.73	14 141.28

利 润 表

编制单位：五九重工股份有限公司　　2012 年 12 月 31 日　　单位：百万元　　币种：人民币

项　目	2012 年 12 月 31 日	2011 年 12 月 31 日
一、营业收入	29 754.43	17 600.445
减：营业成本	26 626.12	15 120.12
减：营业税金及附加	19.22	8.262
减：销售费用	1627.06	908.848
减：管理费用	755.14	399.51
减：财务费用	102.80	141.372
减：资产减值损失	54.20	65.511
加：公允价值变动收益（损失以"−"号填列）	−203.60	92.355
投资收益（损失以"−"号填列）	1 527.17	723.88
其中：联营企业和合营企业的投资收益	2.48	8.745
二、营业利润（亏损以"−"号填列）	1 893.47	1 773.057
加：营业外收入	33.71	48.06
减：营业外支出	32.35	17.865
其中：非流动资产处置损失	4.28	1.515
三、利润总额（亏损以"−"号填列）	1 894.84	1 803.252
减：所得税费用	625.30	595.073 16
四、净利润（亏损以"−"号填列）	1 269.54	1 208.178 84

现金流量表

编制单位：五九重工股份有限公司　　2012年12月31日　　　单位：百万元　　币种：人民币

项　目	2012年12月31日	2011年12月31日
一、经营活动产生的现金流量		
销售商品、提供劳务收到的现金	19 246.32	11 401.005
收到的税费返还	300.26	69.975
收到其他与经营活动有关的现金	462.36	495.24
经营活动现金流入小计	20 008.94	11 966.22
购买商品、接受劳务支付的现金	16 884.90	9 331.26
支付给职工以及为职工支付的现金	416.00	341.865
支付的各项税费	108.14	228.09
支付其他与经营活动有关的现金	1 575.12	1 065.57
经营活动现金流出小计	18 984.15	10 966.785
经营活动产生的现金流量净额	1 024.79	999.435
二、投资活动产生的现金流量		
收回投资收到的现金	112.05	3.345
取得投资收益收到的现金	1 161.53	3.03
处置固定资产、无形资产和其他长期资产收回的现金净额	67.46	38.61
处置子公司及其他营业单位收到的现金净额	0.00	0
收到其他与投资活动有关的现金	0.00	0
投资活动现金流入小计	1 341.03	44.985
购建固定资产、无形资产和其他长期资产支付的现金	664.11	182.205
投资支付的现金	217.85	1 533.78
取得子公司及其他营业单位支付的现金净额	0.00	1 200
支付其他与投资活动有关的现金	0.00	6
投资活动现金流出小计	881.96	2 921.985
投资活动产生的现金流量净额	459.08	−2 877
三、筹资活动产生的现金流量		
吸收投资收到的现金	0.00	1 546.86
取得借款收到的现金	3 553.64	6 007.71
发行债券收到的现金	0.00	740.355
收到其他与筹资活动有关的现金	0.00	0

第9章　财务报表分析

续表

项　　目	2012年12月31日	2011年12月31日
筹资活动现金流入小计	3 553.64	8 294.925
偿还债务支付的现金	3 434.22	4 536.555
分配股利、利润或偿付利息支付的现金	303.06	320.805
支付其他与筹资活动有关的现金	0.00	29.22
筹资活动现金流出小计	3 737.28	4 886.58
筹资活动产生的现金流量净额	−183.65	3 408.345
四、汇率变动对现金及现金等价物的影响	−31.14	−8.37
五、现金及现金等价物净增加额	1 269.08	1 522.41
加：期初现金及现金等价物余额	2 615.37	1 092.915
六、期末现金及现金等价物余额	3 884.45	2 615.325

第 10 章 制造业成本费用报表

学习目标

通过本章的学习,你应该能够:
1. 了解产品成本表的内容和作用;
2. 了解主要产品单位成本表的内容和作用;
3. 了解制造费用明细表和期间费用明细表的构成;
4. 了解基本的成本费用报表分析的内容和方法。

引导案例

某制鞋厂生产销售一种高级室内家居拖鞋,年生产能力为 100 000 双,每双成本价为 8.125 元,市场销售价格为每双 10 元,每销售一双,同时还会产生 1.5 元的销售费用。根据销售预测,该厂编制了年度利润表(见表 10-1),其中,制造费用、销售部门行政开支的 80% 是固定成本。

表 10-1 拖鞋生产销售利润表

销售收入(80 000)双	每双仅售 10 元	800 000
	单位成本	总成本
生产成本	8.125	650 000
其中:直接材料	4.025	322 000
直接人工	0.975	78 000
制造费用	3.125	250 000
销售费用	1.50	120 000
其中:门市部销售计件工资	0.5	40 000
销售部门行政开支	1.0	80 000
税前利润	0.375	30 000

年初,东方宾馆直接来订货 30 000 双,但每双只愿出价 7.50 元,而且必须一次全部购置,否则不要(此项业务不会影响该厂在市场上的正常需要量)。对东方宾馆的订货,张厂长认为对方出价 7.50 元,大大低于生产和销售成本,而且还影响 10 000 双正常销售,

可能造成亏损,不应接受。生产科李科长算了一笔账,认为即使减少正常销售 10 000 双,按 7.50 元接受 30 000 双订货对企业还是有利的,应该接受。销售科吴科长认为正常销售应该保证,不能减少。接受 30 000 双订货,缺少 10 000 双可采取加班的方法来完成,但要支付加班费每双 1.80 元,其他费用不变。生产科长对销售科长的建议竭力反对,认为这 10 000 双肯定亏损,销售科长坚持认为这样对企业更有利。最后,他们就这个问题询问了会计科刘科长:东方宾馆低于生产和销售成本的订价是否会给企业带来亏损?若按销售科长的建议,企业的利润是多少?采用哪一个方案能使本厂获利最多?

在会计科长的解释下,张厂长确定了一件事,那就是:尽管东方宾馆的订价低于生产和销售成本,但却不会给企业带来亏损,企业仍然是盈利的。但同时,张厂长对于从会计科科长口中蹦出的成本会计、变动成本、成本报表等却是似懂非懂。"看样子,以后我得多多向你们学习啊。"走出会计科科长办公室之前,厂长笑着拍了拍李科长的肩。

回到办公室,张厂长就上网查找了相关资料,了解了一些知识,比如,自己这种生产制造型企业产品成本的形成是在各种成本费用分配、归集后得到的,生产的产品数量越多,则单位产品实际负担的成本费用就越少,相应地就能采取"薄利多销"的策略,接受低于市价的大批量订货。"要使得生产的产品在价格上更有竞争力,必须得进一步降低产品成本啊",张厂长在心里盘算着,同时在计算机上敲打出"成本会计""成本报表"等文字。

作为企业管理者,需要全面了解企业的经营情况,以提升企业的经营业绩,增加利润。因此,需要企业一方面不断"开源",拓展销售渠道,尽力增加经济利益的流入;另一方面做到"节流",减少其产品生产过程中的各种成本费用。为此,也就要求企业管理者能了解其产品形成过程中的成本费用构成,不断挖掘降低成本的途径。本章节的学习,将能帮助读者了解相关产品的成本费用,以及从成本费用表中分析寻找降低成本的途径。

10.1 成本费用报表概述

10.1.1 成本费用报表的概念

成本费用报表是根据日常成本核算资料及其他有关资料编制的,反映企业一定时期内产品成本水平和费用支出情况,并据以分析企业成本计划执行情况和结果的报告文件。正确、及时地编制成本报表,是成本会计的一项重要内容。

成本费用报表同前面我们所了解的财务报表同属于会计报表体系,财务报表所提供的会计信息主要供企业外部用户使用,所以也称为外部报表;成本费用报表则主要为企业内部管理服务,属于内部报表。因此,成本费用报表在编报的时间、格式与内容上,相对于财务报表而言有一定的灵活性。一般来说,产品成本表等主要成本报表要定期、按一定格式编报,而其他成本报表则由企业根据其生产类型和管理上的具体要求来确定编报时间、格式与内容。

10.1.2 制造业成本报表的种类

一般来说,对于成本费用报表的报表种类、格式和编报时间,企业可根据自身生产经营特点和管理的具体要求而定,并没有统一要求。但若主管企业的上级机构为了指导所属企业的成本管理工作,或需要为国家宏观管理提供成本费用数据,也可要求企业将成本费用报表作为其会计报表的附表进行上报。此时成本费用报表的种类、项目、格式和编报方法,可由上级主管机构确定,或者由上级主管机构与企业共同确定。

制造业的成本费用报表,从广义的角度来看,既包括与产品成本直接相关的产品成本报表,也包括与产品成本没有直接关系的期间费用报表;既包括反映产品实际生产成本的报表,又包括反映部门责任成本或质量成本的报表;既包括主要提供价值量信息的报表,还包括反映实物量指标的报表。

从成本费用报表反映的经济内容来划分,一般将成本费用报表分为以下两类:

① 反映产品成本情况的报表,一般按月编报,主要有产品成本表、主要产品单位成本表;

② 反映费用情况的报表,一般按年编报,主要有制造费用明细表和各种期间费用报表(包括管理费用明细表、财务费用明细表、销售费用明细表)。

为了加强对企业成本费用的日常管理,企业还可以根据需要,设计和编制日报、月报等各种成本费用报表。

10.1.3 成本报表的作用

成本报表的作用主要有以下四条。

① 可据以了解企业一定时期内的产品成本水平及费用支出情况。

② 可据以分析成本计划或预算的执行情况,考核成本计划的完成情况,并查明产品成本升降的原因等。

③ 可据以编制下期成本计划。

④ 对于有主管部门的企业,将成本费用制表报送上级主管部门,能够使主管部门了解所属企业整体的成本水平,又能与同行业间各企业进行交流对比;同时还将有助于主管部门了解企业对国家有关政策、法规、制度的执行情况,从而加强对企业成本管理工作的督导。

为了充分发挥成本报表的作用,企业编制的成本报表必须数字真实、内容完整和编报及时。

10.2 产品成本表

10.2.1 产品成本表的概念和作用

产品成本表是反映企业在报告期内生产的全部产品(包括可比产品和不可比产品)的

总成本,以及各种主要产品的单位成本和总成本的报表。

根据产品成本表所提供的资料,可以对全部产品和主要产品成本计划执行情况进行考核,对产品成本节约或超支情况进行评价;利用产品成本表,可以考核可比产品成本降低计划的执行,计算各种因素对计划执行情况的影响程度,并找出不利因素,采取措施,进而挖掘降低成本的潜力。

10.2.2 产品成本表的结构和内容

商品产品成本表通常由三大部分组成:可比产品成本;不可比产品成本和补充资料。对于可比产品和不可比产品两大类,产品成本表会分别列出它们的单位成本、本月总成本、本年累计总成本。

上述所提及的可比产品,是指去年或者以前年度正式生产过,具有较完备成本资料的产品;不可比产品,则是指去年或以前年度未正式生产过的产品,因而没有成本资料。对于去年试制成功,今年正式投产的产品,也应作为不可比产品。

产品成本表中可比产品的单位成本、本月总成本和本年累计总成本,又分别列出上年实际平均数、本年计划数、本月实际数和本年累计实际平均数,这样做便于分析年初编制的可比产品成本表的完成情况。

产品成本表中不可比产品的单位成本、本月总成本、本年总成本和全部商品产品的总成本,同时列出本年计划数、本月实际数和本年累计实际平均数。这样做便于考核不可比产品和全部商品产品成本计划的执行情况。

产品成本表的格式和内容见表10-2。

表10-2 产品成本表

编制单位:××工厂　　　　　　20××年12月　　　　　　　　　　单位:元

产品名称	计量单位	实际产量		单位成本				本月总成本			本年累计总成本		
		本月	本年累计	上年实际平均	本年计划	本月实际	本年累计实际平均	按上年实际平均单位成本计	按本年计划平均单位成本计	本月实际	按上年实际平均单位成本计	按本年计划单位成本计	本年实际
可比产品合计								130 000	122 500	123 900	514 500	485 000	479 100
其中: 甲	件	400	1 700	105	100	98	99	42 000	40 000	39 200	178 500	170 000	168 300
乙		1 100	4 200	80	75	77	74	88 000	82 500	84 700	336 000	315 000	310 800
不可比产品合计									110 000	109 500		370 500	367 290
其中: 丙	件	200	810		250	240	245		50 000	48 000		202 500	198 450
丁		300	840		200	205	201		60 000	61 500		168 000	168 840
全部产品成本									232 500	233 400		855 500	846 390

补充资料:①可比产品成本降低额35 400元;②可比产品成本降低率6.9%(本年成本计划降低率5.73%)。

产品成本表中补充资料包括可比产品成本降低额和可比产品成本降低率,根据表中有关数字计算,计算公式如下:

$$可比产品成本降低额 = 可比产品按上年平均实际单位成本计算的本年累计总成本 - 本年累计实际总成本$$

$$可比产品成本降低率 = \left(可比产品成本降低额 \div 可比产品按上年实际平均单位成本计算的本年累计总成本\right) \times 100\%$$

表 10-2 中可比产品成本降低额和可比产品成本降低率计算如下:

$$可比产品成本降低额 = 514\,500 - 479\,100 = 35\,400(元)$$

$$可比产品成本降低率 = (35\,400 \div 514\,500) \times 100\% = 6.9\%$$

补充资料中本年可比产品成本降低计划,即计划降低率,根据本年成本计划填列。

10.2.3 产品成本表分析

成本费用报表作为对内报表,编制的目的主要是满足企业内部经营管理者的需要,因而内容更具有针对性,也更注重时效性。为发挥成本费用报表指导生产的作用,要求管理者能对定时或不定时报送的成本费用报表进行分析与评价,认识和掌握降低成本费用的规律,揭示影响成本升降的各种因素及其变动的原因,挖掘降低成本的潜力,以提高企业成本效益。可以说,成本分析是寻求产品成本降低过程中不可缺少的一步。

利用表 10-2,可以做以下分析。

1. 对全部产品成本计划的完成情况进行总括评价

通过总评价,一是对企业全部产品成本计划的完成情况有个总括的了解;二是通过对影响计划完成情况的因素进行初步分析,为进一步分析指明方向。根据表 10-2 所示资料编制分析表,详见表 10-3。

表 10-3 本年累计全部产品成本计划完成情况分析表

产品名称	计划总成本/元	实际总成本/元	实际比计划升降额/元	实际比计划升降额/%
1. 可比产品	485 000	749 100	-5 900	-1.22
其中:甲	170 000	168 300	-1 700	-1
乙	315 000	310 800	-4 200	-1.33
2. 不可比产品	370 500	367 290	-3 210	-0.87
其中:丙	202 500	198 450	-4 050	-2
丁	168 000	168 840	+840	+0.5
合计	855 500	846 390	-9 110	-1.06

表 10-3 中数字的计算如下:

$$本年累计全部产品成本实际比计划升降额 = 实际总成本 - 计划总成本$$
$$= 846\,390 - 855\,500$$
$$= -9\,110(元)$$

$$\text{本年累计全部产品成本计划完成率} = \frac{\sum(\text{各种产品实际单位成本} \times \text{实际产量})}{\sum(\text{各种产品计划单位成本} \times \text{实际产量})} \times 100\%$$

$$= \frac{846\,390}{855\,500} \times 100\% = 98.94\%$$

成本升降率 $= 98.94\% - 100\% = -1.06\%$

计算表明,本年全部产品累计实际总成本比计划节省了 9 110 元,降低了 1.06%。其中,可比产品成本实际比计划节约了 5 900 元,甲、乙产品分别节约了 4 200 元、1 700 元;不可比产品成本实际比计划节约了 3 210 元,其中丙产品成本节约了 4 050 元,而丁产品则超支了 840 元。显然,进一步分析的重点应查明丁产品成本超支的原因。

2. 分析可比产品成本降低计划的完成情况

可比产品成本降低计划指标和计划完成情况的资料,分别反映在企业的成本计划和成本报表中。

【例 10-1】 华生制造企业 2012 年的可比产品成本降低计划见表 10-4。

表 10-4 华生企业可比产品成本降低计划表

可比产品	全年计划产量/件	单位成本/元		总成本/元		计划降低率	
		上年实际平均	本年计划	按上年实际平均单位成本计算	按本年计划单位成本计算	降低额/元	降低率/%
甲	400	84	82	33 600	32 800	800	2.38
乙	200	760	750	152 000	150 000	2 000	1.32
合计				185 600	182 800	2 800	1.51

可比产品成本降低计划的完成情况,详见编制的分析表(表 10-5)。

表 10-5 华生企业可比产品成本计划完成情况

可比产品	全年实际产量/件	本年实际单位成本/元	总成本/元		计划完成情况	
			按上年实际平均单位成本计算	本期实际	降低额/元	降低率/%
甲	500	81	42 000	40 500	1 500	3.57
乙	300	763	228 000	228 900	−900	−0.39
合计			270 000	269 400	600	0.22

1) 分析可比产品成本降低计划的完成情况

首先应确定分析的对象,即以可比产品成本实际降低额、实际降低率与计划降低额、计划降低率进行对比,确定实际脱离计划的差异:

计划降低额为 2 800 元,计划降低率为 1.51%;

实际降低额为 600 元,实际降低率为 0.22%。

实际脱离计划差异:

降低额 $= 600 - 2\,800 = -2\,200$(元)

降低率 $= 0.22\% - 1.51\% = -1.29\%$

以上的计算结果表明：可比产品成本降低计划没有完成，实际比计划少降低了 2 200 元，比率为 1.29%。很明显，华生企业 2012 年的成本节约计划未完成，管理层应寻找问题发生的原因，以便采取相应措施。

2) 确定影响可比产品成本降低计划完成情况的因素和各因素的影响程度

影响可比产品成本降低计划完成情况的因素，概括起来有三个。

一是产品产量。成本降低计划是根据计划产量制订的（本例中甲产品计划产量 400 件，乙产品计划产量 200 件），实际降低额和降低率都是根据实际产量计算的。因此，产量的增减必然会影响可比产品成本降低计划的完成情况。但是产量变动的影响有其特点：假定其他条件不变，即产品品种结构和产品单位成本不变，单纯产量变动只影响成本降低额，而不影响成本降低率。比如说，假设华生企业 2012 年可比产品甲、乙的实际产量都比计划多生产 20%，而产品品种结构和单位成本不变，则由于成本总额是单位成本与产量的乘积，故可比产品的本期实际成本与按上年实际平均单位成本计算的成本总额同步增长 20%，所以在成本降低额变化的同时，成本降低率不变。

为此，在已知按上年实际平均单位成本计算的成本总额与本年单纯产量变动幅度后，就可以计算得出本期实际成本降低数额，即：

$$\text{单纯产量变动下的成本降低额} = \text{按上年实际平均单位成本计算的总成本} \times \text{成本实际降低率}$$

二是产品品种结构。由于各种产品的成本降低程度不同，因而当产品品种结构发生变动时，就会影响可比产品成本降低额和降低率的升高或降低。在分析中之所以要单独计量产品品种结构变动影响，目的就在于揭示企业取得降低产品成本真实成果的具体途径，从而对企业工作作出正确评价。

三是产品单位成本。可比产品成本计划降低额是本年度计划成本比上年度（或以前年度）实际成本的降低数，而实际降低额则是本年度实际成本比上年度（或以前年度）实际成本的降低数。因此，当本年度可比产品实际单位成本比计划单位成本降低或升高时，必然会引起成本降低额和降低率的变动。产品单位成本的降低意味着生产中活劳动和物化劳动消耗的节约。因此，分析时应特别注意这一因素的变动影响。

上述对影响成本计划完成情况的三个因素的分析，是成本分析中普遍采用的思路之一，是建立在管理角度影响变动费用的三因素之上的。从管理角度出发，企业生产产品所耗费的总成本中，原材料、燃料和动力、生产工人计件工资等可归属于一种变动费用，因为它们随着产品产量的增减而相应成正比例变动；而生产工人的计时工资和制造费用（制造费用所涵盖的范围具体可见后面的制造费用报表）中的绝大部分则可划归为一种固定费用，这类费用的数额变动与产品产量的增减没有直接联系，不会因为生产数量的减少而减少。因而当产量变动时，固定成本总额相对来讲是不变的，但产品单位成本中的固定费用却会因产量的增减而相应降低或升高。如此划分，有利于管理者更快地找到引起成本增减的原因。

10.3 主要产品单位成本表

10.3.1 主要产品单位成本表的概念和作用

主要产品单位成本表是一种反映企业在报告期内生产的各种主要产品的单位成本的构成情况和各项主要技术经济指标执行情况的报表。它对产品成本表的有关单位成本作了进一步的补充说明,可为企业的经营管理提供更详细的信息。

利用该表,可以对各种主要产品单位成本计划的执行结果进行考核;对各成本项目和消耗定额的变化及其原因进行分析,对成本构成的变化趋势进行分析。此外,该表还有助于生产同种产品的不同企业之间进行成本对比。总之,利用该表能够帮助分析成本变动的内在原因,挖掘降低成本的潜力。

10.3.2 主要产品单位成本表的结构和内容

主要产品单位成本表的结构可分为上、下两半部分。上半部分反映单位产品的成本项目,并分别列出历史先进水平、上年实际平均、本年计划、本月实际和本年累计实际平均的单位成本。下半部分则反映主要技术经济指标,并分别列出历史先进水平、上年实际平均、本年计划、本月实际和本年累计实际平均的单位用量。

主要产品单位成本表的格式和内容见表 10-6。

表 10-6　主要产品单位成本表

编制单位:××工厂 20××年 12 月

产品名称	甲产品	本月计划产量/台	360
规格		本月实际产量/台	400
计量单位	台	本年累计产量/台	3 600
销售单价/元	280	本年累计实际产量/台	4 400

成本项目	列次	历史先进水平 ××年	上年实际平均	本年计划	本月实际	本年累计实际平均
		1	2	3	4	5
直接材料/元		110	120	116	112	112
直接人工/元		36	40	32	32	30
制造费用/元		24	40	32	32	36
合计/元		170	200	180	176	178

主要技术指标	计量单位	单位用量	单价/元	单位用量	单价/元	单位用量	单价/元	单位用量	单价/元	单位用量	单价/元
1 普通材料	千克	15	3.0	16	2.5	15	2.4	14	2.5	15	2.4
2 优质材料	千克	10	1.0	10	2.0	11	2.0	10	2.1	10	2.0
3 工时	小时	36	—	42	—	40	—	36	—	38	—

表10-6列示的是可比产品的单位成本表,对于不可比产品,因没有所谓的"历史先进水平""上年实际平均"项目,而不需填列。表10-6中按成本项目反映的"上年实际平均""本年计划""本月实际""本年累计实际平均"的单位成本合计,应与产品成本中的各该产品单位成本金额分别对应相等。

10.3.3 主要产品单位成本表分析

分析主要产品单位成本的意义,在于揭示各种产品单位成本及其各个成本项目的变动情况,尤其是各项消耗定额的执行情况;确定产品结构、工艺和操作方法的改变,以及有关技术经济指标变动对产品单位成本的影响,查明产品单位成本升降的具体原因。

分析主要依据主要产品单位成本表、成本计划和各项消耗定额资料,以及反映各项技术经济指标的业务技术资料等。分析的程序一般是先检查各种产品单位成本实际比计划、比上年实际、比历史先进水平的升降情况;然后按成本项目分析其增减变动,查明造成单位成本升降的具体原因。为了在更大的范围内找到差距、挖掘潜力,在可能的条件下,还可以组织厂际间同种类产品单位成本进行对比分析。

1. 主要产品单位成本变动情况分析

华生企业乙产品的单位成本资料如表10-7所示数据。

表10-7 华生企业乙产品单位成本表

成本项目		历史先进水平	上年实际平均	本年计划	本月实际	本年累计实际平均
原材料/元		470	480	480	475	482
燃料及动力/元		37	52	48	40	53
职工薪酬/元		81	86	82	75	78
制造费用/元		140	142	140	145	150
产品单位成本/元		728	760	750	735	763
主要技术经济指标——耗用量/千克	A材料	19	21	20	18	18
	B材料	32	33	32	30	34

从表10-7可看出,乙产品本月实际单位成本比本年计划、上年实际平均、全年累计实际平均都降低了,虽然还未达到历史最好水平,但总的情况还是好的。从成本项目对比中可以看出,产品单位成本的降低主要是由于原材料、燃料及动力、职工薪酬的节约,说明企业在降低乙产品原材料、燃料及动力消耗方面,在改进乙产品的生产组织和劳动组织、提高劳动生产率方面采取了措施,取得了成绩。但是,也要看到制造费用本月实际比本年计划、上年实际平均都超支了,这说明还存在薄弱环节。为了查明产品单位成本及其成本项目变动的原因,还须进一步对各个成本项目特别是重点项目,即对变动影响大的项目做具体分析。

2. 主要成本项目分析

一定时期产品单位成本的高低,是与企业该时期的生产技术、生产组织的状况和经营管理水平,以及采取的技术组织措施效果相联系的。因此,在对企业产品单位成本进行分析时,应紧密结合企业技术经济方面的资料,查明成本升降的具体原因。

下面以原材料费用、职工薪酬和制造费用等几个主要成本项目为例,说明分析的一般方法。

1) 原材料费用的分析

影响原材料费用变动的因素主要有两个:单位产品原材料消耗数量和原材料价格。其变动影响用差额计算法计算如下:

$$\text{原材料消耗数量变动的影响} = \left(\text{实际单位耗用量} - \text{计划单位耗用量}\right) \times \text{原材料计划单价}$$

$$\text{原材料价格变动的影响} = \left(\text{原材料实际单价} - \text{原材料计划单价}\right) \times \text{单位产品原材料实际耗用量}$$

【例 10-2】 生产乙产品所耗用材料的资料情况见表 10-8,试分析生产乙产品的成本变动情况以及变动产生的原因。

表 10-8 乙产品所耗用材料的资料

原材料名称	耗用量/千克		单价/元		原材料费用/元		差 异	
	计划	实际	计划	实际	实际	计划	数量/千克	金额/元
A	20	18	13.50	14	270	252	−2	−18
B	32	30	8.75	9	280	270	−2	−10
合计					550	522		−28
减:废料回收价值					70	47		−23
合 计					480	475		−5

乙产品原材料费用实际比计划降低了 28 元,其中:

① 由于耗用量变动导致的节省为

$$\begin{array}{l} \text{A 材料} \quad -2 \times 13.50 = -27(\text{元}) \\ \text{B 材料} \quad -2 \times 8.75 = -17.5(\text{元}) \\ \hline \text{合计} \quad -44.50(\text{元}) \end{array}$$

② 由于价格变动带来的变动为

$$\begin{array}{l} \text{A 材料}(14 - 13.50) \times 18 = 9(\text{元}) \\ \text{B 材料}(9 - 8.75) \times 30 = 7.5(\text{元}) \\ \hline \text{合计} \quad 16.50(\text{元}) \end{array}$$

在两方面因素变动的共同作用下,乙产品原材料费用最终降低了 28(−44.50 + 16.50)元。

在上述两因素中,原材料价格变动多属外界因素,需结合市场供求和材料价格变动情况作具体分析,不是企业能单纯加以控制的,在此不作详细分析。这里重点分析原材料消耗数量的变动情况和变动原因。案例表明,由于原材料消耗数量变动而使乙产品单位产品原材料费用降低了 44.5 元。而影响单位产品原材料消耗数量变动的原因有很多,通常来说,主要有以下几点,这些也是企业可以进一步加以改进的地方。

第一,产品或产品零部件结构的变化。在保证产品质量的前提下,改进产品设计,使产品结构合理、体积缩小、重量减轻,就能减少原材料消耗,降低原材料费用。

改进产品设计,减轻产品重量对单位产品原材料费用的影响,可按下式进行计算:

$$\text{产品重量变动对单位产品原材料费用的影响} = \left(1 - \frac{\text{变动后产品重量}}{\text{变动前产品重量}}\right) \times \text{变动前单位产品原材料费用}$$

【例10-3】 假定华生企业用钢材制造某种产品,产品原净重30千克,耗用钢材的成本为1 000元。改进产品设计后,产品结构更加合理,产品净重缩减为27千克。这项措施使产品单位成本下降的金额为

$$(1 - 27 \div 30) \times 1\,000 = 100(\text{元})$$

第二,原材料加工方法的改变。改进工艺和加工方法或采取合理的套裁下料措施,减少毛坯的切削余量和工艺损耗,就能提高原材料的利用率,节约原材料消耗,降低产品成本。

原材料利用率是反映原材料有效利用程度的指标,其计算公式为

$$\text{原材料利用率} = \text{产品有效重量} \div \text{投入生产的原材料重量} \times 100\%$$

原材料利用率变动对单位产品原材料费用的影响,可按下列公式进行计算:

$$\text{原材料利用率变动对单位产品原材料费用的影响} = \left(1 - \frac{\text{变动前的原材料利用率}}{\text{变动后的原材料利用率}}\right) \times \text{变动前单位产品原材料费用}$$

【例10-4】 某种产品改进原材料加工方法前后的有关资料详见表10-9,试作相关分析。

表10-9 某种产品改进原材料加工方法前后的有关资料　　　(产量:50件)

项　　目	改进前	改进后
原材料消耗总量/千克	12 500	11 800
原材料平均价格元(元/千克)	20	20
原材料总成本/元	250 000	236 000
加工后产品净重/千克	11 250	10 856
单位产品原材料成本/元	5 000	4 720

改进前原材料的利用率 = 11 250 ÷ 12 500 × 100% = 90%
改进后原材料的利用率 = 10 856 ÷ 11 800 × 100% = 92%
原材料利用率变动对产品单位成本的影响 = (1 - 90% ÷ 92%) × 5 000
　　　　　　　　　　　　　　　　　　= 108.70(元)

这种影响是有利的,原材料利用率的提高,使得原材料费用降低了108.70元。

第三,材料质量的变化。实际耗用的原材料质量如果高于计划规定,可能会提高产品质量,或者节约材料消耗,但材料费用会升高;反之,如果质量低于计划要求,价格虽低,但会增大材料消耗量,增加生产操作时间,或者降低产品质量。

第四,原材料代用或配料比例的变化。在保证产品质量的前提下,采用廉价的代用材料,选用经济合理的技术配方,就会节约原材料消耗或降低原材料费用。计算方法如下:

$$\text{由于原材料代用而形成的节约(或超支)} = \left(\text{原使用的原材料消耗量} \times \text{该材料的计划单价}\right) - \left(\text{代用的原材料消耗量} \times \text{该材料的计划单价}\right)$$

$$\begin{aligned}\text{原材料配料比例变动对单}\\ \text{位产品原材料费用的影响}\end{aligned} = \begin{aligned}\text{单位产品实际}\\ \text{耗用配料总量}\end{aligned} \times \begin{pmatrix}\text{按实际配方计} & - & \text{按计划配方计}\\ \text{算的平均单价} & & \text{算的平均单价}\end{pmatrix}$$

【例 10-5】 假定生产某种产品所消耗的各种原材料的单价不变,原材料消耗总量也不变,只是各种材料的配料比例发生了变化,其对产品单位成本的影响分析计算详见表 10-10。

表 10-10 配料比例变动分析

原材料名称	材料单价 (元/千克)	原配方		改进后配方	
		用量/千克	金额/元	用量/千克	金额/元
A	6	100	600	120	720
B	12	100	1 200	90	1 080
C	15	100	1 500	90	1 350
合计	—	300	3 300	300	3 150
平均单价			11		10.50

配料比例变动对单位成本的影响 = 300×(10.5－11) = －150(元)

也即,配料比例变动使得成本减少了 150 元。

如果各种原材料配料比例的变动是在原材料单价和原材料消耗总量同时变化的情况下发生的,则三个因素变动对产品单位成本影响的计算公式如下:

① 原材料消耗总量变动影响 =（实际消耗总量－计划消耗总量）
　　　　　　　　　　　　×计划配方的计划平均单价

② 配料比例变动影响 = 实际消耗总量×（实际配方的计划平均单价
　　　　　　　　　　－计划配方的计划平均单价）

在计算时,②式中实际配方的计划平均单价由下列公式计算得出:

$$\begin{aligned}\text{实际配方的}\\ \text{计划平均单价}\end{aligned} = \sum \begin{pmatrix}\text{原材料} & \times & \text{该材料}\\ \text{实际消耗量} & & \text{计划单价}\end{pmatrix} \div \begin{aligned}\text{实际消}\\ \text{耗总量}\end{aligned}$$

③ 原材料价格变动影响 = 实际消耗总量×（实际配方的实际平均单价
　　　　　　　　　　　－实际配方的计划平均单价）

第五,原材料综合利用。有些工业企业在利用原材料生产主产品的同时,还生产副产品,开展原材料的综合利用。这样就可以将同样多的原材料费用分配到更多品种和数量的产品中,从而降低主产品的原材料费用。

第六,生产中产生废料数量和废料回收利用情况的变化。

此外,生产工人的劳动态度、技术操作水平、机械设备性能以及材料节约奖励制度的实施等,都会影响原材料消耗数量的增减。

表 10-7 中,假定根据乙产品业务技术报告资料得知,A,B 两种原材料耗用量的减少是由于改进产品设计、简化产品结构、体积由重变轻所致,显然这是企业工作的成绩,应予以充分肯定。

表 10-8 中,废料回收价值的减少使原材料费用升高 23 元。引起废料回收价值减少的原因有两个:一是加工中废料减少,因而废料回收价值减少了;二是加工中废料并未减少,但由于废料回收工作组织得不好,进而造成废料回收价值减少。显然,只有前一种情

况才能使单位产品原材料费用降低。该例如属前一种情况,就应给予肯定。

2) 职工薪酬的分析

分析产品单位成本中的工资费用,必须按照不同的工资制度和工资费用计入成本的方法来进行。在计件工资制度下,计件单价不变,单位成本中的工资费用一般也不变,除非生产工艺或劳动组织方面有所改变,或者出现了问题。在计时工资制度下,如果企业生产多种产品,产品成本中的工资费用一般是按生产工时比例分配计入的。这时产品单位成本中工资费用的多少,取决于生产单位产品的工时消耗和每小时工资两个因素。生产单位产品消耗的工时越少,成本中分摊的工资费用也越少,而每小时工资的变动则受计时工资总额和生产工时总数的影响,其变动原因需从这两个因素的总体去查明。基于这种原因,分析单位成本中的工资费用,应结合生产技术、工艺和劳动组织等方面的情况,重点查明单位产品生产工时和每小时工资变动的原因。

表 10-7 中乙产品单位成本中的职工薪酬,本月实际不仅低于本年计划、上年实际平均和本年累计实际平均,尽管低于历史先进水平,但情况还是好的。

【例 10-6】 乙产品每件所耗工时数和每小时工资的计划数和实际数见表 10-11。

表 10-11 乙产品职工薪酬分析表

项　　目	单位产品所耗工时/小时	每小时工资/元	单位产品成本中的职工薪酬(元)
本年计划	2	41	82
本月实际	1.5	50	75
职工薪酬差异	-0.5	9	-7

以实际与计划对比,乙产品单位成本中职工薪酬本月实际比本年计划降低了 7 元。采用差额计算法分析各因素影响程度如下:

$$单位产品所耗工时变动影响 = -0.5 \times 41 = -20.5(元)$$
$$每小时工资变动影响 = 9 \times 1.5 = 13.5(元)$$
$$两因素影响程度合计 \quad -7(元)$$

以上分析计算表明,乙产品单位成本中职工薪酬节约 7 元,完全是工时消耗大幅度节约的结果,而每小时工资则是超支的。单位产品所耗工时的节约,可能是由于改进了生产技术或工人提高了劳动的熟练程度,从而提高了劳动生产率的结果;每小时工资的提高,由于它受计时工资总额和生产工时总数两个因素变动的影响,因而应结合这两个因素的分析查明原因。

3) 制造费用的分析

制造费用在生产两种以上产品的企业是间接计入的费用,与生产工人计时工资一样,一般是根据生产工时等分配标准分配计入产品成本的。因此产品单位成本中制造费用的分析与计时工资制度下的职工薪酬分析相类似,应先分析单位产品所耗工时和每小时制造费用两个因素变动的影响,然后查明这两个因素变动的原因。

不过,在进行上述的产品成本计划完成情况的分析中,还要注意以下几个问题。

① 成本计划本身的正确性。计划如果不正确、不科学,就难以作为衡量的标准和考核的依据。尤其是不可比产品,因为过去没有正式生产过,缺乏完整、可靠的成本资料作

为制订计划的依据。

② 成本核算资料的真实性。如果成本计划是正确的,而成本核算资料不真实,也难以正确评价企业成本计划的完成程度和生产耗费的经济效益。检查成本核算资料是否真实,关键是看生产费用的归集和分配是否严格遵守了规定的成本开支范围,是否正确划分了各个月份、各种产品以及完工产品与在产品之间的费用界限,有无乱挤成本、少计成本等任意调剂成本的现象。

③ 干扰因素的扣除。为了分清企业或车间在降低成本方面的主观努力和客观因素影响,划清经济责任,在评价企业成本工作时,应从实际成本中扣除客观因素以及相关车间、部门工作的影响。

10.4 费用报表

10.4.1 制造费用明细表

1. 制造费用明细表的概念及其作用

有了前面的基础,就不难推知制造费用明细表即为反映企业在报告期内发生的各项制造费用情况的报表。

利用制造费用明细表所提供的资料,可以分析制造费用的构成和各项费用的增减变动情况,考核制造费用预算的执行结果,以便进一步采取措施,节约开支,降低费用,从而降低产品的制造成本。

2. 制造费用明细表的结构和内容

在编制制造费用明细表时,应根据规定的可归属于制造费用的各项目列示"本年计划数""上年实际数"和"本年实际数"三栏数据资料。如此,就能用本年实际数分别同本年计划数和上年同期实际数进行比较,从而加强对制造费用的管理。表 10-12 列示的是一个制造费用明细表。

表 10-12 制造费用明细表

编制单位: 20××年度 单位:元

项目	行次	本年计划数	上年实际数	本年实际数
工资	1	2 500	3 800	3 800
职工福利费	2	450	560	630
折旧费	3	1 720	2 300	1 700
租赁费	4	400		600
机物料消耗	5	6 800	5 900	7 800
低值易耗品摊销	6	1 000	1 080	840
水电费	7	10 000	11 700	10 000
办公费	8	5 800	7 000	6 880
差旅费	9	1 300	1 900	2 200

续表

项目	行次	本年计划数	上年实际数	本年实际数
运输费	10	3 200	2 300	3 100
保险费	11	1 500	1 400	1 500
劳动保护费	12	600	900	760
季节性修理期间的停工损失	13	2 000	—	2 300
其他	14	530	600	400
合 计	15	37 800	39 440	42 510

10.4.2 期间费用明细表

1. 期间费用报表的概念和作用

期间费用报表反映的是企业在报告期内发生的管理费用、财务费用和销售费用的报表。

利用期间费用报表所提供的资料,可以考核期间费用计划或预算的执行情况,分析各项费用的构成和增减变动情况,以便进一步采取措施,压缩开支,不断降低费用水平。

2. 期间费用报表的结构和内容

管理费用明细表、财务费用明细表和销售费用明细表这三类期间费用报表的结构基本相同,都是按照规定的费用项目,分别反映"本年计划数""上年实际数""本年实际数"。同制造费用明细表一样,如此反映是为了便于分析比较,以加强对费用的控制和管理。相关期间费用报表的格式及内容分别见表10-13、表10-14、表10-15。

表10-13 管理费用明细表

编制单位: 　　　　　　　　　　20××年度　　　　　　　　　　单位:元

项目	行次	本年计划数	上年实际数	本年实际数
工资	1	80 000	86 000	81 000
职工福利费	2	11 200	12 040	11 340
差旅费	3	60000	70000	54 000
办公费	4	70 000	90 000	68 000
折旧费	5	6 000	6 000	6 000
修理费	6	4 000	3 500	4 100
物料消耗	7	10 000	8 000	8 500
低值易耗品摊销	8	8 000	9 500	9 200
工会经费	9	5 000	1 720	1 620
职工教育经费	10	2 750	1 290	1 715
劳动保险费	11	4 600	2 400	2 100
待业保险费	12	—	—	—
董事会费	13	8 000	9 000	8 300
咨询费	14	7 000	6 000	3 600
审计费	15	10 000	18 000	14 000
诉讼费	16	8 250	20 000	10 000
排污费	17	3 000	2 000	5 000

续表

项目	行次	本年计划数	上年实际数	本年实际数
绿化费	18	10 000	14 000	17 700
税金	19	70 000	72 000	69 000
技术转让费	20	174 000	180 000	145 000
技术研究开发费	21	148 000	—	131 000
无形资产摊销	22	12 000	11 000	12 000
开办费摊销	23	—	—	—
业务招待费	24	40 000	44 000	35 000
存货盘亏、毁损	25	4 000	800	3 100
其他	26	20 000	34 000	17 000
合　计	27	775 800	701 250	718 275

表 10-14　财务费用明细表

编制单位：　　　　　　　　　20××年度　　　　　　　　　单位：元

项目	行次	本年计划数	上年实际数	本年实际数
利息支出（减利息收入）	1	440 000	400 000	480 000
汇兑损失（减汇兑收益）	2	—	—	—
手续费	3	60 000	20 000	70 000
其他	4	—	—	—
合　计	5	500 000	420 000	550 000

表 10-15　销售费用明细表

编制单位：　　　　　　　　　20××年度　　　　　　　　　单位：元

项目	行次	本年计划数	上年实际数	本年实际数
工资	1	3 000	2 800	3 100
职工福利费	2	420	98	434
差旅费	3	4 000	5 000	4 600
办公费	4	6 000	6 800	5 700
折旧费	5	600	600	600
商品维修费	6	400	300	240
物料消耗	7	840	800	690
低值易耗品摊销	8	300	200	110
运输费	9	17 000	14 000	18 000
装卸费	10	4 500	3 600	4 800
包装费	11	21 000	18 000	19 000
保险费	12	45 000	40 000	45 000
委托代销手续费	13	3 600	3 000	4 300
广告费	14	100 000	50 000	100 000
展览费	15	6 200	—	7 000
租赁费	16	—	—	—
销售服务费	17	9 000	3 000	7 000
其他	18	30 000	40 000	26 000
合　计	19	251 860	188 498	246 574

企业除了按期编制前述各种成本报表外,还需要根据成本管理的需要和其他责任成本会计的要求,编报其他成本报表,在此我们不具体介绍,读者如若有兴趣,可参看后面列示的参考书目。

10.4.3 各种费用明细表的分析

制造费用、管理费用、销售费用和财务费用,虽然有的是作为生产费用计入产品成本,有的是作为期间费用直接计入当期损益,各自的经济用途不同;但是,它们都是由许多具有不同经济性质和不同经济用途的费用组成的。这些费用支出的节约或浪费,往往与公司(总厂)行政管理部门和生产车间工作的质量和有关责任制度、节约制度的贯彻执行情况密切相关。因此,向企业领导层和各有关部门、车间编报上述报表,分析这些费用的支出情况,不仅是促进节约各项费用支出、杜绝一切铺张浪费、不断降低成本和增加盈利的重要途径,也是推动企业改进生产经营管理工作,提高工作效率的重要措施。

由于上述各种费用都是按整个公司(总厂)或分厂、车间、部门编制计划加以控制的,因此分析各种费用计划的执行情况,查明各种费用实际脱离计划的原因,也只能按整个公司(总厂)或分厂、车间、部门来进行。

对上述各种费用进行分析,首先应根据表中资料以本年实际数与本年计划数相比较,确定实际脱离计划的差异,然后分析差异产生的原因。由于各种费用所包括的费用项目具有不同的经济性质和用途,各项费用的变动又分别受不同因素变动的影响,因此,在确定费用实际支出脱离计划的差异时,应按各种费用组成项目分别进行,而不能只检查各种费用总额计划的完成情况,不能用其中一些费用项目的节约来抵补其他费用项目的超支。同时,要注意不同费用项目支出的特点,不能简单地把任何超过计划的费用支出都看作是不合理的。同样,对某些费用项目支出的减少也要做具体分析:有的可能是企业工作成绩,有的则可能是企业工作中的问题。例如,制造费用中的劳动保护费、试验检验费,管理费用中的职工教育经费等费用的减少,并不一定是由于工作的改进引起的。相反,不按计划进行上述活动或采取必要的措施,有可能造成劳动生产率下降和产品质量下降,甚至影响安全生产。而在超额完成产量计划、增加开工班次的情况下,相应地增加些机物料消耗和设备维护费、修理费、运输费也是合理的。总之,不能孤立地看费用是超支了还是节约了,而应结合其他有关情况,结合各项技术组织措施效果来分析,结合各项费用支出的经济效益进行评价。

在按费用组成项目进行分析时,由于费用项目众多,因此每次分析只能抓住重点,对其中费用支出占总支出比重较大的,或与计划相比发生较大偏差的项目进行分析。特别应注意那些非生产性的损失项目,如材料、在产品和产成品等存货的盘亏和毁损,因为这些费用的发生与企业管理不能直接相关。

分析时,除以本年实际数与本年计划数相比检查计划完成情况外,为了能从动态上观察、比较各项费用的变动情况和变动趋势,还应将本月实际数与上年同期实际数进行对比,以了解企业工作的改进情况,并将这一分析与推行经济责任制相结合,与检查各项管理制度的执行情况相结合,以推动企业改进经营管理,提高工作效率,降低各项费用支出。

为了深入地研究制造费用、管理费用、销售费用和财务费用变动的原因,评价费用支出的合理性,寻求降低各种费用支出的途径和方法,也可按费用的用途及影响费用变动的因素,将上述费用包括的各种费用项目按以下类别归类进行研究。

1. 生产性费用

生产性费用,如制造费用中的折旧费、机物料消耗等,这些费用的变动与企业生产规模、生产组织、设备利用程度等有直接联系。根据这些费用的特点,联系有关因素的变动,可以评价其变动的合理性。

2. 管理性费用

管理性费用,如行政管理部门人员的工资、办公费、业务招待费等。管理性费用的多少主要取决于企业行政管理系统的设置和运行情况以及各项开支标准的执行情况。分析时,除按明细项目与限额指标相比分析其变动的原因外,还应从紧缩开支、提高工作效率的要求出发,检查企业对有关精简机构、减少层次、合并职能、压缩人员等措施的执行情况。

3. 发展性费用

发展性费用,如职工教育经费、设计制图费、试验检验费、研究开发费等。这些费用与企业的发展相关,实际上是对企业未来的投资。但是这些费用应当建立在规划的合理、经济、可行的基础上,而不是盲目地进行研究开发或职工培训,应将费用的支出与取得的效果联系起来进行分析评价。

4. 防护性费用

防护性费用,如劳动保护费、保险费等。这类费用的变动直接与劳动条件的改善、安全生产等相关。显然,对这类费用的分析就不能认为支出越少越好,而应结合劳动保护工作的开展情况,分析费用支出的效果。

5. 非生产性费用

非生产性费用主要是指材料、在产品、产成品的盘亏和毁损。分析这类费用发生的原因,必须从检查企业生产工作质量、各项管理制度是否健全以及库存材料、在产品和产成品的保管情况入手,并把分析与推行和加强经济责任制结合起来。

讨论案例

费用报表的分析

尽管时值三月,但张经理却丝毫未感觉到春天的暖意,坐在装有暖气的办公室里,心里仍是一阵阵地发凉。办公桌上,是公司财务部送来的报表资料。由于金融危机,公司的业绩大受影响,在销售收入锐减的情况下,每天仍得负担各种费用支出。为了减少每天的开支,公司已经精简机构、裁减冗员,并实施了其他各种措施,但眼前的管理费用明细表中显示出的本年度的数额大大超过了上年初的预算数额。"该采取什么样的措施来尽可能地减少管理支出呢?"张经理暗自思忖着,并计划明天就此事召开一个会议。该公司2012年的管理费用明细表主要项目的资料见表10-16。

表10-16　公司管理费用明细表

费用项目	本年计划/万元	本年实际/万元	上年实际/万元	实际比计划 增减	实际比计划 ±(%)	本年比上年 增减	本年比上年 ±(%)
合计	1 200	2 133	1 052	933	78	1 081	103
科研费	350	1 179	201	829	237	978	487
招待费	120	116	122	-4	-3	-6	-5
公司经费	710	818	707	108	15	111	16
其中:职工教育培训	12	118	11	106	883	107	973
仓库经费	12	13	13	1	8	0	0
其他	8	7	9	-1	-13	-2	-23

从该明细表中,张经理很直接地看出,在总费用中,科研费用与公司经费形成了管理费用的主要支出,所占比例在80%以上,在2012年甚至高达93.62%。管理费用的超支也是由于科研费用与公司经费的超支而引起的,数据显示:2012年实际数额比计划数增加了933万元,而科研费用与公司经费的同期增加额却为935万元。再仔细看了看,张经理进而觉得轻松了些,感觉到去年实施的一系列减少开支的措施取得了一定成效,譬如,以往每年都超支的招待费在2012年首次能控制在预算之内了。针对2008年急转而下的市场环境,公司总部提出减少销售方面相应的广告、宣传支出,集中精力于新产品、新技术及新工艺的开发,为此加大了科研投入,以期在市场转好之际能开发出新的产品并投放于市场。正因为如此,才有了科研支出的大幅增加。至于公司经费,依张经理的了解,如果企业经营规模没有发生重大改变,该费用支出与企业的业务量几乎是没有关系的,不管销售业绩如何,这类费用支出大体都是相同的。因此,在每年年初大抵都能制定出合理预算。而公司今年该类经费的超支,则是由于职工教育经费的增加导致的,这也是公司在2012年这一特定环境采取的特定政策所致。2012年,公司的经营活动明显减少,公司在裁减部分冗员的同时,还利用充裕空闲时间对部分职工进行培训,掏钱为员工充电。看到这,张经理紧皱的眉头舒展了些,并决定以后继续在公司上下倡导并实行上年的"节俭办公"方法。

假如你是公司的一名管理者,面对相关费用明细表,为做好进一步的成本降低工作,你将如何分析相关费用明细表?

资料来源:自编案例。

本章小结

- 成本报表的设计、编制和分析是成本会计的重要内容,是完成成本会计任务、发挥成本会计作用的重要手段。设计和编制哪些成本报表,要从企业具体情况出发,按照会计原则的要求,正确、及时地为各级管理部门提供相关的成本会计信息,充分发挥成本会计"算为管用"的职能作用。管理人员应通过成本报表,正确评价企业的成本工作,挖掘和动员一切节约开支、降低成本的潜力。

- 产品成本表反映的是企业在报告期内生产的全部商品产品的总成本,以及各种主要产品的单位成本和总成本,主要由可比产品成本、不可比产品成本和补充资料这三部分构成。利用该表,可以对全部产品成本计划的完成情况进行总括评价,并在此基础上对可比产品成本降低计划的完成情况作重点分析。
- 主要产品单位成本表是对产品成本表进一步的补充说明,能为企业的经营管理提供更为详细的信息。分析此表的意义,在于通过各成本构成项目增减变动的分析,查明产品单位成本升降的具体原因,进而挖掘企业降低成本的潜力。
- 不管是作为生产费用计入产品成本,还是作为期间费用直接计入当期损益,各种费用明细表的格式都是相同的。通过分析各种费用的构成和各项费用的增减变动情况,可以促进企业节约各项费用支出,不仅有利于降低成本与增加盈利,还能推动企业改进生产经营管理工作,提高工作效率。

中英文关键词语

成本报表 cost statement
生产成本 production cost
可比产品 comparable products
不可比产品 incomparable products
计划成本 planned cost
实际成本 actual cost

产品成本 product cost
产品单位成本表 product costper unit statement
制造费用 manufacturing expense
期间费用 period expenses
降低率 reduction rate

思考练习题

1. 成本报表的种类有哪些?
2. 成本报表在经营管理中有什么作用?
3. 如何从分析成本费用报表入手来控制公司的各种费用支出?

本章参考文献

[1] 于富生,黎来芳,张敏.成本会计学[M].第6版.北京:中国人民大学出版社,2012.
[2] 胡玉明,潘敏虹.成本会计[M].第3版.厦门:厦门大学出版社,2010.
[3] 欧阳清,杨雄胜.成本会计学[M].北京:首都经贸大学出版社,2008.

第 11 章 经营决策分析

学习目标

通过本章学习,你可以:
1. 掌握成本习性的概念与成本的分类,了解混合成本的分解方法;
2. 了解变动成本法与制造成本法相比较的优点和局限性;
3. 掌握并能够熟练运用本量利分析法;
4. 熟悉决策分析的条件、步骤、种类;
5. 掌握经营决策分析的方法,并能运用这些分析方法解决实际问题。

引导案例

大宇公司在 2010 年购进一批木材 3 000 立方米,每立方米木材当时的价格为 900 元,2013 年该公司要在承建一居民住宅中使用这些木材,所以要对承建住宅中将被使用掉的木材确定成本。

公司的管理会计人员认为必须到市场上调查现在的木材价格才能确定成本的大小,因为市场价格确定的现行成本才是相关的成本。公司的财务会计人员认为在会计账面和报表中,不论市场上的价格如何变化,木材的成本都应按历史成本(900元)计算,这才是相关的成本。

决策中成本应如何分类和界定?你觉得针对上述问题应如何确定木材的成本。

通过这一章的学习,相信你可以处理这些问题。

11.1 成本习性与混合成本的分解

11.1.1 成本习性的概念与成本的分类

1. 成本习性的概念

成本习性又称成本性态,是指一定条件下成本总额与业务量之间数量上的依存关系。

其中,业务量是企业生产经营活动水平的标志量,是产出量或投入量,可以用实物度量、时间度量,也可以用货币度量。例如,产品产量、人工工时、销售额、主要材料处理量、生产能力利用百分数、生产工人工资、机器运转时数等,都可以作为业务量大小的标志。

2. 成本的分类

成本按其习性分类,可以分为固定成本、变动成本和混合成本。成本也可以按照许多其他的分类标志划分类型,用于满足企业管理的不同要求。比如,按照成本实际发生的时态,可以分为历史成本和未来成本;按成本可辨认性可以分为直接成本和间接成本;按成本可控性可以分为可控成本和不可控成本等。其中,按习性分类是会计中关于成本的最重要的一种分类。

下文中用横轴 x 表示业务量,用纵轴 c 表示成本。

1) 固定成本

固定成本是指其发生额不直接受业务量变动影响的成本,即在一定时期和一定的业务量范围内,成本总额不随业务量发生任何数额变化,具有相对稳定性。

固定成本的习性,即成本总额(用 a 表示)和单位成本(用 a/x 表示)随业务量 x 的变化关系,如图 11-1 和图 11-2 所示。

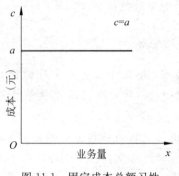
图 11-1　固定成本总额习性

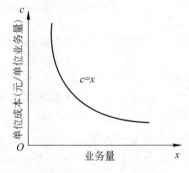
图 11-2　单位固定成本习性

由图 11-1 可见,固定成本总额 a 在一定时期和业务量范围内不变,这是其最重要的一个特征,因此,固定成本的水平一般以其总额表现。由图 11-2 可见,单位固定成本 a/x 随着业务量呈反比例变化,业务量越大单位固定成本越小。企业的房屋设备经营性租赁费、保险费、广告费和按使用年限法计提的固定资产折旧费等,都符合总额在一定范围内不变、单位成本随业务量增加越来越小的特点,这些成本费用可以看作固定成本。

2) 变动成本

变动成本是指在一定条件下,其总额随业务量成正比例增长的成本,又称可变成本。

变动成本的习性,即成本总额(用 bx 表示)和单位成本(用 b 表示)随业务量 x 的变化关系,如图 11-3 和图 11-4 所示。

由图 11-3 可见,变动成本总额 bx 在一定时期和业务量范围内,随着业务量的增加,呈现正比例变化。由图 11-4 可见,单位变动成本 b 随着业务量的增加保持不变,这是其最重要的一个特征,因此,变动成本一般以其单位成本表现。企业生产成本中单耗稳定的

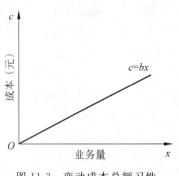
图 11-3　变动成本总额习性

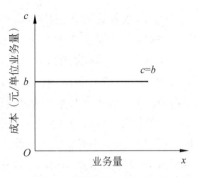
图 11-4　单位变动成本习性

原材料、燃料及动力、外购半成品、按产量法计提的折旧费和单纯计件工资形式下的生产工人工资,以及销售费用中按销量支付的佣金、装运费和包装费等,都符合单位成本不变、成本总额随着业务量增加而呈正比例变化的特点,这些成本都可以看作变动成本。

3）混合成本

混合成本是指随业务量增长而增长,但与业务量增长不呈严格比例关系的成本。

典型的混合成本有如图 11-5 至图 11-8 所示的几种情况。

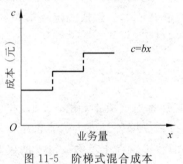
图 11-5　阶梯式混合成本

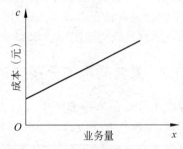
图 11-6　标准式混合成本

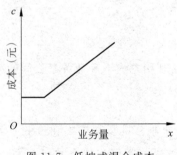
图 11-7　低坡式混合成本

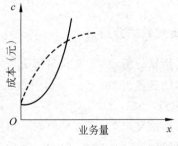
图 11-8　曲线式混合成本

图 11-5 的阶梯式混合成本又称半固定成本。例如,质检员的工资,一定数量的质检员可以完成一定数量范围内的产品质检,但当产品超过一定数量范围时,必须增加质检员的数目,则相应地也增加了质检员的工资,总的成本发生了阶梯式的跳跃。类似地,化验员、保养工、运货员等的工资都属于这类混合成本。其特点是:在一定时期和业务量范围内其成本不随业务量的变动而变动,类似固定成本,当业务量突破这一范围,成本就会跳

跃上升,并在新的业务量变动范围内固定不变,直到出现另一个新的跳跃。

图 11-6 的标准式混合成本又称半变动成本,由明显的固定和变动两部分成本合成,固定部分是不受业务量影响的基数成本,变动部分是在基数成本之上随业务量的增长而正比例增长的成本。如电话费,其月租费是个基数,无论当月是否打电话都应支付,属于固定成本性质,另一部分则与电话次数、距离的远近和通话时长相关,具有变动成本性质。

图 11-7 的低坡式混合成本,又称延期变动成本,其特点是:在一定的时期和业务量范围内其总额保持固定不变,一旦突破这个业务量,其超额部分的成本就会表现出变动成本呈比例增长的习性。例如,在正常产量情况下给员工支付固定月工资,当产量超过正常水平后则需支付绩效工资,这种人工成本就属于低坡式混合成本。

图 11-8 的曲线式混合成本通常有一个相当于固定成本的初始量,在此基础上,成本随业务量变动但并不存在线性关系,而是表现为一条开口向上或者向下的抛物线。图 11-8 中的实线,表明成本的增长幅度随业务量的增长而呈更大幅度的变化。图 11-8 中的虚线,表明成本的增长幅度小于业务量的增长幅度。例如,低峰和高峰电价不相同的电费,就表现为业务量的曲线式混合成本。

这里强调的一定时期和业务量范围,即成本的相关范围。成本按照习性的分类脱离相关范围,成本习性就可能发生变化,成本习性具有一定的相对性。既然不论哪种混合成本,都介于固定成本和变动成本之间,因此,可以将混合成本分解成固定成本和变动成本。这样全部成本都可以分成固定成本和变动成本两部分了。

11.1.2 混合成本的分解方法

混合成本分解是指按照一定方法将混合成本分为固定成本(用 a 表示)和变动成本(用 bx 表示,即单位变动成本与业务量的乘积)的过程。即各类混合成本都可以用一个成本函数模型 $c=a+bx$ 来近似模拟,混合成本分解的关键就在于参数 a 和 b 的确定。尽管在现实中成本与业务量之间并非完全符合线性关系,但这种近似的估计提供了解决问题的一种方法。参数 a 和 b 可以选用以下的方法来确定。

1. 历史数据分析法

历史数据分析法,首先收集历史成本数据,然后利用总成本和业务量之间的关系求出混合成本的函数模型 $c=a+bx$,包括三种具体方法。

1) 高低点法

高低点法又叫两点法,是根据一定期间内的最高业务量及其成本和最低业务量及其成本,来推算成本中的固定成本 a 和单位变动成本 b 的一种混合成本分解方法。

$$b = \frac{\text{高低点成本之差}}{\text{高低点业务量之差}}$$

$$a = \text{高点成本} - b \times \text{高点业务量} = \text{低点成本} - b \times \text{低点业务量}$$

2) 散布图法

散布图法又称布点图法或目测画线法,是将若干业务量和成本的历史对应数据以散布点标注在坐标纸上,通过目测画一条尽可能接近所有散布点的直线,在图上确定直线的

截距即固定成本 a,然后据以计算单位变动成本 b 的一种混合成本分解方法。

3）回归直线法

回归直线法又称最小二乘法,是根据过去一定期间业务量和成本的资料,运用最小平方法的原理算出最能代表成本和业务量关系的回归直线,借以确定固定成本 a 和单位变动成本 b 的方法。计算公式如下：

$$a = \frac{\sum c - b \cdot \sum x}{n}$$

$$b = \frac{n \sum cx - \sum x \cdot \sum c}{n \sum (x^2) - (\sum x)^2}$$

在上述三种历史数据分析法中,高低点法最为简便,但这种方法没有利用所拥有的全部数据,只利用最高点和最低点的数据,因此,如果最高点、最低点业务量的成本有畸高或畸低现象,计算结果就会不准确。散布图法也较为简便,容易理解,但由于通过目测画线,很难十分准确。回归直线法计算结果最为准确,但计算工作量较大。随着计算机的推广与普及,回归直线法得到了广泛的应用,Excel 软件可以轻松完成参数的计算过程。

2. 技术测定法

技术测定法是指由工程技术人员通过某些技术方法,根据生产过程中消耗量的技术测定和计算来划分成本的变动部分和固定部分的混合成本分解方法。例如,热处理的电炉设备,把每班预热的耗电成本划为固定成本,把预热后热处理的耗电成本划为变动成本。技术测定法的缺点是技术测定需要投入较多的人力、物力。

3. 合同确认法

合同确认法是指根据与供应单位签订的合同所规定的计价方法来确认固定部分和变动部分的混合成本分解方法。例如,把电话费所列的月租费基数列为固定成本,把按使用情况计价的部分列为变动成本。

4. 账户分析法

账户分析法,即根据经验判断各个成本项目及明细项目的性质,把那些与变动成本较为接近的,划入变动成本;把那些与固定成本较为接近的,划为固定成本。对于不易简单地划入变动或固定成本的项目,则可通过一定比例将它们分解为变动成本和固定成本两部分。

讨论案例1

到底该生产多少?

联合公司为一家汽车厂商提供一种零部件,该汽车厂商的需求量很大,联合公司的零部件经常供不应求,然而,联合公司的效益却并不理想。公司总经理不断地督促各部门查找原因。零部件没有积压,销售没问题;生产一直顺畅进行,也应该没什么问题。但是当总经理问到财务经理"一个零部件的毛利是多少"时,财务经理却回答:"不一定。"总经理继续追问,"那么一个零部件的成本是多少?"财务经理说:"得依据产量而定。"

原来,这种零部件的耗电量较大,平均每件20度。联合公司与当地供电部门在订立供电合同时,规定公司每月需支付供电部门变压器维持费1 000元,每月用电额度为8万度。在额度内每度电价为0.9元;如超过用电额度,则每度电价按9元计算。公司每月照明以及其他办公用电平均为4 000度。

请根据上述资料,采用合同确认法对用电成本进行分析,讨论公司是否应该多多益善地生产。

11.2 变动成本法

11.2.1 变动成本法的概念

变动成本法,是以成本习性分析为前提计算产品成本,只将生产过程中消耗的直接材料、直接人工和变动制造费用这些变动生产成本作为产品成本的构成内容,而将固定制造费用和销售及行政管理费用、财务费用等作为期间成本,全额计入当期利润表,作为利润减项的一种成本计算模式。

变动成本计算法的理论依据是:固定制造费用的作用是为企业提供一定的生产经营条件,以便企业处于生产准备状态和保持生产能力,同产品的实际产量没有直接联系,只同会计期间相联系,故其不应递延到下一个会计期间,而应在费用发生的当期全额列入利润表,作为本期利润总额的扣除项目。

变动成本法对产品成本和期间成本的本质有了新的定义,与制造成本法(完全成本法或全部成本法)在成本的分类、存货的计价、盈亏的计算和利润表的编制等方面存在不同。

11.2.2 变动成本法与制造成本法的比较

1. 成本的分类

变动成本法与制造成本法的成本分类中,成本划分的标准和构成内容不同。详见表11-1。

由表11-1可见,变动成本法的产品成本包括直接材料、直接人工、变动制造费用;制造成本法的产品成本包括直接材料、直接人工、制造费用。变动成本法的期间成本包括固定制造费用、固定销售费用、固定管理费用和财务费用;制造成本法的期间费用包括管理费用、销售费用和财务费用,不区分固定还是变动。因此,两者产品成本和期间成本费用的构成内容不同。

表 11-1　变动成本法与制造成本法的成本分类

区别的标志	变动成本法	制造成本法
成本划分标准	按照成本习性划分	按照经济职能划分
成本类别	变动成本 { 变动生产成本 { 直接材料、直接人工、变动制造费用 }；变动销售费用；变动管理费用 }　固定成本 { 固定制造费用；固定销售费用；固定管理费用；财务费用 } 期间成本	生产领域成本 { 直接材料、直接人工、制造费用 } 制造成本；营销领域成本——销售费用；管理领域成本——管理费用；融资领域成本——财务费用 } 期间费用

2. 存货的计价

变动成本法和制造成本法，期末存货成本和本期销货成本均可依据下式计算：

期末存货成本 = 期末存货量 × 本期单位产品成本

本期销货成本 = 期初存货成本 + 本期生产成本 − 期末存货成本

但由于两者本期单位产品成本计算结果不同，存货的计价结果也不同。

3. 盈亏的计算

采用变动成本法计算盈亏时，采用下面的计算公式：

营业利润 = 贡献毛益总额 − 期间成本总额
　　　　 = （营业收入总额 − 变动成本总额）− 期间成本总额

式中的变动成本总额包括变动生产成本、变动销售费用及变动管理费用。

采用制造成本法计算盈亏时，采用下面的计算公式：

营业利润 = 销售毛利总额 − 期间费用总额
　　　　 = （营业收入总额 − 营业成本）− 期间费用总额

式中的营业成本是指期初存货成本加上本期生产成本再减去期末存货成本后的成本金额，期间费用总额包括销售费用、管理费用和财务费用。

【例 11-1】　设连用公司去年只产销一种产品，有关资料如下：

期初产品存货为 0，年生产 2 000 件，销售 1 500 件，年末产品存货 500 件。该产品的销售单价 400 元，全面发生的成本包括直接材料 15 万元，直接人工 7.5 万元；制造费用 15 万元，其中变动 5 万元，固定 10 万元；销售费用 3 万元，其中变动 1.2 万元，固定 1.8 万元；管理费用 2 万元，其中变动 0.9 万元，固定 1.1 万元；财务费用 1 万元。要求：分别计算变动成本法和制造成本法下的产品成本、期末存货成本、本期销货成本以及营业利润。

【解答】　通过表 11-2 计算。

制造成本法下比变动成本法下的营业利润多了 25 000（258 750 − 233 750）元，原因就在于两种方法对期末存货的计价不同，制造成本法下的期末 500 件存货带走了固定制造费用 25 000（50 × 500）元。

表 11-2　两种成本法下相关数据的计算

产品数量(件)	成本项目	变动成本法		制造成本法	
		总成本(元)	单位成本(元)	总成本(元)	单位成本(元)
2 000	直接材料	150 000	75.00	150 000	75.00
	直接人工	75 000	37.50	75 000	37.50
	变动制造费用	50 000	25.00	50 000	25.00
	变动生产成本	275 000	137.50		
	固定制造费用			100 000	50.00
	制造成本			375 000	187.50
	本期生产成本	275 000	137.50	375 000	187.50
500	期末存货成本	68 750	137.50	93 750	187.50
0	期初存货成本	0		0	
1 500	本期销货成本	206 250	137.50	281 250	187.50
	变动成本总额	227 250		—	
	营业成本	—		281 250	
	期间成本	139 000			
	期间费用			60 000	
	营业收入总额	600 000	400	600 000	400
	营业利润	233 750		258 750	

4. 利润表的编制

两者的利润表上涉及项目的排列和计算方式不同,见表 11-3 的第 1 列和第 3 列。

变动成本法编制的利润表将所有的成本项目按照成本习性排列,以便取得贡献毛益的信息,故也称"贡献式"利润表;制造成本法编制的利润表把所有成本项目按照生产、销售、管理、融资等经济职能进行排列,也称"职能式"利润表。

无论哪种成本法下,单价和销售量均为已知常数,计算出来的营业收入是完全相同的。同样,非生产成本都属于期间成本费用,只是在计入利润表的位置和补偿途径方面有形式上的区别,不会对两种成本法当期营业利润产生差额影响。变动生产成本均属于产品成本的组成部分,因而也不可能使两种成本法当期营业利润出现差额。当期营业利润出现差额的根本原因在于,两种成本计算法计入当期利润表的固定生产成本即固定制造费用的水平存在差异。按照产、销量关系的三种不同情况,两者的营业利润也存在如下的对应关系。

① 若产、销量一致,无期初期末存货,或者有期初期末存货但两者的固定成本相等,则这两种成本法所扣除的固定成本总额相等,营业利润必然相等;

② 若产量大于销量,或期末存货中的固定成本大于期初存货中的固定成本,则制造成本法的营业利润要大,其多出数=(期末存货的单位固定生产成本×期末存货量)-(期初存货的单位固定生产成本×期初存货量);

③ 若产量小于销量,或期末存货中的固定成本小于期初存货中的固定成本,则制造成本法的营业利润要小,其差额=(期初存货的单位固定生产成本×期初存货量)-(期末存货的单位固定生产成本×期末存货量)。

总之,两种成本法的营业利润不同时,其差额的大小就等于期末存货与期初存货价值差额的绝对值。

【例 11-2】 接【例 11-1】的已知条件,分别编制利润表。

【解答】 见表 11-3。

表 11-3 两种成本计算法下的利润表　　　　　　　　单位:元

变动成本法(贡献式)		制造成本法(职能式)	
营业收入	600 000	营业收入	600 000
减:变动成本		减:营业成本	
期初存货	275 000	期初存货	
本期生产成本	68 750	本期生产成本	375 000
期末存货	206 250	期末存货	93 750
已销产品变动成本	12 000	已销产品成本	281 250
变动销售费用	9 000	销售费用	30 000
变动管理费用	227 250	管理费用	20 000
变动成本总额		财务费用	10 000
贡献毛益总额	372 750	营业利润	258 750
减:固定成本			
固定制造费用	100 000		
固定销售费用	18 000		
固定管理费用	11 000		
固定财务费用	10 000		
期间成本合计	139 000		
营业利润	233 750		

本例中,无期初存货,产量大于销量,则制造成本法的营业利润大,其多出数=(期末存货的单位固定生产成本×期末存货量)-(期初存货的单位固定生产成本×期初存货量)=500×50,所得的差额即为 25 000 元,和前面计算得到的结果一致。

11.2.3 变动成本法的优点与局限性

1. 变动成本法的优点

变动成本法的优点主要有以下四条。

1) 符合会计原则的要求

变动成本法对利润的计算,符合收入费用配比原则的要求,即以归属当期的收入和费用来确定利润。变动成本法把与生产能力利用程度无关、不随产量增减而发生变化的固定制造费用列为期间成本,同本期的收入相配合,由当期的利润来负担。而变动生产成本按照产销量的比例在当期成本和期末存货中分配,以分别同当期营业收入和未来的营业收入相配合。

2) 简化的成本计算和控制

变动成本法把固定间接费用列作期间成本,简化了间接费用的分配,同时避免了间接分配中的主观随意性,对于生产品种较多的企业,更是如此。另外,变动成本法所提供的信息还能把由于产量变动所引起的成本升降,同由于成本控制工作的好坏而造成的升降区别开来,有利于在事后进行科学的成本分析,便于采用正确的方法进行成本控制。简化的产品成本计算和控制,可以帮助减轻核算工作负担,有利于企业集中精力向成本管理的深度和广度努力。

3) 防止盲目生产

变动成本法计算的营业利润,在销售单价、单位变动成本、销售组合不变的情况下,同销售量同方向变动(尽管不成比例)。这就可促使管理层重视销售环节,搞好销售预测,加强促销工作,力求薄利多销,适销对路,防止盲目生产。这克服了制造成本法可能出现的伴随销售下降生产量大幅度增长造成的利润虚增的假象。

4) 有利于业绩评价

变动生产成本的高低能反映出生产部门和供应部门的工作实绩。如在直接材料、直接人工和变动制造费用方面有节约或者超支,就会立即从产品的变动生产成本指标上反映出来,它们可以通过事前制定成本标准来进行日常考核和控制。至于固定生产成本的高低,责任一般不在生产部门,通常应由管理部门负责。因此,变动成本法有利于对各责任单位的工作业绩作出实事求是的评价。

2. 变动成本法的局限性

变动成本法的局限性主要有以下三点。

1) 不符合传统的成本观念

传统的成本概念,是指为了达到一个特定目的而已经发生或可能发生的、以货币计量的代价,而产品成本是为了生产产品所发生的各种耗费,包括固定制造费用。变动成本法计算的单位产品成本,显然不符合传统的成本概念。更何况成本习性的划分,在很大程度上是假设的结果,不是一种非常精确的计算。

2) 不能适应长期决策的需要

变动成本法不能解决诸如增加或减少生产能力,以及扩大或缩小经营规模的长期经营决策问题。从长期看,由于技术进步和通货膨胀等因素,单位变动成本和固定成本总额都可能会发生变化,变动成本和固定成本都应该得到补偿。

3) 影响有关方面的利益

改用变动成本法的第一年,一般要降低期末存货的计价,这便增加了期间成本,因而会减少企业当期的营业利润,从而暂时影响国家的所得税收入和投资者的投资收益。

11.3 本量利分析

11.3.1 本量利分析概述

本量利分析法(简称 CVP 分析)是成本—业务量—利润关系的简称,是在变动成本计算模式的基础上,以数学模型与图示来揭示固定成本、变动成本、销售量、单价、销售额、利润等变量之间的内在联系,为会计预测、决策和规划提供必要信息的一种定量分析方法。本量利分析建立在相关范围内的成本习性分析的基本假定之上,即成本可以分成固定成本和变动成本两部分。

1. 本量利关系

已知:税后利润＝利润总额－所得税
　　　　　　　＝利润总额×(1－所得税税率)
　　　　　　　＝(营业收入－成本费用)×(1－所得税税率)
　　　　　　　＝(单价×销量－单位变动成本×销量－固定成本－期间费用)
　　　　　　　　×(1－所得税税率)

在不考虑期间费用、所得税时,假设产量和销量相同,上式可以简化成:

利润 ＝ 单价 × 销量 － 单位变动成本 × 销量 － 固定成本

上式是表达本量利之间数量关系的基本方程式,含有五个相互联系的变量,给定其中四个,便可求出另一个变量的值。在利润规划时,只有销量和利润两个变量,其他的变量已知。给定销量时,便可利用方程式直接计算出预期利润;给定目标利润时,则也可以计算出应达到的销量。如果待求的是其他变量,则可将方程式恒等变换,得出本量利关系或者说损益方程式的变换形式,即计算销量、单价、单位变动成本或者固定成本的方程式,从而求得待求量。

将成本、业务量、利润的关系反映在直角坐标系中,即为本量利图,因其能显示企业不盈不亏时需要达到的产销量,故又称盈亏临界图或损益平衡图,如图 11-9 所示。

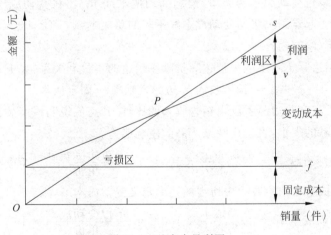

图 11-9　基本本量利图

基本本量利图的绘制主要有以下四步。

第一步:选定直角坐标系,以横轴表示业务量,纵轴表示成本和销售收入的金额。

第二步:在纵轴上找出固定成本数值,以(0,固定成本值)为起点,绘制一条与横轴平行的固定成本线 f;固定成本线与横轴之间的距离为固定成本值,它不因产量增减而变动。

第三步：以(0,固定成本值)为起点,以单位变动成本为斜率,绘制变动成本线 v;变动成本线与固定成本线之间的距离为变动成本,它随产量呈正比例变化;变动成本线与横轴之间的距离为总成本,它是固定成本与变动成本之和。

第四步：以坐标原点(0,0)为起点以单价为斜率绘制销售收入线 s。销售收入线与总成本线的交点 P,是盈亏临界点,在横轴上对应的是利润为 0 的销量,表明企业在此销量下总收入与总成本相等,既没有利润,也不发生亏损。在此基础上,增加销量,销售收入便会超过总成本,s 和 v 的距离为利润值,形成利润区;反之,形成亏损区。

2. 边际贡献方程式

基本的边际贡献方程式即用边际贡献或单位边际贡献表达的本量利关系。如下式：

$$利润 = 销售收入 - 变动成本 - 固定成本$$
$$= 边际贡献 - 固定成本$$
$$= 销量 \times 单位边际贡献 - 固定成本$$
$$= 销量 \times (单价 - 单位变动成本) - 固定成本$$

其中,边际贡献是销售收入减去其变动成本后的余额,指产品销售扣除自身变动成本后给企业所做的贡献。它首先用于收回企业的固定成本,如果还有剩余则成为利润,如果不足以收回固定成本则发生亏损。

类比基本本量利图,可以作出边际贡献式本量利图。其绘制步骤有以下四步:①选定直角坐标系,以横轴表示业务量,纵轴表示成本和销售收入的金额;②以坐标原点(0,0)为起点,以单位变动成本为斜率,绘制变动成本线 v;③在变动成本线基础上以点(0,固定成本值)为起点画一条与变动成本线平行的总成本线 t;④以坐标原点(0,0)为起点,以单价为斜率,绘制销售收入线 s。

进一步地,用边际贡献率或单位边际贡献率表达的本量利关系,如下式:

$$利润 = 销售收入 \times 边际贡献率 - 固定成本$$

其中,边际贡献率是边际贡献占销售收入的比重,其高低说明该产品为补偿固定成本所作出的相对贡献的大小,直接反映该产品的获利能力。

$$边际贡献率 = \frac{边际贡献}{销售收入} \times 100\% = \frac{单位边际贡献}{单价} \times 100\%$$

如果用变动成本在销售收入中所占的比率定义变动成本率,则:

$$变动成本率 = \frac{变动成本}{销售收入} \times 100\% = \frac{单位变动成本}{单价} \times 100\%$$

边际贡献率与变动成本率有如下关系:

$$变动成本率 + 边际贡献率 = 1$$

11.3.2 本量利分析的应用

本量利分析作为一种重要的定量分析方法,被广泛应用于企业经营活动决策分析中。

1. 单一产品的保本点分析

保本点也称"盈亏平衡点"或"损益两平点",是指能使企业处于不盈不亏、收支相等、损益平衡、利润为零状态,即保本状态的业务量或销售收入。此时的销售量占企业正常销售量的比重,即保本点的作业率,越小说明越安全,所以又叫"危险率"。这里所指的正常销售量,是指正常市场和正常开工情况下的销售数量,也可以用销售金额来表示。管理人员可进一步计算安全边际和安全边际率,以说明现有或预计可达到的销售量再降低多少,企业才会发生损失,其数值越大,企业发生亏损的可能性越小,企业的经营就越安全。

$$保本点销售量 = \frac{固定成本}{单价 - 单位变动成本} = \frac{固定成本}{单位边际贡献}$$

$$保本点销售额 = 单价 \times 保本点销售量$$

$$保本点作业率 = \frac{保本点销售量}{正常销售量} \times 100\%$$

$$安全边际 = 正常销售额 - 保本点销售额$$

$$安全边际率 = \frac{安全边际}{正常销售额} \times 100\%$$

2. 利润的敏感性分析

利润的敏感性分析是指利用本量利分析研究产销量、成本和价格等有关因素发生变动时,对利润的影响。例如,某一因素变化1%,利润变化轻微,则利润对该因素的敏感性就弱;反之,若利润变化大到超过1%的变化幅度,则利润对该因素的敏感性就强。

有关因素变动无非包括两种情况,单一因素变动或者多因素变动。其中:

$$利润的变动率 = |初始利润 - 变化利润| \div 初始利润$$

【例11-3】 某企业目前的损益状况如表11-4所示。

表11-4 某企业损益状况表

项 目	金额(元)
销售收入(1 000件×10元/件)	10 000
销货成本	
变动成本(1 000件×6元/件)	6 000
固定成本	2 000
利润	2 000

请计算:①假设单价、销售量、单位变动成本、固定成本分别发生了增加1%的变化,请分别计算利润的变动率;②假设单价、销售量、单位变动成本、固定成本同时发生了1%的相互独立变化,请计算利润的变动率。

【解答】 计算见表11-5:

可见,在影响利润变动的单一因素中,敏感性由强到弱的顺序依次为单价、单位变动成本、销售量、固定成本。各因素同时发生1%的相互独立变化,利润变化率为3%。

表 11-5　因素变化引起的利润变化

项目	增加	增加	增加	增加	增加
单价	1%				1%
销售量		1%			1%
单位变动成本			1%		1%
固定成本				1%	1%
变化利润(元)	2 100	2 040	1 940	1 980	2 060.4
利润变化率	5%	2%	3%	1%	3%

多因素发生变化时,这种变化可能是因素之间相互独立变化,也可能各变化之间存在一定的关联性。若各因素变动时相互关联,则一定要将所有的变动因素一并考虑。如果上述企业拟实施一项技术开发计划以提高工效,使单位变动成本由 6 元降为 5 元,技术开发投入为 1 000 元。则:

$$利润 = 10\,000 - 1\,000 \times 5 - (2\,000 + 1\,000) - 1\,000 = 1\,000(元)$$

上述技术开发投入和单位变动成本之间的变化就是相互关联的,两者同时考虑,才能得到正确的利润变化结果。

3. 经营杠杆分析

在利润敏感性分析中,利润的变动率大于业务量的变动率,两者的变动率并不同步。为了定量分析,把利润变动率相当于业务量变动率的倍数称为"经营杠杆率",计算公式如下:

$$\begin{aligned}
经营杠杆率 &= \frac{利润变动额 \div 基期的利润}{销售量变动额 \div 基期销售量} \\
&= 单位边际贡献 \times 销售量变动额 \div (销售量变动额 \div 基期销售量) \\
&= 单位边际贡献 \times 基期销售量 \\
&= 基期贡献毛益总额 \div 基期利润 \\
&= (基期利润 + 固定成本) \div 基期利润 \\
&= 1 + 固定成本 \div 基期利润 > 1
\end{aligned}$$

企业只要存在固定成本,经营杠杆率就大于 1,而且随着固定成本的变动同方向变动。只有企业不存在固定成本,才会使利润的变动率与业务量的变动率同步,然而这在任何企业都是不存在的。确切地说,企业由于存在固定成本而出现的利润变动率大于业务量变动率的现象称为"经营杠杆",它反映了企业的经营风险。即固定成本越大,经营杠杆率越高,利润的变动越是剧烈,企业的经营风险也越大。因此,在产销量的相关范围内,降低固定成本,不仅能提高等额销售量的利润,还能降低企业的经营风险。同时,增加基期销售量就增加了基期利润,降低了经营杠杆率,也降低了经营风险。企业如果充分利用现有生产能力增加产销量,不仅可以增加利润,也可以降低经营风险。

已知经营杠杆率,便可以结合计划期的销售变动率来预测计划期的利润。其计算公式为"预计计划期利润=基期利润×(1+利润变动率)=基期利润×(1+销量变动率×经营杠杆率)",利润变动率是经营杠杆率与销量变动率的乘积,这就意味着当企业产销量发生变动时,利润将以经营杠杆率倍数的幅度发生变化,即经营杠杆率扩大了市场和生产的不确定性因素对利润变动的影响,说明在经营状况多变的企业内,保持较低水平的经营杠杆率是有利的,能使企业避免高度紧张的经营状态。

11.4 决策分析及其分类

11.4.1 决策分析的概念

决策,是指为了达到预期的目标,对比分析各种可供选择的方案,从中选择最优方案的过程。

管理会计人员在调查研究的基础上,充分利用财务会计信息和其他有关资料,根据企业的主客观条件,借助于科学的理论和专门方法,对生产经营活动或固定资产投资活动的各种备选方案可能导致的结果,进行测算和比较,权衡利弊得失,从中选出最优方案,供管理层作出正确的判断和决策,这个过程就是"决策分析"。决策是企业经营的中心,是管理者的主要职责,决策分析的正确与否关系到管理绩效的高低,关系到一个企业的兴衰成败、生死存亡。

1. 决策分析的条件

决策分析要同时具备以下两个条件。①明确的目标,"有的放矢"说的就是要有目标,确定目标是决策分析的第一步。决策所要解决的问题必须十分明确,所要达到的目标必须十分具体。没有明确的目标,决策就是盲目的。②两个以上备选行动方案。决策实质上是选择行动方案的过程。如果只有一个备选方案,就不存在决策的问题。因而,至少要有两个或两个以上的方案,人们才能从中进行比较,最后选择一个满意方案为行动方案。同时,既然是行动方案,那么所有的方案必须在现有主客观条件下具有可行性,要能够付诸实施。

2. 决策分析的步骤

决策分析的步骤主要有以下四个:①形成决策问题,即弄清某项决策究竟要解决什么问题,决策目标应具体、明确,力求目标数量化;②判断状态及其概率,即针对决策目标广泛收集尽可能多的、对决策目标有影响的有关资料,提出若干技术上适当、经济上合理可行的备选方案,特别是有关预期收入和预期成本的状态数据及各种情况下的概率;③评价多个可行方案,这是整个决策分析的关键阶段,即把各个备选方案的可计量资料分别归类、系统排列,选择适当的专门方法,建立数学模型,对各方案的预期收入、成本进行计算和比较分析,再根据经济效益的大小对备选方案作出初步的判断和评价,确定出较优方案;④作出选择,即根据各方案提供的经济效益和社会效益的高低进行综合判断,定量和定性分析相结合,最后筛选出最优方案,向管理层提出建议。

11.4.2　决策分析的种类

现代企业经营管理活动的复杂性、多样性,决定了经营管理决策有多种不同的类型,相应的决策分析也可以分为不同的种类。

1. 按决策问题所处条件的不同进行分类

按决策问题所处条件的不同,决策分析分为确定型情况下的决策分析、风险型情况下的决策分析、不确定型情况下的决策分析。

1) 确定型情况下的决策分析

这种决策分析,决策者对被决策问题的客观条件、性质、后果有充分了解,各个备选的方案只能有一种结果,不存在任何未知和不确定的因素。确定型决策问题有决策者希望达到的一个明确的目标,只有一个未来状态,存在着在该状态下的可供决策者选择的两个或两个以上的方案,并且不同方案收益值是清楚的,因此决策比较容易,可以选择最为有利的方案。

2) 风险型情况下的决策分析

这类决策问题的未来可能状态不止一种,究竟出现哪种状态,不能事先肯定,只知道各种状态出现的可能性大小(如概率、频率、比例或权重等)。常用的风险型决策分析技术有期望值法和决策树法。期望值法根据各可行方案在各自然状态下收益值的概率平均值的大小,决定各方案的取舍。决策树法能使决策问题形象化,可把各种可以更换的方案、可能出现的状态、可能性大小及产生的后果等,简单地绘制在一张图上,以便计算、研究与分析,同时还可以随时补充和修正。

3) 不确定型情况下的决策分析

如果不止有一个可能出现的结果状态,但各状态出现的可能性的大小不确知,或者连出现的各种可能结果也不确定,便称为不确定型决策。常用的决策分析方法主要有三个。①乐观准则。决策步骤是从每个方案中选一个最大收益值,再从这些最大收益值中选一个最大值,该最大值对应的方案便是入选方案。②悲观准则。决策步骤是先从各方案中选一个最小收益值,再从这些最小收益值中选出一个最大收益值,其对应方案便是最优方案。这便是在各种最不利的情况下又从中找出一个最有利的方案。③等可能性准则。一视同仁地认为各种状态出现的可能性大小相等,然后按等概率风险型情况下的方法对各方案进行决策。

2. 按决策分析的内容或时间长短进行分类

按决策分析的内容或时间长短,可将决策分析分为短期经营决策分析和长期资本支出决策分析。

1) 短期经营决策分析

短期经营决策分析也叫短期决策分析,只对短期的收支和盈亏产生影响,大体上包括:生产决策、销售决策、定价决策等,其目的是在现有生产条件的基础上最有效地、最充分地利用企业的人、财、物资源以取得最大的效益和效率。生产经营能力、相关业务量、相关收入、相关成本是短期经营决策必须考虑的重要因素。经营决策分析的技术方法包括差量分析法、贡献毛益分析法、最优生产批量法、产品最优组合法，以及在不确定情况下的概率分析法、大中取大法、大中取小法、小中取大法、折中决策法等。

2）长期资本支出决策分析

长期资本支出决策分析也叫长期投资决策分析，是企业为适应今后若干年生产经营上的长远需要而发生的支出，它与生产经营性支出相对应，如生产能力决策、投资决策等。其特点是投入的资金多，涉及的时间长，所冒的风险大，对企业的经营成果影响深远。例如，厂房设备的更新、改建，资源的开发利用，新产品的试制，老产品的换型、改造等支出都是长期资本支出。货币的时间价值、投资的风险价值、资金成本以及现金流量是长期资本支出决策分析要考虑的重要因素。长期资本支出决策分析的技术方法包括非贴现方法和贴现方法。

各种决策的正确与否将直接关系到企业当期的经营业绩和长远的经营状态以及竞争力。

11.5 经营决策成本概念

从决策的角度划分成本，决策时应考虑的成本为相关成本，相关成本的发生与特定决策方案有关。即若有这个方案存在，就会发生这项成本，若该方案不存在，就不会发生这项成本。不相关成本是指过去已经发生、对未来决策无影响，因而不予考虑的成本，无论某个经营决策方案存在与否，都会发生这项成本，与特定决策方案无关。掌握成本的相关性，有助于提高成本信息的"决策有用性"。

11.5.1 相关成本

相关成本包括差别成本、边际成本、机会成本、假计成本、付现成本、重置成本、可免成本、可延成本和特定成本等。

其中，差别成本是指不同备选方案的成本差，工程的追加成本、产品变动成本总额变化数都可看作是差别成本。边际成本是指成本对产量单位的变动部分，即单位变动成本。机会成本是指决策中选取最优方案而失去的次优方案的利益。假计成本是机会成本的一种特殊形式。例如，企业使用自有资金购入债券，其假计成本就是丧失的定期存款利息收入，尽管这笔资金不是借来的，没有利息费用。付现成本也称现金支出成本，即要实际动用现金支付的成本。例如，某企业要购入一台机器，第一供货方要价20万元，一次性付款；第二供货方要价21万元，首付11万，以后分两月，每月支付5万元。现在该企业只有15万元存款，银行不能提供新的贷款，此时，管理层可能会与第二供货方签订合同，分期付款对该企业来说可能更恰当，这就是考虑付现成本的决策。重置成本是指从目前市场上购入同一项原有资产所需支付的成本，也叫现时成本。可免成本是指管理层的决策可以改变其数额的成本。某一方案选定后，推迟实施也不碍大局，其成本就是可延成本。特定成本是直接归属于成本对象的成本，例如，直接材料、直接人工，及专用设备的折旧费、保险费等。又比如，企业为满足客户订货的特定要求，需要购买专用设备，购置专用设备的支出就属于特定成本。

11.5.2 不相关成本

历史成本、不可免成本、不可延成本、沉落成本、共同成本等都属于不相关成本。

财务会计的账面成本都是历史成本,由于通胀原因,它不能作为决策的依据。如某项原材料历史成本为1万元/吨,重置成本为1.5万元/吨,出售价格应以重置成本为基础,前者的历史成本属于无关成本。不可免成本,也就是管理层难以改变其数额的成本。由于不可免成本目前已经客观存在,决策时一般不作考虑。某一方案选定后,刻不容缓,可谓"机不可失,时不再来",其成本就是不可延成本。沉落成本是指过去发生的成本支出,属于"一去不复返"的成本。比如,保养费、折旧费等都是沉落成本,与决策无关。共同成本实质上是间接成本,也包括共同耗用需在成本对象之间分配的成本,如联合产品的联合成本等。

11.6 经营决策分析实例

这里,经营决策主要是指生产经营决策,包括生产什么、怎样生产、是否继续生产,以及不确定条件下的生产决策。这里以实例的形式进行决策过程分析。

1. 生产什么的决策

生产什么的决策包括产品品种选择的决策、半成品或者联产品是否深加工的决策。企业对于既可以直接出售,又可以经过深加工变成产成品之后再出售的半成品所作的决策,要依据半成品成本属于沉没成本,只有追加的加工成本才属于决策的相关成本的原则进行。联产品是指对同一种原料按照同一工艺过程加工,所产出的性质相近、价值相差不多的多种产品。其直接出售或深加工的决策,要依据联合成本为无关成本,不予考虑,而特定成本为相关成本,必须考虑的原则进行。

【例11-4】 新荷公司一台机器既可以开发生产甲产品,又可以开发生产乙产品。若:甲产品可以生产并销售100件,价格11元,单位变动成本9元;乙产品可以生产并销售120件,价格10元,单位变动成本6元。问开发生产哪一种产品较为有利?

【解答】 比较两者产生的贡献毛益之差:

$$贡献毛益之差 = (11-9) \times 100 - (10-6) \times 120 = -280(元)$$

可见,开发生产乙产品较为有利。

在新产品开发的品种决策中,无论是否涉及追加专属成本,均可以考虑使用差量分析法进行决策,差量可以是差别收入、差别成本或者差别收入和差别成本之差的差别损益。如果方案中不涉及追加专属成本,可以用贡献毛益分析进行决策。

【例11-5】 设某公司原料加工后每年生产甲半成品3 000件,原料成本4万元,甲半成品若直接出售,可得销售收入9万元,若不出售,产出甲成品2 600件,售价每件40元,但需为此增加专用设备,年增加折旧费3 800元,追加变动成本3元/件,问是否应深加工?

【解答】 原材料成本4万元属于无关成本,分别比较深加工与否的下列指标:

$$差别收入 = 40 \times 2\,600 - 90\,000 = 14\,000(元)$$
$$差别成本 = 3 \times 2\,600 + 3\,800 = 11\,600(元)$$
$$差别利润 = 14\,000 - 11\,600 = 2\,400(元)$$

所以选择深加工。

2. 怎样生产的决策

零部件自制或外购、不同生产工艺技术方案的决策等都属于怎样生产的决策之一。

【例11-6】 设民光机械厂每年需用甲零件3 000个,若外购,每个进货成本是20元,另需支付增值税进项税额3.4元;若自制,可由该厂车间制造,每个生产成本18元(含固定制造费用3元)。另外,若外购,该厂车间可以出租,每年可收租金5 800元,请问对甲零件应选择自制还是外购?

【解答】 增值税属于价外税,可以从将来的销售税额中抵扣;固定制造费用属共同成本,也可不考虑,产品的差别收入为零,所以只要比较差别成本即可。

$$外购成本 = 3\,000 \times 20 = 60\,000(元)$$
$$自制成本 = 5\,800 + (18 - 3) \times 3\,000 = 50\,800(元)$$
$$差别成本 = 60\,000 - 50\,800 = 9\,200(元)$$

自制成本较低,每年可节约9 200元,故应选择自制。

进一步可以讨论当企业需要的甲零件数在1 160个以下时,以外购为宜;在1 160个以上时,以自制为宜;在1160个时,外购自制皆可以。

【例11-7】 某企业生产一定规格的轴套,可以用普通车床、六角车床或者自动化车床进行加工,随着自动化程度的提高,材料的利用率提高、废次品率降低,人工成本减少,不同加工设备的每件轴套的变动成本将会分别降到45元、20元、4元;但调整的准备费用却越来越高,分别达到2 500元、5 000元和15 000元。请根据这些资料作出选用何种加工设备的决策。

【解答】 不同的加工设备确定了三条不同的总成本线,决定了在不同的业务量范围内总成本最低的设备是不同的,因此,首先求出业务量的成本分界点(也称为成本无差别点),即能使两方案总成本相等的业务量点。

普通车床、六角车床的成本分界点 x_1:$2\,500 + 45x_1 = 5\,000 + 20x_1$ 得到:$x_1 = 100$(件)

六角车床、自动化车床的成本分界点 x_2:$5\,000 + 20x_2 = 15\,000 + 4x_2$ 得到:$x_2 = 625$(件)

普通车床、自动化车床的成本分界点 x_3:$2\,500 + 45x_3 = 15\,000 + 4x_3$ 得到:$x_3 = 305$(件)

也可以依据"成本无差别点=两方案相关固定成本之差/两方案相关单位变动成本之差"这一简化的公式进行求解。

因此,依据上述的数据,画出以下的成本线,如图11-10所示。

从图11-10可见,100件以下选择普通车床,在大于100件小于625件范围内选择六

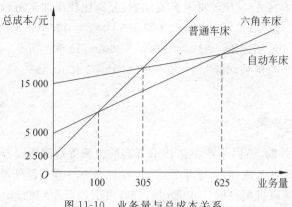

图 11-10 业务量与总成本关系

角车床,在大于 625 件时选择自动车床比较合适。若六角车床有其他方面的任务,或已出租,则 305 件以内选择普通车床,305 件以上选择自动车床。

采用先进的生产工艺技术,由于劳动生产率高、劳动强度低、材料消耗少,可能带来较低的单位变动成本,但采用较先进的设备装置,往往导致固定成本高;而采用传统的生产工艺技术时,情况则会相反。对于不同生产工艺技术方案的决策,可以采用成本无差别点法进行决策。

3. 是否生产的决策

是否生产的决策包括是否继续生产亏损产品的决策、是否增产亏损产品的决策、是否接受低价追加订货的决策等。

【例 11-8】 某企业年初计划生产和销售甲产品 1 000 件,无期末和期初存货,正常售价为 90 元/件。有关成本为:直接成本总额为 5 万元,单位成本 50 元;期间成本总额为 2 万元,单位成本 20 元。现有一家公司提出追加订货 300 件,愿出买价 60 元/件。请问能否接受?

【解答】 要视企业的生产能力的大小和是否可以转移,以及是否需要增加专属成本等因素而定,要综合考虑各因素对企业收益的影响。

由表 11-6 可知,如果追加订货量小于或等于企业的绝对剩余生产能力,绝对剩余生产能力无法转移,在这种情况下,只要追加订货的单价大于该产品的单位变动生产成本,就应当接受追加订货。如果追加订货冲击正常任务,在这种情况下,"接受追加订货"方案的相关成本中除了包括按绝对剩余生产能力计算的增量成本外,还必然会涉及因冲击正常任务、减少正常收入而带来的机会成本。进一步地,如果因为正常任务被冲击而无法按时履行合同,需要支付违约赔偿金,则应将其视为"接受追加订货"方案的专属成本。如果企业的绝对剩余生产能力可以转移,那么在这种情况下,便会出现机会成本,可以采用差别损益分析法进行决策。

【例 11-9】 某企业去年生产和销售甲、乙、丙三种产品,无期末和期初存货,收益情况见表 11-7。

表 11-6　各方案对企业收益的影响　　　　　　　　　　　　　单位：元

最大生产能力	剩余生产能力	追加专属成本	增加贡献毛益	接受与否
1 300	300	0	10×300＝3 000	接受
1 200	200	4 000	10×300－(90－50)×100＝－1 000	不接受
1 000	0	2 400	10×300－2 400＝600	接受
1 200	租金 400	800	10×300－(90－50)×100－400－800＝－2 200	不接受

表 11-7　甲、乙、丙产品收益情况　　　　　　　　　　　　　单位：元

	甲	乙	丙	合计
销售收入	30 000	50 000	20 000	100 000
变动成本	20 000	30 000	15 000	65 000
贡献毛益	10 000	20 000	5 000	35 000
固定成本	9 000	15 000	6 000	30 000
利润	1 000	5 000	－1 000	5 000

若丙产品亏损 1 000 元，请问是否应停产？

【解答】　固定成本属于无关成本，无论是否停产，都照常发生。若停产，丙产品的贡献毛益为 0，甲、乙产品的利润之和恰好和丙产品承担的固定成本相当，企业的利润为 0，比现有的利润减少 5 000 元，正好失去丙产品的贡献毛益 5 000 元，可见丙产品不能停产。

不能提供正的贡献毛益的产品才是亏损产品，只要有正的贡献毛益，就属于盈利产品，在相对剩余生产经营能力无法转移的情况下，就应继续生产。

4. 不确定条件下的生产决策

就生产经营决策来说，未来的销售价格、销售数量等都可能发生变化，进而引起贡献毛益和税前利润的变化。

【例 11-10】　某企业准备开发一种新产品，根据市场调查，在产、销量一致的情况下，企业提出三种不同的产量，并预计销路好坏不同情况下的贡献毛益总额及其概率，有关资料见表 11-8。

表 11-8　市场调查表　　　　　　　　　　　　　　　　　　　单位：元

产量方案	销路好		销路一般		销路差	
	贡献毛益	概率	贡献毛益	概率	贡献毛益	概率
2 000 件	41 000	0.8	28 000	0.1	18 000	0.1
2 500 件	48 000	0.7	30 000	0.2	23 000	0.1
3 000 件	56 000	0.6	33 000	0.2	21 000	0.2

假定固定成本在相关范围内保持不变，请选择产量的决策方案。

① 概率分析法：用各种产量的贡献毛益期望值的大小来确定最优方案，其中期望值

最大的方案为首选方案。

$$贡献毛益期望值(2\,000\text{件}) = 41\,000 \times 0.8 + 28\,000 \times 0.1 + 18\,000 \times 0.1$$
$$= 37\,400(元)$$
$$贡献毛益期望值(2\,500\text{件}) = 48\,000 \times 0.7 + 30\,000 \times 0.2 + 23\,000 \times 0.1$$
$$= 41\,900(元)$$
$$贡献毛益期望值(3\,000\text{件}) = 56\,000 \times 0.6 + 33\,000 \times 0.2 + 21\,000 \times 0.2$$
$$= 44\,400(元)$$

应该选择产量为3 000件这一方案。

② 大中取大法：选择最有利的市场需求情况下的收益值最大的方案作为最佳方案。一般地，管理层对未来持乐观的态度时，会用此法。

由表11-8可知，最大的收益值均集中在销路好的情况，可能性最大，而贡献毛益的最大值是56 000元，因此，应选择产量为3 000件这一方案。

③ 小中取大法：选择最不利的市场需求情况下的收益值最大的方案作为最佳方案。一般地，管理层对未来持稳健的态度时，会用此法。

从表11-8可知，最不利的市场需求情况下的收益值最大的方案是23 000元，因此，应选择产量为2 500件这一方案。

④ 大中取小法：以最大后悔值中的最小值方案作为最优方案。后悔值是指损失额，也就是选错方案的损失额，见表11-9。

表 11-9 后 悔 值 表   单位：元

产量方案	销路好	销路一般	销路差	最大后悔值
	最大贡献毛益 56 000	最大贡献毛益 33 000	最大贡献毛益 23 000	
2 000 件	56 000－41 000＝15 000	33 000－28 000＝5 000	23 000－18 000＝5 000	15 000
2 500 件	56 000－48 000＝8 000	33 000－30 000＝3 000	23 000－23 000＝0	8 000
3 000 件	56 000－56 000＝0	33 000－33 000＝0	23 000－21 000＝2 000	2 000

最大后悔值中的最小值为2 000元，因此，应选择产量为3 000件这一方案。

⑤ 折中决策法：该法也称霍尔维兹决策法，在确定乐观系数 $\alpha \in [0,1]$ 的基础上，以预期价值最大的方案作为最佳方案。某方案的预期价值＝最高收益值×α＋最低收益值×$(1-\alpha)$

比如，该企业将 α 定为0.75，各方案的预期贡献毛益如下：

$$预期贡献毛益(2\,000\text{件}) = 41\,000 \times 0.75 + 18\,000 \times 0.25 = 35\,250(元)$$
$$预期贡献毛益(2500\text{件}) = 48\,000 \times 0.75 + 23\,000 \times 0.25 = 41\,750(元)$$
$$预期贡献毛益(3\,000\text{件}) = 56\,000 \times 0.75 + 21\,000 \times 0.25 = 47\,250(元)$$

应该选择产量为3 000件这一方案。

讨论案例2

安心出生在一个山村，交通十分不便，出入山村的路漫长而遥远。过去的两年，他大专毕业后，在一位远房亲戚的帮助下在一座大城市里打工，算是见了不少世面，可收入不算理想,还不如在家里时收入的一半。因此,他打算还是返回家乡。

其实,家乡也不错。人们的收入主要来自于种植人参和养猪,多数的人现在的生活也算处于富裕水平。最好的是这里没有工业的痕迹,空气洁净,百岁老人很多,十几口一户的人家很多。交通的不便,不仅使得人们的购物十分不方便,产品的出售也很困难。人参和猪的销售都是有人上门收购,人参的价格还算公道,但猪的收购价格实在是很低,一些乡亲们都已经不想再养了。然而,养猪轻车熟路,又不忍割舍。安心一直觉得这里面有城里人经常说的商机,可是在哪里,他又想不清楚。

一天,他的两个小侄子吵起来了,询问原因才知道,他们为了争一根火腿肠。安心一看,这哪里是什么好吃的东西,正是城里人拿来喂狗的,听人说这种火腿肠吃多了人会变笨,狗吃了会变得温顺。可是小侄子说大家都喜欢吃,现在学校里最流行吃这个,而且好多孩子的爸爸也正是拿这个作下酒菜。这种火腿肠也不是想买就买得到的,经常脱销,这不,村里的唯一的商店今天就剩下这么一根了,所以才不能同时满足两个孩子的心愿。

火腿肠——猪肉,猪肉——火腿肠,哈哈,这就是商机了。

安心在家思考了好几天,想着如果自己创办一家火腿肠加工厂,就可以让父老乡亲随时吃到价廉可口的放心火腿肠了,而且,也可以给养猪的乡亲们提供销路。村里目前别说火腿肠加工厂,就连一家肉食加工厂也没有。安心为自己的大胆想法兴奋了几天,而且种植人参发家的哥哥说资金问题,他可以解决,目前可以借给他15万元,钱可以两年后还,并且不用考虑利息。可是怎么开始,安心对此一窍不通啊。

他重新返回城里,买书、找朋友咨询、到城里的生产商处取经。安心虽然专科毕业,但是在上学期间成绩不错,自学能力也是班里数一数二的。经过近两个月的研究,他坚定了信心,开始进行市场调查。

把自己家的大房子简单改造成车间,自己就可以完成,费用忽略不计。购买一套小型火腿肠生产线,需要投资10万元,可用5年,日产4 000根;或者可以租设备,全套设备年租金需3万元。考虑到机器设备的检查和维修,预计全年可工作300天左右。按现行同等质量火腿肠的市场平均价定价:1.2元/根。

工人可到市场上随时招聘,按当地现行劳务报酬计算,每天可支付工人工资80元/人;聘请技术员1名,以便进行设备的维护和修理,月薪1 200元;自己就是管理者,月薪暂定为2 000元,每月固定支付卫生费和税金800元。

在生产火腿肠时,1 000根火腿肠按市价计算所耗各种费用如下:

主要材料:

猪肉——50公斤;

优质淀粉——90元;

其他材料——40元;

水电费——36元;

包装费——24元。

现在猪肉的收购价格是每斤7元。

村内共有4 000多户,人口4万。按现行生活水平和消费观念估算,每日大约需要8 000根火腿肠,但是农忙季节的8、9、10月份,日需求量将达到10 000~20 000根火腿肠。

数据是收集了一些，安心不知道是否应当设立这个加工厂，它每年能给自己带来多少利润呢？

根据资料，试讨论：
1. 用本量利分析法分析安心的火腿肠厂是否应该设立。
2. 安心的火腿肠厂每年能获利多少？
3. 安心的火腿肠厂最快什么时候可以还上哥哥的15万元？

本章小结

- 成本习性揭示了一定条件下成本总额与业务量之间数量上的依存关系。成本按习性可以分为固定成本、变动成本和混合成本三类。离开特定的期间和一定的业务量范围，成本的习性可能会发生变化。
- 混合成本可以按照历史数据分析法、技术测定法、合同确认法、账户分析法等方法分为固定部分和变动部分两部分。
- 变动成本计算法是将生产过程中消耗的直接材料、直接人工和变动制造费用这些变动生产成本作为产品成本的构成内容，而将固定制造费用和销售及行政管理费用、财务费用等作为期间成本，全额计入当期利润表，作为利润减项的一种成本计算模式。变动成本法与制造成本法在成本分类、存货计价、盈亏计算和利润表的编制方面存在着不同。
- 本量利分析法是在变动成本计算法的基础上，揭示固定成本、变动成本、销售量、单价、销售额、利润等变量之间的内在联系，为会计预测、决策和规划提供必要的财务信息的一种定量分析方法。
- 决策分析要具备明确的目标以及两个以上备选行动方案以便选择。决策时应考虑的成本为相关成本，即相关成本的发生与特定决策方案有关。

中英文关键词语

成本习性 cost behavior
变动成本法 variable costing
本量利分析 cost-volume-profit analysis
混合成本 mixed cost
制造成本法 manufacturing costing
固定成本 fixed cost
变动成本 variable cost

贡献毛益 contribution margin
盈亏平衡点 break even point
安全边际 margin of safety
安全边际率 margin of safety ratio
敏感性分析 sensitivity analysis
经营杠杆 operating leverage

思考练习题

一、简答题

1. 变动成本法与制造成本法有什么相同点与不同点?
2. 为什么说变动成本法可以促使企业重视市场销售?
3. 按照成本习性,简单分析制造业企业的固定成本、变动成本分别包括哪些内容?
4. 历史资料分析法包括哪些具体的方法?它们是如何被应用的?试对每一种方法作简要评价。

二、计算分析题

1. 假定和田公司在 2012 年生产并销售儿童玩具 15 000 个,期初无存货。该年度按制造成本法编制的利润表见表 11-10。

表 11-10 和田公司简化的利润表

2012 年度 单位:元

摘　　要	金　　额
销售收入	600 000
销售成本:	280 000
直接材料　　　　　　　　　80 000	
直接人工　　　　　　　　　100 000	
变动制造费用　　　　　　　40 000	
固定制造费用　　　　　　　60 000	
销售毛利	320 000
营业费用:	200 000
变动销售及管理费用　　　　130 000	
固定销售及管理费用　　　　70 000	
营业利润	120 000

要求:假定 2012 年度期初有玩具存货 2 000 个,本期生产 15 000 个,销售 17 000 个;在这种情况下,请分别按两种成本计算方法编制利润表,并比较上述两表的税前利润相差多少。

2. 已知某车间维修成本的历史数据在相关范围内的变动情况见表 11-11。

表 11-11 在相关范围内的维修成本的历史数据

机器工作小时	22	23	19	12	12	9	7	11	14
维修成本(千元)	23	25	20	20	20	15	14	14	16

请利用高低点法和回归直线法分别进行维修成本的分解。若计划期机器工作 24 小时,那么预计的维修成本是多少?

3. 假定远方炊具厂在计划期间准备通过技术改造,将过去的产销量 40 000 台电磁炉增长 40%;销售单价比原来的 300 元降低 5%,单位变动成本比原来的 150 元降低 10%,而固定成本总额则比原来的 80 000 元增长 20%。要求:根据上述有关资料,预测远方炊具厂在计划年度四个因素的变动对利润的综合影响。

4. 假定农时化肥厂计划生产一种新化肥,其中某种配料每年需要 180 000 千克,现该厂有剩余生产能力可以自制,其成本经估算如下:

直接材料	600 000 元
直接人工	100 000 元
变动制造费用	60 000 元
固定制造费用	65 000 元

同时,该厂总经理对这 180 000 千克的配料考虑向距离最近的另一家化肥厂购买,每千克购价 4.25 元,另加运费 0.40 元/千克。假定农时化肥厂不自制这种配料,其剩余生产能力可制造另一种产品,每年可提供贡献毛益总额 40 000 元。请为农时化肥厂作出该项配料是自制还是外购的决策分析。

5. 企业每月固定成本 1 000 元,固定销售费用 100 元,固定管理费 150 元;单位变动成本 6 元,单位变动销售费用 0.70 元,单位变动管理费 0.30 元;该企业生产甲产品,单价 10 元;所得税率 25%,本月计划生产 600 件,求预期利润。如果要实现净利润 700 元,求最低销售量。并作出边际贡献式本量利图。

6. 某企业 2012 年生产和销售某产品 2 万件,销售单价 6 元,单位变动成本 4 元,固定成本总额 1.5 万元。2013 年计划销售 2.1 万件,其他资料不变,要求计算该企业销售该产品的经营杠杆率。

本章参考文献

[1] 张启銮.管理会计.大连:大连理工大学出版社,1998.
[2] 李延喜,秦学志,张悦玫.财务管理.北京:清华大学出版社,2010.

第12章 预算、控制与责任会计

学习目标

通过本章的学习,你可以:
1. 掌握全面预算编制的程序与方法;
2. 熟悉弹性预算、滚动预算、零基预算的内涵和编制方法;
3. 了解成本控制的种类、原则;
4. 熟悉责任中心的划分及其考核指标,了解平衡计分卡的内涵。

引导案例

王总看着现在的新乐公司喜忧参半。

喜的是:这家自己大学毕业那年和寝室的几个好哥们儿共同组建的公司,现在已经初具规模,从当初的软件开发起家,现在已经涉足餐饮、娱乐、洗浴、超市零售等多种业务领域,在当地也算小有名气。哥儿几个现在都开私家车、住别墅了。

忧的是:公司越做越大,每一部分都配备自己的管理人员和管理体系,自己能支配的钱越来越少了,钱都去哪里了?经营不错的企业为何经营成果不可观?今年的利润可能只有去年的一半或者更少,员工们今年还在期待涨工资,到底是涨还是降?还是有涨有降?

这一章将会告诉创业者们如何更好地实现财务控制。

12.1 预算管理

12.1.1 全面预算

全面预算是指在市场需求预测的基础上,按照企业既定的经营目标,规划企业未来的销售、生产、成本、现金收支等各方面活动,以货币为主要计量单位、通过预计的财务报表展示企业经济活动计划,以便对企业特定计划期内全部生产经营活动进行有效的组织与协调。

全面预算体系是由一系列预算按其经济内容及相互关系有序排列组成的有机体,具体包括销售预算、生产预算、直接人工预算、直接材料耗用量、制造费用预算、现金预算、预计利润表、预计资产负债表、预计现金流量表等。这些预算可以划分为业务预算和财务预算,如图12-1所示。

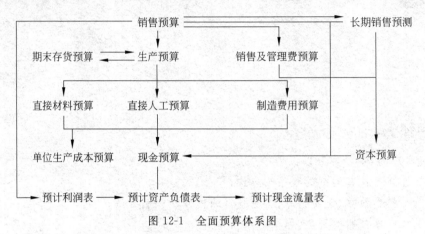

图 12-1　全面预算体系图

1. 业务预算

业务预算,即企业日常发生的各项具有实质性基本活动的预算,包括销售预算、生产预算、直接材料预算、直接人工预算、制造费用预算、单位生产成本预算、销售及管理费用预算等。业务预算一般要分季度、月度落实。

1) 销售预算

销售预算是整个预算的编制起点,其他预算的编制都以销售预算为基础。首先由销售部门或市场部门预测销售量,预测的基础可以是经济分析、市场调查或个人意见。其次要对产品的销售单价、销售的收款条件等进行预测。最后要分品种、分月份、分销售区域、分销售员来编制并汇总销售预算。由于销售是企业现金的主要来源,因而还要编制"预计现金收入表",为编制现金预算提供必要的资料,其中包括前期应收账款的回收和本期销售货款的现金收入。

2) 生产预算

生产预算是在销售预算的基础上编制的,它是指根据销售量、期初和期末存货,确定全年及分季度的预计生产量等。其中,预计生产量＝预计销售量＋期末存货量－期初存货量。

3) 直接材料预算

直接材料预算内容有单位产品材料用量、生产需用量、期初和期末存量等。把各种材料的预计采购金额汇总,就是计划期的全部材料计划采购金额。各种材料的采购涉及现金的流出,通常要预计材料采购各季度的现金支出,其中包括偿还前期应付款和支付本期购料款。

$$\text{预计购料量} = \text{生产需要量} + \text{计划期末预计存料量} - \text{计划期初预计存料量}$$

预计购料量 = 购料量生产需要量 × 材料计划单价

4) 直接人工预算

直接人工预算包括：预计产量、单位产品工时、人工总工时、每小时人工成本（所有直接人工费用，如工资福利费、补贴、津贴、社会保险费）和人工总成本等。如企业工种较多，则应分别计算，然后予以合计。其计算公式为

预计直接人工成本总额 = 预计生产量 × $\sum$（单位工时工资率 × 单位产品工时定额）

5) 制造费用预算

制造费用包括生产成本中扣除直接材料和直接人工以外的一切费用明细项目，按成本习性可划分为变动费用和固定费用两大类。变动制造费用以生产预算为基础编制，一般以计划期的一定业务量和预定费用分配率来测定预算数字；对固定制造费用需要逐项预计，通常与本期产量无关，应按每季物价变动、成本降低要求等实际需要来预计，然后求出全年数。制造费用和人工费用一般需要当期用现金支付，折旧除外。

6) 生产成本预算

生产成本预算包括产品单位成本和总成本，编制主要依据直接材料的价格标准与用量标准、直接人工的价格标准和用量标准、制造费用的价格标准和用量标准、计划期的期末存货量等。

7) 销售及管理费用预算

销售及管理费用预算以销售预算为基础，在预算编制过程中应分析销售收入、销售利润和销售费用之间的关系，力求实现销售费用的最有效使用。

以上就是业务预算的所有内容，分别由市场营销、生产、人力资源等内部职能部门具体负责本部门业务涉及的预算的编制、执行、分析、控制等工作，并配合预算委员会做好企业总预算的综合平衡、协调、考核等工作。

2. 财务预算

财务预算反映未来一定预算期内预计企业现金收支、经营成果和财务状况等有关价值指标的各项预算的总称，又被称为总预算。主要包括：现金预算、预计利润表、预计资产负债表和预计现金流量表。预计财务报表的作用与实际的财务报表不同，它主要为企业财务管理服务，是控制企业资金、成本和利润总量的重要手段。因其可以从总体上反映一定期间企业经营的全局情况，因此也被称为"总预算"。这些预算以价值量指标总括反映经营预算和资本支出预算的结果。企业财务预算一般按年度编制。

1) 现金预算

现金预算是指以预算期内的业务预算、资本预算、筹资预算为基础的有关现金收支的汇总，主要作为企业资金管理以及收支差额平衡措施的依据。现金预算包括现金收入、现金支出、现金多余或现金不足、现金的筹集和运用等。其目的在于资金不足时筹措资金，资金多余时及时处理现金余额，并且提供现金收支的控制限额，发挥现金管理的作用。

2) 预计利润表

预计利润表是在预算期内，根据销售预算、成本预算、费用预算等资料分析编制的；预计的利润表与实际的利润表内容、格式相同但数字是面向预算期的。通过编制预计的利

润表,可以了解企业预期的盈利水平。如果预算利润与最初编制方针中的目标利润有较大的不一致,就需要调整部门预算,设法达到目标,或者经企业领导同意后修改目标利润。

3) 预计资产负债表

在预算期末,利用本期期初资产负债表,根据销售、生产、资本等预算的有关数据加以调整编制的预计资产负债表,其目的在于判断预算反映的财务状况的稳定性和流动性。如果通过对预计资产负债表进行分析,发现某些财务比率不佳,则必要时可修改有关预算,以改善财务状况。

4) 预计现金流量表

预计现金流量表以现金的流入和流出反映预算期内经营活动、投资活动和筹资活动所产生的现金流量。

12.1.2 弹性预算

1. 弹性预算的内涵

弹性预算是指以业务量、成本和利润之间的依存关系为依据,以预算期可预见的各种业务量水平为基础,编制的能够适应多种情况的一种预算方法,它能够灵活地依照业务量变化而作相应调整。它克服了固定预算方法只能针对一种情况的缺点,适用于制造费用、销售及管理费用、成本预算等预算的编制。

2. 弹性预算的编制方法

首先,选择和确定业务量的计量单位(产销量、直接人工工时、机器台时等)和正常情况下的数量;其次,确定弹性预算区间(业务量的相关范围),通常以正常生产能力的70%~110%为宜,每5%~10%分为一种情况;最后,根据成本习性,分别确定各成本费用项目在不同情况下的数额。

3. 弹性预算的举例

【例 12-1】 假设一家公司固定制造费用总额为 9 000 元,变动制造费用的小时费用率为 0.7 元/小时,正常工时为 6 000 小时,在工时的 70%~110%内,每 10%分为一种情况,编制制造费用弹性预算表,见表 12-1。

【解答】

表 12-1 制造费用的弹性预算

2012 年度 单位:元

项 目	4 200	4 800	5 400	6 000	6 600
变动制造费用	2 940	3 360	3 780	4 200	4 620
固定制造费用	9 000	9 000	9 000	9 000	9 000
制造费用合计	11 940	12 360	12 780	13 200	13 620

12.1.3 滚动预算

1. 滚动预算的内涵

滚动预算亦称永续预算,是指在编制预算时,将预算期与会计年度脱离,随着预算的执行不断延伸补充预算,逐期向后滚动,使预算期永远保持为一个固定期间(一般是12个月,每过1个月,立即在期末增列1个月的预算)的一种预算编制方法。这种预算方法从预算期的时间特征上来看,是和定期预算方法相对的。其优点在于使企业管理人员对未来永远保持12个月时间的考虑和规划,可以对预算资料进行经常性的分析研究,并根据现行预算执行情况及时修订预算,不断适应不断变化的生产经营情况,从而使生产经营能够稳定有序地进行。

2. 滚动预算的编制方法

滚动预算编制的时间可以逐月、逐季或者混合滚动。编制时,一般采用长计划短安排的方式,即在基期编制预算时,先按照年度分为四季,第一季度再分月份确定,第一季度结束后,要对预算执行情况进行分析评价;第一季度结束前,编制第二季度到明年一季度的预算,排在前面的季度再列出分月预算、后面的三个季度只列季度总数,依次类推。

3. 滚动预算的举例

【例 12-2】 远方公司甲车间采用滚动预算方法编制制造费用预算。已知 2012 年各季度的制造费用预算见表 12-2。

表 12-2　甲车间 2012 年全年制造费用预算　　　　　　　　　　单位:元

项 目	2012 年度				合计
	第一季度	第二季度	第三季度	第四季度	
直接人工预算总工时(小时)	11 400	12 060	12 360	12 600	48 420
间接人工费用	50 160	53 064	54 384	55 440	213 048
水电与维修费用	41 040	43 416	44 496	45 360	174 312
变动制造费用小计	91 200	96 480	98 880	100 800	387 360
设备租金	38 600	38 600	38 600	38 600	154 400
管理人员工资	17 400	17 400	17 400	17 400	69 600
固定制造费用小计	56 000	56 000	56 000	56 000	224 000
制造费用合计	147 200	152 480	154 880	156 800	611 360

请帮助公司编制 2012 年第二季度至 2013 年第一季度的滚动预算,并且 2012 年 3 月 31 日公司编制滚动预算时,发现未来的四个季度中将出现以下情况:间接人工费用预算工时分配率将上涨 50%;原设备租赁合同到期,公司新签订的租赁合同中设备年租金将降低 20%;预计直接人员总工时 2012 年第二季度 12 100 小时,2013 年第一季度 11 720 小时,全年直接人工总工时预算数不变。水电与维修费用预算工时分配率等其他条件不变,以

直接人工工时为分配标准。

【解答】

$$\frac{新的间接人工费用}{预算工时分配率} = \frac{原来的间接人工费用}{预算工时分配率} \times (1+50\%)$$

$$= 213\,048 \div 48\,420 \times (1+50\%)$$

$$= 6.6$$

2012 年第二季度的间接人工费用总预算额 $= 6.6 \times 12\,100 = 79\,860$(元)

新的水电与维修费用预算工时分配率 = 原来的水电与维修费用预算工时分配率

$$= 174\,312 \div 48\,420$$

$$= 3.6$$

2012 年第二季度水电与维修费用总预算额 $= 3.6 \times 12\,100 = 43\,560$(元)

每季度设备租金预算额 $= 38\,600 \times (1-20\%) = 30\,880$(元)

由此,编制制造费用预算,见表 12-3。

表 12-3　2012 年第二季度和 2013 年第一季度制造费用预算　　　单位:元

项　目	2012 年度			2013 年度	合计
	第二季度	第三季度	第四季度	第一季度	
直接人工预算总工时(小时)	12 100	12 360	12 600	11 720	48 780
间接人工费用	79 860	54 384	83 160	77 352	294 756
水电与维修费用	43 560	44 496	45 360	42 192	175 608
变动制造费用小计	123 420	98 880	128 520	119 544	470 364
设备租金	30 880	30 880	30 880	30 880	123 520
管理人员工资	17 400	17 400	17 400	17 400	69 600
固定制造费用小计	48 280	56 000	56 000	48 280	208 560
制造费用合计	171 700	154 880	156 800	167 824	651 204

12.1.4　零基预算

1. 零基预算的内涵

零基预算方法是指在编制成本费用预算时,不考虑以往会计期间所发生的费用项目或费用数额,而是将所有的预算支出均以零为出发点,一切从实际需要与可能出发,不考虑基期费用的开始水平,逐项审议预算期内各项费用的内容及开支标准是否合理,在综合平衡的基础上编制费用预算的一种方法。其优势在于能打破旧基础,防止不必要的资金开支和费用的螺旋式上升,发挥资金的最大效益。

2. 零基预算的编制方法

首先,由各基层单位提出设想,这个设想应与企业的总体经营目标相一致。

其次，在深入调查、充分讨论的基础上，各基层单位应说明其各项业务的性质和目的，详细说明需要开支的费用是什么、数额多少，划分不可避免项目和可避免项目。

再次，对不可避免费用项目优先分配资金，以保证资金供应；对可避免费用项目则按"成本效益分析"方法逐项将所费与所得进行对比，分析评价其费用开支的必要性以及它所产生的效益大小，分为若干层次，排出先后顺序，划分不可延缓项目和可延缓项目。

又次，审核和分配资金，应优先满足不可延缓费用项目的开支；对可延缓费用项目则根据可动用资金情况，按轻重缓急以及每项项目所需经费的多少分成等级，逐项下达费用预算；

最后，编制预算表，根据资金分配方案按部门、项目进行规划，同时要按月编制具体执行计划。

12.2 成本控制

控制是管理的一个重要职能，是指通过一定手段对经营活动施加影响，使之能按照预定的目标或计划进行。从管理会计角度看，为了保证全面预算所确定的各项目标和任务能够顺利完成，就必须对日常发生的经济业务进行控制，其中最关键的是对成本进行控制。

成本控制是根据预定目标，对成本发生和形成过程以及影响成本的各种因素和条件施加主动影响，以实现最低成本和保证合理的成本补偿的一种行为。一方面，从节约开支、杜绝浪费的节流途径去控制成本；另一方面，使节流、开源相结合，既要千方百计节约开支、降低成本，又要通过本量利分析把握成本、业务量、利润三者之间的依存关系，找出成本最低、利润最高的最佳业务量，做到增收节支。成本控制包括事前成本控制、日常成本控制、质量成本控制。

12.2.1 事前成本控制

1. 事前成本控制的内容

事前成本控制主要是指防护性成本控制，指在产品投产前设计、试制阶段，关注从生产领域的制造成本到消费领域的使用成本的全过程，包括设计成本、研制成本、工艺成本、采购成本、制造成本、销售成本、管理成本、运行成本、维修成本、保养成本等，研究影响成本的各有关因素，制定出一套能适应本企业具体情况的成本控制制度。成本控制制度是企业内部控制的一个重要组成部分，针对不同类型的成本，要采用不同方法来约束成本开支，要预防偏差和浪费的发生。

2. 事前成本控制方法

具体来说，按成本习性，要分别采用不同的控制方法，确定责任权利关系。

对于直接材料和直接人工等变动成本，制定标准成本进行事前控制；对变动制造费用则通过编制弹性预算进行事前控制。从责任成本角度看，标准成本有利于更好地分清经济责任。例如，材料的价格标准与采购决策有关，由采购部门负责，而材料的数量标准、直接人工工资与用料和用工决策有关,则由生产车间、工段或者班组负责。

对于固定成本,主要实行预算控制。对于广告费、职工培训费、研究开发费、咨询费等,可以根据企业不同时期的财力来确定,伸缩性大,可以分项目、时间和责任中心协商制定数额,然后汇总,作为该成本项目控制的依据。折旧费、保险费、职工薪酬、排污费、坏账损失、工会经费等,一些与企业的生产能力有关,一些与各级政府的财经法规有关,企业管理当局在短期内无法改变,属于不可控成本,对这些成本可以制定分项目的固定预算进行事前成本控制。

成本涉及企业所有部门和全体员工。要想降低成本,提高效益,就必须充分调动全体员工关心成本、控制成本的主动性和积极性。

12.2.2 日常成本控制

1. 日常成本控制及目标

日常成本控制也称事中成本控制,指在成本形成过程中,根据事先制定的成本目标(标准成本、弹性预算、固定预算),对企业各个责任中心日常发生的各项成本和费用的实际数进行严格的计量、监督,以保证原定目标得以实现。

成本控制的目标是企业作为奋斗目标要努力实现的成本,不能太高,也不能太低,要结合企业内外部条件,并根据本量利分析等专门方法制定出最佳的目标成本。但是目标成本只是一个企业奋斗的总量指标。根据责任会计的要求,还要通过编制全面预算把目标层层分解为责任成本,形成一个成本控制网,由各级管理人员进行日常的限制、监督、指导和调节。

2. 日常成本差异的处理

在实际预算执行过程中,难免会发生差异,这就要求对出现的成本差异进行计算并作相应的处理,分析差异形成的原因,采取有效措施纠正缺点,巩固成绩。成本的实际数大于预算数的超支差异,为不利差异;成本的实际数小于预算数形成的节约差异,为有利差异。

成本差异是一项重要的管理信息,反映了各责任中心的绩效,可据以调控目前的经济活动。但应注意:成本差异表现为不利与有利,仅是实际数和预算数相比较的结果,只能作为发现问题的信号,不能作为经营决策的依据。例如材料用量有利差异,表明节约了使用原材料,降低了成本。是否真的"有利"呢?深入调查,发现是用了代用材料,或以次充好,影响了产品质量,从而就变为"不利"了。再如设备的维修费用,如果片面追求节约,在短期内可能降低成本,形成有利差异。但由此带来的机器带病运转,甚至停产,造成的停工损失远远大于节约的维修费;再如销售费用的节约,将会造成未来的产品滞销。因此,成本的日常控制要符合成本效益原则,不能只讲求成本的绝对控制,还要讲求成本的相对控制。

12.2.3 质量成本控制

1. 质量成本及其组成

质量成本是指为保证产品符合一定质量要求所发生的一切费用。产品质量的提高势必增加某些费用支出,在价格一定的前提下,企业的效益必将受到影响,若提高产品售价,其销售量又将受到影响。质量成本控制使提高产品质量与降低产品成本有效结合起来。质量成本包括内部故障成本、外部故障成本、预防成本、检验成本等内容。

内部故障成本,也叫内部质量损失,是指产品出厂前由于质量缺陷而造成的各种损失和修复费用,如复检费用、因质量事故而引起的停工损失等。外部故障成本,是指产品售出后由于产品不能满足质量要求而造成的损失,例如赔偿损失、违约损失、降价处理损失、废次品"三包"损失(包修、包退、包换)、企业信誉的损失、责任赔偿费、支付诉讼费等。预防成本是指为防止产品质量下滑而采取措施的费用,如质量保证体系的费用,质量情报收集研究费用,质量管理教育培训费用、工序控制费、改进质量措施费以及相关的奖励(如安全奖、合理化建议奖)等。检验成本,是指用于试验和检验,以评定产品质量是否符合规定标准而发生的各种费用。如新产品鉴定、评审费用,原材料、在制品、半成品、产品检验费,外购配套件的检验费,产品试验检验费,设备检查费,测试和检验仪表器具的维护、核准费等。

2. 最佳质量成本的决策

若企业的预防成本和检验成本投入少,则产品质量低,质量损失大,内外部故障成本高;若增加预防成本和检验成本的投入,则产品质量高,质量损失小,内外部故障成本低。预防成本和检验成本与内外部故障成本呈反向变化关系,其中必有一个质量总成本最低点。最佳质量成本决策就是指对于一定的产品质量寻求质量总成本的最低点(理想点)。这个理想点是使内部故障成本、外部故障成本、预防成本、检验成本之和最小的点。

3. 质量成本控制程序

首先,建立质量成本管理的组织体系。成本的控制涉及产品的设计、开发、生产、供应、销售、质检和财会等部门,应贯彻经济责任制,将质量成本逐级分解到各有关部门、车间、工段和班组。如,内部质量损失应由生产车间、工段、班组负责,外部质量损失由销售部门负责,材料质量引起的损失由供应部门负责,检验成本由质检部门负责,预防成本由质量管理部门负责,质量总成本由质量管理部门和财会部门负责。

其次,根据最佳质量成本数据,为各个质量成本项目分别确定预算控制数。控制质量成本必须建立在保证一定质量水平的基础上,不得任意降低,应该按四种质量成本项目分别制定可允许的误差范围。一般来说,对于预防成本和检验成本的偏差率可以稍大一些,而对于内外部故障成本必须严格控制,可预先定出控制的上下限,也可按照"例外管理原则"管理。例外管理原则,即为了提高成本控制的工作效率,要求管理人员不把精力和时间分散在全部成本差异上,平均使用力量,而是应该突出重点,把注意力集中在那些属于不正常的,不符合常规的关键性差异,即例外上,以便对这些例外追根求源,查明原因,及时反馈给有关责任中心,迅速采取有效措施。

最后,建立质量成本的核算和报告制度:对于内部质量损失,可在成本计算单中增设"废品损失"项目核算;外部质量损失、预防成本和检验成本则在"管理费用"的其他项下进行明细核算,把质量成本纳入成本会计核算之中。期末,要单独汇编质量成本报告,按质量管理要求的对象、部门、费用明细等归类汇总统计,据以评价分析质量管理的成果和经济效益,分清经济责任,实行奖惩。

12.3 责任会计

12.3.1 责任会计的作用

责任会计是适应企业内部经济责任制的要求,为实现全面预算各项目标,在分权管理的条件下,对企业内部各责任中心的经济业务进行规划与控制,以实现业绩考核与评价的一种内部控制制度。

责任会计的基本内容包括建立责任中心、编织责任预算、建立跟踪系统、进行反馈控制、考评工作绩效等,它是管理会计的一个子系统,实质上是企业强化内部经济责任,并把会计资料同各有关责任单位紧密结合起来的信息控制系统,可谓意义重大。

责任会计的作用主要有以下两点。

1. 有利于贯彻企业内部经济责任制

现代企业制度要求企业实行"责任明确、管理科学、激励和约束相结合的内部管理体制"。通过责任会计制度,可使各级管理人员目标明确、责任分明;责任者有责有权,能自觉把应该管的和能控制的各种经济指标严格地管好、控制住;同时把责任中心作为核算主体来记录和归集会计信息,并据以评价和考核各责任中心的业绩,从而做到功过分明,奖惩有据。

2. 有利于保持经营目标的一致性

实行责任会计后,各个责任中心的经营目标就是整个企业经营总目标的具体体现。因而在日常经济活动过程中,必须注意各责任中心的经营目标是否符合企业的总目标。出现矛盾应及时协调,兼顾局部和整体利益,局部利益要服从总体利益,以保证目标的一致性。

12.3.2 责任中心的划分及其考核指标

责任中心就是承担一定经济责任,并享有一定权利和利益的企业内部(责任)单位,即一个责、权、利相结合的实体。它必须具有承担经济责任的条件,而且对所承担的责任和行使的权力是可控的,有相对独立的经营业务和财务收支活动,便于进行单独核算或责任会计核算。按其责任权限范围及业务活动特点的不同,一般可分为成本中心、利润中心和投资中心三大类。

1. 成本中心

成本中心是指对成本或费用承担责任的责任中心。成本中心是成本发生的区域,往往没有收入,其职责是用一定的成本去完成规定的具体任务,对成本的高低负责,无须对销售收入、收益或投资负责。成本中心一般包括生产产品的部门、提供劳务的部门和有一定费用控制指标的企业管理部门。其中,不进行生产而只提供一定专业性服务的单位,如人事、财会、法律等职能部门,也可称为费用中心。因此,成本中心一般分为标准成本中心和费用中心。标准成本中心发生的成本可以为企业提供一定的物质成果,其数额通过技术分析可以相对可靠地估算出来,因此可通过弹性预算予以控制。费用中心费用发生数额的多少是由管理人员的决策决定的,与投入和产出之间没有密切关系,成本的控制应着重于预算总额的审批上。

成本中心只考评成本费用,且只对可控成本承担责任,即成本中心只对责任成本进行考核和控制。一般来说,标准成本中心的考核指标是既定产品质量和数量条件下的标准成本,其使用费用预算来评价费用中心的成本控制业绩。具体的考核指标主要有如下两个。

① 比较指标——成本(费用)变动额:

成本(费用)变动额 = 实际责任成本(或费用) − 预算责任成本(或费用)

② 相对指标——成本(费用)变动率:

成本(费用)变动率 = 成本(费用)变动额 ÷ 预算责任成本(或费用) × 100%

当预算产量与实际产量不一致时,应按弹性预算的方法先行调整预算指标,然后再按上述指标进行计算。

2. 利润中心

利润中心是既对成本负责又对收入和利润负责的区域,有独立或相对独立的收入和生产经营决策权,包括自然利润中心和人为利润中心,其中自然利润中心面向市场可以直接对外销售产品或劳务并取得收入;人为利润中心一般不直接对外销售产品,只对内部责任单位提供产品或劳务,并按照内部转移价格取得"内部销售收入"。

具体的层层深入的考核指标主要有如下四个。

① 边际贡献,即销售收入和变动成本之差。

② 部门可控边际贡献,即边际贡献与可控固定成本之差。

③ 部门边际贡献,即部门可控边际贡献中去掉部门不可控固定成本的部分。

④ 部门税前利润,即部门边际贡献减去公司不可分摊的各种管理费用等之后的余额。

3. 投资中心

投资中心是指既对成本、收入和利润负责,又对投资效果负责的责任中心。投资中心是企业内部最高层次的责任中心,投资中心同时也是利润中心,它在企业内部具有最大的决策权,也承担最大的责任。在组织形式上,投资中心一般是独立法人,而利润中心可以是也可以不是独立法人,成本中心一般不是独立法人。

投资中心的考核指标主要有以下两个。

① 投资报酬率，又称投资收益率或者净资产利润率，是指投资中心所获得的利润与投资额之间的比率，表明每一单位资产对整体利润贡献的大小，或者说对所有者权益的贡献程度。

投资报酬率＝利润÷投资额×100%
　　　　　＝销售收入÷投资额×(成本费用÷销售收入)×(利润÷成本费用)
　　　　　＝资本周转率×销售成本率×成本费用利润率

其中，投资额是指投资中心的总资产扣除负债后的余额，即投资中心的净资产。

② 剩余收益，即投资中心获得的利润扣减其最低投资收益后的余额，综合反映了一个投资中心的经营成果，促使管理者像控制费用一样来控制资产占用或投资额的多少。其计算公式为"剩余收益＝利润－投资额(或净资产占用额)×预期最低投资收益率"。

【例 12-3】 某部门资产为 20 000 元，部门净利润为 4 000 元。企业的资金成本为 15%，现部门经理面临一个投资报酬率为 17%的投资机会，投资额为 10 000 元，每年净利 1 700 元。问部门经理是否应采纳该项目？假设该部门现有一项资产价值 5 000 元，每年获利 850 元，部门经理正在讨论将其处置，你的观点如何呢？

【解答】

采纳该项目后部门投资报酬率＝(4 000＋1 700)÷(20 000＋10 000)×100%＝19%

同样，由假设可知该部门现有一项资产价值 5 000 元，每年获利 850 元，投资报酬率为 17%，超过了资金成本，但部门经理放弃该项资产，能够提高部门的投资报酬率。

投资报酬率 ＝ (4 000－850)÷(20 000－5 000)×100% ＝ 21%
目前部门剩余收益 ＝ 4 000－20 000×15% ＝ 1 000(元)
采纳增资方案后剩余收益 ＝ (4 000＋1 700)－(20 000＋10 000)×15%
　　　　　　　　　　　＝ 1 200(元)

增加收益 200 元，对于企业整体和部门都有利。

采纳减资方案后剩余收益 ＝ (4 000－850)－(20 000－5 000)×15%
　　　　　　　　　　　＝ 900(元)

减少收益 100 元，对于企业整体和部门均无利。

成本中心、利润中心和投资中心在企业的日常管理中存在着密切的相互关系。最基层的成本中心应就其经营的可控成本向其上层成本中心负责；上层的成本中心应就其本身的可控成本和下层转来的责任成本一并向利润中心负责；利润中心应就其本身经营的收入、成本(含下层转来成本)和利润(或边际贡献)向投资中心负责；投资中心最终就其经管的投资利润率和剩余收益向总经理和董事会负责。

讨论案例1

追加投资给谁？

青青公司有两个分公司，都具有投资中心的职能。现在公司拥有一个年利率为 7%的贷款机会，最高贷款额度为 200 万元。公司经理考虑，即使以最低投资报酬率使用这笔贷款,也会给公司带来收益。其中:公司规定的最低投资报酬率为10%,也一直以投资报酬率作为奖金的基础,在投资报酬率小于等于最低值10%时,分公司经理拿不到奖金,但也不会有什么损失。总公司按照两个分公司的经营优势的不同,制订了两个方案:若对分公司1追加投入1 500 000元经营资产,每年将增加180 000元的营业利润;若对分公司2追加投入2 000 000元经营资产,每年将增加240 000元的营业利润。

公司经理征求两个分公司经理的意见,分公司1强烈表示要接受追加投资,而分公司2则强烈表示拒绝追加投资。两家分公司以往的经营情况是:分公司1经营总资产平均占用额为200万元,营业利润10万元;分公司2经营总资产平均占用额为300万元,营业利润45万元。

总经理犯难了,如果仅以追加的部分来考虑资金的回报率,投到任何一家分公司都一样,从两家分公司的反应来看,似乎追加投资投到分公司1是最合理的选择了。

请帮助公司总经理就投资决策问题给出合理的建议。

12.3.3　内部转移价格的制定

内部转移价格是指企业内部各责任中心之间转移中间产品或相互提供劳务而进行内部结算时所使用的计价标准。

采用内部转移价格结算,可以使企业内部的两个责任中心类似于市场交易中的买卖双方,从而降低成本费用,提高产品或劳务的质量,争取获得更多的利润。在其他条件不变的情况下,内部转移价格的变化,会使买卖双方或供求双方的收入或内部利润呈相反方向变化。制定内部转移价格要在企业全局利益最大化基础上,坚持公平自主的原则,其主要有如下几种选择标准。

1. 市场价格

内部转移价格以产品或劳务的市场价格作为基价时,要求产品或劳务有客观的市价可采用,各责任中心处于独立自主的状态,可自由决定从外部或内部进行购销。但应考虑企业内部业务不涉及销售费用、广告费用及运输费用,应将此部分费用在价格中进行调整。

2. 协商价格

协商价格也可称议价,是企业内部各责任中心以正常的市场价格为基础,通过定期共同协商所确定的为双方所接受的价格。协商价格的上限是市价,下限是单位变动成本。其使用的前提条件是责任中心转移的产品或服务具有市场买卖的可能性,且买卖双方有权自行决定是否买卖这种中间产品。协商定价的过程要花费人力、物力和时间,各方往往会相持不下,需要企业高层领导的裁定。

3. 双重价格

双重价格就是针对责任中心各方分别采用不同的内部转移价格。当某种产品或劳务在市场上出现几种不同价格时,供应方采用最高市价,使用方采用最低市价,或者供应方以市场价格或议价为基础,而使用方以供应方的单位变动成本为计价的基础。

其使用的前提条件是内部转移的产品或劳务有外部市场,供应方有剩余生产能力,而且其单位变动成本要低于市价。当采用单一的内部转移价格不能达到激励各责任中心有效经营和保证责任中心与整个企业的经营目标达成一致时,往往采用双重价格。

4. 成本价格

成本价格就是以产品或劳务的成本为基础制定的内部转移价格。其包括两种情况,一种是以总成本作为转移价格;另一种是以成本加成制定转移价格。如果责任中心没有外部市场,则可以考虑以实际成本、标准成本或者以成本加成确定转移价格。这意味着卖方责任中心所有的开支都可以转移给买方,这在一定程度上限制了他们控制成本的积极性,而买方只能被动接受可能包含了不必要、不合理消耗的成本。

12.3.4 平衡计分卡(BSC)评价体系

平衡计分卡是由罗伯特·S.卡普兰(Robert S. Kaplan)和戴维·P.诺顿(David P. Norton)提出的一种新的绩效评价体系,它通过将企业的长期战略目标分解并建立一整套包含财务指标、客户指标、内部经营过程指标和学习与成长指标的体系,来对企业各个部门和员工的绩效进行引导和评价,并全面系统地评价企业的经营绩效。平衡计分卡最突出的特点是将企业的愿景、使命和发展战略与企业的绩效评价系统联系起来,把企业的使命和战略转变为具体的目标和测评指标,以实现战略和绩效的有机结合。许多企业已经尝试引入平衡计分卡作为企业管理的工具,其应用领域十分广泛,既有服务供应商,又有生产制造商;既有传统的金融服务机构,也有高科技企业。

平衡计分卡大体包括四个方面,也可以根据企业的需要,增加其他的方面。

1. 财务方面

企业经营的最终目标都体现为财务指标。平衡计分卡进行财务衡量的目标和意义就在于解决"投资者如何看待我们"的问题,不管几个方面最后必将归集到财务上来,财务评价指标和传统业绩评价体系没有大的区别,只是特别强调了要根据不同的企业生命周期选择不同的财务指标。

财务指标主要围绕五个方面设置:①获利能力,典型的指标有利润率、投资收益率(或经济增加值)和净现金流量等;②收入的增加,典型的指标有销售收入增长率和市场份额等;③降低成本和提高生产率,典型的指标有单位成本和费用功效等;④资产的运营效率,典型的指标有资产周转率、经营周期(或现金周转期)和设备开工利用率等;⑤经营风险和财务风险,典型的指标有经营杠杆、流动比率、负债比率和利息保障倍数等。

处于成长期的企业,财务指标侧重于销售收入增长率及市场份额增长率;处于成熟期的企业,财务指标为经营收入、毛利、投资报酬率与获利能力等;处于衰退期的企业更注重现金流指标。需要注意的是,指标并不是孤立的,一方面它要与企业的发展战略密切相关,集中体现战略目标及其实现的情况;另一方面则要作为其他三个非财务方面的最终结果和衡量标准,使得财务业绩与其非财务的业绩动因之间构成贯穿各个方面的因果关系链。

2. 客户方面

获得客户认可的产品或者服务通过销售才能实现价值。平衡计分卡的客户方面要解决"客户如何看待我们"的问题,就是要通过客户的眼睛来看待企业的经营。客户最关心的五个方面是时间、质量、功能、服务和价格。企业必须为这五个方面设定好清晰的目标。

客户方面的主要衡量指标有:市场份额、账面份额、客户满意度、客户保持率、客户获得率、客户留住率、客户营利能力等。

3. 内部经营过程方面

内部经营过程指的是从企业输入各种原材料和顾客需求,到创造出对顾客有价值的产品或服务,提供这种产品或服务给客户,并进行培训和售后跟踪服务的一系列活动,它是企业改善经营绩效的重点。平衡计分卡的内部过程解决"我们擅长什么"的问题,重视有助于提高企业整体绩效的过程、决策和行动,尤其是对客户满意度有重要影响的内部经营活动。

内部经营指标既包括对短期的现有业务的改善,又涉及长远的产品和服务的革新。其主要衡量指标有三个:一是研究与开发成果指标,包括新产品在销售额中的比重、新产品上市速度与竞争者的上市速度比较、开发新产品的时间等;二是生产过程指标,包括订货周期、准时送货率、良品率、成品存货周转率等;三是售后服务流程指标,包括从客户提出要求到问题得到解决所需的时间、售后服务的成本、客户对售后服务的满意率等。

4. 学习与成长方面

学习与成长方面主要解决"我们如何提高自己的能力"和"为实现财务目标和客户需要、内部经营指标,我们需要具备什么样的知识和技能"的问题。学习与成长目标为其他三个方面的目标提供了动力源泉,它强调员工能力,提倡为提高员工能力和业绩进行投资,为企业的未来发展提供条件,形成"学习——持续改进——增强竞争优势——良好经济效益——再学习"的良性循环。

企业的学习与成长方面包括员工、信息系统和企业程序(尤指企业的激励机制)三方面的内容。员工能力,反映员工被激励后发挥能力的状况,主要指标有:员工满意程度、员工保持率、员工创新性、员工培训次数、员工培训费用增长率、员工知识水平提高程度等。信息系统能力,指企业和员工能否快捷地取得有关市场、客户、内部经营过程及决策后的反馈等重要信息的能力,主要的指标有:当前取得信息与期望取得信息之比、现有信息系统满足员工需要的程度、信息反馈的成本、信息反馈速度和周期、信息系统更新成本等。企业的激励机制,反映员工积极性被激发的状况以及集权、授权与分权的程度,主要的指标有:员工提出合理化建议数量及增长程度、员工建议(意见)被采纳的比例、员工工作效率、员工参与公司决策的程度、中层领导向高层领导请示率及汇报率等。

讨论案例2

如何利用这些零散的信息?

大有公司是多个工程机械厂某一型号轮毂的供应商,公司现有员工350人,其中工程技术人员36人,各类专业管理人员20人。公司拥有主要生产设备30台。该通用轮毂销售单价为7 000元。由于长期的合作关系,销售货款的收回情况比较稳定:企业当期的销售收入中有40%可以当期收回现金,其余的60%下期收回。假设2013年期初应收账款余额为4万元。季末预计产成品存货占次季销售量的10%,2014年一季度的销售数量将比2013年一季度增长20%,依此可确定计划年初的产品存货为15件,计划年末存货为18件。该轮毂产品只消耗某种材料定额50千克,计划单价为20元,计划下一年一季度的生产数量将比计划年度一季度增长20%,季末预计存货占次季生产需用量的20%;季度材料的货款,当季支付50%,其余在下一季度付清。假定上年应付账款是7万元。甲产品单位产品平均工时为10小时,每小时人工成本20元。变动制造费用中的间接人工、间接材料、修理费、水电费,预定费用分配率分别为每单位业务量10元、20元、30元、10元。固定制造费用以及销售费用和管理费用的数据见表12-4。

表12-4 费用预算表

2013年度　　　　　　　　　　　　　　　　　　　　　　　单位:元

项　目	一季度	二季度	三季度	四季度	全年
固定费用:					
修理费(假设数据)	10 000	11 400	9 000	9 000	39 400
折旧(假设数据)	10 000	10 000	10 000	10 000	40 000
管理人员工资(假设数据)	2 000	2 000	2 000	2 000	8 000
保险费(假设数据)	750	850	1 100	1 900	4 600
财产税(假设数据)	1 000	1 000	1 000	1 000	4 000
小计	23 750	25 250	23 100	23 900	96 000
销售费用:					
销售人员工资					20 000
广告费					55 000
包装、运输费					30 000
保管费					27 000
管理费用:					
管理人员薪金					40 000
福利费					8 000
保险费					6 000
办公费					14 000
销售及管理费用合计					200 000

2013年一季度期初的"现金余额"为8 000元,并在一季度偿还已经付息的银行借款3万元,每个季度的所得税为2 000元,在二季度将购买11万元的全额付款设备一台,分别在半年、年末支付股利8 000元。该企业需要保留的现金余额为5 000元,不足此数时需要向银行借款,而银行借款的金额要求是1 000元的倍数。一般按"每期期初借入,每期期末归还"来预计利息,假设年利率为5%。

从上面大有公司的各种零散的经营信息中,请大致估计其2013年的经营状况和经营成果以及现金流转的状况,并提出经营中应该关注的问题。

本章小结

- 全面预算包括业务预算和财务预算两部分。业务预算主要包括销售预算、生产预算、直接材料预算、直接人工预算、制造费用预算、单位生产成本预算、销售及管理费用预算等。财务预算主要包括:现金预算、财务费用预算、预计利润表、预计资产负债表。
- 弹性预算、滚动预算、零基预算等不同的预算方法各有优劣,企业可以根据需要选用。
- 成本控制是根据预定目标,对成本发生和形成过程以及影响成本的各种因素和条件施加主动影响,以实现最低成本和保证合理的成本补偿的一种行为。成本控制包括事前成本控制、日常成本控制、质量成本控制。
- 按责任权限范围及业务活动特点的不同,企业内部责任单位一般可分为成本中心、利润中心和投资中心三大类责任中心。预算指标在企业各种责任中心的分解,形成了各责任中心的考核指标,能够对企业更好地实施评价、控制和改进。
- 内部转移价格会影响企业内部交易双方的业绩情况,要从全局出发,协调考虑,制定合理的定价基础,可以在市场价格、协商价格、双重价格、成本价格中进行合理的选择。
- 平衡计分卡从财务绩效指标、客户指标、内部经营过程指标和学习与成长绩效指标全面系统地评价企业的经营绩效。

中英文关键词语

全面预算 total budget
成本控制 cost control
成本中心 cost center
利润中心 profit center

投资中心 investment center
责任中心 responsibility center
转移价格 transfer price
平衡计分卡 balanced scorecard(or BSC)

思考练习题

一、选择题(包括单项选择和多项选择)

1. 相对于固定预算而言,弹性预算的主要优点是(　　)。
   A. 机动性强　　　B. 稳定性强　　　C. 连续性强　　　D. 远期指导性强
2. 企业预算是从编制(　　)开始的。
   A. 生产预算　　　B. 销售预算　　　C. 产品成本预算　D. 现金预算
3. 下列预算中,只反映实物量,不反映价值量的是(　　)。
   A. 销售预算　　　B. 生产预算　　　C. 直接材料预算　D. 直接人工预算
4. 可以保持预算的连续性和完整性,并能克服传统定期预算缺点的预算方法是(　　)。
   A. 弹性预算　　　B. 零基预算　　　C. 滚动预算　　　D. 固定预算
5. 全面预算管理中,不属于总预算内容的是(　　)。
   A. 现金预算　　　B. 生产预算　　　C. 预计利润表　　D. 预计资产负债表

二、简答题

1. 简述财务预算在全面预算体系中的作用及其具体内容。
2. 请比较不同责任中心的含义、特点以及考核指标的差异。

三、计算题

1. 天天公司的某分公司为利润中心,其期间相关数据如下(单位:元):

部门销售收入	280 000
部门销售产品的变动成本和变动销售费用	100 000
部门可控固定间接费用	15 000
部门不可控固定间接费用	30 000
分配的公司管理费用	56 000

   要求:计算该部门的各级利润考核指标。

2. 某企业现着手编制 2013 年 6 月份的现金收支计划。预计 2013 年 6 月月初现金余额为 8 000 元;月初应收账款 4 000 元,预计月内可收回 80%;该月销货 50 000 元,预计月内收款比例为 50%;该月采购材料 8 000 元,预计月内付款 70%;月初应付账款余额 5 000 元需在月内全部付清;月内以现金支付工资 8 400 元;该月制造费用等间接费用付现 16 000 元;其他经营性现金支出 900 元;购买设备支付现金 10 000 元。企业现金不足时,可向银行借款,借款金额为 1 000 元的倍数;现金多余时可购买有价证券,要求月末现金余额不低于 5 000 元。

要求：

(1) 计算经营现金收入；

(2) 计算经营现金支出；

(3) 计算现金余缺；

(4) 确定最佳现金筹措或运用数额；

(5) 确定现金月末余额。

本章参考文献

[1] 张启銮.管理会计.大连：大连理工大学出版社,1998.

[2] 李延喜,秦学志,张悦玫.财务管理.北京：清华大学出版社,2010.

教师服务

感谢您选用清华大学出版社的教材！为了更好地服务教学，我们为授课教师提供本书的教学辅助资源，以及本学科重点教材信息。请您扫码获取。

❯❯ 教辅获取

本书教辅资源，授课教师扫码获取

❯❯ 样书赠送

会计学类重点教材，教师扫码获取样书

清华大学出版社

E-mail: tupfuwu@163.com
电话：010-83470332 / 83470142
地址：北京市海淀区双清路学研大厦 B 座 509
网址：http://www.tup.com.cn/
传真：8610-83470107
邮编：100084